ESTLAND

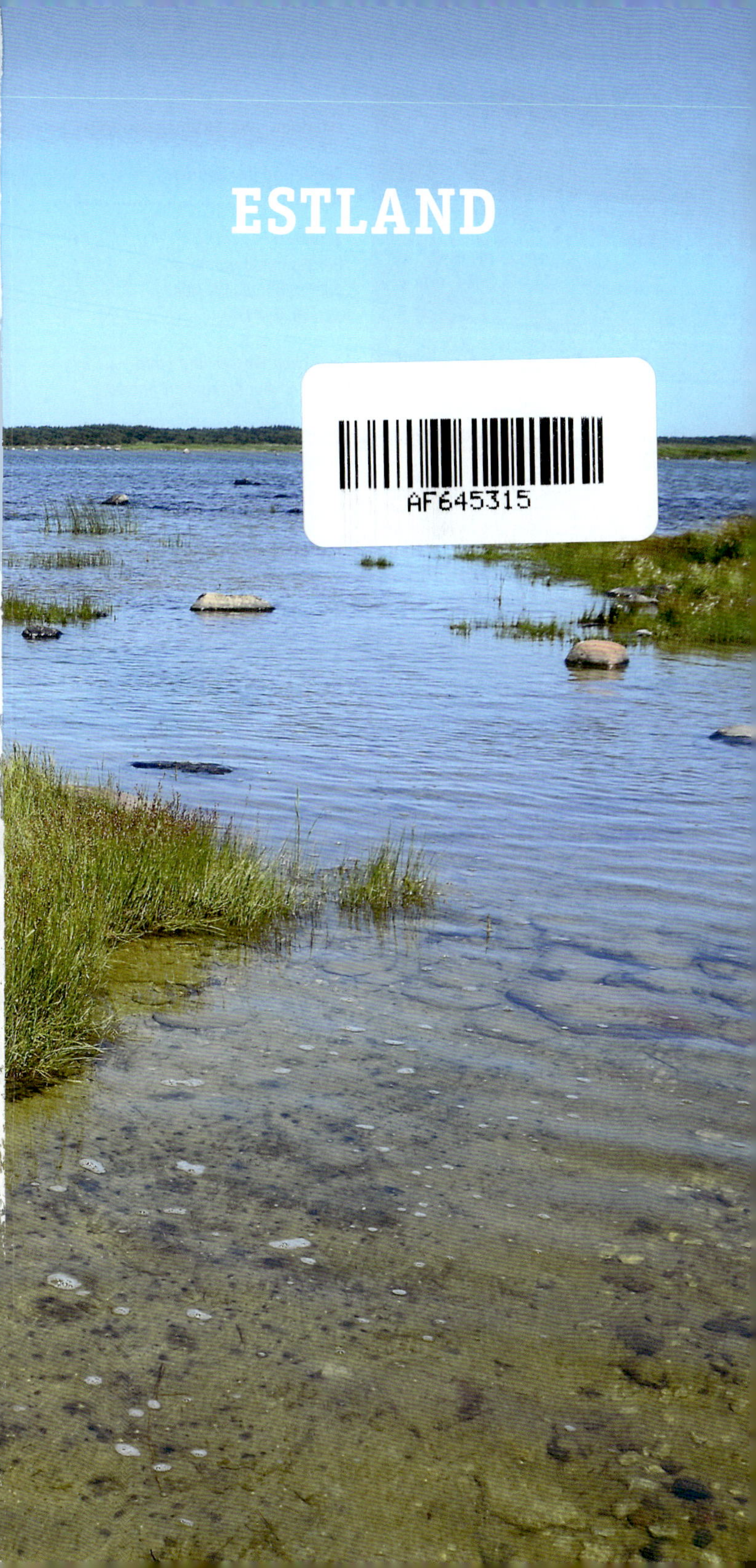

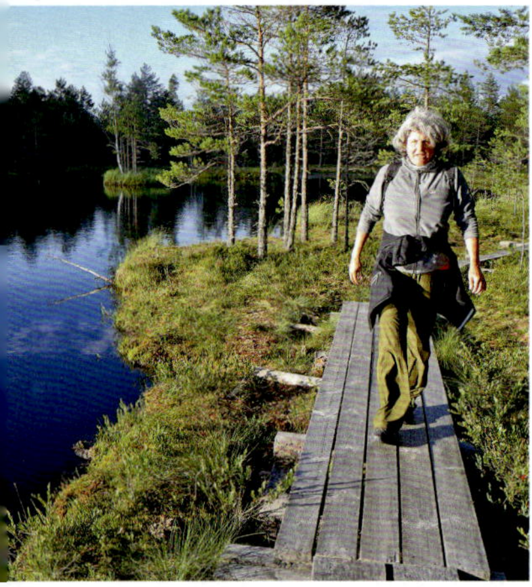

Estland entdecken

Wander- und Entdeckertouren

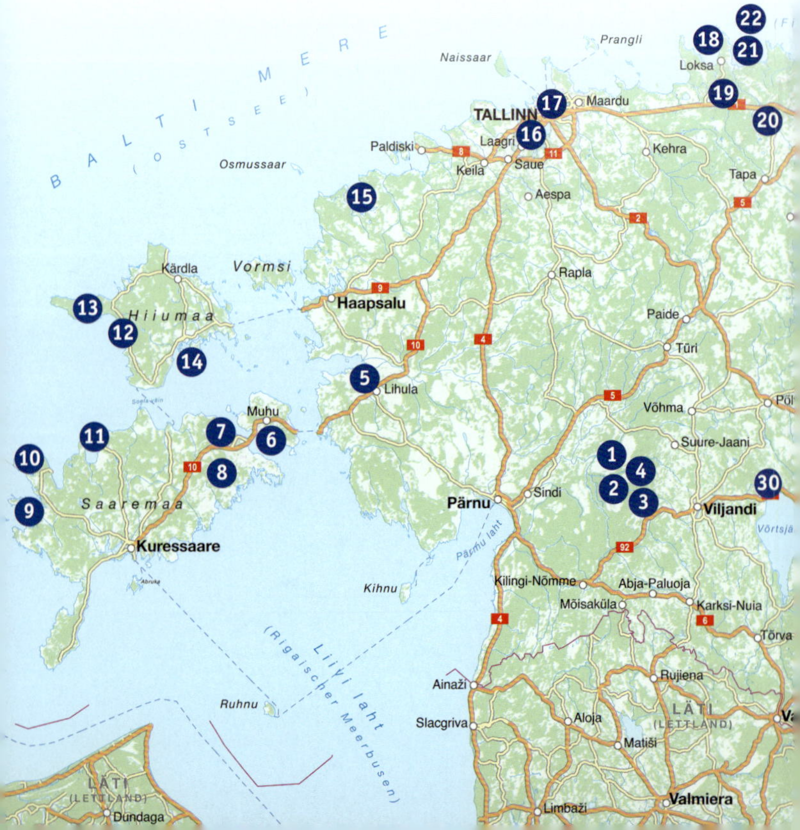

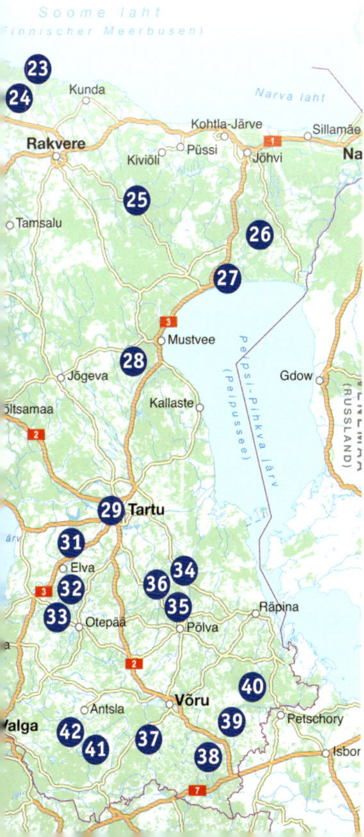
Soome laht
Narva laht
Kunda
Rakvere
Kohtla-Järve
Sillamäe
Püssi
Kiviõli
Jõhvi
Tamsalu
Mustvee
Jõgeva
Kallaste
Gdow
Peipsi-Pihkva järv
(Peipussee)
(RUSSLAND)
Tartu
Elva
Otepää
Põlva
Räpina
Antsla
Võru
Petschory
Isbor
23
24
25
26
27
28
29
31
32
33
34
35
36
37
38
39
40
41
42

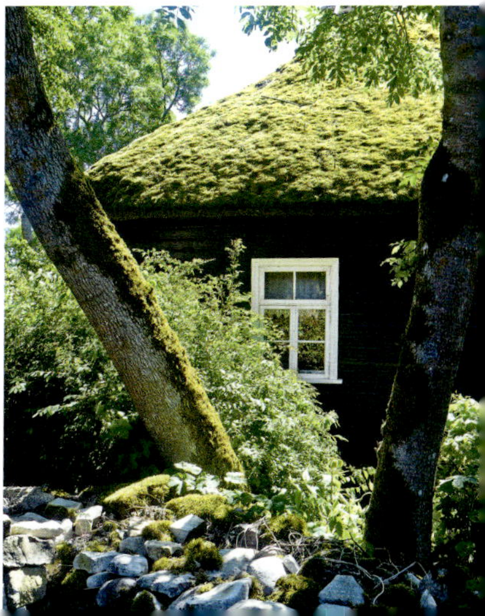

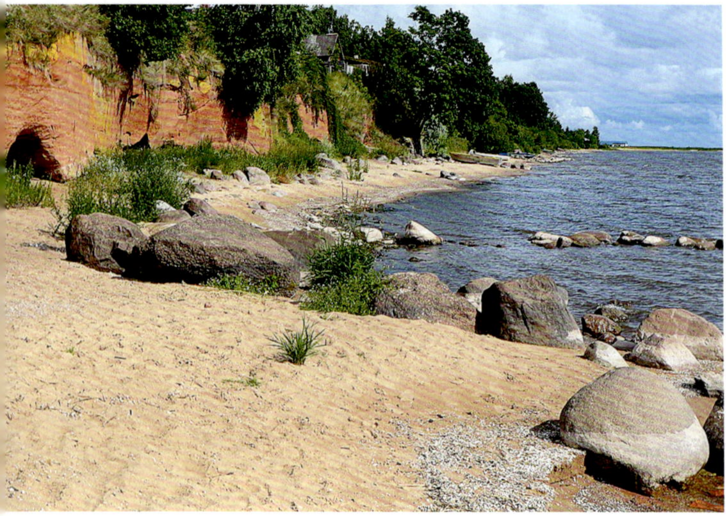

Reiseinformationen

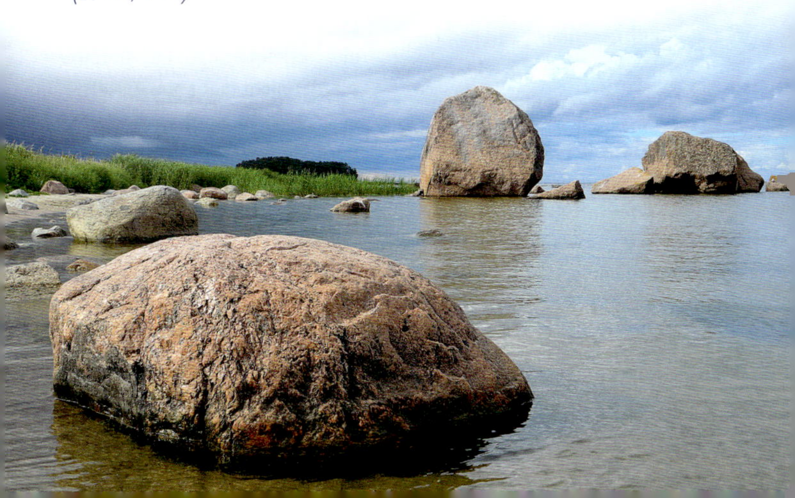

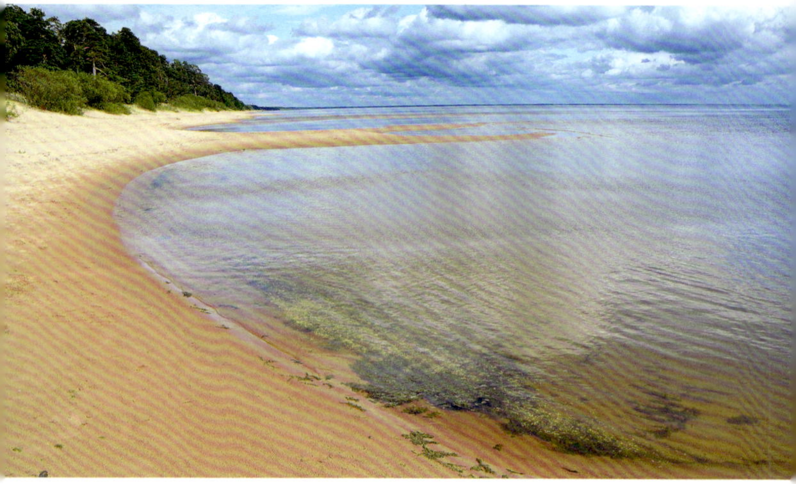

Der Sandstrand am Nordufer des Peipsi See ist meist menschenleer

Estland geographisch

Estland ist an drei Seiten von Wasser umgeben. Im Westen wird das Land von der Ostsee begrenzt, im Osten wirkt der riesige Peipsi järv mit seinen langen Sandstränden fast wie ein Meer, und im Norden zieht sich der Finnische Meerbusen weit nach Osten und trennt Estland von Finnland. Die Küstenlinie mit ihren vielen Buchten und Halbinseln ist mehr als 3.700 Kilometer lang. Zwischen felsigen Partien und Ufern, an denen Schilf und Wiesen bis ins Wasser reichen, gibt es auch etliche lange Sandstrände, an denen im Sommer gerne gebadet wird.

Fast ein Drittel aller Esten leben in Tallinn, viele weitere in der Region Tartu und im industriell geprägten Nordosten. Der Rest des Landes, und vor allem das Landesinnere, ist dünn besiedelt. Die Hälfte der Landesfläche ist mit Wald bedeckt, in dem auch heute noch Luchse, Wölfe und sogar einige Braunbären leben. An den Küsten trifft man noch häufig auf Seeadler und auf den Inselchen vor der Küste Saaremaas leben Robben. Fünf Nationalparks und etliche Naturparks schützen den Lebensraum der Wildtiere und die einmalige Naturlandschaft. Im Landesinneren gibt es außerdem ausgedehnte, weitgehend intakte Hochmoore, die wieder eine ganz eigene Pflanzen- und Tierwelt aufweisen.

Estland ist ein flaches Land und erhebt sich im Durchschnitt nicht mehr als 50 Meter aus dem Meer. Der höchste Berg ist mit 318 Metern der Suur Munamäägi im Haanja Naturpark im Südosten den Landes. In dieser leicht hügeligen Region gibt es besonders viele Seen und auch der flache, fischreiche Võrtsjärv – der größte komplett in Estland gelegene See, befindet sich hier.

Klima und Reisezeit

Während die Sonne im Januar in Tallinn schon um kurz vor drei am Horizont verschwindet, wird es Mitte Juni in Estland kaum dunkel. Die beste Reisezeit wird hier im Norden Europas also nicht nur von der Temperatur, sondern auch von der Länge der Tage beeinflusst. Während eine Stadtreise nach Tallinn auch im Winter ihre Reize hat, sind zum Wandern Frühsommer und Sommer am besten geeignet.

Wer zum Mittsommer nach Estland reist, erlebt dort das größte und wichtigste Fest des Jahres: Die Mittsommernacht zur Sommersonnenwende zwischen dem 21. und dem 22. Juni. In der hellsten Nacht des Jahres wird in den baltischen Ländern nicht geschlafen. Mit Musik, Tanz und gutem Essen feiert man an großen Feuern auf dem Dorfplatz oder im Kreis von Freunden beim Grillen in der Natur.

In den kurzen Sommern mit ihren endlos langen Tagen sind Temperaturen um die 30 Grad durchaus keine Seltenheit, und ein Bad in der 18 bis 20 Grad warmen Ostsee ist dann eine angenehme Erfrischung. In dieser Zeit gibt es besonders viele Kulturfestivals, Märkte und Veranstaltungen. Wer im Hochsommer auf die Reise geht, ist im Landesinneren und in den Mooren mit besonders vielen Mücken konfrontiert. Bei unseren Recherchereisen, blieben die Mücken allerdings immer gut erträglich.

Schon Ende August werden die Tage dann schnell kürzer und die übliche Reisesaison ist in Estland spätestens Ende September zu Ende.

Im Winter verschwindet das Land für mehrere Monate unter einer weißen Schneedecke. Die Tage sind kurz und die Temperaturen fallen deutlich unter die Nullgradgrenze. In vielen Wintern friert auch die Ostsee zwischen dem Festland und den großen Inseln zu, sodass Eisstraßen eingerichtet werden, auf denen man mit dem Auto über das Meer fahren kann.

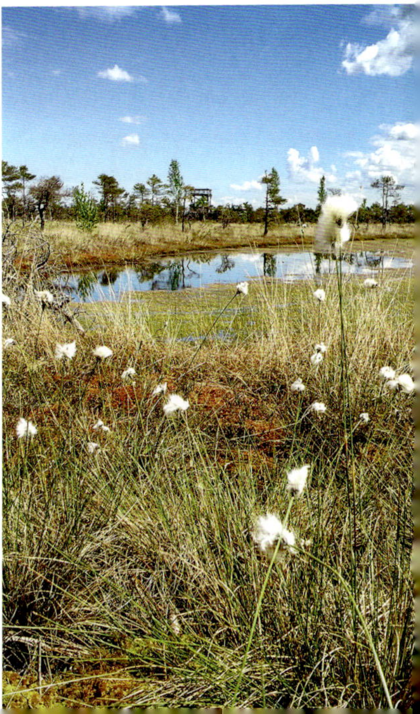

Das genügsame Wollgras gehört zur typischen Flora im Moor.

Estlands Regionen

Das Zentrum Estlands ist in jeder Hinsicht die Landeshauptstadt Tallinn. Sie ist der wichtigste Wirtschaftsstandort und mehr als ein Drittel der estnischen Bevölkerung lebt dort. Seine mittelalterliche Altstadt macht Tallinn zudem zur meistbesuchten touristischen Attraktion des Landes. Nur in den Sommermonaten läuft Pärnu der Hauptstadt den Rang ab. Pärnu ist schon seit der Zarenzeit ein bekanntes und beliebtes Seebad und wird in den Sommern kurzzeitig zur Sommerhauptstadt der Esten. Wer es ruhiger mag, fährt zum Baden auf die Inseln Saaremaa oder Hiiumaa oder ins ebenfalls traditionsreiche Kurbad Haapsalu. Eine weitere ganz besondere Attraktion Estlands ist seine ursprüngliche Natur, die Reisende am besten in den fünf Nationalparks und den vielen kleineren Naturparks kennenlernen können.

Wirtschaft und Kultur in Tallinn

Nur 80 Kilometer sind es von Tallinn zur gegenüberliegenden finnischen Metropole Helsinki. Die Städte sind durch eine gut frequentierte Fährlinie verbunden und arbeiten auch wirtschaftlich eng zusammen. Mit seiner engen Anbindung an Finnland ist Estland eine rasante Entwicklung und ein kleines baltisches Wirtschaftswunder gelungen. Man setzte in der jungen Republik früh auf das Internet und die digitale Entwicklung. So wurde der erfolgreiche Internetdienst Skype von drei jungen Tallinnern erfunden. Der kostenloser Zugang zum World Wide Web gehört zu den gesetzlich garantierten estnischen Grundrechten und ist auch praktisch umgesetzt. Auch in den Wäldern der Nationalparks haben Sie noch ein Handynetz und einen WLAN-Hotspot gibt es auch im kleinsten Dorf: vor dem Rathaus, im Supermarkt oder an der Touristeninformation.

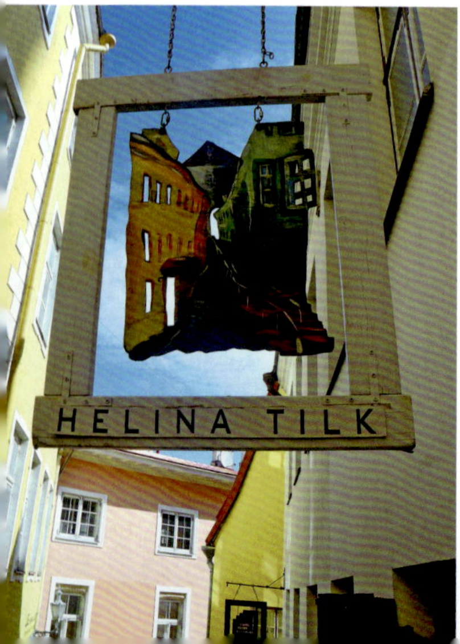

Die junge Generation des Landes spricht außer estnisch oft auch fließend Englisch und ist meist gut ausgebildet. Englisch wird bereits im Kindergarten unterrichtet, Universitäten gibt es in Tartu und Tallinn. Estland nimmt seine Zukunft mit viel Energie in die eigene Hand.

Mit 400.000 Einwohnern ist Tallinn mit Abstand die größte Stadt Estlands und außerdem ein viel besuchter Touristenmagnet. Die Altstadt ist auch heute noch von der Hochzeit der Hanse geprägt, als Tallinn unter dem Namen Reval einer der wichtigsten Stützpunkte der deutschen Händler an der Ostseeküste war. Viele der Häuser in der Altstadt und auch die gut erhaltene Stadtmauer stammen aus der Hansezeit. Außerhalb der historischen Stadtmauern ist die Stadt heute eine moderne, agile Metropole, die sich im europäischen Vergleich keinesfalls verstecken muss.

Auch die Anbindung an die Natur und die Liebe zu Wäldern, Moor und Meer gehören weiterhin zur estnischen Kultur. Angesichts der langen Winter zieht es die Menschen im Sommer bei fast jedem Wetter nach draußen. An den Wochenenden im Sommer treffen sich Familien oder Freunde auf den Zeltplätzen am Meer und im Spätsommer streift man durch die Wälder, um Beeren und Pilze zu sammeln.

Pärnu und der Soomaa Nationalpark

Wer lebhaften Badebetrieb, ein anspruchsvolles Kulturprogramm und abendliche Unterhaltung schätzt, fährt im Sommer nach Pärnu. Der Ort liegt an einer geschützten Bucht und nirgendwo ist das estni-

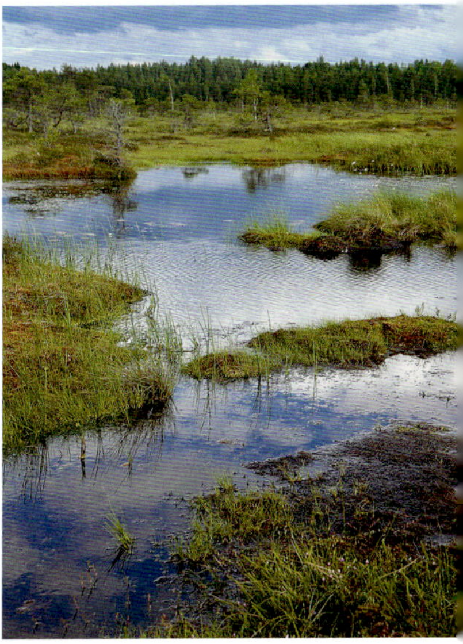

sche Ostseewasser wärmer und der breite Sandstrand weißer als in Pärnu. Holzvillen in der traditionellen Architektur der Ostseebäder und Cafés und Restaurants sorgen für ein angenehmes Urlaubsumfeld.

Der perfekte Kontrast zum Pärnuer Badeleben ist der wenige Kilometer von der Küste entfernte Soomaa Nationalpark, der mit seinen ausgedehnten Moorgebieten als eines der letzten Wildnisgebiete Europas gilt.

Die Inseln in Estlands Westen

Zu den größeren Inseln Saaremaa, Hiiumaa, Muhu, Kihnu oder Vormsi fahren im Sommer Fähren. Alle diese Inseln waren in der Sowjetzeit Sperrgebiet und konnten nur mit Sondergenehmigung besucht werden. Nicht einmal die einheimischen Fischer durften auf das Meer hinausfahren. Seit dem Beginn der Unabhängigkeit im Jahr 1991 entwickelt sich hier in kleinen Schritten eine touristische Infrastruktur mit Unterkünften auf Bauernhöfen und in einigen Hotels. Die Uhr tickt auf den Inseln jedoch noch immer etwas langsamer als auf dem Festland. Einsame Strände und viel Natur machen sie zu einem guten Reiseziel für alle, die Stille und eine ursprüngliche Umgebung schätzen.

Der Lahemaa Nationalpark

Der Lahemaa Nationalpark östlich der Hauptstadt ist der bekannteste Nationalpark Estlands. Er besteht aus großen Wald- und Moorgebieten. An der Küste ragen die vier Halbinseln wie Finger in die Ostsee. Im Lahemaa steht aber eher die landschaftliche Schönheit der wilden Küste im Vordergrund als der Badeurlaub. Die Strände sind nicht so lang und oft von Steinbrocken in allen Größen gesprenkelt. Einen richtigen Badestrand gibt es zwar auch, die wichtigsten Attraktionen des Nationalparks sind jedoch Wald und Moor und die wenigen kleinen Dörfer um die alten Gutshäuser Palmse, Sagadi und Vihula.

Tartu und der Peipsi järv

Eine zweite kulturelle Metropole ist die alte Universitätsstadt Tartu, die im eher unterprivilegierten Osten liegt. Die zweitgrößte Stadt Estlands besitzt eine schöne, lebendige Altstadt und auch eine attraktive, abwechslungsreiche Umgebung. Die Ufer des Pepsi järv mit ihren alten Dörfern, in denen vor allem russische Altgläubige leben und den langen Sandstränden am Nordufer, sind von Tartu gut erreichbar. Im Süden der Stadt lockt das leicht hügelige Land um Otepää und Elva und das Flusstal der Ahja zu schönen Ausflügen in die Natur.

Võru die Naturparks Haanja und Karula

Südlich von Võru treffen wir im Naturpark von Haanja auf die höchsten Hügel und die tiefsten Seen Estlands. Touristisch ist die Region nur stellenweise erschlossen, sodass Liebhaber stiller Natur hier voll auf ihre Kosten kommen.

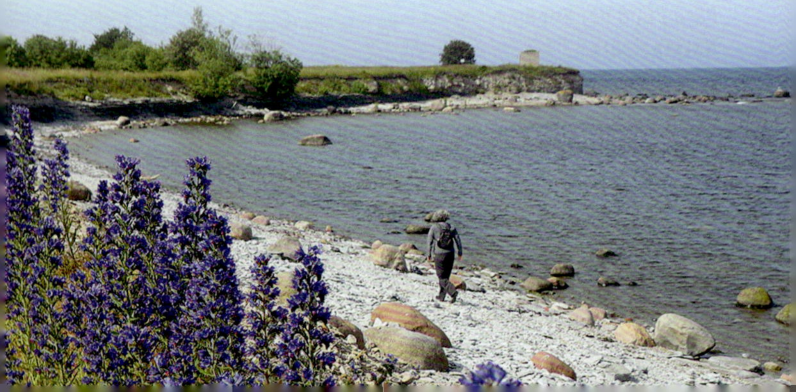

Draußen unterwegs

Zwischen der langen Ostseeküste und dem dünn besiedelten Landesinneren gibt es in Estland viele Möglichkeiten für kleine und große Abenteuer und aktiven Urlaub in der Natur. Besonders attraktiv und ungewöhnlich fanden wir die Seekajaktouren zwischen den vielen Ostseeinselchen. Auch Wanderpaddler finden das ein oder andere schöne Revier und an windigen Tagen gehören die Strände den Kitesurfern. Viele markierte Wege, die mit guter Infrastruktur auch zu mehrtätgigen Touren einladen, machen Estland zu einem guten Ziel für Wanderer.

Baden

3.700 Kilometer Ostseeküste und Hunderte kleine Seen im Landesinneren – ein Platz zum Baden ist in Estland niemals weit. Die Badesaison ist allerdings auf Juli und August begrenzt. Auch in diesen Monaten steigt die Wassertemperatur der Ostsee kaum über 18 Grad, was Esten aber keinesfalls am Schwimmen hindert. Wärmer baden Sie in den kleinen Moorseen im Landesinneren.

Strände mit Liegen und Sonnenschirmen oder in Reihen aufgestellte Strandkörbe sucht man an Estlands Küste vergebens. Die meisten Strände sind naturbelassen und auch in der Hochsaison verteilen sich die Badegäste am Meer. Strände mit touristischer Infrastruktur wie Cafés, Bootsverleih oder Surfschule gibt nur rund um Tallinn oder in den Badeorten Pärnu und Haapsalu. Ein weiteres kleines Seebad mit schöner Altstadt und vielen Restaurants ist Kuressaare auf der Insel Saaremaa.

Wandern

Markierte Wanderwege gibt es vor allem in den Natur- und Nationalparks. Sie werden von der estnischen Forstbehörde RMK (Riigimetsa Majandamise Keskus) verwaltet, die dort auch Wanderwege und einfache Zeltplätze anlegt und in jedem Nationalpark ein Informationszentrum unterhält. Die meisten Wanderungen, die wir in diesem Buch vorstellen, gehören zu den Routen des RMK.

Außer den meist kurzen Rundwegen gibt es auch zwei Weitwanderwege, an denen in regelmäßigen Abständen Zeltplätze zur Verfügung stehen. Die bekanntere Route ist der 375 Kilometer lange Wanderweg in Nord-Südrichtung von Oandu im Lahemaa Nationalpark nach Ikla, dem an der Küste gelegenen Grenzort zu Lettland. Die zweite Route führt von Peraküla an der Ostseeküste quer durchs Land zum Peipsi järv und weiter nach Ahijärve. Karten für beide Wege mit einer Beschreibung des Weges auf estnisch bekommen sie in

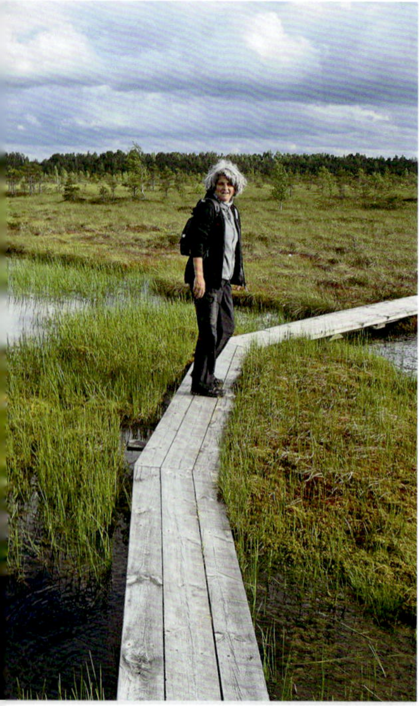

jeder RMK-Information. Eine Übersicht und das komplette Kartenmaterial für den ersten Weg gibt es zum Herunterladen auch auf englisch auf der Website der Forstbehörde unter loodusegakoos.ee unter dem Menüpunkt Hiking Routes.

Moorwanderungen

Bretterpfade erlauben den Zugang zu mehreren Hochmooren und führen oft zu schönen Plätzen an stillen Moortümpeln. Die Wege sind markiert und verirren kann man sich auf Bretterpfaden kaum. Auf diesen Wegen kann jeder ganz leicht das Moor entdecken. Ein ganz anderes Abenteuer ist es, mit Bogshoes, einer Art Schneeschuh, in die weglosen Bereiche eines Moores zu wandern. Geführte Wanderungen ins weglose Moor sind ein ganz besonderes Erlebnis und werden im Soomaa Nationalpark angeboten. www.soomaa.com

Seekajaktouren

Die Küstenlinie im Westen und Norden des Landes ist zerklüftet und hat viele Buchten und unzählige kleine Inseln – es sollen über 1.500 sein. Die meisten von ihnen sind winzig und außerdem unbewohnt, was Ausflüge mit dem Boot oder einem Kajak vor der estnischen Küste besonders spannend macht.

Geübte Seekajaker sind auf den Touren von Rene Valner (www.karuskose.com) gut aufgehoben. Kajakmatkad in Haapsalu (www.kajakimatkad.com) oder Reiman Retked (www.retked.ee) in Salmistu am Lahemaa Nationalpark bieten auch Touren an, die sich für Anfänger eignen.

Kanutouren

Ein besonders gutes Kanuwandergebiet mit passender Infrastruktur ist der Soomaa Nationalpark. Hier sind sowohl Tagestouren, als auch Kanuwanderungen von bis zu fünf Tagen möglich. Infos zu Verleihstationen finden Sie auf [› Seite 22]. Ebenfalls geeignete Wanderflüsse sind Vohandu und Ahja im Osten des Landes. Hier können wir aus eigener Erfahrung den Verleih und die Tourenorganisation von Ahjakanumatkad empfehlen.

Angeln

Bachforelle, Meerforelle, Döbel, Hecht, Zander, Aal und Meerneunauge gehören zu den verbreiteten Fischarten in Estland. Geangelt wird überall: am Meer, in den Seen und an den Flüssen. Über die regionalen Bedingungen informieren Sie sich am besten bei Angelclubs oder Geschäften für Angelausrüstung vor Ort. Das Angeln mit einer einfachen Angelrute ist von Sonnenaufgang bis Sonnenuntergang meist kostenlos, wer spezielle Sportangelausrüstung verwendet, braucht eventuell eine Angelerlaubnis.

Wassersport

Außer dem Windsurfen ist an der Ostsee auch das Kitesurfen beliebt. Einen Verleih für Surfboards finden Sie zum Beispiel am Strand von Pärnu oder an den Tallinner Stadtstränden Pirita und Kakumäe.

Ein guter Spot mit hohen Wellen und starken Winden für erfahrene Surfer ist Ristna auf Hiiumaa. Vor Ort gibt es auch eine Surfschule mit Verleih.

Ebenfalls für einen Surfurlaub geeignet ist das Feriendorf Roosta bei Haapsalu. Am Camping Mändjala westlich von Kuressaare auf Saaremaa kann man das Kitesurfen lernen.

Reiten

Tolle mehrstündige Touren für erfahrene Reiter hat der Reitstall Tihuse (www.tihuse.ee) auf der Insel Muhu im Programm. Einer der Tagesritte führt duch die flache Ostsee zu einer vorgelagerten Insel, auf der im Sommer die Jungpferde des Hofes weiden. Auf dem Hof gibt es auch Zimmer und für Nichtreiter werden Kutschfahrten angeboten.

Ebenfalls ein interessanter Ort für Reiter ist das Gestüt Tori am Rand des Soomaa Nationalparks (www.torihobune.ee)Hier wird die alte estnische Pferderasse der Toris gezüchtet. Man kann das Gestüt besichtigen und an Ausritten teilnehmen.

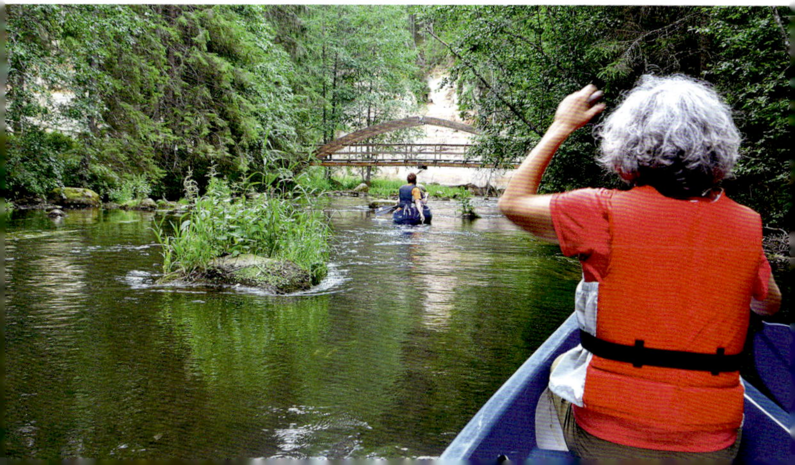

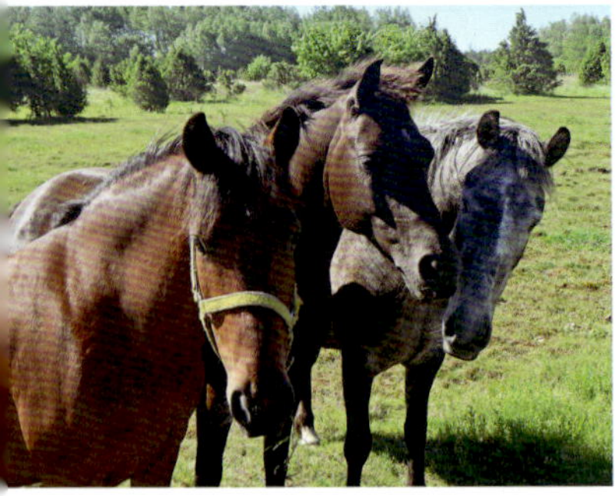

Pferde auf Saaremaa: Estnische Pferde sind schmal und meistens nicht allzu groß.

Ein dritter Reitstall im Osten des Landes (www.tamulatallid.ee) führt erfahrene Reiter auf mehrtägigen Ritten durch den Haanja Nationalpark.

Für Ausritte ist eine Voranmeldung erforderlich. Fragen Sie am besten zwei bis drei Tage im Voraus per mail oder Telefon an.

Hochseilgärten

Auf Estnisch heißen die Parcours in den Bäumen Seikluspark und sind eine beliebte Freizeitgestaltung. Hochseilgärten gibt es in fast jeder Region, einige liegen sogar mit Ostseeblick direkt am Strand. Die Adressen finden Sie in der Regionenübersicht unter Outdoorsport.

Fahrradtouren

An der Küste Estlands begegnen Sie regelmäßig Radlern mit schwer beladenen Packtaschen und bunten Regenjacken. Der Ostseeradweg führt von Riga an der Küste entlang und dann gerade nach Norden bis nach Tallinn. An der nördlichen Küste geht es weiter nach St. Petersburg. Wer abkürzen will, umgeht Russland und setzt von Tallinn nach Helsinki über. Die Streckenführung verläuft hauptsächlich auf schmalen Straßen. Radwege sind in Estland bisher kaum vorhanden. Auch für Fahrräder markierte Rundwege verlaufen abwechselnd auf groben Schotter, löchrigen oder sandigen Waldwegen und kleinen Straßen und erfordern eine gute Kondition und geländegängige Fahrräder. Steigungen gibt es dagegen kaum.

Wir fanden das Radeln unter diesen Bedingungen wenig erfreulich und daher hat es erst einmal nur eine einzige Fahrradrunde unter unsere Tourenauswahl geschafft.

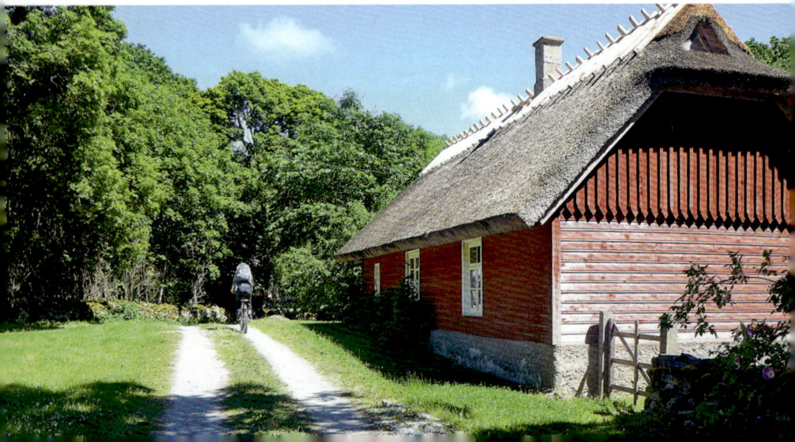

Die Touren in diesem Buch

Wanderungen

Die Wanderungen in diesem Buch verlaufen meist auf unebenen Wanderpfaden und häufig auf den in Moorgebieten üblichen Holzbohlenwegen, die bei feuchtem Wetter mit Vorsicht zu genießen sind: nasses Holz ist extrem glitschig. Auch bei trockenem Boden sollten Sie auf älteren Holzpfaden immer ausreichend Abstand zum Vordermann halten: Lose Bretter verwandeln sich gerne in eine kipplige Wippe und schnellen beim Betreten auf der Gegenseite unkontrolliert nach oben. Ältere Bohlenpfade fordern beim Gehen daher etwas Umsicht und Konzentration.

Steigungen spielen beim Wandern im flachen Estland kaum eine Rolle. Die richtige Ausstattung zum Wandern sind daher leichte Trekkingschuhe mit rutschfesten Sohlen, richtige Wanderstiefel sind überflüssig. Eine wasserfeste Gore-Tex-Membran im Schuh ist dagegen genauso sinnvoll wie eine wirklich wasserdichte Regenjacke.

Alle unsere Touren verlaufen auf markierten Wegen. Hinweise zur Beschaffenheit der Wege und zum Schwierigkeitsgrad einer Tour finden Sie im Tourensteckbrief unter Charakter. Eine Einkehr ist unterwegs selten möglich, denken Sie bei den längeren Wanderungen an ausreichend Proviant und Wasser.

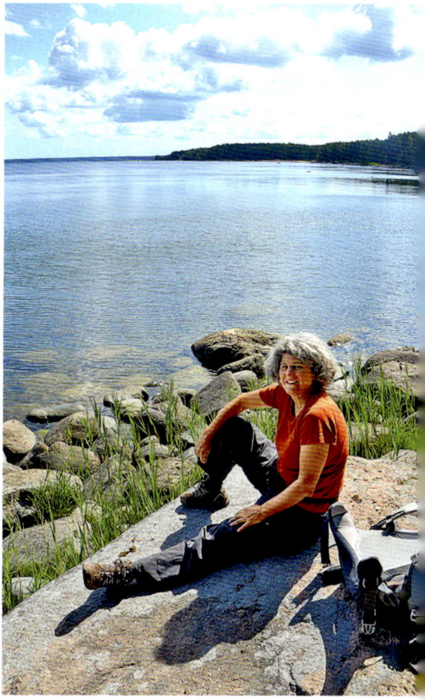

Wanderpause auf einem Kivi – einem der großen Findlinge, die die Landschaft im Lahemaa Nationalpark so besonders machen

Fahrradtouren

Aufgrund der beschriebenen Rahmenbedingungen gibt es nur eine Fahrradtour im Buch. Die Rundfahrt auf der Insel Muhu lohnt dafür ganz besonders. Zwar ist auch diese Route an mehreren Stellen nicht ganz so komfortabel zu fahren, führt Sie dafür aber an Plätze, die mit dem Auto nur schwer erreicht werden können. Ein Mountainbike wäre hier das Zweirad unserer Wahl.

Kanutouren

Nichts entspannt mehr als der gleichmäßige Paddelrhythmus im Kanu. Langsam, nur von leisem Plätschern begleitet, gleiten wir durch das Wasser und sehen die Welt aus einer völlig neuen Perspektive. Das Kanu trägt uns mitten hinein in einen Teil der Natur, der sonst nur schwer zugänglich ist und an Plätze, die nur vom Wasser erreichbar sind. Der Umgang mit Stech- oder Doppelpaddel ist leicht zu erlernen. Kanus und Ausrüstung können Sie vor Ort mieten.

Die beiden in diesem Buch beschriebenen Touren sind auch für Anfänger nicht zu lang. Die Fahrt im Soomaa Nationalpark bringt uns mitten in eine wilde, rauhe Naturlandschaft. Bei der zweiten Tour auf der Ahja durchpaddeln wir eine der schönsten Flusslandschaften Estlands. An beiden Plätzen sind mit den gleichen Verleihstationen auch längere Touren möglich. Die notwendigen Informationen bekommen Sie auf englisch beim Kanuverleih.

Der Tourensteckbrief

Im Tourensteckbrief finden Sie neben allen wichtigen Informationen rund um eine Tour auch Übernachtungstipps auf dem Campingplatz und im Hotel. Die zugehörigen Adressen und eine kurze Beschreibung der Unterkünfte finden Sie in den Reiseinformationen ab **[› Seite 207]**.

GPS Daten

Um den Parkplatz an einer Wanderroute einfach zu lokalisieren, können Sie die in der Anfahrtsbeschreibung genannten GPS-Daten in ein normales Navigationsgerät im PKW eingeben und sich von diesem bequem zum Start lotsen lassen.

Zu Wanderungen und Fahrradtouren können Sie außerdem unter **www.naturzeit-verlag.de** GPS-Tracks herunterladen. Die Daten sind teilweise von der Autorin im Gelände und teilweise anhand einer digitalen Karte erfasst und unterstützen mit Hilfe der entsprechenden Handy-App die Orientierung unterwegs.

Wandern mit Kindern

Viele der kürzeren Wanderstrecken sind auch für Familien geeignet. Zusätzlich zu der Altersempfehlung im Tourenkopf finden Sie im Steckbrief weitere Informationen. Eignet sich die Tour nicht für Kinder, finden Sie hier auch mal eine gekürzte Alternativroute.

Sind Sie mit Kindern zwischen sieben und zehn Jahren unterwegs, multiplizieren Sie die angegebenen Gehzeiten mit dem Faktor 1,5. Mit jüngeren Kindern sollten Sie die doppelte Zeit rechnen und ausreichend Reserven für Pausen einplanen.

Unterwegs in Estland

42 Wander- und Entdeckertouren

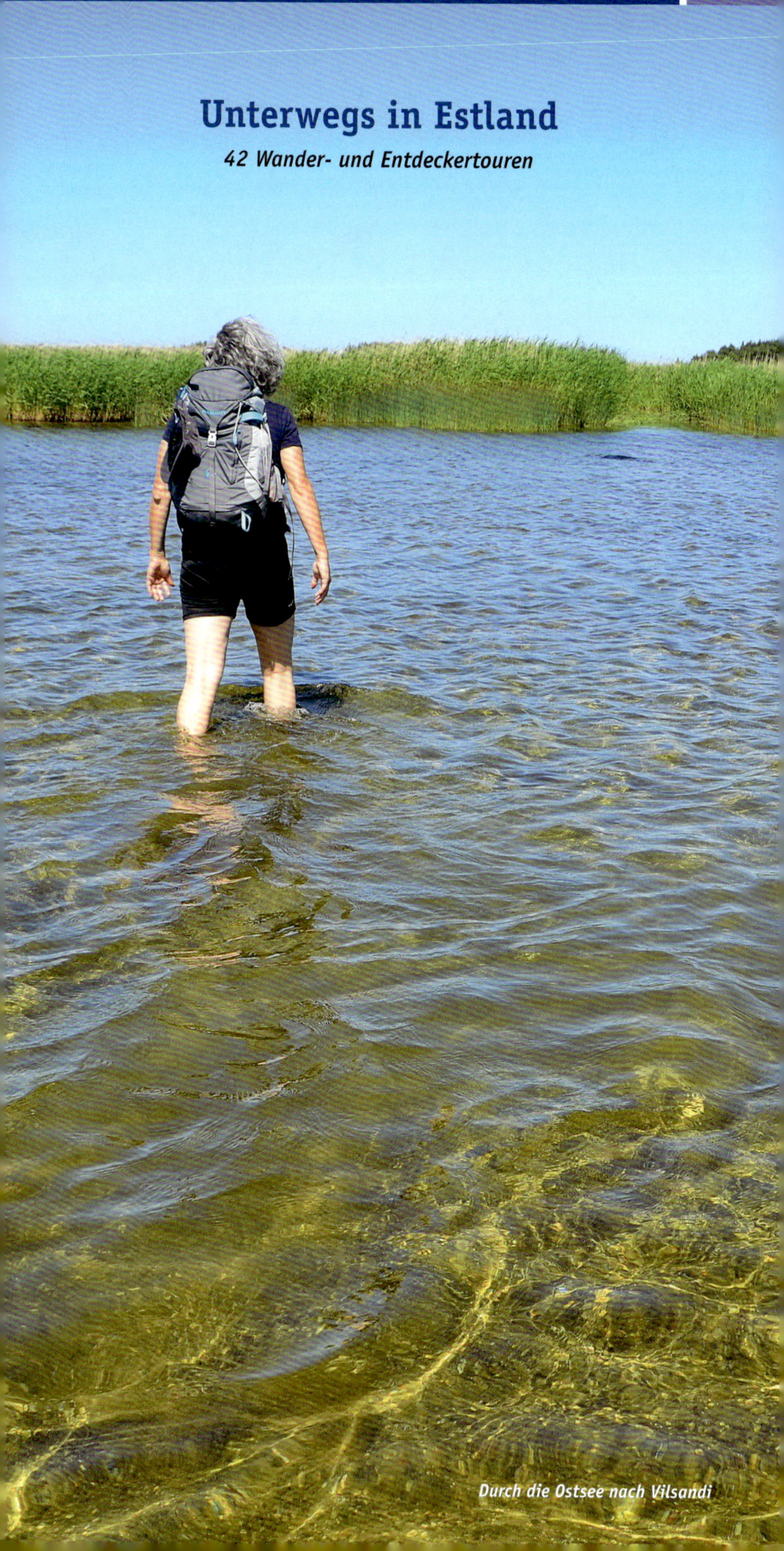

Durch die Ostsee nach Vilsandi

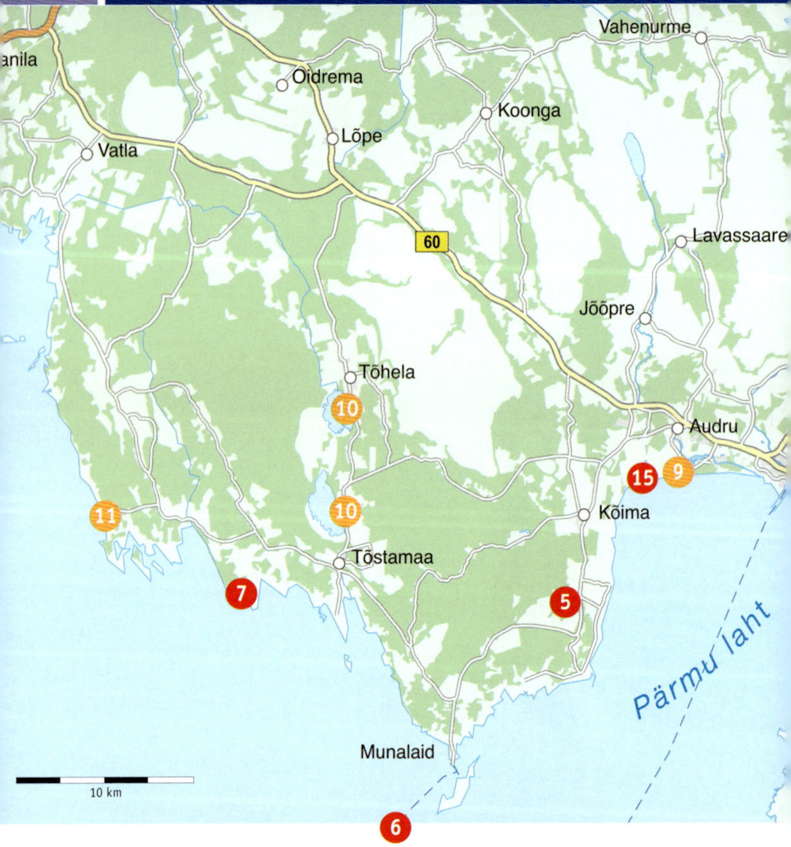

Auf halbem Weg zwischen der lettischen Hauptstadt Riga und dem estnischen Tallinn ist Pärnu das wichtigste und auch das einzige größere Seebad an der estnischen Küste. Seine geschütze Lage und der lange weiße Sandstrand sorgen für überdurchschnittliche Wassertemperaturen und ungetrübte Badefreuden. In den Sommermonaten mausert sich die ruhige Kleinstadt zur kulturellen Metropole mit Musikfestivals und Kunstausstellungen und zum beliebtesten Treffpunkt der Esten. So wurde Pärnu 1996 zur offiziellen Sommerhauptstadt Estlands ernannt und der Bügermeister von Tallinn übergibt in jedem Jahr zum Beginn der Sommersaison symbolisch die Hauptstadtrechte an seinen Kollegen in Pärnu.

Das Umland von Pärnu ist dagegen dünn besiedelt und von Wald und ausgedehnten Moorlandschaften geprägt. So liegt der Soomaa Nationalpark, eine der wildesten Regionen Estlands, nur wenige Kilometer entfernt. Der Nationalpark besteht aus mehreren großen Mooren, die durch gewundene Wasserläufe voneinander getrennt sind. Berühmt und bekannt ist er für ein besonderes Naturphänomen: die Fünfte Jahreszeit im Frühjahr zur Schneeschmelze. Dann stehen oft große Flächen des Nationalparkes unter Wasser und können mit dem Kanu erkundet werden.

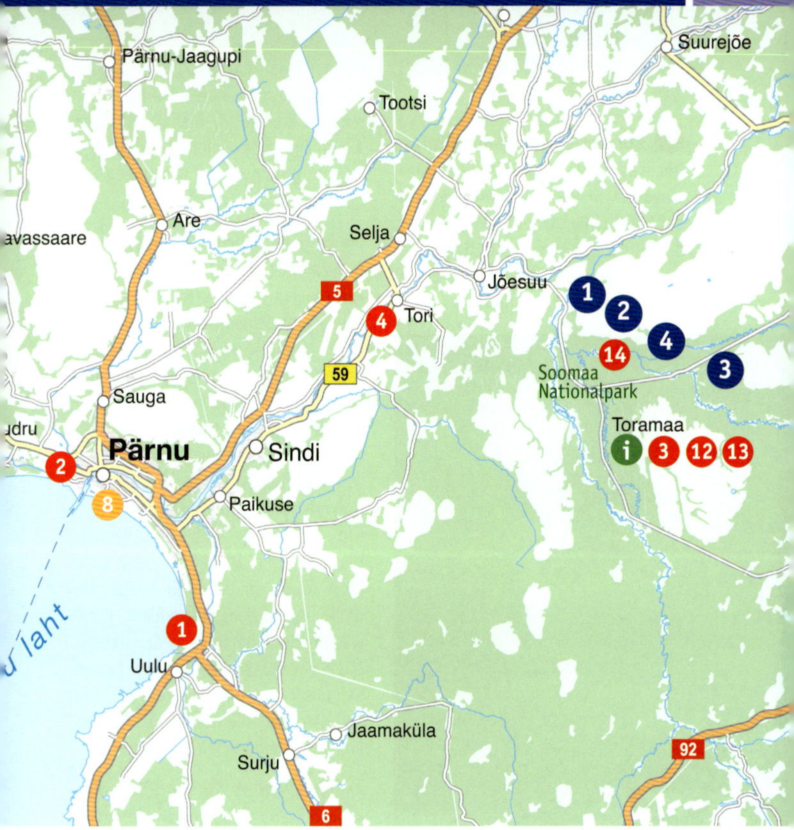

Ausflugsziele

Pärnu

Mit einem eisfreien Ostseehafen blickt Pärnu auf eine Vergangenheit als wichtiger Handelsplatz der Hanse zurück. Aber bereits 1838 eröffnete hier die erste Badeanstalt und die Karriere des Ortes als Heil- und Seebad begann. Heilende Schlammbäder und ein drei Kilometer langer Sandstrand lockten bis 1920 auch Gäste aus Russland, Deutschland oder Schweden zur Badekur nach Estland. Viele der im Zweiten Weltkrieg zerstörten Holzvillen wurden nach 1945 wieder aufgebaut, sodass Sie bei einem Bummel durch die Straßen einige schöne Holzhäuser bewundern können. Das Tallinner Tor und der Rote Turm, die letzten Reste der mittelalterlichen Stadtbefestigung, können ebenfalls besichtigt werden.

Hinter dem Strand lässt es sich auf der Promenade gemütlich bummeln. Am westlichen Ende der Bucht ist am Frauenstrand auch FKK üblich. Abends erwarten Sie Konzerte, Volksfeste und lebhaftes Nachtleben in Bars und Restaurants. Das bunte Strandleben zieht Familien, aber auch viel junges Publikum nach Pärnu. Hier genießen Esten und Touristen gemeinsam den Sommer am Meer.

1 Lottemaa Freizeitpark

Im Lottemaa Freizeitpark kann man mit den Figuren aus den Lotte-Filmen und -Büchern Abenteuer erleben und Dinge erfinden. Mit Seilgarten, Themenhäusern und großem Spielplatz ist der Park hauptsächlich für Familien mit Kindern konzipiert. Auf dem Gelände gibt es auch einen sanft abfallenden Strand zum Baden.
Geöffnet Juni bis August täglich 10–18 Uhr, Parkgebühr €2 für 24 h,

Eintritt: € 20 für alle Gäste ab zwei Jahren, www.lottemaa.ee.

2 Bohlenweg an der Strandwiese

Am westlichen Rand der Strandpromenade von Pärnu beginnt am Ende der Straße »Ranna pst« ein Rundweg, der auf Holzbohlen durch die Strandwiesen mit mehreren Teichen bis zu einem Aussichtsturm führt.

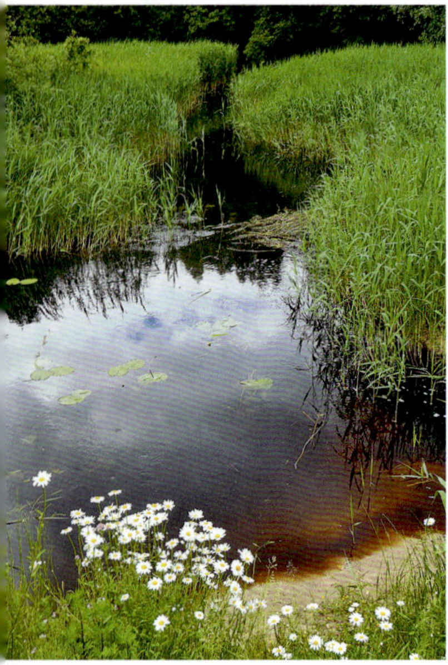

Soomaa Nationalpark

Der Kernbereich des Soomaa Nationalparkes gehört zu den PanParks, einer Organisation, die versucht, die letzten Wildnisgebiete in Europa zu schützen. Im Park sind noch Adler, Luchse, Elche, Wölfe und Bären zu Hause. Als Wanderer bekommt man diese jedoch kaum zu Gesicht. Nationalparkguides empfehlen daher, den Park auch im Winter zu besuchen, wenn die Spuren im Schnee viele Geschichten erzählen, die Menschen sonst verborgen bleiben.

Auf den Wasserläufen zwischen den Mooren kann man den Park in mehrtägigen Kanutouren erkunden. An den Flussufern sind dazu einfache Biwakplätze eingerichtet. In den Moorgebieten und im Wald sind acht Wanderwege markiert. Drei davon, alle auf guten Schotterpisten zu erreichen, stellen wir hier vor [› Tour 1–3]. Informationen und Karten über weitere Wanderrouten bekommen Sie im Informationszentrum in Tipu.

Ein ganz besonderes Erlebnis ist ein Besuch im Soomaa Nationalpark zur Fünften Jahreszeit. Die kurzzeitig bei der Schneeschmelze im März oder April entstehenden Wassermassen setzen für zwei bis drei Wochen eine Moorfläche von bis zu 110 Quadratkilometer unter Wasser. Auf den überfluteten Flächen werden dann von allen Kanustationen im weiteren Umkreis Touren durch den überfluteten Wald, zu halb versunkenen Häusern und Brücken angeboten. Diese Touren sind auch für Esten eine große Attraktion. Besonders hohe Wasserstände hatte es in den Jahren 2012 und 2013. Bei YouTube finden Sie unter den Stichworten Soomaa und Karuskose mehrere Filme, die das Phänomen eindrücklich zeigen.

Anfahrt: Rechnen Sie von Pärnu eine knappe Stunde. Soomaa erreichen Sie am besten über Tori und Joesuu. Dort ist die Zufahrt zum Nationalpark beschildert. Wir folgen der schmalen Asphaltstraße, die zuerst am Riisa Moor und dann am Abzweig nach Karuskose vorbei bis zum Infozentrum bei **GPS N 58°25'51", E 25°01'49"** *führt. Das letzte Stück nach Tipu fahren Sie auf einer gut befahrbaren Schotterpiste. Auch die Startpunkte der Touren 2–4 sind nur über Schotter zu erreichen.*

3 Nationalparkinfo Soomaa

Informationen und Karten. Im ersten Stock können Sie außerdem eine kostenlose Ausstellung über Fauna und Flora des Soomaa Parkes und über die Fünfte Jahreszeit besuchen.
Geöffnet 15.3. bis 15.9. Mo–Fr von 9–17 Uhr, Sa und Sa 10–18 Uhr, im Winterhalbjahr Di bis Sa 10–16 Uhr.

4 Gestüt Tori

Am Eingang zum Soomaa Park liegt das Dörfchen Tori, das wir auf der gut ausgebauten P59 erreichen. Im Ort stehen rechts der Straße die Gebäude des ältesten Gestütes Estlands. Das Gestüt Tori wurde 1855 gegründet, um passende Pferde für den Einsatz in der Landwirtschaft zu züchten. Ursprünglich ist der estnische Tori daher kompakt und kräftig und sowohl für leichte Feldarbeiten und als Kutschpferd als auch als Reitpferd geeignet. Seit den 1950er Jahren wird zusätzlich eine leichtere Sportpferdelinie gezüchtet.

Das Gestüt Tori kann täglich von 8 bis 17 Uhr besichtigt werden. Eintritt €4. Es werden auch Ausritte (etwa €20 pro Stunde) und Kutschfahrten angeboten Info unter maaelumuuseumid.ee/en.

5 Aussicht ins Lindi-Moor

An der Küstenstraße 101 versteckt sich kurz nach dem Abzweig nach Liu im Waldstreifen rechts der Straße ein Aussichtsturm mit Blick über das kleine, nicht durch Wege erschlossene Lindimoor. Parkplatz rechts am Straßenrand.

6 Die Insel Kihnu

Die Männer von Kihnu waren traditionell Fischer und Robbenjäger und verbrachten den größten Teil des Jahres auf dem Meer. Alltag, Feldarbeit, Kultur und Brauchtum war auf Kihnu schon immer Sache der Frauen. So gilt die kleine Insel zwölf Kilometer vor der estnischen Küste auch heute noch als eine der raren matriarchisch organisierten Gemeinschaften Europas. Viele Frauen tragen auch heute noch die typische Tracht der Insel mit ihren bunten gewebten Wollröcken und halten so eines der meistfotografierten Tourismusklischees Estlands am Leben: Frauen in der Kihnu-Tracht auf dem Motorrad – dem wichtigsten Transportmittel auf der Insel.

Kihnu ist sieben Kilometer lang und gut drei Kilometer breit. Sie können die Insel also gut mit dem Fahrrad erforschen. Einen Fahrradverleih gibt es auf der Insel. Einen Besuch lohnt das Kihnu-Museum und der alte Leuchtturm von 1864, den man von Juni bis August täglich zwischen 10 und 18 Uhr ersteigen kann. Auf der Insel gibt es drei kleine Campingplätze und mehrere einfache Unterkünfte. Adressen finden Sie unter visitkihnu.ee.

Das Fährboot startet zwei- oder dreimal täglich vom winzigen Hafen Munalaiu westlich von Pärnu zur knapp einstündigen Fahrt auf die Insel. Einen aktuellen Fahrplan finden Sie unter new.veeteed.com.

7 Die Eichen von Kastna

Drei uralte Eichen stehen bei Tostamaa in einer malerisch grünen Küstenlandschaft mit dicken Findlingen. Die Anfahrt führt über einen schmalen Fahrweg und ist mit Kastna Tammed von der Küstenstraße beschildert.

Die älteste der drei Eichen von Kastna

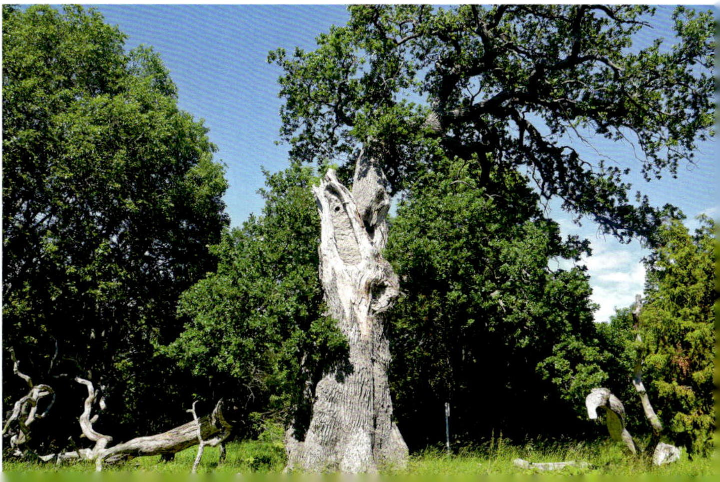

Der Parkplatz befindet sich bei **GPS N 58°19'21", E 23°54'08"** an der ältesten der drei Eichen und an einem Aussichtsturm mit weitem Blick über die nahe Küste.

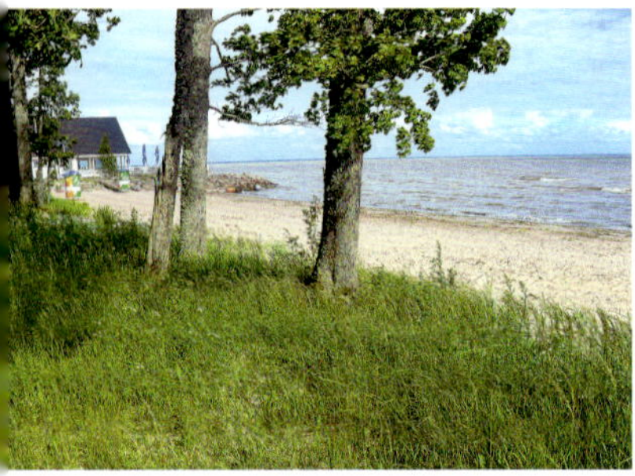

Baden

8 Pärnu rand

Breiter flacher Sandstrand und günstige Strömungen, die für vergleichsweise warmes Wasser sorgen. Bewachter Strand mit Liegen und Rettungsdienst, Frauenstrand (FKK) am westlichen und Verleih von Surfausrüstung am östlichen Ende der Strandpromenade.

9 Valgeranna rand

Schmaler Sandstreifen vor einem Kiefernwald. Hochseilgarten und Ausflugslokal mit Terrasse über dem Meer. Parkplatz bei **GPS N 58°23'21", E 24°22'21"**.

10 Ermistu- und Tohela järv

Zwei klare Seen bieten im Landesinneren bei Tostamaa die Gelegenheit zum Baden. Den besten Zugang haben Sie an den beiden Campingplätzen am Seeufer, auf denen man auch einfache Holzhütten mieten kann.

11 Der wilde Strand von Matsi

Im Küstenwald von Matsi liegt einer der einfachen RMK Zeltplätze und eine größere Ferienanlage hinter einem schmalen Sandstreifen. Der Strand endet am verlassenen Hafen von Matsi. Rechts vom Hafen verrotten einige Holzboote im Wald, die hier von den sowjetischen Besatzern zerstört wurden. Zu groß war die Angst, sie könnten zur Flucht nach Schweden verwendet werden. Läuft man weiter auf die Landspitze erreicht man nach knapp zwei Kilometern den kantigenweißen Leuchtturm von Matsi.

Outdoorsport

12 Moorwandern mit »Bogshoes«

Sie sehen aus wie Schneeschuhe und werden an die Füße geschnallt. Bogshoes ermöglichen es, auch abseits der Bretterpfade über den feuchten Moorboden zu laufen. Da große Gebiete des Soomaa Nationalparkes nicht durch Wege erschlossen sind, dringen Sie auf den geführten Touren von Aivar Ruukel weit in die Wildnis vor. Außerdem bietet Soomaa Wilderness Experiences auch Eintages-Wildnistouren und unbegleitete Kanutouren an. www.soomaa.com.

13 Mit dem Kanu durchs Moor

Das wasserreiche Gebiet von Soomaa ist eines der besten Kanureviere Estlands. Auf Raudna, Vohandu, Halliste, Namesti und Lemmjögi sind Kanutouren durch die Wildnis zwischen

Badeparadies Pärnu: der weiße Strand vor dem Ort und (oben) die Bucht von Valgeranna.

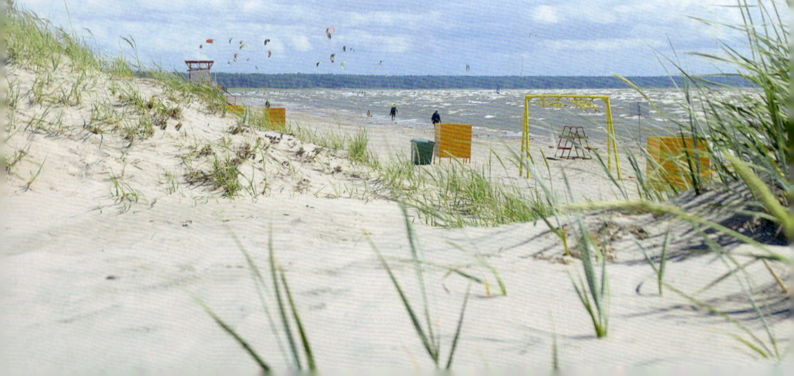

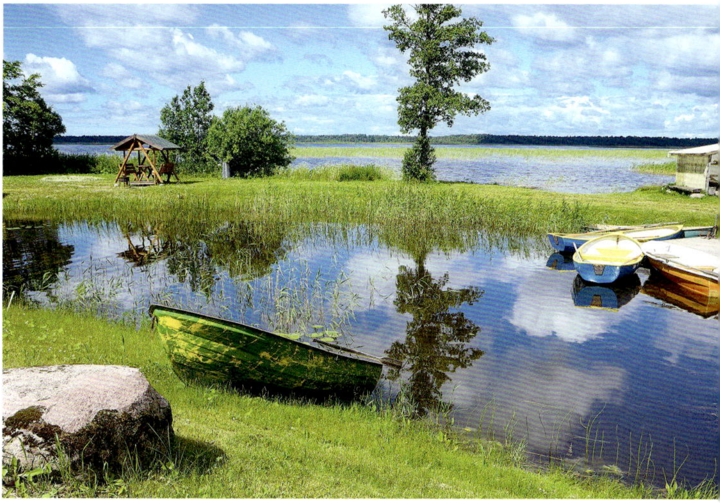

Der kleine Campingplatz am Tohela järv und der Schiffsfriedhof am Strand von Matsi

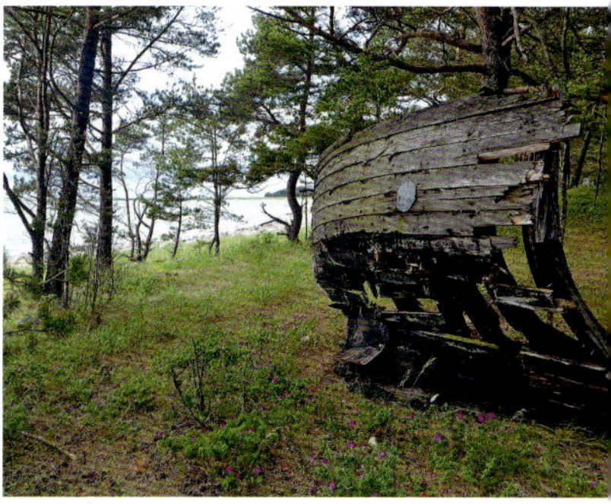

einem halben und fünf Tagen möglich. Informationen bekommen Sie unter www.soomaa.com, www.veelaager.ee oder www.karuskose.com. Alle drei Veranstalter verleihen ihre Kanus direkt im Park. [› Tour 4]

14 Mit dem Kajak aufs Meer

Die zerklüftete Küste Estlands mit ihren Buchten und kleinen Inseln ist ein ausgezeichnetes Seekajakrevier. Der passionierte Paddler Rene Valner, der sein Quartier im alten Farmhaus von Karuskose aufgeschlagen hat, verleiht erstklassige Kanus und Seekajaks und bietet auch geführte Seekajaktouren an der Küste zwischen Pärnu und Tallinn an. Karuskose ist die richtige Adresse für geübte Paddler, die abenteuerliche Touren schätzen. Es gibt auch mehrere ungewöhnliche Unterkünfte auf dem Gelände.
www.seakayakingestonia.com.

Wildlife tours Soomaa

Am Farmhaus Karuskose werden außerdem mehrtägige Touren mit Bogshoes und Kanu durch den Soomaa Nationalpark angeboten.
www.karuskose.com

15 Hochseilgarten Valgeranna

Die Parcours des Valgeranna Seikluspark schaukeln direkt hinter dem Badestrand von Valgeranna zwischen den Bäumen des Küstenwaldes. Von einigen der sechs Parcours hat man besten Meerblick. Kinder dürfen ab einer Körpergröße von 1,15 Meter mit auf die ersten drei Trails. Weitere drei Parcours sind ab 1,40 Meter freigegeben. Für die Jüngsten von 3–7 Jahren gibt es zwei Spielplatz-Trails knapp über dem Boden. Parkplatz bei **GPS N 58°23′21″, E 24°22′21″.** Am Strand steht außerdem das Ausflugslokal Doberani Rannamaja mit Terrasse zum Meer und Zeltmöglichkeit.
Valgeranna Audru vald, geöffnet Juni bis August, täglich 10–21 Uhr, im Juli bis 22 Uhr, Erwachsene € 23, Kinder ab 115 cm € 12 bis 19, childrens park (2–7 Jahre) € 8, Familienermäßigung 15 Prozent. Mai und September nur am Wochenende mit deutlichen Ermäßigungen.
https://valgerannaseikluspark.ee

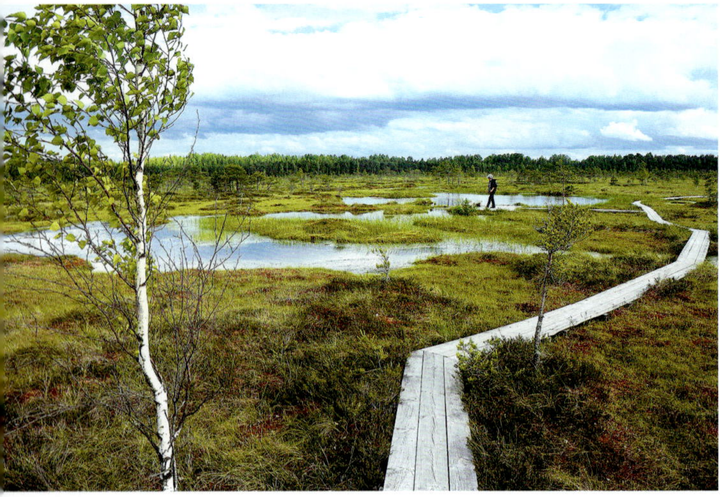

eben

STRECKE 4,7 km

1 h 45

ab 6

Tour 1: Der Moorpfad von Riisa

Barrierefrei durchs Moor

Der komfortable Pfad durchs Riisa Hochmoor liegt am Rand des Nationalparks außerhalb des Überschwemmungsgebietes und ist daher das ganze Jahr begehbar. Durch ein vergleichsweise trockenes, herrlich stilles Hochmoor läuft man zu einer Reihe kleiner Moortümpel und zu einem Aussichtsturm. Ein kürzerer Stichweg zu den ersten Wasserbecken im Moor ist auch mit Kinderwagen oder Rollstuhl gut machbar.

Wanderung: Durch das **Holztor am Parkplatz** geht es vorbei am Holzhäuschen mit Herz und auf dem breiten Weg links ins Hochmoor. Zuerst ist der Boden noch trocken genug für stattliche Fichten, dann wird die Vegetation langsam karger und die Bäumchen winden sich in Bonsai-Formen. Unser Pfad hält auf ein Waldstück zu und teilt sich am Waldrand. Die Route links durch den Wald hat Naturboden, der Bretterweg führt am Waldrand entlang – Sie haben die Wahl.

Wo sich die beiden Wege treffen, geht es wieder ins Moor und kurz darauf dreht unser Bretterpfad eine Runde um einen ersten **Moorsee** ①. Hier ist der barrierefreie Teil der Wanderung zu Ende und wer mit Kinderwagen oder Rollstuhl unterwegs ist, kehrt auf gleichem Weg zurück.

Ein schmalerer Bretterpfad führt von diesem Platz weiter ins Moor und durch eine stille Landschaft mit kleinen Bäumchen, Flechten und Moosen. Nach gut zwei Kilometern sieht man die ersten Tümpel, in denen sich der Himmel spiegelt. Der Holzweg

TOUREN-STECKBRIEF

Anfahrt: Von Pärnu kommend über Tori und Joesuu den Schildern zum Soomaa Nationalpark folgen. Kurz hinter der Parkgrenze noch vor den Häusern von Riisa liegt links der Straße bei bei **GPS N 58°29'20", E 24°58'53"** eine Parkbucht und der Zugang zum am leichtesten erreichbaren Moorpfad des Soomaa Parkes.

Charakter: Der Riisa Moorpfad führt durch ein kleines Moorgebiet am Rande des Parkes. Der Weg ist neu erschlossen und die Holzbohlen sind in entsprechend gutem Zustand. Ein 1,2 km langer Stichweg zum ersten kleineren Gebiet mit Moortümpeln ist auch mit Rollstuhl oder Kinderwagen befahrbar. Der Holzsteg ist hier besonders breit und mit Drahtgitter rutschfest gemacht.

Mit Kindern: Attraktiver Bretterweg mit Aussichtsturm auf halber Strecke als Ziel. Wenn die Kondition noch nicht für die ganze Runde reicht, taugt auch der barrierefreie Pfad als Wanderrunde.

Übernachtung:

Gästehaus: Riisa Rantso, Ponka Puhketalu, Farmhaus Karuskose

Camping: Einfache Zeltplätze im Nationalpark oder Soomaa Kanuumatka

Wohnmobil: Auf dem Parkplatz am Informationszentrum dürfen Sie auch über Nacht stehen bleiben. DC, ansonsten keine Ausstattung.

In der Nähe: Kanutour auf Raudna oder Lemmjögi, Ausstellung über den Nationalpark im Soomaa Informationszentrum.

schlängelt sich zwischen den Seen hindurch und Bänke am Seeufer laden zur Pause ein. An einer größeren Gruppe von Moorseen ermöglicht dann ein **Aussichtsturm** ② den Blick über das ausgedehnte Becken des Riisa Moores. Dann laufen wir auf dem Rundweg weiter durch weitgehend trockenes Hochmoor bis zum Ausgangspunkt.

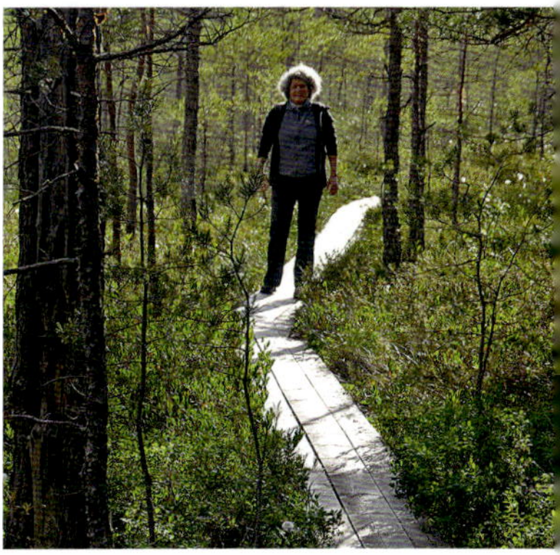

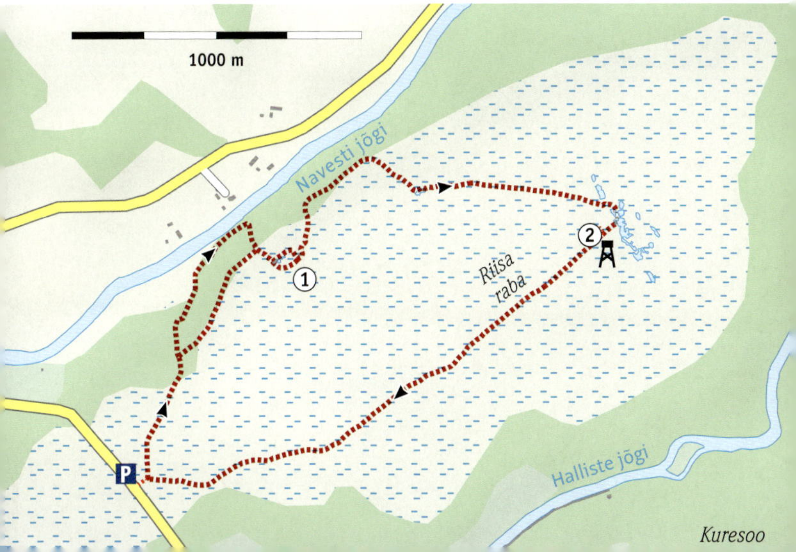

Zwischen Wasser und Land – Wie eine Moorlandschaft entsteht

Moore sind eine Welt für sich. Nicht Wasser und nicht Land, mit einer ganz eigenen Pflanzenwelt. Und doch ist Moor nicht gleich Moor. Während die flachen Überflutungsflächen der Niedermoore Lebensraum und Nahrung für eine artenreiche Fauna bieten, sind die nährstoffarmen Hochmoore mit ihren dicken Torfschichten eine stille Zauberwelt, in der nur wenige Pflanzen überleben können. Ausgedehnte Hochmoore, wie die im Soomaa Nationalpark, sind über Tausende von Jahren gewachsen.

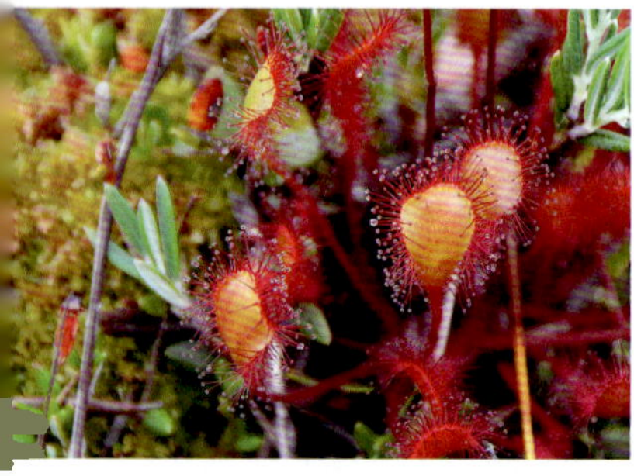

Was ist eigentlich ein Hochmoor

Hochmoore bestehen aus einer dicken Torfschicht, die sich über einer wasserundurchlässigen Bodenschicht sammelt.

Torf entsteht, wenn mehr Pflanzensubstanz wächst, als im sauerstoffarmen Lebensraum unter der Wasseroberfläche eines Feuchtgebietes zersetzt und abgebaut werden kann. Das Restmaterial sammelt sich und verdichtet sich nach und nach zu einer Torfschicht. Intakte Hochmoore wachsen etwa einen Millimeter pro Jahr.

Ein Hochmoor wird nur vom Regenwasser gespeist und hat keinen Kontakt zum Grundwasser. Es braucht also regelmäßige Niederschläge, um nicht auszutrocknen. Regenwasser ist

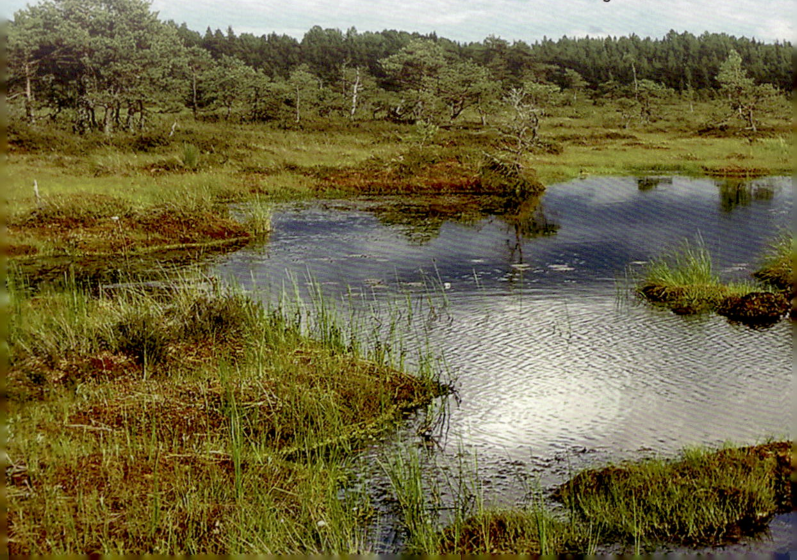

nährstoffarm, sodass auf den feuchten Hochmoorflächen nur genügsame Pflanzen überleben können. Neben den bestens an die Bedingungen angepassten Torfmoosen findet man im Hochmoor so seltene Pflanzen wie den Sonnentau, der sich von Insekten ernährt und sich darüber die Nährstoffe holt, die der Boden nicht bieten kann. In den trockeneren Zonen des Hochmoores kann man auch Rosmarinheide und Moos- und Preiselbeeren entdecken. Insekten sind auch eine der wenigen Tiergattungen, die im Hochmoor zu Hause sind. Im sauren Milieu der Moortümpel können Fische und Amphibien nicht überleben.

Lebensgemeinschaft im Niedermoor

Im Gegensatz zum Hochmoor werden Niedermoore aus dem Boden mit Wasser versorgt. Sie entstehen meist in feuchten Senken, in denen das Wasser nicht ausreichend ablaufen kann. Es handelt sich häufig um verlandete Seen. Manchmal sorgt auch eine Quelle für stetig nachlaufendes Wasser.

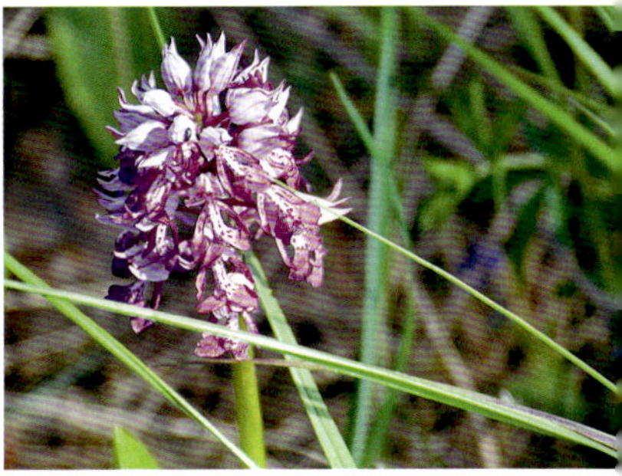

Grundwasser bietet eine bessere Versorgung mit Mineralstoffen als Regenwasser und so unterscheidet sich auch die Vegetation eines Niedermoores grundsätzlich von der im Hochmoor. Vorherrschend wachsen hier Schilfe und Gräser, wie zum Beispiel Woll- und Pfeifengras oder der Schachtelhalm. Dazwischen kann man im Sommer die violetten Blüten des Knabenkrauts oder der Mehlprimel entdecken.

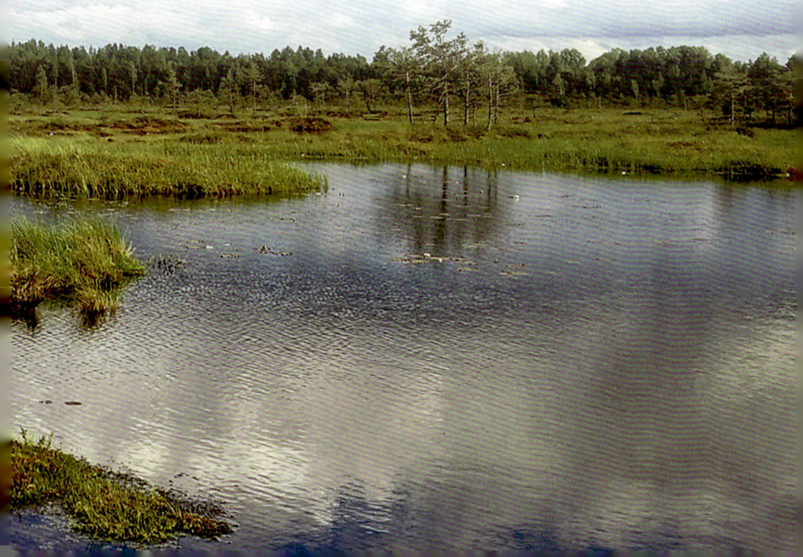

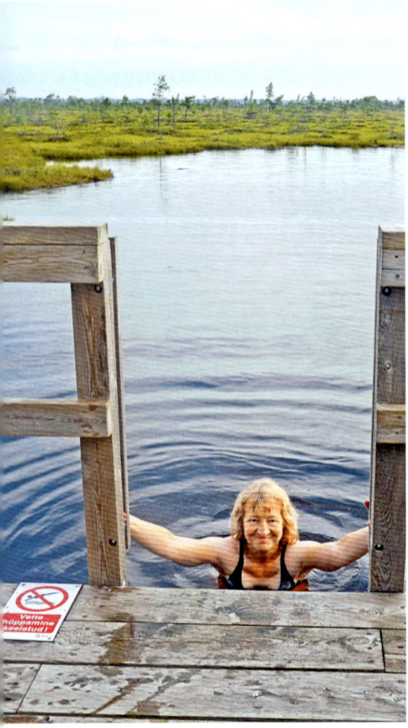

Tour 2: Auf dem Ingatsi Trail

Eine Wanderung durchs Moor

Der Wanderweg Ingatsi bringt uns ins Herz des Soomaa Nationalparkes und durch den Bruchwald zum acht Meter höher liegenden Moorgebiet Kuresoo. Auf dem Hang ist ein Aussichtsturm platziert. Im Moor führt ein Bretterpfad durch eine hinreißende Seenlandschaft mit knorrigen Bäumchen und einladender Badestelle. Eine Leiter sorgt für einen bequemen Einstieg, sie führt von einer Holzplattform am Seeufer direkt in ein tiefes Wasserbecken mit dunklem, weichem Moorwasser.

8 m

STRECKE 4,1 km

1 h 30

ab 6

Wanderung: Direkt am Parkplatz führt ein **Bohlenweg** in den Wald. Etwa nach einem Kilometer erreichen wir den Waldrand und den **Steilhang vor dem Hochmoor** ①. Eine Treppe führt hinauf. Oben an der Treppe zweigt auch der Waldpfad für den Rückweg ab. Zwischen den Bäumen wachsen hier viele Blaubeerbüsche. Läuft man jetzt weiter, kommt man zum **Aussichtsturm**, der auf der Moorebene steht und einen ersten Blick über die Weite des Kuresoo Moores ermöglicht.

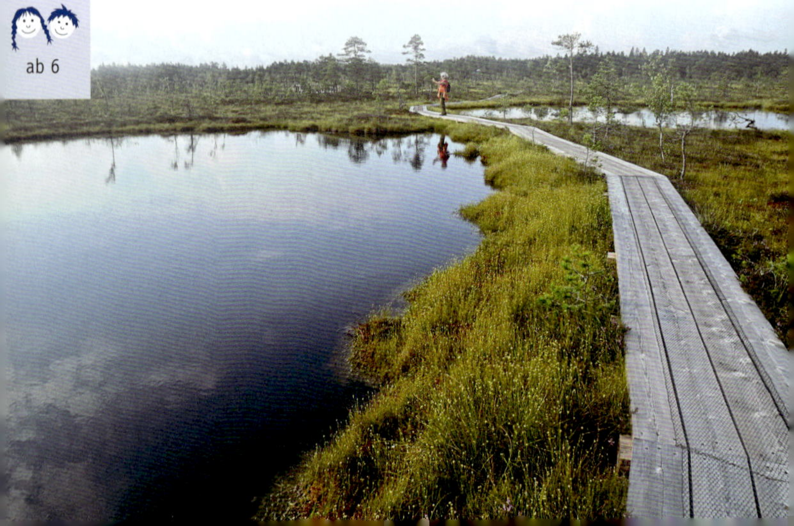

TOUREN-STECKBRIEF

Anfahrt: Von Pärnu kommend über Tori und Joesuu den Schildern zum Soomaa Nationalpark folgen. Die Straße führt an den wenigen Häusern des Dorfes Riisa vorbei und über den Fluss Halliste. Kurz hinter der Brücke endet der Asphalt und es geht auf guter Schotterpiste weiter. Direkt vor der Brücke über die Raudna zeigen vier Holzschilder nach links. Sie markieren den Weg zu zwei Zeltplätzen an der Raudna (Meiekose), zum Ingatsu Trail und zum Hof Karuskose mit Kanuverleih. Die Schotterstraße endet auf einem Parkplatz bei **GPS N 58°27'10", E 25°02'14".**

Charakter: Der Bretterpfad ist neu angelegt und in gutem Zustand. Er führt zu einem Aussichtsturm und durch ausgesprochen schöne Moorlandschaft. Die kurze Wanderung ist auch als Stopp bei einer Kanutour auf der Raudna möglich.

Mit Kindern: Durch den relativ langen Weg durch den Wald und den Rückweg auf der Schotterstraße eignet sich dieser Pfad eher für größere Kinder. Mit jüngeren Kids ist der Riisa Moorpfad besser geeignet.

Gästehaus: Riisa Rantso, Ponka Puhketalu, Farmhaus Karuskose

Camping: Einfache Zeltplätze im Nationalpark oder Soomaa Kanuumatka.

Wohnmobil: Auf dem Parkplatz am Informationszentrum dürfen Sie auch über Nacht stehen bleiben.

In der Nähe: Farmhaus Karuskose mit Kanuverleih auf der anderen Seite des Parkplatzes.

Dann folgt der spektakulärste Teil des Weges. Unser Bretterpfad zieht hier eine Runde durch ein sehr schönes Moor mit vielen tiefen Tümpeln. Gleich am ersten Moorsee treffen Sie auf den versprochenen **Badeplatz** ②. Eine Holzleiter führt ins unergründlich dunkle Wasser. Der Boden ist nicht zu erahnen und das Bad erfordert schon ein bisschen Mut. Der **zweite Badeplatz** ③ befindet sich dann ganz hinten an einem der letzten Moorteiche.

Am Ende der Runde laufen wir zurück zum Turm und zur Treppe und wählen jetzt den Pfad rechts durch den Wald. Er ist schmal und von vielen Wurzeln durchzogen. Markierungen an den Bäumen verraten, wie hoch das Wasser bei den letzten beiden Überflutungen stand. Über eine kleine **Brücke** überqueren wir einen Graben. Der Waldweg endet auf der **Forststraße** ④ zum Parkplatz, die wir links noch einmal 700 Meter hinunterlaufen, bis wir wieder am Auto stehen.

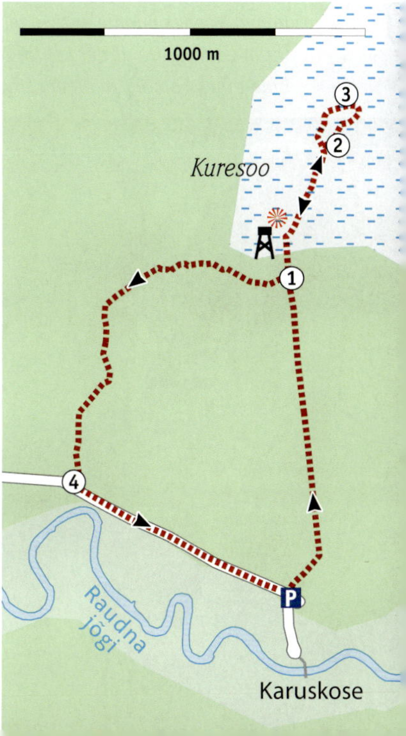

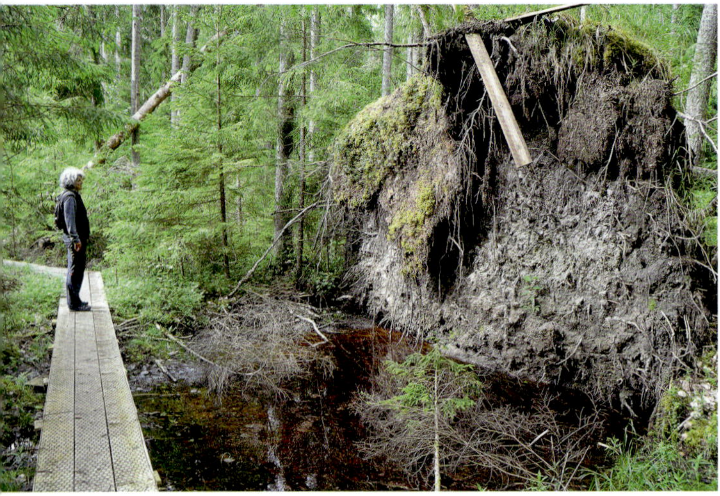

eben

STRECKE 1,5 km

45 min

ab 4

Tour 3: Neues Leben im alten Wald

Auf dem Kuuraniidu Trail den Wald entdecken

Ein Waldlehrpfad der besonderen Art liegt zwischen dem großen Moor von Kuresoo und dem benachbarten Moor von Valgeraba. Der Boden ist hier sehr feucht und die Bäume sind nicht ganz so tief verwurzelt. Neben hohen Fichten und Espen stehen hier mächtige, meterhohe Birken. Der Wald von Kuuraniidu ist alt. Stürme haben immer wieder Bäume entwurzelt. Trotzdem ließ man hier der Natur ihren Lauf. So zeigt der Lehrpfad von Kuuraniidu heute die Entwicklung eines Forstes zu einem Urwald, in dem viele Tiere leben und in dem auf den Resten alter Bäume frisches neues Leben entsteht.

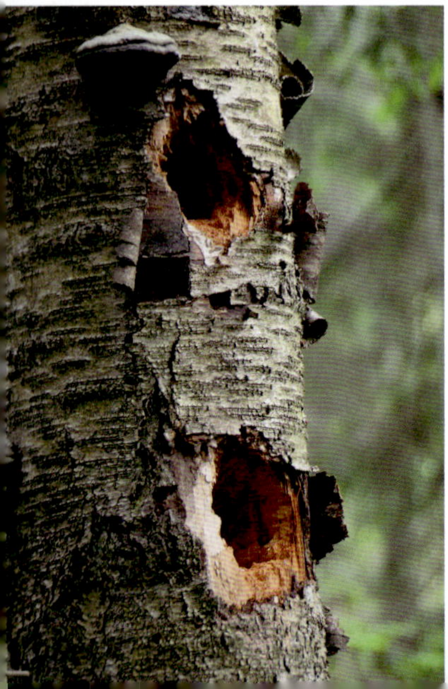

Wanderung: Vom Parkplatz laufen wir auf dem breiten Forstweg zum **Zeltplatz mit Grillstelle ①** und Trockentoilette. Dort beginnt der Rundweg durch den wilden Wald. Wir laufen durchgängig auf einem Bretterpfad – die Orientierung ist also kein Problem.

Der Bretterpfad führt uns in einen grünen Dschungel. Hier stehen meterhohe Baumriesen neben zersplitterten Stamm-

TOUREN-STECKBRIEF

Anfahrt: 500 Meter nördlich der Naturparkinformation der schnurgeraden Schotterpiste nach Oksa folgen. Immer geradeaus überqueren wir ein Flüsschen und fahren dann durch den Wald bis zu einer Lichtung mit dem Bauernhof Kuusekäära. Vor dem Hof führt eine Brücke über die Raudna. Kurz hinter einem Abzweig nach rechts erreichen wir nach neun Kilometern Fahrt auf der Schotterpiste den Wanderparkplatz am Kuuraniidu Trail bei **GPS N 58°27'20", E 25°10'03"**.

Charakter: Einfacher schmaler Bretterpfad durch einen wilden, immer leicht feuchten Wald, in dem besonders viele Tiere wohnen. Schön illustrierte Infotafeln am Wegrand auf englisch und estnisch, die unbedingt das Lesen lohnen.

Mit Kindern: Plastischer und spannender kann eine Lehrstunde über das Leben im Wald kaum sein. Die Informationstafeln erklären, was gerade am Wegrand zu sehen ist – in gut verständlichem Englisch. Es ist also die Aufgabe der Eltern zu übersetzen und zu erklären...

Übernachtung:

Gästehaus: Riisa Rantso, Ponka Puhketalu, Farmhaus Karuskose

Camping: Zeltplatz im Wald am Wegbeginn oder Oksa Grill- und Zeltplatz 3 km weiter bei **GPS N 58°27'52", E 25°11'59"**, Camping Soomaa Kanuumatka.

Wohnmobil: Auf dem Parkplatz am Informationszentrum dürfen Sie auch über Nacht stehen bleiben.

In der Nähe: Kanutour auf Raudna oder Lemmjõgi, Ausstellung über den Park im Soomaa Informationszentrum.

resten. Was auf den ersten Blick wie ein vernachlässigster Wald aussieht, wird schon mit den Erklärungen auf der ersten Tafel zu einem wilden Zauberland. Was passiert, wenn Bäume sterben?

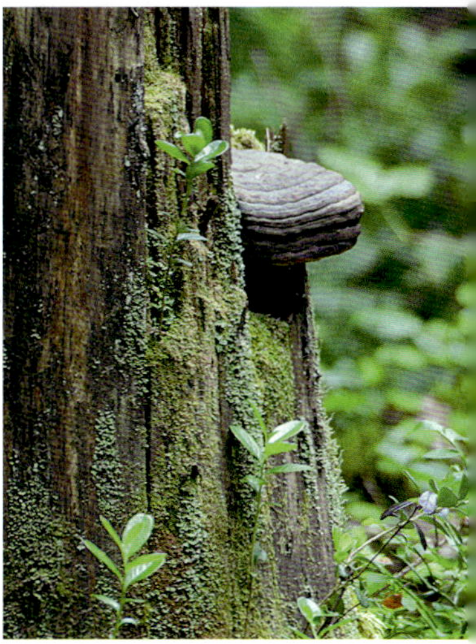

An der ersten Station hat ein Sturm eine Lichtung geschaffen. Man kann beobachten, wie der Wald von unten nachwächst, wenn die alten Riesen fallen und Licht bis zum Waldboden vordringt. Es beginnt ein Wettstreit zwischen den jungen Bäumen und Büschen um Raum und Licht zum Wachsen.

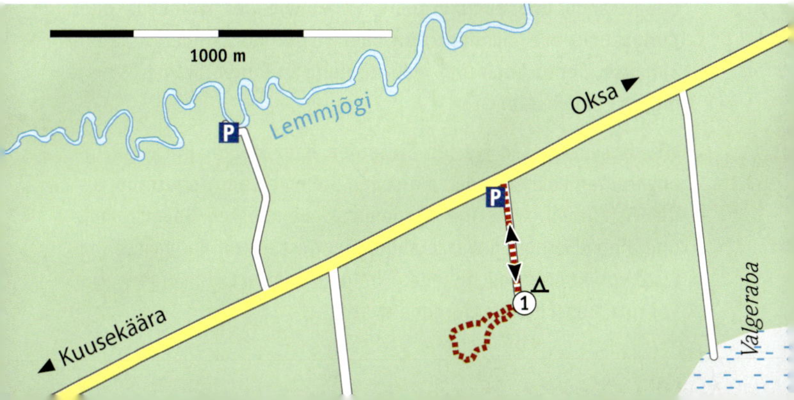

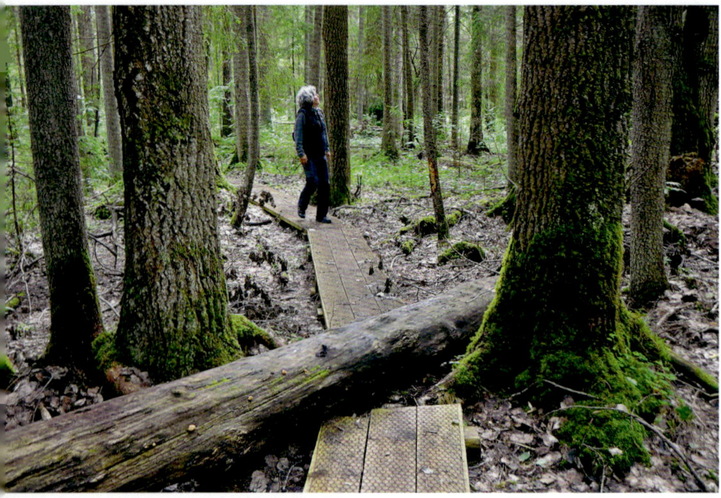

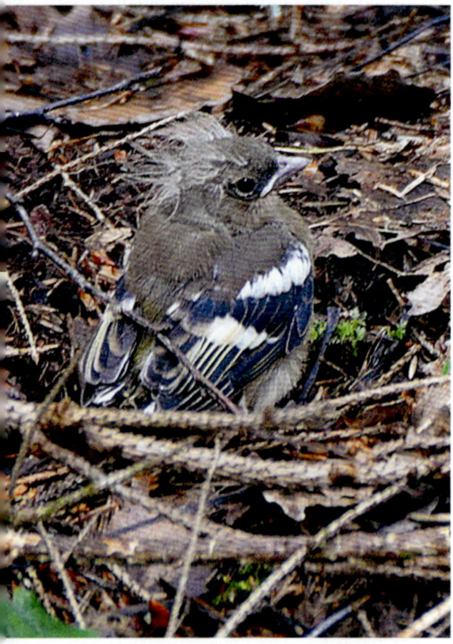

Die toten Stämme der alten Bäume werden dagegen zu neuem Lebensraum für Pilze und Insekten, die das absterbende Holz zersetzen, weich machen und so neuen Lebensraum für Vögel und kleine Säugetiere schaffen.

Der größte Baumeister in einem alten Wald ist der Specht. Eine Schwarzspecht- oder Buntspechtfamilie baut jedes Jahr mehrere Bruthöhlen. Werden diese verlassen, stehen die Nachmieter schon Schlange. Waldvögel wie die Taube oder der Star sind ebenfalls Höhlenbrüter, können aber selbst keine Höhlen bauen. Mit der Zeit vergrößern Insekten den Raum im Baumstamm und auch größere Vögel wie der Waldkauz oder Kleinsäuger wie Eichhörnchen oder Fledermaus finden dort ein Zuhause. Jedes Loch und jede Höhlung in einem Stamm ist ein eigener Lebensraum.

Mit diesem Wissen werfen Sie einen ganz neuen Blick auf die unzähligen Löcher in den morschen Stämmen am Wegesrand, auf die Schönheit wulstiger Baumpilze, bemooster Baumstämme und die meterhohen Wurzelballen der gestürzten Baumriesen im Wald von Kuuraniidu. In jeder Höhlung existiert eine eigene, gut vor uns Menschen verborgene Welt.

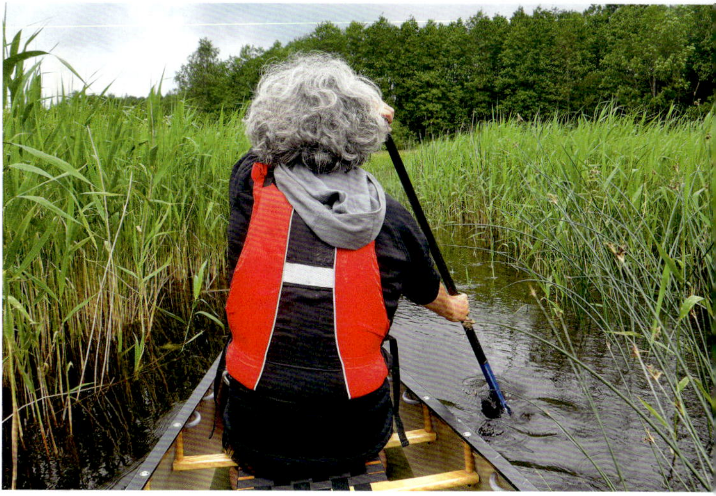

Tour 4:
Auf dem Lemmjögi durchs Schilf

Eine Kanutour im Soomaa Nationalpark

STRECKE
10 km

3–4 h

ab 8

Der Lemmjögi zieht sich in unendlich vielen engen Bögen durch das feuchte Grasland am Rande des Moores von Kuresoo. Kurve um Kurve geht es mit sanfter Strömung durch eine verwunschene grüne Wasserwelt mit unzähligen Seerosen und ohne jegliche Zivilisation.

Kanutour: An der Einsetzstelle am Zeltplatz zwischen Kuusekäära und Oksa ist der Lemmjögi noch so schmal, dass die Durchfahrt im Schilf zeitweise kaum breiter als unser Kanu ist. So geht es die ersten Kilometer sehr sachte voran. Mit der Zeit wird der Wasserlauf etwas breiter. Rechts und links rückt der Wald näher an die Ufer heran und wir bewundern so manche dicke Eiche, die im Schilf des Flussufers steht. Nach gut sechs Kilometern, zwei Drittel der Strecke sind jetzt gepaddelt, unterqueren wir eine **kleine Brücke** ①. Direkt dahinter verengt sich der Fluss zu einer Gasse und strömt plötzlich mit unerwarteter Geschwindigkeit dahin. Da hier außerdem der ein oder andere dicke Ast im Wasser liegt, braucht es besondere Aufmerk-

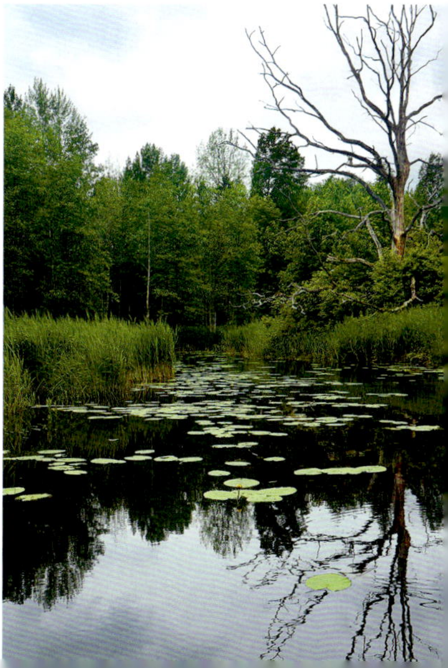

TOUREN-STECKBRIEF

Anfahrt: Von der Zufahrtsstraße in den Park an der Brücke über die Raudna den Holzschildern zum Ingatsi matkarada und zu den Zeltplätzen Meiekose telkimisala folgen. An den beiden Grill- und Rastplätzen an der Raudna vorbei bis zum Parkplatz des Ingatsi Trail am Ende der Straße bei **GPS N 58°27′10″, E 25°02′14″** fahren. Zum Farmhaus Karuskose mit Kanuverleih geht es vom Parkplatz rechts zum Fluss hinunter.

Kanuverleih: Per mail oder unter Telefon +372 5662 9515 bei Rene Valner anmelden. Die beschriebene Tour und jede andere Tagestour im Park kostet mit Transfer €25 pro Person, Kinder im Boot der Eltern €15, www.karuskose.com.

Mit Kindern: Der Lemmjögi bietet unterwegs keine Möglichkeiten zum Anlegen und Pause machen. Die Tour ist daher für jüngere Kinder nicht so geeignet. Eine gute Alternative mit ein bisschen weniger Wildnis ist eine Tour auf Raudna oder Vohandu, die ebenfalls in Karuskose oder bei Soomaa Kanuumatka und Wilderness Experience angeboten werden. Mehr Infos siehe Seite 21.

Übernachtung:

Gästehaus: Riisa Rantso, Ponka Puhkeküla, Blockhütte und einfache Zimmer am Farmhaus Karuskose.

Camping: Zelten im Apfelgarten von Karuskose, Zeltplatz Meiekose telkimisala an der Zufahrtsstraße.

Wohnmobil: Auf dem Parkplatz am Informationszentrum dürfen Sie auch über Nacht stehen bleiben.

In der Nähe: Ausstellung über den Park im Soomaa Informationszentrum.

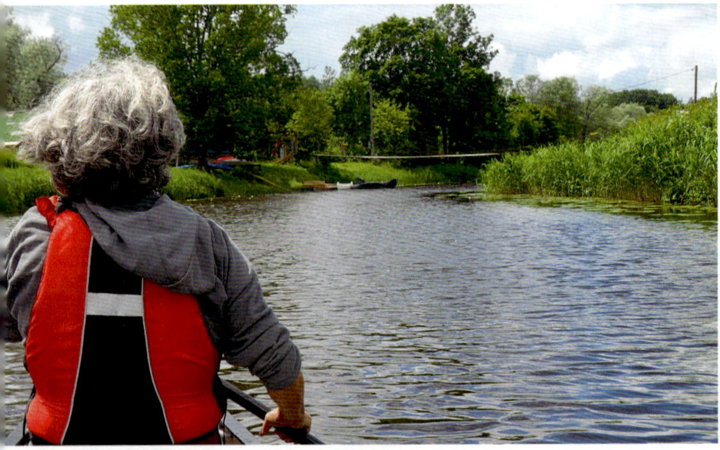

Der Anleger von Karuskose am Ufer der Raudna

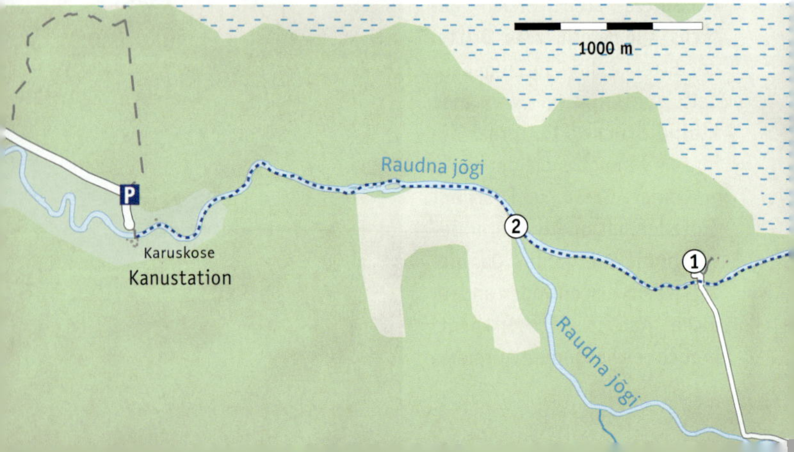

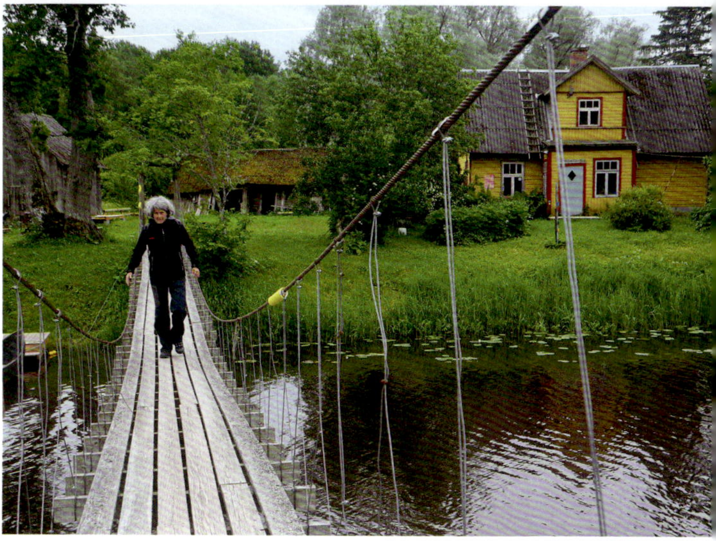

Wer sein Kanu im gelben Farmhaus von Karuskose leihen möchte, muss zuerst einmal über diese Hängebrücke balancieren. Karuskose ist ein Wahrzeichen des Soomaa Nationalparkes und liegt mitten im Überschwemmungsgebiet. Zur Schneeschmelze im April steht in Jahren mit hohem Wasserstand das komplette Erdgeschoss des Hauses unter Wasser und die Brücke ist nicht mehr passierbar. Zu dieser Zeit pilgern besonders viele Kanuten zu dem alten Farmhaus an der Raudna. Wer wissen möchte, wie das dann aussieht sucht bei Youtube nach dem Stichwort Karuskose.

samkeit. Danach geht es gemütlich weiter. Die Kurven sind jetzt nicht mehr so eng und man hat ausreichend Platz auf dem Fluss.

Die **Mündung des Lemmjõgi in die Raudna** ② hätten wir dann beinahe verschlafen. Von links kommt, durch einen schmalen Zulauf, viel Wasser in den Fluss und wenn der dann anschließend breit und träge dahinfließt, heißt er nicht mehr Lemmjõgi, sondern Raudna. Auf dieser paddeln wir weiter, bis nach kurzer Zeit die Hängebrücke und das gelbe Haus von Karuskose vor uns auftauchen und wir am Ziel angekommen sind.

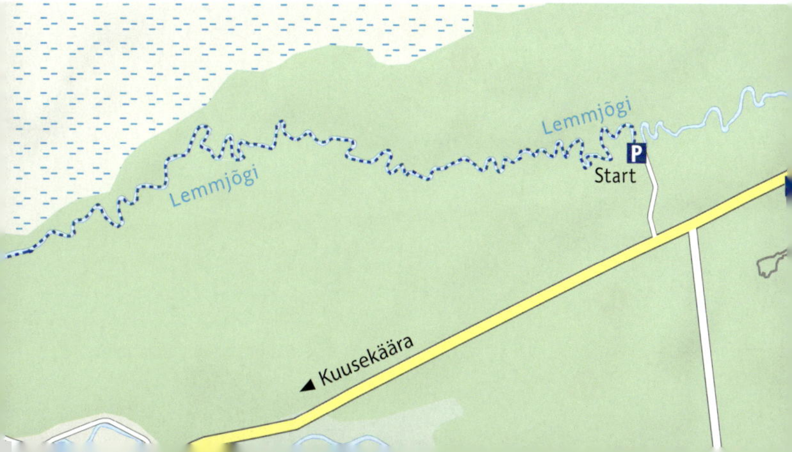

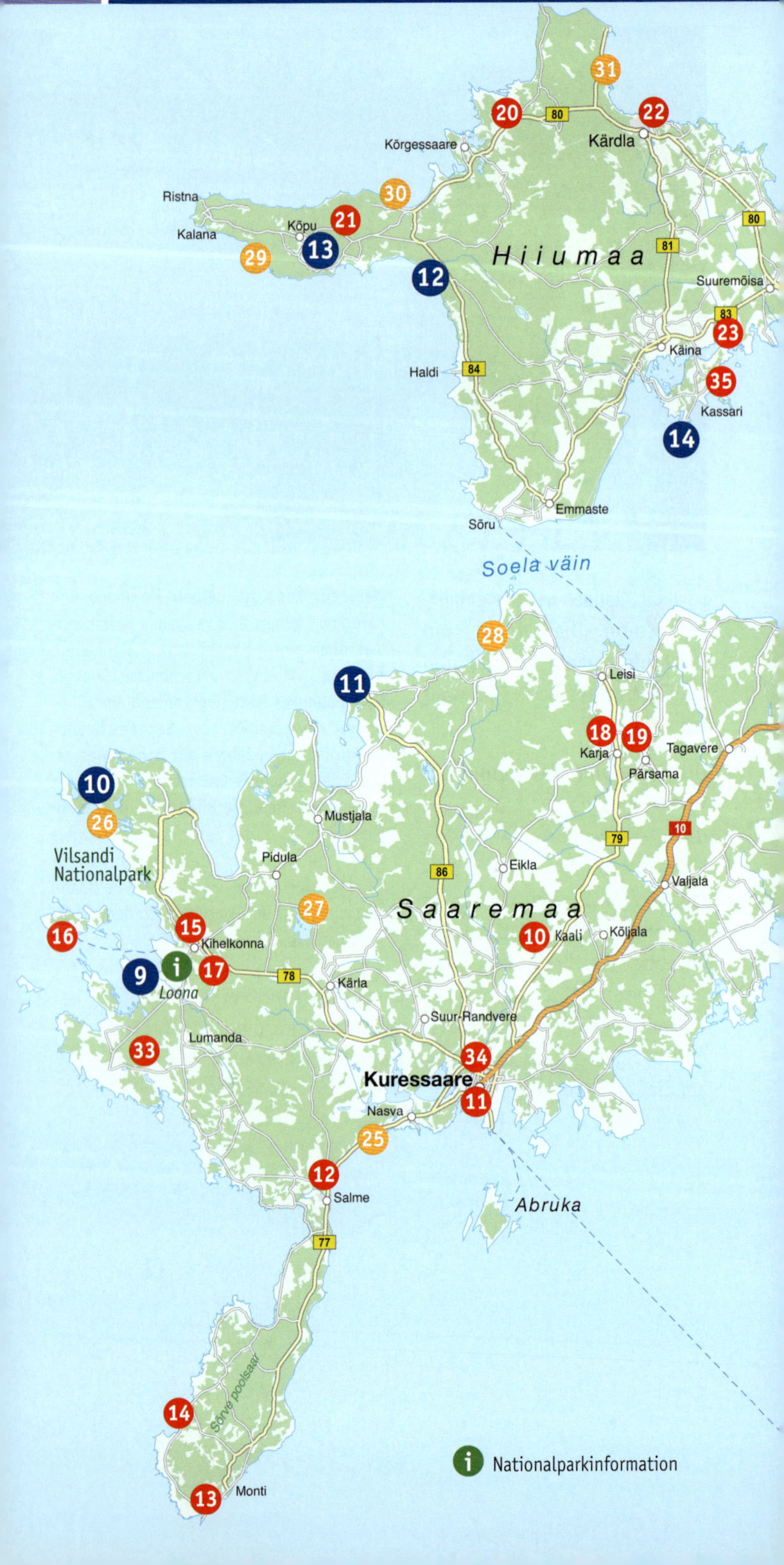
Hiiumaa
Kärdla
Kõrgessaare
Ristna
Kalana
Kõpu
Suuremõisa
Käina
Kassari
Haldi
Emmaste
Sõru
Soela väin
Saaremaa
Leisi
Karja
Pärsama
Tagavere
Mustjala
Pidula
Eikla
Valjala
Kaali
Kõljala
Vilsandi Nationalpark
Kihelkonna
Loona
Kärla
Lumanda
Suur-Randvere
Kuressaare
Nasva
Salme
Abruka
Sõrve poolsaar
Monti
Nationalparkinformation

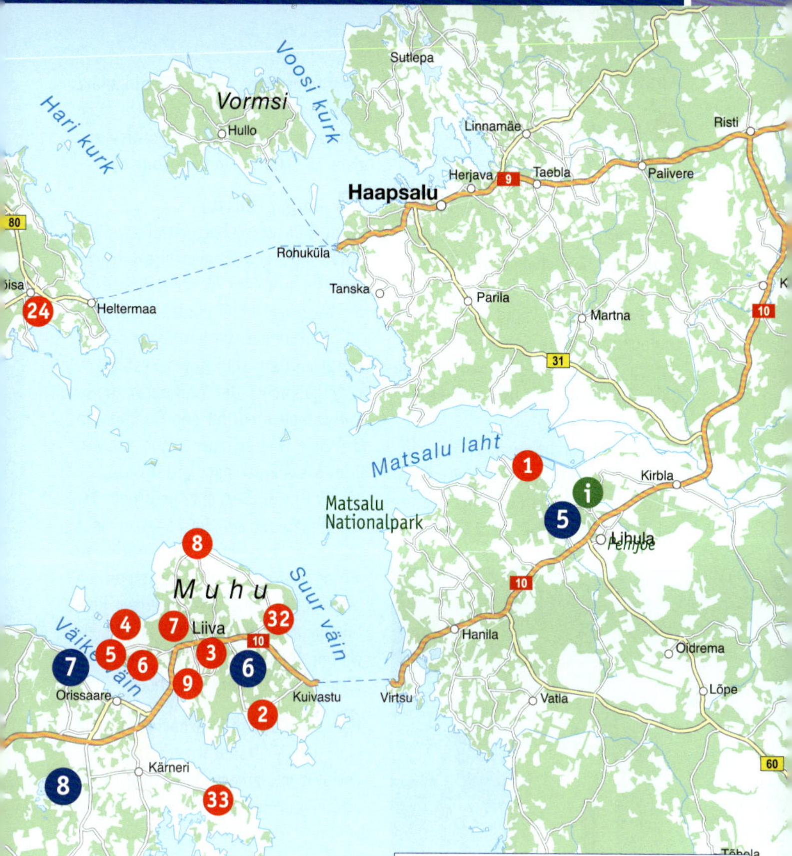

Die Schiffe der **Fährgesellschaft Praamid** verbinden Saaremaa und Hiiumaa mit dem Festland. Die Verbindung Virtsu – Kuivastu ist dabei am meisten frequentiert. Die Überfahrt dauert gut 25 Minuten und im Sommer fahren die Fähren fast stündlich. Hiiumaa ist durch sechs bis sieben Fahrten täglich mit dem Festland verbunden. Auf www.praamid.ee oder der praamid-app können Sie auch direkt buchen.

Besser planen müssen Sie die Überfahrt zwischen den Inseln, die von der **Fährgesellschaft Kihnu Veeteed** bedient wird. Zwei bis vier Fähren machen sich täglich auf die Reise von Leisi, Saaremaa nach Soru, Hiiumaa. Den aktuellen Fahrplan finden Sie unter new.veeteed.com, wo Sie auch buchen können, was in der Hochsaison und am Wochenende dringend empfohlen ist.

Vor der zerklüfteten Küste Estlands liegen unzählige Inseln in der Ostsee. Saaremaa und Hiiumaa sind die beiden größten Inseln Estlands und schon seit Jahrhunderten von Menschen bewohnt. In der Sowjetzeit waren beide Inseln militärisches Sperrgebiet, heute entwickeln sie sich langsam wieder zu beliebten Urlaubszielen. Die kleine Insel Muhu ist durch einen Damm mit Saaremaa verbunden und wird neben den beiden großen Schwestern oft übersehen – zu Unrecht, meinen wir. Jede der drei Inseln hat ihren ganz eigenen Charakter und lohnt unbedingt einen längeren Besuch.

Ausflugsziele

1 Matsalu Rahvuspark

Im Mündungsdelta des Kasari Flusses ist das Wasser nicht tiefer als 1,5 Meter. Die überfluteten Wiesen sind ein wichtiges Brutgebiet für Wasservögel und Zwischenstopp für über 250 verschiedenen Zugvogelarten. Der Park ist ein Paradies für Ornithologen. Mehrere Stichstraßen führen zu Beobachtungstürmen an der Bucht. Die bekanntesten sind Haeska, Keemu and Kloostri.

Die Nationalparkinformation des Matsalu Parkes befindet sich südlich der Bucht bei Lihula im Gutshaus Penijõe bei **GPS N 58°42‘52“, E 23°48‘57“.**

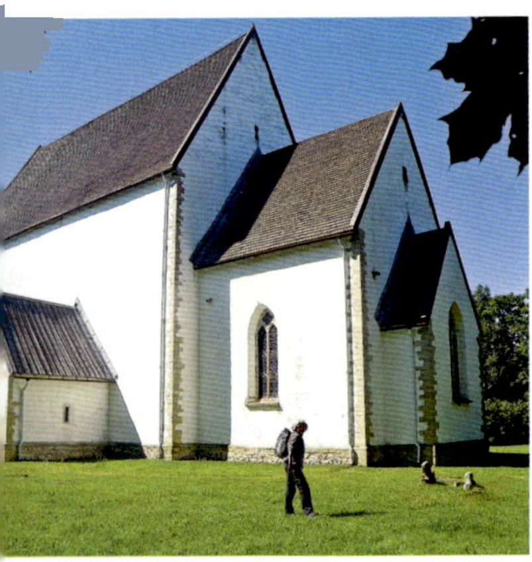

Die Katharinenkirche in Liiva

Die Insel Muhu

Mit gut 2000 Einwohnern ist Muhu die drittgrößte Insel Estlands. Die Insel ist ländlich und dünn besiedelt. Zwischen Waldflächen und Feldern verstecken sich kleine Dörfer mit urigen Stein- oder Holzhäusern, die oft mit Reet gedeckt sind. Grün bemooste Feldsteinmauern trennen die großen Grundstücke und neben der bekannten und immer noch funktionstüchtigen Bockwindmühle Eemu Tuulik findet man weitere Exemplare des gleichen Mühlentypes in den Gärten der Dörfer Koguva oder Suuremõisa. Liiva, der Hauptort der Insel, befindet sich in deren Zentrum. Hier gibt es nicht nur Cafés, die Touristeninformation, einen Campingplatz und einen Supermarkt, sondern auch eine sehr alte Kirche mit Fresken aus dem 13. Jahrhundert. **[› Tour 6]**

2 Hofgut Pädaste

Folgt man der Schotterstraße weiter nach links, kommt man direkt in der Kurve zum Hofgut Pädaste, das direkt am Wasser steht. Im Gutshof aus dem 15. Jahrhundert ist heute ein nobles Hotel und ein sehr gutes Restaurant untergebracht. Die 22 Hektar große Parkanlage rund um den Gutshof, in der viele Wasservögel brüten, ist von Juni bis August nachmittags von 12 bis 19 Uhr für Besucher geöffnet. Der Eintritt kostet € 4. Im Pädaste Yacht Club kann man auf der Seeterrasse zu Mittag speisen. Die Preise entsprechen in etwa dem, was wir von einem Restaurant der gehobenen Preisklasse erwarten (Angussteak € 29). Eine Karte finden Sie unter www.padaste.ee.

3 Liiva und die Katharinenkirche

Liiva ist der Hauptort der Insel und verführt mit einem einladenden Café und einem Restaurant an der Straße zu einem kurzen Aufenthalt. Ein weiteres gemütliches Café versteckt sich in der Information. Hinter der Info befindet sich ein Fischgeschäft undeine Backstube, in der köstliches Schwarzbrot gebacken wird. Es sieht zwar auf den ersten Blick aus wie ein schwarzer Backstein, aber lassen Sie sich keinesfalls abschrecken: Das Brot duftet köstlich und schmeckt noch besser als es riecht. Am besten fanden wir es ganz frisch und nur mit Butter bestrichen.

Unbedingt sehenswert ist die frühgotische **Katharinenkirche** aus dem 13. Jahrhundert im Ortszentrum. Mit drei Stufen an der Außenfassade erinnert der Aufbau der Landkirche von Muhu an einen Kathedralenbau. Die trapezförmigen Grabsteine neben der Kirche tragen zum Teil heidnische Symbole. Von Juni bis August ist von Montag bis Samstag von 10–18 Uhr das Kirchentor geöffnet (sonntags erst ab 12.30 Uhr). Der Innenraum

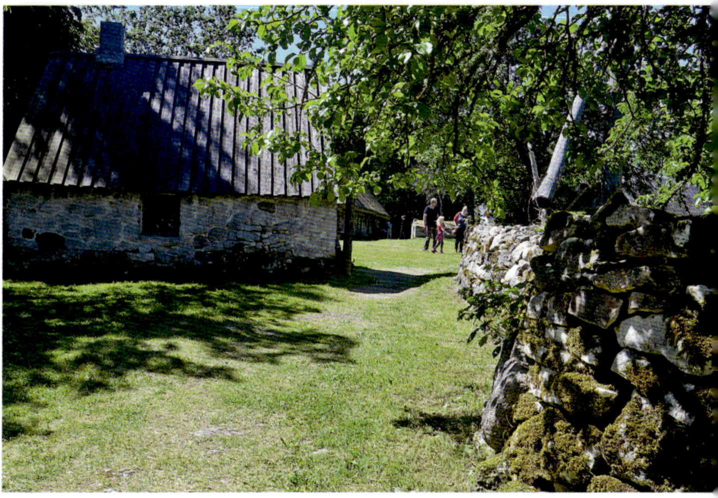

Auf dem Geländes des Muhu Museums

ist schlicht gehalten und an der Ost- und Nordwand des Chorraumes kann man noch blasse Fragmente von Fresken aus dem späten 13. Jahrhundert erkennen. Sehr ausführliche Informationen über die Kirche auch auf Deutsch erhalten Sie unter www.eelk.ee/muhu

4 Muhu-Museum Koguva

Das Freilichtmuseum von Koguva verschwindet ganz unauffällig im Ortsbild, denn eigentlich sieht ganz Koguva aus wie ein Museumsdorf. Aber nur im Muhu Museum können Sie auch hinter die Türen und Fenster schauen. Häuser und Ställe sind dem Beginn des letzten Jahrhunderts entsprechend authentisch möbliert.

Der Museumshof war ursprünglich die Heimat des estnischen Journalisten und Schriftstellers Juhan Smuul, der 1922 in Koguva geboren wurde und auch später, so oft es ihm möglich war, nach Muhu zurückkehrte. Nach seinem Tod wurde sein Geburtshaus erst zu einem Teil des Saaremaa Museums und später zum Freilichtmuseum ausgebaut. Zum Museum gehören außerdem die alte Schule und die Valjä Farm, in der heute typische Muhu-Trachten ausgestellt sind. Beide Gebäude liegen ein Stück von Smuuls Bauernhof entfernt im Ort. *Das Museum ist von Mitte Mai bis Mitte September täglich von 9–18*

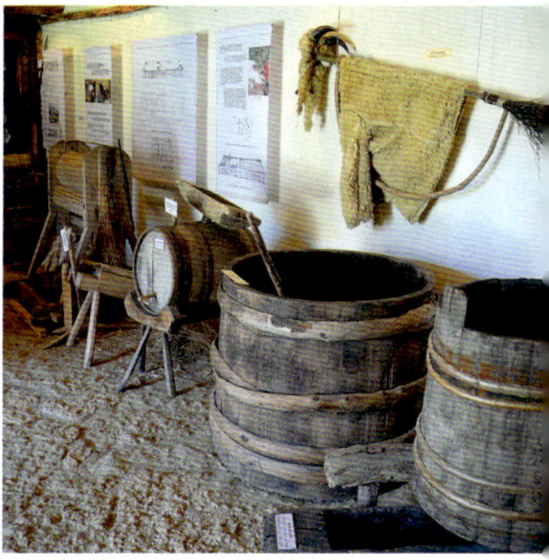

Uhr und im Winterhalbjahr Di bis Sa von 10–17 Uhr geöffnet. Eintritt € 4, Senioren € 3, Familienticket € 8. www.muhumuuseum.ee.

5 Hafen Koguva

Ebenfalls sehr reizvoll ist der winzige Hafen von Koguva mit einem urigen **Café am Fischerhof**. Im Café gibt es zwar auch Kuchen, hauptsächlich kommt aber der frisch geräucherte Fang des Tages auf den Tisch. Rund um den Hafen sind alte Boote ausgestellt. In den Sommermonaten ist in der Scheune ein kleines Fischereimuseum zu besichtigen.

6 Straußenfarm

Neben Straußen werden auf dem Hof der Familie Erik auch Emus gezüchtet. Außerdem leben auf dem gelände Kängurus, Alpakas, Zebras und Ponies. Im Juli und August öffnet auf dem Gelände ein Café. Der kleine Tierpark wird besonders gerne von Familien besucht und ist rechts der Hauptstraße nach Saaremaa kurz vor dem Beginn des Dammes zu finden. **GPS N 58°35'19" E 23°9'20"**

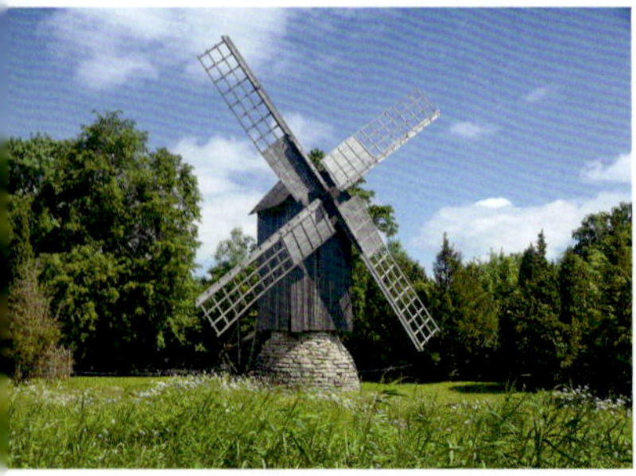

Laasu Talu Jannalinufarm, geöffnet 15. Mai bis 15. September täglich 10–18 Uhr. Eintritt € 3,50, Kinder ab 6 Jahre € 2,50. www.jaanalind.ee

7 Muhu Hochseilgarten

Acht Parcours mit unterschiedlichen Schwierigkeitsgraden auf einem ehemaligen Militärgelände, €9–21 für bis zu drei Stunden Kletterspaß, auch für Kinder. **GPS N 58°36'34.8", E 23°10'56.0"**.
muhuseikleja.ee

8 Üügu Pank

Bei den Klippen von Üügu handelt es sich eher um eine malerische Landschaft mit Felsbrocken, Wacholderbüschen und Birken als um eine richtige Klippe. Vom Parkplatz führt ein Fußweg am oberen Rand des wenige Meter hohen Felsabruchs entlang. Ein zweiter Weg bringt uns leicht unterhalb wieder zurück und an mehreren Höhlen vorbei. Erst hier sieht man, wie stark die Felsen eigentlich überhängen.

9 Eemu Tuulik

Die alte voll funktionstüchtige Bockwindmühle steht gut sichtbar links der Straße kurz vor dem Damm nach Saaremaa. Wer die Mühle von innen sehen möchte zahlt €1 pro Person.

Die Insel Saaremaa

Die Landstraße 10 führt auf direktem Weg nach Kuressaare, dem Hauptort der größten estnischen Insel, in der fast die Hälfte aller Einwohner der Insel leben. Der Rest Saaremaas ist dünn besiedelt und die Vegetation wechselt zwischen Feldern, Wald und Moorgebieten. Während der Sowjetzeit war die Insel militärisches Sperrgebiet und durfte nur mit Genehmigung betreten werden. So hatte hier viele Jahre die Natur freie Hand. Die zerfurchte Südküste mit Tausenden kleiner Inseln ist nur über wenige Straßen zugänglich, genau wie der Naturpark von Vilsandi im Westen. Badestrände finden Sie bei Järve westlich von Kuressaare oder im Norden der Insel, wo sich zwischen den Abschnitten mit schroffer Steilküste auch einige Sandbuchten verstecken.

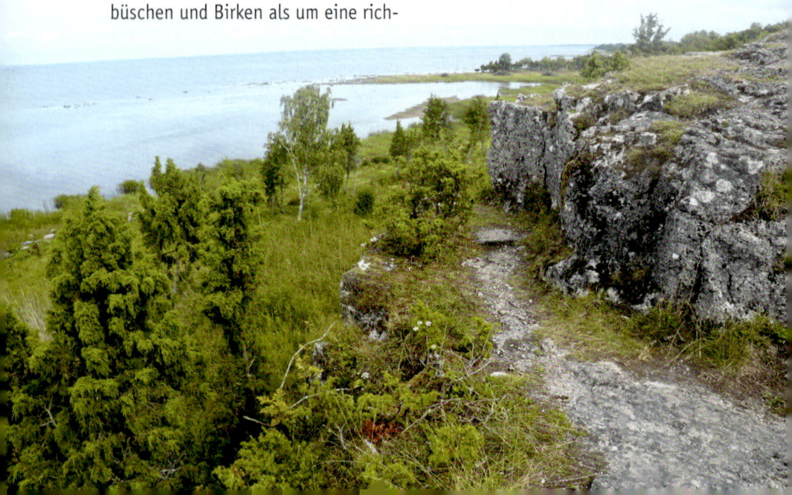

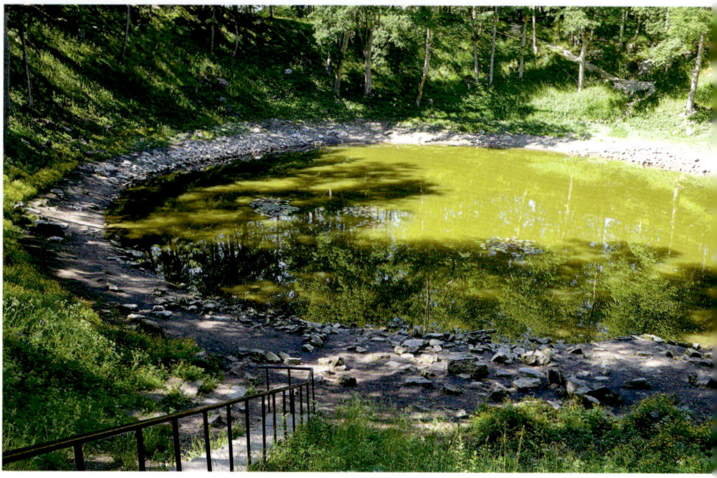

Der Meteoritenkrater von Kaali

10 Meteoritenkrater von Kaali

Kaali ist der achtgrößte Meteoritenkrater der Welt. Er entstand ungefähr 7500–7600 vor unserer Zeitrechnung. Der Meteorit teilte sich in einigen Kilometer Höhe und stürzte in Stücken auf die Insel hinab. Der größte Brocken verursachte ein Loch von 110 Meter Durchmesser und 22 Metern Tiefe. Im Museum am Parkplatz sind Bruchstücke des Meteoriten ausgestellt und es wird die Geschichte des Dorfes Kaali erzählt. Eintritt zum Museum € 1,50. Der Zugang zum Krater ist jederzeit möglich und kostenlos.

11 Bischofsburg von Kuressaare

Die Burg von Kuressaare ist neben der Festung von Maaslinn die zweite Burganlage aus der Zeit der Herrschaft des Deutschen Ordens auf Saaremaa, sie ist aber viel besser erhalten. Die Arensburg, so war ihr deutscher Name, wird 1381 zum ersten mal urkundlich erwähnt und war der Sitz der Fürstbischöfe von Riga. Um die Burg entwickelte sich eine Stadt. 1559 verkaufte der letzte Fürstbischof seine Güter auf der damals Ösel genannten Insel an den dänischen König.

Die Geschichte der Burg und der Insel Saaremaa wird heute im Saaremaa Museum in der Burganlage dokumentiert. Das Museum existiert bereits seit über 100 Jahren. Die erste Ausstellung im Schloss wurde 1892 vom »Verein zur Kunde Ösels« eröffnet. Seitdem wurde das Gebäude saniert und die Ausstellung mehrfach angepasst. Im Keller befindet sich eine Ausstellung über die Fauna und Flora der Insel. In den oberen Stockwerken geht es um ihre menschlichen Bewohner. Erklärungen gibt es auch auf Englisch. Der eigentliche Star der Ausstellung ist jedoch das alte Gemäuer selbst.

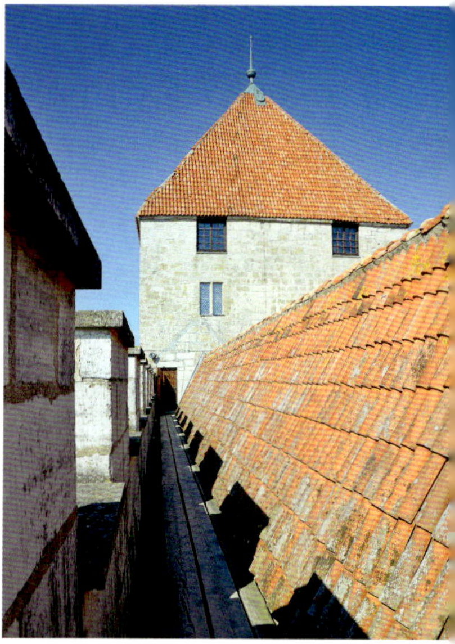

Geöffnet Mai bis August täglich 10 – 19 Uhr, September bis April Mi bis So 11 – 18 Uhr, Eintritt € 8, Familie € 20, www.saaremaamuuseum.ee.

12 Die Wikingerboote von Salme

Die Kleinstadt Salme ist das Tor zur Halbinsel Sõrve. In Salme fand man 2008 beim Straßenbau menschliche Knochen und die Reste eines Holzbootes mit sechs Rudern. Die folgenden archäologischen Ausgrabungen ergaben, dass die im Boot gefundene Mannschaft etwa im Jahr 700 bis 750 ums Leben kam, vermutlich in einer Schlacht, und in ihrem Schiff begraben wurden. 2010 fanden die Archäologen nur 30 Meter entfernt ein zweites Schiff und nannten dieses Salme 2. Mit 17,5 Metern Länge war es noch einmal deutlich größer und hatte zudem einen ausgeprägten Kiel, der möglich machte, es zu segeln. Im Rumpf der Salme 2 fand man in Reihen gestapelt die Leichen von 33 Seeleuten. Einige trugen nur einfache Eisenklingen, neben dem ranghöchsten der Männer fand man ein juwelenverziertes doppelschneidiges Schwert. An einigen Körpern konnte man tödliche Verletzungen feststellen. Auch hier geht man davon aus, dass die Männer nach einer Schlacht in ihrem Boot begraben wurden. Die Fundstelle der Boote bei Salme ist am Boden markiert. Sonst ist hier nicht mehr viel zu sehen.

13 Der Leuchtturm von Sõrve

Die Halbinsel Sõrve reicht weit ins Meer hinein nach Süden und verengt somit den Wasserweg zur Rigaer Bucht. Die kurische Meerenge zwischen Sääre an der Spitze der Halbinsel und den livischen Dörfern am Kap Kolka ist nur 25 Kilometer breit. Ganz klar, dass Sõrve schon immer von großer strategisch-militärischer Bedeutung war. In den beiden Weltkriegen war die Halbinsel hart umkämpft und hier starben unzählige deutsche und russische Soldaten. Ein kleines Museum in der Nähe des schwarz-weißen Leuchtturmes von Sääre ist daher dem Militär und dem Krieg gewidmet. Interessanter ist die Ausstellung im Besucherzentrum am Leuchtturm. Hier werden die 20 wichtigsten Leuchttürme Estlands vorgestellt und im Museum der Meeresgeschichte erfahren Sie alles über die Schiffe, die durch die Jahrhunderte vor Sõrve gesunken sind. Läuft man am Leuchtturm vorbei, kann man auf einer Landzunge weit ins Meer hinaus spazieren und hat dort den allerbesten Blick auf den Turm.

Das Besucherzentrum im Leuchtturm ist von Mai bis Mitte September täglich von 10 – 19 Uhr geöffnet. Eintritt € 4, Familie € 10, www.sorvekeskus.ee

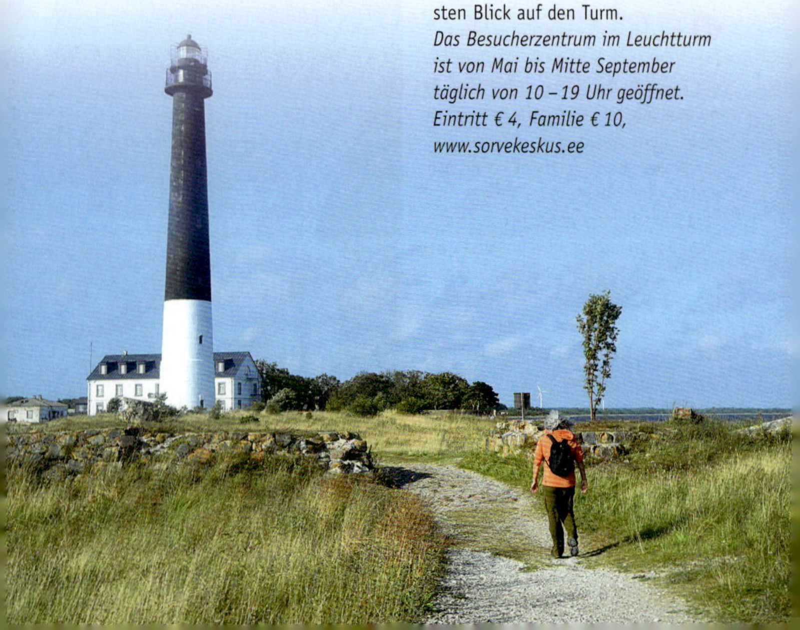

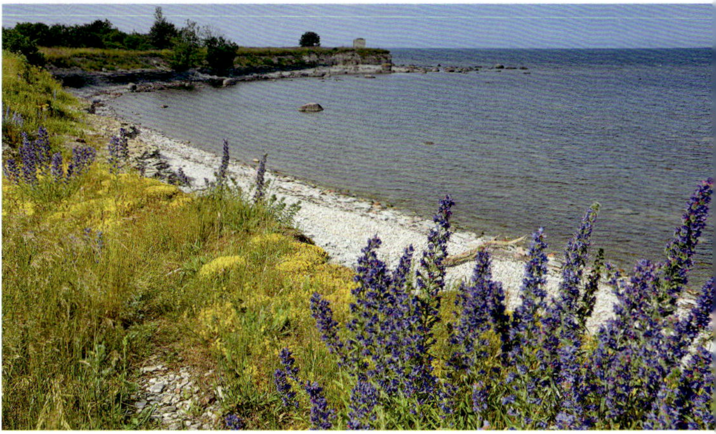

14 Ohesaare Pank

An der Westküste der Halbinsel Sõrve gibt es im Dorf Ohessare ein nettes kleines Café an einer gut erhaltenen Windmühle. Direkt gegenüber befindet sich ein Parkplatz. Von hier aus kann man gut ein Stückchen am Meer spazieren gehen, **GPS N 58°00'4.6", E 22°01'30.6"**.

15 Kihelkonna Kirik

Der alte Glockenturm der Michaelskirche in Kihelkonna, erbaut im Jahr 1638, der von seiner Höhe her wohl eher als Glockenhaus bezeichnet werden sollte, steht oberhalb der Kirche auf einer Wiese. Der 60 Meter hohe neue Turm direkt an der Kirche wurde erst 1899 erbaut und dann erst einmal als Leuchtturm eingesetzt.

16 Vilsandi Nationalpark

Der Nationalpark von Vilsandi ist vorrangig ein Vogelschutzgebiet. Von den 180 Quadratkilometern der Nationalparkfläche ist mehr als die Hälfte Wasser. Die Landflächen liegen zu einem guten Teil im Meer verstreut: zum Vilsandi Nationalpark gehören über 160 Inseln. Nur Vilsandi, die größte dieser Inseln, ist von Menschen bewohnt. Es gibt dort eine Hand voll Unterkünfte, zwei einfache Zeltplätze, mehrere markierte Wanderwege, einen Leuchtturm und einen kleinen Hafen, der von Papissare bei Kihelkonna mit dem Taxiboot angesteuert wird. Zwischen und auf den Inseln brüten über 100 verschiedene Vogelarten. Bei der Insel Innarahu leben Kegelrobben.

Bei stabiler Wetterlage ist die Insel Vilsandi auch auf einem Wanderweg, der teilweise durch das flache Wasser zwischen den Inseln führt, erreichbar [› Tour 9].

Wenn Sie mit dem Boot nach Vilsandi möchten, erkundigen Sie sich im Naturpark-Infozentrum im Gutshaus Loona bei **GPS N 58°19'59", E 22°01'20"** (www.loonamanor.ee). Der Transfer muss telefonisch vereinbart werden, da es keine festen Abfahrtszeiten gibt. Auch eine Buchung direkt bei einem der Anbieter unter www.islander.ee (Ferienhof Kusti auf Vilsandi) ist möglich. Der Ferienhof Kusti bietet auch Touren von Vilsandi zu den Robben im Nationalpark an, wenn das Wetter diese Tour zulässt.

Zum Hafen in Papissare fahren Sie von Kihelkonna auf der längsten Kopfsteinpflasterstraße Estlands. Sind Sie nach 3,2 Kilometern gut durchgeschüttelt dort angekommen, sind Schotterpisten anschließend sicher kein Problem mehr für Sie.

17 Mihkli Talumuuseum

Das Mihkli Farm Museum ist eine Dependance des Saaremaa Muuseums. Sie besuchen hier einen typischen Saaremaa Bauernhof aus dem 19. Jahrhundert, der von sechs Generationen bewirtschaftet und 1959 in ein Museum umgewandelt wurde.

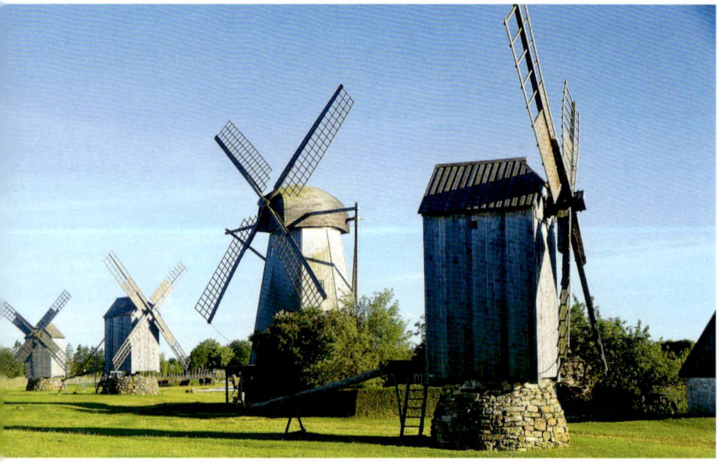

Geöffnet ist von Mai bis Ende September 10–18 Uhr. In den ersten zwei Maiwochen und ab Mitte August ist Mo und Di geschlossen. Eintritt € 4, Familienticket € 10.

18 Die Windmühlen von Angla

Ursprünglich hatte jedes Dorf auf Saaremaa einen Mühlenberg, auf dem mehrere Windmühlen standen. Mehr als 800 Windmühlen waren einst auf Saaremaa in Betrieb. Einzelne Mühlen gibt es auch heute noch in vielen Winkeln der Insel, Angla ist aber der einzige Berg mit mehreren voll funktionstüchtigen Mühlen, die noch erhalten sind. 1925 standen hier noch neun Windmühlen, heute sind es fünf. Vier davon sind die für die Region typischen Bockwindmühlen, die sich mit einem Drehmechanismus und einem langen Holzbalken in die jeweilige Windrichtung ausrichten lassen. Die größte Mühle in der Mitte ist eine Holländermühle, erbaut im Jahr Jahr 1927. Alle Mühlen sind während der Öffnungszeiten zugänglich und man kann dem Müller bei der Arbeit zusehen. Für Kinder gibt es ein Streichelgehege mit Kaninchen und Schafen. Im Besucherzentrum können Sie eine Töpferwerkstatt und eine Filzstube besuchen. Das frisch gemahlene Mehl wird hier außerdem zu ebenso frischem Brot verarbeitet.

Geöffnet Mai bis September täglich 9–20 Uhr, sonst 10–17 Uhr, Eintritt € 4, Familie € 6, www.anglatuulik.eu.

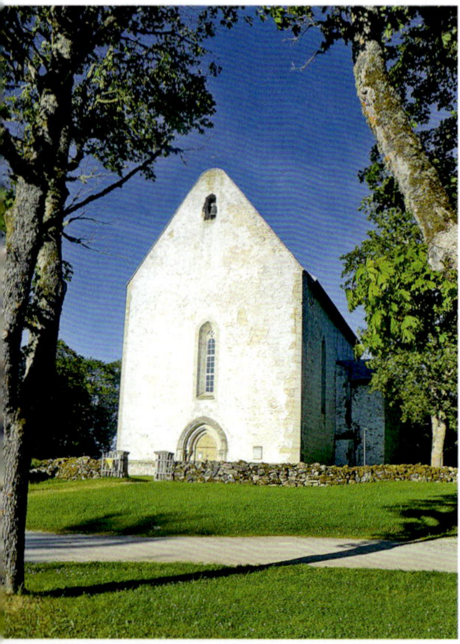

19 Karja Kirik

Ganz in der Nähe der Windmühlen steht eine kleine weiße Kirche, die ebenfalls einen Besuch wert ist. Sie stammt aus dem 13. Jahrhundert und ist beinahe unverändert erhalten. Im Inneren ist sie mit vielen kunstvoll gefertigten Steinskulpturen geschmückt. Fahren Sie von Angla zwei Kilometer weiter auf der Nebenstraße nach Karja. Die Kirche befindet sich hinter einer langgezogenen Rechtskurve auf der linken Seite.

Geöffnet 10–17.30, So ab 12.30 Uhr.

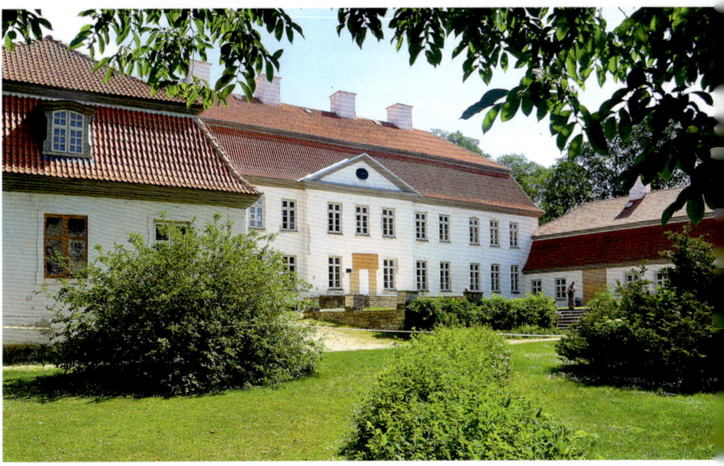

Die Insel Hiiumaa

Die Sehenswürdigkeiten auf Hiiumaa sind von stiller Art. Die schönen Sandstrände liegen meist gut versteckt am schwer zugänglichen Ufer. Wer jedoch bereit ist, auf Waldwegen bis zu den traumhaft gelegenen Zelt- und Grillplätzen zu hoppeln, trifft auf paradiesische Orte. Für alle erreichbar sind die drei großen Leuchttürme der Insel, die jeder auf seine Art einen grandiosen Ausblick über die Küste bieten.

20 Der Eiffelturm von Hiiumaa

Jaan Alliksoo ist eigentlich Forstarbeiter und baut Möbel aus Wacholderholz. Aus Liebeskummer errichtete er 2007 auf seinem Grundstück in vertrauter Technik mit Schwemmholz, Seilen und alten Nägeln eine etwas ungewöhnlichere Holzkonstruktion: einen über 30 Meter hohen Nachbau des Eiffelturmes. Dieser zieht zunächst einmal die Aufmerksamkeit der Baubehörde auf sich, die keine nachträgliche Genehmigung erteilen will. Inzwischen ist der Turm als sicher abgenommen und im Garten wächst rund um den Turm eine bunte Fantasiewelt. Im weißen Märchenschloss gibt es Gästebetten, daneben steht ein Boot und die glänzende Spitze einer riesigen Rakete ragt über die Büsche. Der Garten ist jetzt für Besucher geöffnet und erfreut kleine und große Gäste gleichermaßen: Eintritt € 2.

21 Die Leuchttürme von Hiiumaa

Drei der großen Leuchttürme auf Hiiumaa können besichtigt werden. [› Tour 13]

22 Hiiumaa Museum

Das Hiiumaa Museum besteht aus fünf verschiedenen Häusern, die sich über die ganze Insel verteilen. Die drei größten Filialen befinden sich im Langen Haus in Kärdla, wo Sie eine alte Tuchfabrik besichtigen können. Das Bauernhofmuseum Mihkli in Malvaste illustriert das Leben auf dem Land. Am interessantesten ist die Ausstellung im 1967 erbauten Gutshof von Kassari. Hier können Sie vieles über Hiiumaas Natur und die Inselgeschichte von der ersten Besiedelung bis in die Gegenwart erfahren. Es sind Alltagsgegenstände aus Bauern- und Gutshäusern und der Landwirtschaft sowie aus der Geschichte der Seefahrt zu sehen. Im Museums-Shop werden Handwerksarbeiten aus der Region verkauft.

Museum Kassari und Langes Haus in Kärdla. Geöffnet Mai bis September täglich 10 – 17.30 Uhr, Eintritt € 4
Bauernhofmuseum Mihkli: Juni bis August Di bis Sa 11 – 18 Uhr, € 3.

23 Villafabrik Kassari

Die kargen Weiden Hiiumaas waren schon immer das richtige Land zur Schafzucht und so hat sich auf der Insel Kassari eine Wollmanufaktur erhalten, die mit fast 100 Jahre alten Maschinen arbeitet. Die Familie Valdma hat die kleine Fabrik, die 1987 stillgelegt wurde, wieder in Betrieb genommen. Hinter dem kleinen Laden mit sehr schönen Strickprodukten können Sie den Arbeitsablauf der Wollverarbeitung Schritt für Schritt verfolgen. Neben der Werkstatt im 1841 erbauten Haus gibt es im urigen Café hausgebackenen Kuchen.

Geöffnet Mai bis Mitte August Mo bis Sa 9–18 Uhr, So 10–16 Uhr, Eintritt frei, Parkplatz bei **GPS N 58°49'54", E 22°49'37",** *hiiuvill.ee.*

24 Das Gutshaus von Suuremõisa

In Suuremõisa (Großenhof) steht der größte Gutshof der Insel Hiiumaa. Im Schloss residierte im 18. Jahrhundert die deutsch-baltische Adelsfamilie Stenbock. 1796 erwarb der erfolgreiche Kaufmann Baron Otto Reinhold Ludwig von Ungern-Sternberg, der schon Besitztümern im Norden Hiiumaas besaß, von der verarmten Familie Stenbock auch noch das Gutshaus von Suuremõisa. Sein Ruf auf der Insel ist zweifelhaft: Ungern-Sternberg wurde 1802 wegen Mordes an einem seiner Kapitäne verurteilt und nach Sibirien deportiert und außerdem der Piraterie beschuldigt. Die Vorwürfe der Piraterie konnten aber nie nachgewiesen werden.

Seine Nachfahren lebten bis 1909 auf Hiiumaa. Der letzte Ungern-Sternberg verstarb ohne Erben und der Gutshof wird schon seit 1918 als Schule genutzt. Heute sind hier eine Grund- und eine Technikschule untergebracht. Besucher können den alten Hof, um den sich etliche Gespenstergeschichten ranken, bei einem Spaziergang im Park bewundern.

Baden

Saaremaa

25 Järve rand / Kuressaare

Der lange von Dünen gesäumte Sandstreifen westlich von Kuressaare ist der beliebteste Badestrand der Insel. Im Uferwald gibt es Campingplätze und Ferienanlagen und mehrer Parkplätze ermöglichen einen Badestopp auf der Durchreise.

26 Harilaid

Schöne einsame Sandbuchten auf beiden Seiten des Halses der Halbinsel Harilaiu. Sehr abgelegen, Fahrradverleih im Sommer. Zufahrt über eine acht Kilometer lange Schotterpiste.

Anfahrt: *Ausgeschildert von der 78. Kurz vor Tagamõisa nehmen wir den Abzweig links nach Koruse und folgen dem Holzwegweiser zum Harilaiu matkaranda* **[› Tour 10]**. *Die Piste wird zum Ziel hin schmaler, ist jedoch gut befahrbar. Sie endet auf einem ebenen Wanderparkplatz bei* **GPS N 58°28'26", E 21°54'08".**

27 Karujärve

Am Nordufer des Sees gibt es ein paar kleine Badestellen, die Sie am besten vom Parkplatz bei **GPS N 58°23'12", E 22°13'39"** neben der Straße erreichen. Einen schönen Badestrand bietet außerdem der Campingplatz wenige Kilometer weiter am Seeufer.

28 Tuhkana rand

Auf der Höhe von Metsküla lockt die Landzunge Pammana poolsaar noch

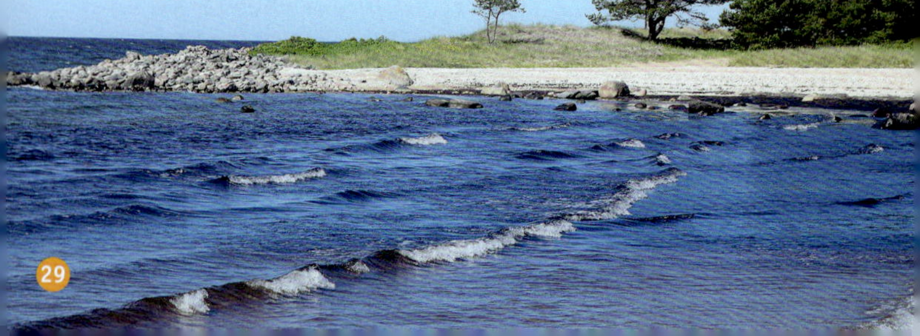

29

einmal ans Meer. Der Strand von Tuhkana auf der Westseite gehört zu den schönsten Sandstränden auf Saaremaa. Die Straße rund um die Landzunge beginnt in Metsküla kurz hinter der knubbligen roten Kirche. Fahren Sie hinter der Kirche links, ist die Zufahrt zum Bade- und Zeltplatz am Strand von Tuhkana nach drei Kilometern ausgeschildert.

Hiiumaa

29 Kaleste telkimisala

Naturbelassene Sandbucht an der Südseite der Halbinsel Kõpu. Grill- und Zeltplätze in den Dünen. Zufahrt bei Kaleste links auf einem schmalen Waldweg bis zum Parkplatz bei **GPS N 58°54'28", E 22°07'59"**

30 Luidja

Schöne saubere Sandbucht, an der der Strand ganz sanft ins Wasser abfällt. Parkplatz in Luidja an der Straße bei **GPS N 58°55'56", E 22°23'26"**. Etwa 500 Meter Fußweg zum Meer. Fährt man in Luidja links parallel zur Küste der Halbinsel, kommt man zum Grill- und Zeltplatz Palli telkimisala, der geschützt im Küstenwald liegt. Der Strand ist hier etwas wilder, aber ebenfalls sehr schön. Zufahrt über 5 Kilometer Schotterpiste und einen unebenen Waldweg bis zum Parkplatz bei **GPS N 58°56'52", E 22°18'44"**. Die Zufahrt ist beschildert.

31 Tõrvanina telkimisala

Schöner schmaler Sandstrand an der Ostseite der Halbinsel Tahkuna. Zufahrt von der Straße nach Lehtma rechts auf breiter Piste zum Parkplatz bei **GPS N 59°02'22", E 22°41'13"** direkt hinter dem Meer. Grill- und Zeltplatz.

Outdoorsport

32 Reiterhof Tihuse / Muhu

Ausritte für Anfänger und Fortgeschrittene zwischen ein und sechs Stunden. Besonders reizvoll für erfahrene Reiter sind die ganztägigen Ausflüge zu den Klippen von Üügu und durch das flache Meer auf eine

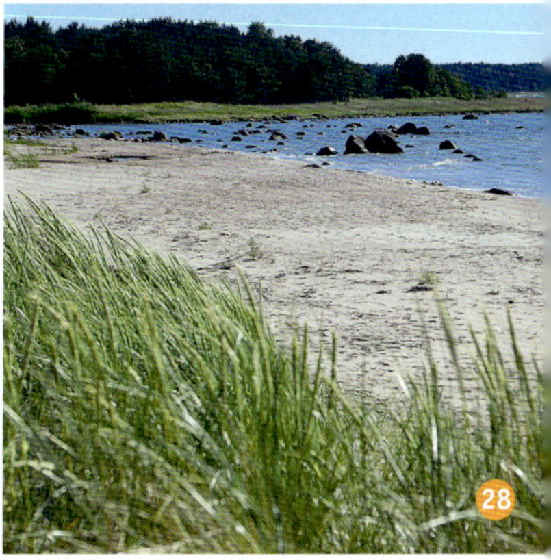

28

kleine vorgelagerte Insel, auf der die Jungpferde des Hofes den Sommer verbringen. Auf dem Reiterhof gibt es einfache Zimmer und die Möglichkeit ein Zelt aufzustellen. Unbedingt vorher anmelden.
Tel +372 51 48 667, Reiten 1,5 Stunden für € 33, Übernachtung im Haus ab € 24, Tihuse Talu, Hellamaa küla, **GPS N 58°36'40", E 23°18'43"**, *ausgeschildert von der Durchgangsstraße. www.tihuse.ee*

33 Reiterhof Tika Talu / Saaremaa

Reiterhof am Meer in einem abgelegenen Winkel der Insel. Ausritte für Anfänger und Fortgeschrittene auf braven estnischen Pferden. Auch für Familien geeignet. Einfache Unterkünfte auf dem Hof.
GPS N 58°29'02", E 23°15'08"
Kõrkvere küla, Pöide vald, geführte Ausritte € 20 pro Stunde. www.tikatalu.ee

34 Saaremaa Wildlife Tours

Geführte Fototouren zu Moorhuhn und Seeadler für ambitionierte Fotografen mit guter Ausrüstung.
Tagestour ab € 90 pro Person www.saaremaaloodusretked.ee

Hiiumaa

35 Reiterhof Kassari Ratsamatkad

Ausritte (1–5 Stunden) im am Meer liegenden Vogelparadies in der Bucht Käina. Mehrtagestouren auf die Halbinsel Tahkuna an der Nordküste von Hiiumaa. *www.kassari.ee*

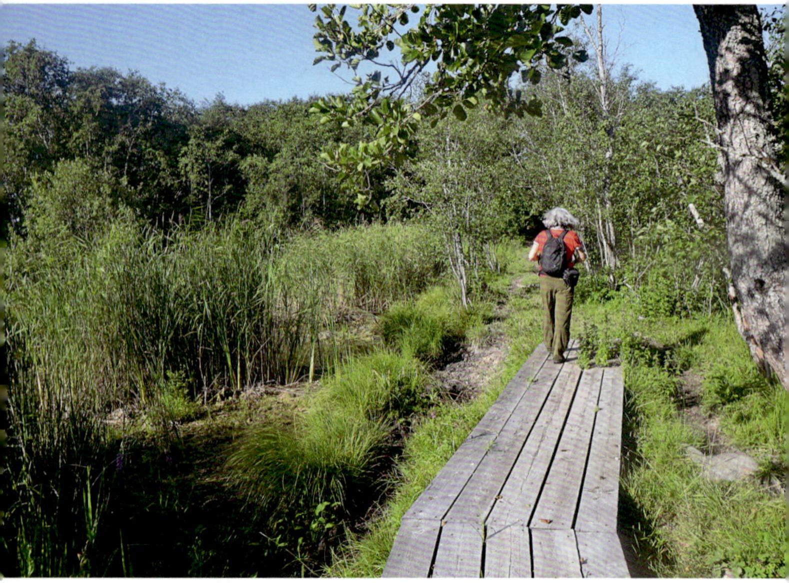

eben

STRECKE

5 km

1 h 45

ab 6

Tour 5: Penijõe Matkarada

Durch die Strandwiesen im Matsalu Nationalpark

Die Landschaft des Matsalu Nationalparkes ist topfeben. Lange Wassergräben durchziehen die Wiesen und je näher wir ans Meer kommen, desto sumpfiger wird der Boden. Im flachen Wasser sind viele verschiedene Vögel zu Hause und im Herbst sammeln sich hier die Kraniche und anderer Zugvögel für ihren weiten Flug in den Süden. Unser Weg durchquert Kuhweiden und führt uns bis an den Rand des Sumpfgebietes, wo ein Aussichtsturm den Blick über die karge Küste erlaubt.

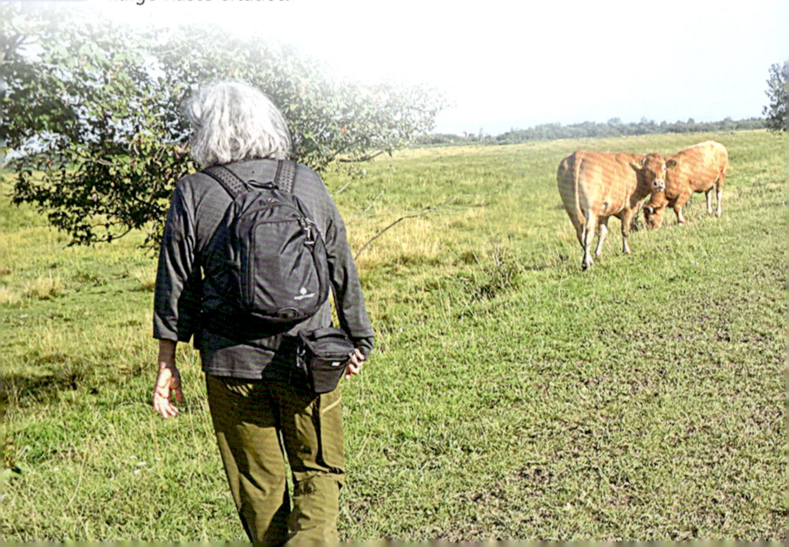

Wanderung: Vom Parkplatz am Infozentrum laufen wir zum Gutshaus hinüber. Hier ist eine Ausstellung zu sehen, die uns mit den Tieren vertraut macht, die im Nationalpark leben. Darunter sind vor allem viele Vögel, wie Kranich, Rohrdommel und Wildgänse. In der Ausstellung sind nicht nur die Tiere zu sehen, sondern auch ihre Eier und Nester. Wer tiefer einsteigen möchte, nimmt am Eingang die Mappe mit der deutschen Übersetzung mit. Die Ausstellungstafeln selbst erklären nur auf estnisch.

Dann geht es auf dem Fahrweg weiter und vor dem **Picknick- und Zeltplatz** ① auf dem Gelände des Gutshauses links. Der Wanderweg ist hier markiert. Über zwei Holzbrücken gelangen wir auf einen breiteren Weg und folgen diesem nach rechts. Er **verzweigt sich** ② kurz darauf und wir wählen den rechten Weg, der uns zu einem Weidezaun bringt.

TOUREN-STECKBRIEF

Anfahrt: 23 Kilometer östlich von Virtsu geht auf der Höhe von Lihula von der Nationalstraße 10 nach links. Nach gut zwei Kilometern auf einer schmalen Asphaltstraße erreichen wir bei **GPS N 58°42'53.4", E 23°48'56.52"** das Gutshaus Penijõe, in dem auch die Nationalparkinfo untergebracht ist.

Infozentrum: Die Ausstellung im Infozentrum kann kostenlos besucht werden. Geöffnet: April bis September Mo bis Fr 9–17 Uhr, Sa und So 10–18 Uhr.

Charakter: Einfache Wanderrunde auf Wiesenpfaden und Bohlenwegen. Kaum Schatten.

Mit Kindern: Der Weg über weite Wiesen ist unkompliziert, dürfte für Kinder aber nicht so spannend sein. Der Platz am ersten Aussichtsturm eignet sich gut für ein Picknick, um die Runde etwas aufzulockern.

Unterkunft:

Ferienhaus Ullaste Puhkemaja

Camping: Camping Voosemetsa

Auf dem Gelände des Gutshauses gibt es auch einen RMK-Zeltplatz mit Picknicktischen.

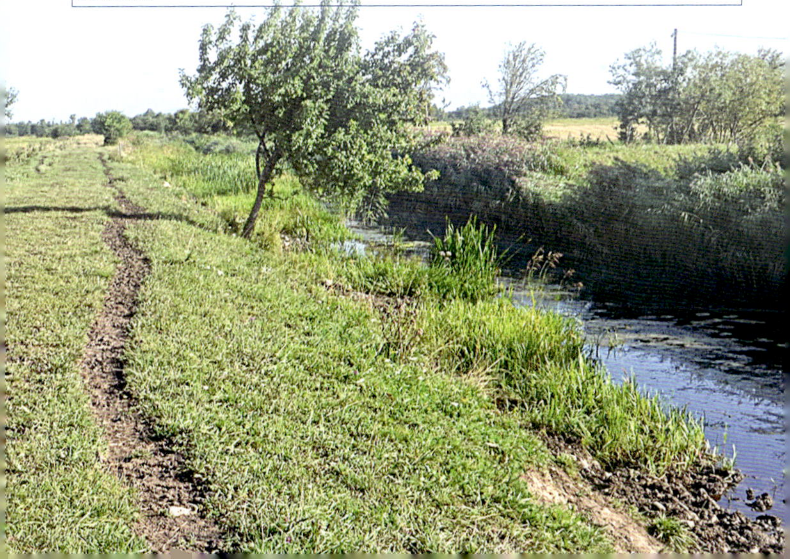

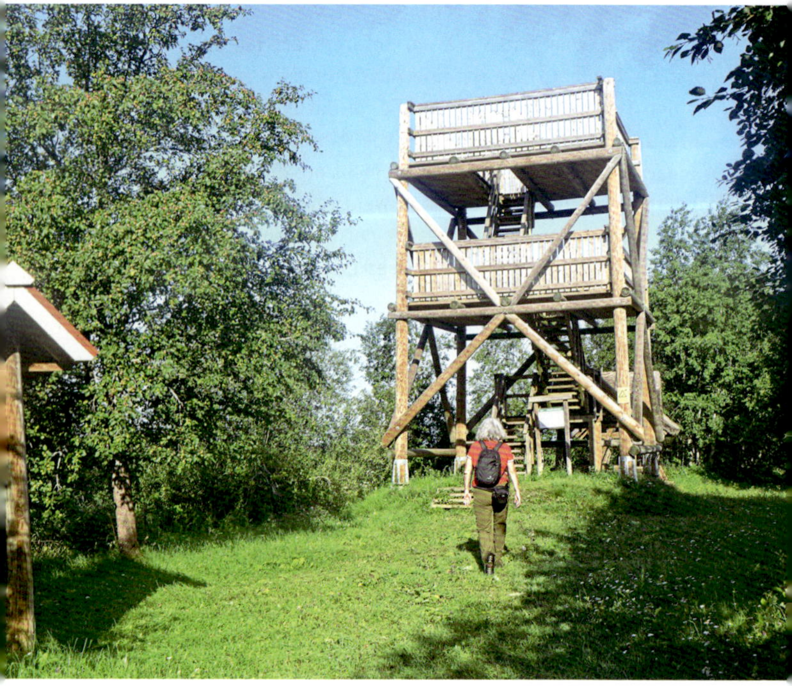

Matsalu Rahvuspark

Die weit eingeschnittene Bucht von Matsalu steht seit 1976 in der Liste der Ramsar-Konvention, die Feuchtgebiete als Lebensraum für Wasser- und Watvögel schützt. Der flache Uferbereich rund um die Bucht ist sowohl Nistgebiet als auch ein wichtiger Stützpunkt für Zugvögel auf dem Weg zwischen Sommer- und Winterquartier. Seit 2004 ist aus dem Schutzgebiet ein Nationalpark geworden, zu dem auch das Seengebiet bis nach Saaremaa und Hiumaa gehört, in dem über 50 kleine Inseln im Meer liegen. Es gibt rund um die Bucht sieben Beobachtungstürme. Der Penijõe Trail ist einer von vier kurzen Rundwegen, die im Park markiert sind.

Ab hier führt unser Pfad ein ganzes Stück über eine Kuhweide und häufig liegen einige der Kuhdamen direkt auf dem Weg. Rechts von uns haben wir immer wieder freien Blick auf den Penijoe Bach. Erst kurz vor dem Aussichtspunkt verlassen wir die Weide durch den Durchschlupf im Zaun und erreichen dann nach insgesamt 1,8 Kilometern den **Holzturm** ③, der im Frühjahr und Herbst als Basis zur Vogelbeobachtung dient. Neben dem Turm stehen auch noch zwei Picknicktische.

Ab hier führt ein schmaler Pfad durch ein feuchtes Wäldchen. Immer wieder geht es über kleine Holzstege und links von uns ist der eine oder andere Tümpel zu sehen. Dann macht der Weg eine Linkskurve und wir stehen wieder in einer weiten Wiesenlandschaft. Von einer **Holzplattform** ④, die gleichzeitig Ausguck und Zaunleiter ist, haben wir noch einmal einen guten Blick über die Stille Landschaft, dann geht es zwischen zwei Weidezäunen über die Wiesen. Der Wiesenweg macht einen Linksknick

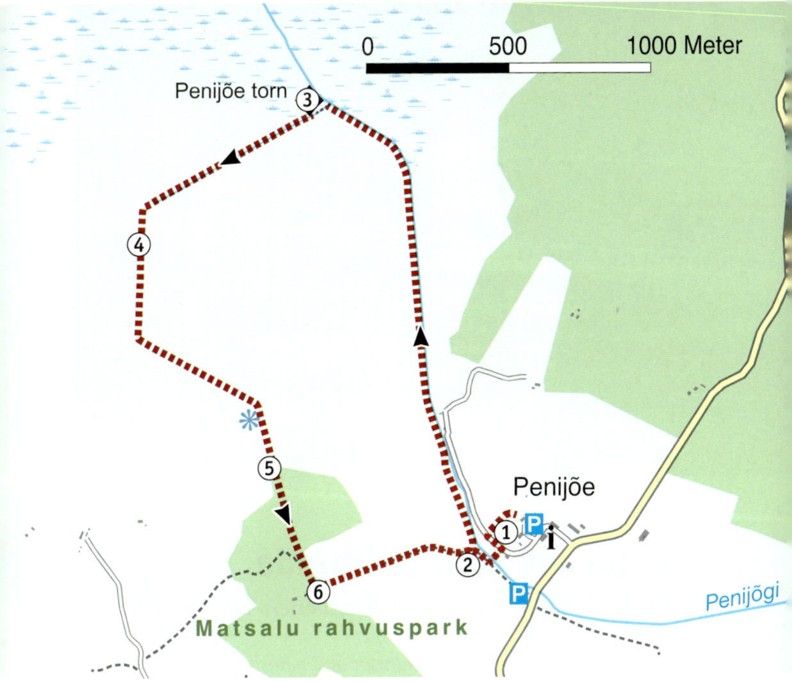

und führt wieder durch ein Zauntor. Kurz darauf durchqueren wir ein sehr feuchtes Waldstück auf einem hohen **Bohlenweg** ⑤. Vorsicht: dieser ist häufig feucht und dann rutschig. Am Ende der Bohlen wandern wir noch ein paar Minuten bis zu einer Kreuzung mit einem **breiten Schotterweg** ⑥. Hier geht es links. Der Weg ist gesäumt von Apfelbäumen, und unten am Boden wachsen Brombeeren. Dann folgt eine Sanddornplantage, wo im Spätsommer viele orange Beeren leuchten. Dann kommen wir an die erste Kreuzung vom Hinweg ②, biegen diesmal rechts ab und folgen kurz darauf links dem Holzwegweiser zurück zur Naturparkinformation.

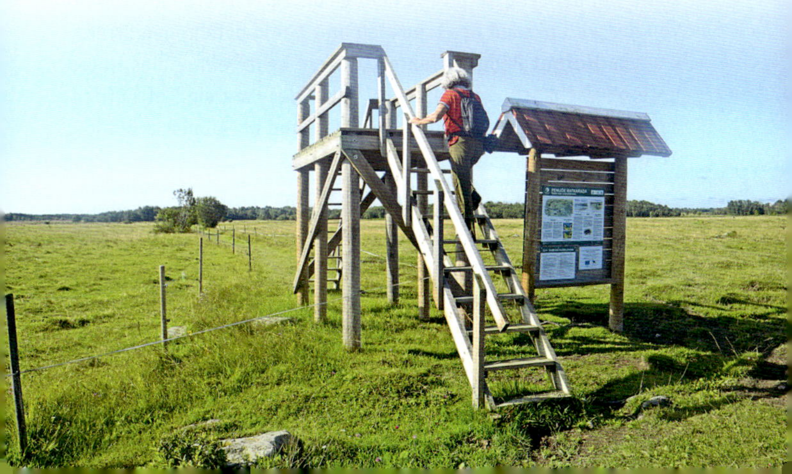

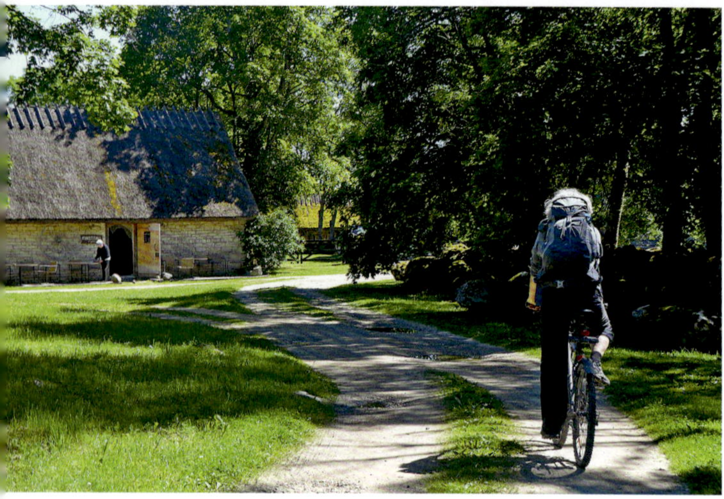

87 m

STRECKE 44 km

4–5 h

ab 10

Tour 6: Muhu auf dem Rattarada

Mit dem Fahrrad zwischen Wäldern, Dörfern und dem Meer

Liebevoll renovierte Reetdachhäuser und moosbewachsene Trockenmauern bestimmen das Bild in den alten Fischerdörfern. Koguva mit seinem Freilichtmuseum ist das bekannteste der Dörfer, aber auch Suuremõisa und Linnuse sind wirklich malerisch. Unser Rattarada (Radweg) führt mitten hindurch und außerdem zum Burgwall der mittelalterlichen Festung Muhu Maalinn und zu einem prähistorischen Steinkreis, die beide nicht auf Straßen zu erreichen sind. Schöner und intensiver als auf dieser abwechslungreichen Fahrradrunde kann man Muhu kaum kennenlernen.

Von Lounaranna nach Suuremõisa: 10 km
Guter Ausgangspunkt für die Rundfahrt über die Insel Muhu ist der Hafen von **Lounaranna**, an dem man auch Fahrräder leihen kann. Auf der Schotterstraße geht es bis zur nächsten Kreuzung, von der wir links auf der schmalen und wenig befahrenen Straße bis zum **Hofgut Pädaste** fahren, in dem heute ein nobles Hotel untergebracht ist. Das Restaurant und der Park sind öffentlich zugänglich. Der Park allerdings nur von Juni bis August zwischen 12 und 17 Uhr.

Am Hotel vorbei bleiben wir auf der Straße, bis links eine breite Schotterpiste abzweigt. Sie ist mit dem **Radwegsymbol** ① und der **Route 336** markiert. Der jetzt folgende Abschnitt der Route ist wenig erfreulich zu fahren, lassen Sie sich nicht entmutigen, der Weg wird später wieder besser. Die Schotterpiste ist mit dem Mountainbike recht ungemütlich und mit schmaleren Reifen eine

TOUREN-STECKBRIEF

Anfahrt: Kurz hinter dem Hafen von Kuivastu links der Schotterstraße nach Pädaste und nach 4,5 Kilometern links dem Abzweig nach Lounaranna Sadam bis zum Meer folgen. Parkplatz bei **GPS N 58°32'34", E 23°18'56".**

Fahrradverleih: Am Jachthafen Lounaranna Sadam, €12 pro Tag. www.lounaranna.ee

Charakter: Fahrradtour verläuft teilweise auf schmalen Straßen, aber auch auf unebenen Schotter- und Waldwegen. Der Weg ist als Fahrradweg markiert. Ein geländegängiges Fahrrad ist aber von Vorteil.

Viel Zeit für Stopps und Besichtigungen einplanen. Aus drei bis vier Stunden reiner Fahrtzeit wird mit Besichtigungen locker ein kompletter Tagesausflug.

Mit Kindern: Mit größeren Kindern können Sie die Tour kürzen und von Liiva über Suuremõisa nach Koguva fahren. Jüngere Kinder sind mit Straßen und Schotterwegen überfordert. Hier empfiehlt sich der Besuch der Straußenfarm und des Dorfes Koguva mit dem PKW.

Einkehr: Pädaste Yacht Club (nobel), Café im Hafen von Koguva, Café Koguva Kunstitall, Muhu Restaurant in Liiva

Übernachtung:

Hotel: Pädaste Manor (hochpreisig)

Gästehaus: Vanatoa Turismitalu

Camping: Campingplatz am Hafen von Lounaranna oder Aki Camping in Liiva

In der Nähe: Reiterhof Tihuse

echte Herausforderung. Das dürfte allerdings mit der Zeit, wenn der neue Weg sich etwas setzt, besser werden. Am Ende der Piste geht es links auf einen Waldweg, der zuerst ebenfalls sehr uneben ist, in Richtung Suuremõisa aber besser wird. Er mündet auf eine **schmale Straße** ② und wir befinden uns zwischen reetgedeckten Holzhäusern und grün bemoosten Feldsteinmauern – **Suuremõisa** ist ein Dorf wie aus dem Bilderbuch.

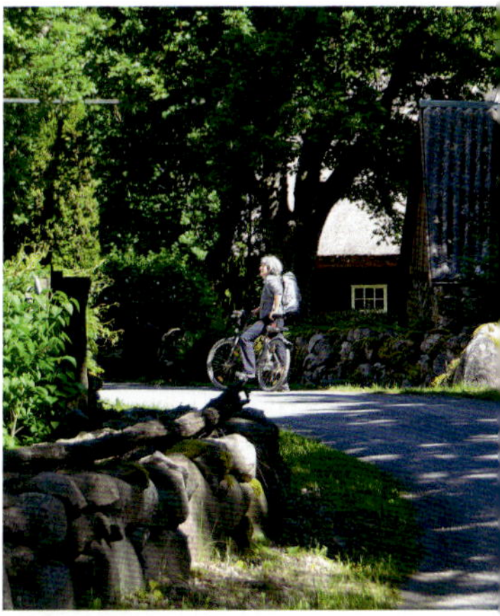

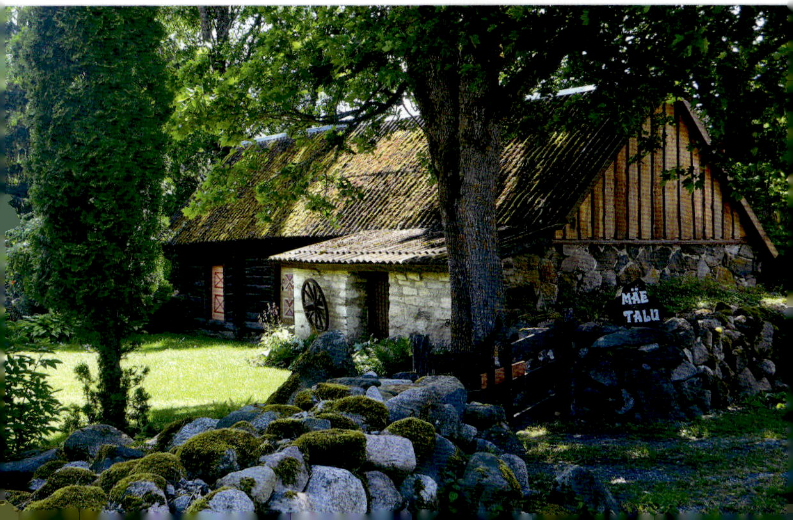

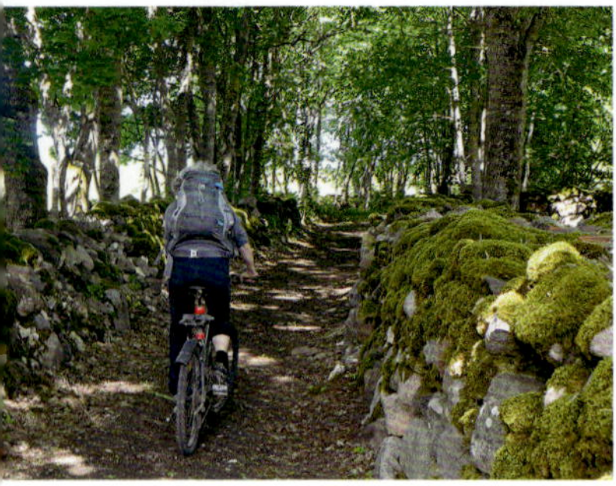

Von Suuremõisa zur Windmühle Eemu Tulik: 4 km
Langsam radeln wir zwischen den Häusern weiter, bis der Radweg am Ortsende links in eine ebene Naturstraße einbiegt. Hier kommen wir gut voran, queren eine Straße und radeln auf schmaler werdendem Weg nach **Linnuse**. Hier muss man gut auf die Markierungen achten. Es geht links und dann wieder rechts zwischen den wenigen Häusern des Dorfes hindurch. Durch einen schmalen Weg zwischen Steinmauern gelangen wir dann auf einen unebenen Wiesenweg, der zum **Festungswall Muhu Maalinn** ③ hinauf führt. Hier stand einst eine Festung, in der sich 1227 die Einwohner der Insel gegen den übermächtigen Schwertritterorden verteidigten. Nach sechstägiger Belagerung wurde die Burg von den Rittern eingenommen. Die Steine der Festungsruine wurden 1894 für den Bau des Dammes nach Saaremaa verwendet, sodass heute nur noch der grasbewachsene Ringwall zu sehen ist. Vom Wall geht es flott hinunter zur Straße nach Saaremaa. Dort verlassen wir den Radweg 336 und fahren rechts zur Windmühle.

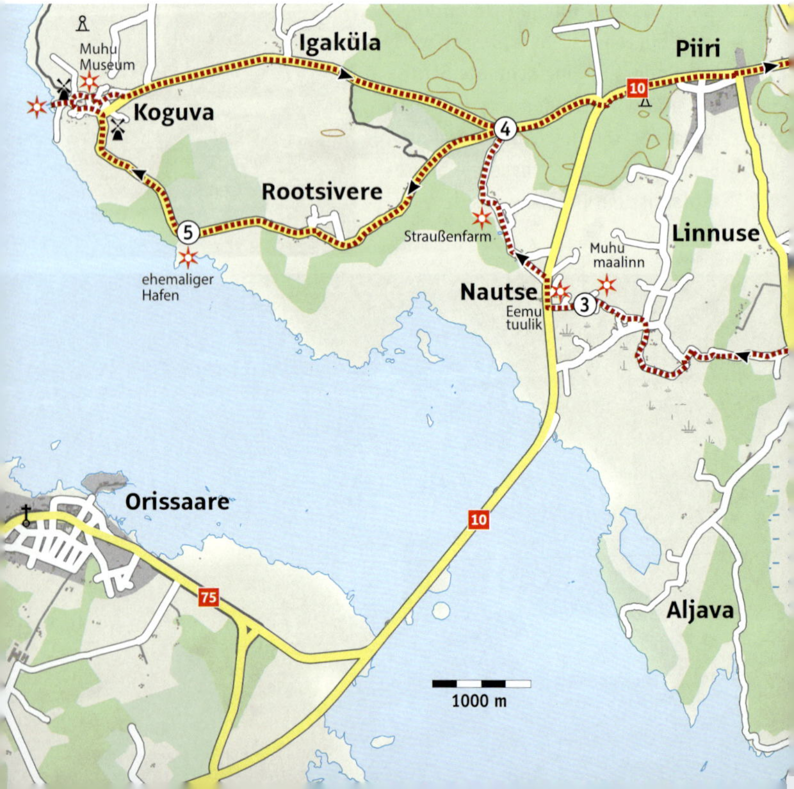

Von der Eemu Tuulik nach Koguva: 8 km
Von der Windmühle geht es rechts weiter die Straße hinauf, bis links die Zufahrt zum **Straußenhof Laasu Talu Jannalinufarm** abbiegt. Wer möchte, kann den Hof besuchen. Im Hochsommer gibt es hier auch ein Café. Hinter dem Straußenhof stoßen wir bald auf eine breite **Asphaltstraße** ④ und fahren sofort wieder links hinunter. Nach 3,5 Kilometern auf gut befahrbarem Weg führt ein Feldweg links zu einem etwas ruppigen Badeplatz am **ehemaligen Hafen** ⑤ von Koguva. Unter dem Grasweg, der zum Meer führt, sind noch Reste einer gepflasterten Straße zu erahnen.

Neben Straußen werden auf dem Hof **Laasu Talu** auch Emus gezüchtet. In den Gehegen kann man außerdem Kängurus, Alpakas, Zebras und Ponies beobachten.
Geöffnet 15. Mai bis 15. September täglich 10–18 Uhr. Eintritt €3,50, Kinder ab 6 Jahre €2,50, www.jaanalind.ee.

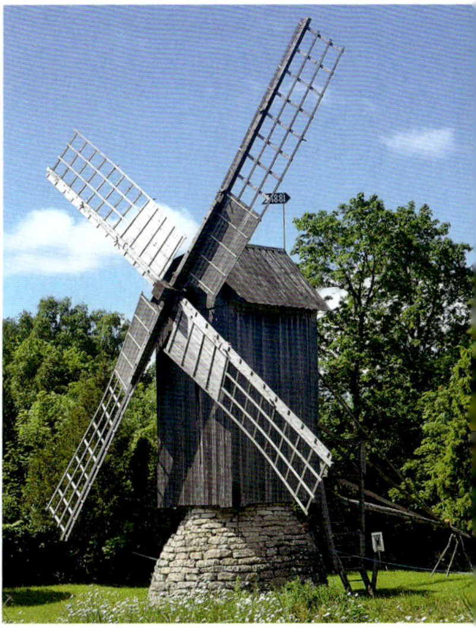

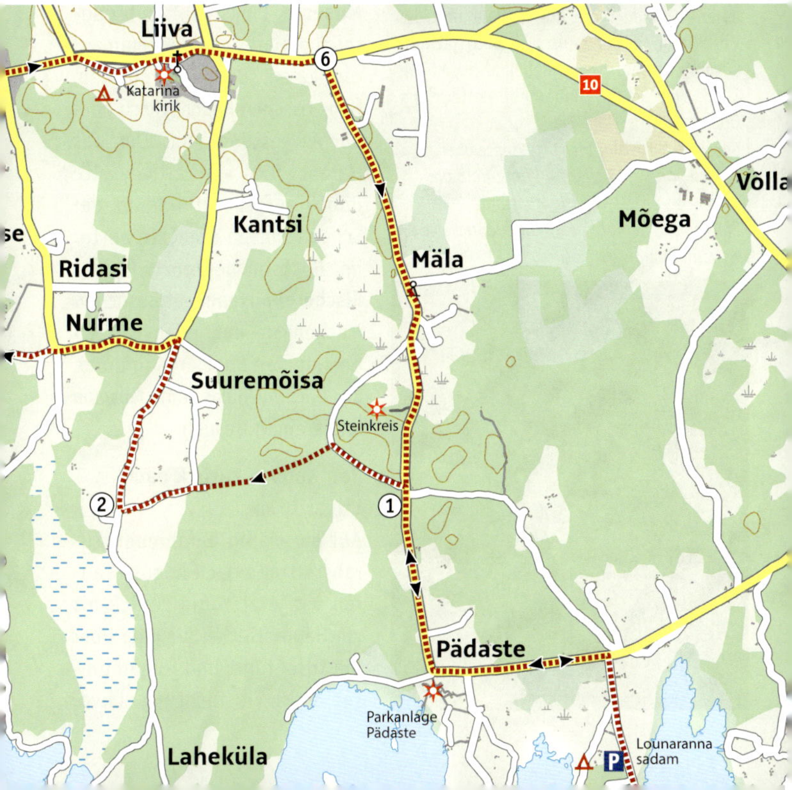

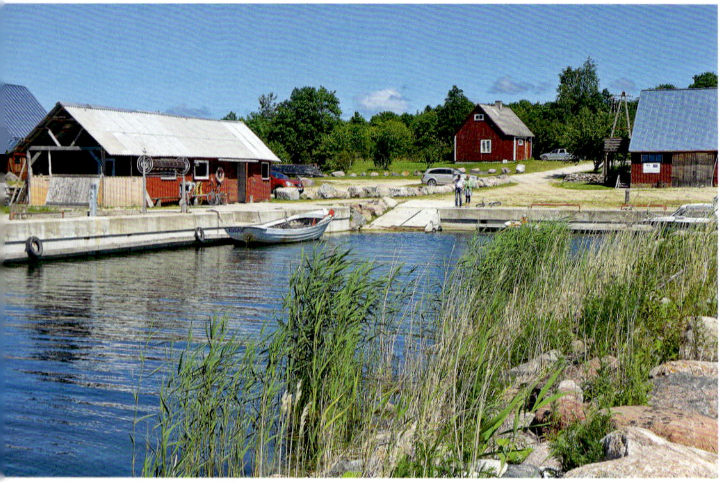

Das Freilichtmuseum von Koguva
Der Hof des Muhu-Museums war ursprünglich die Heimat des estnischen Schriftstellers Juhan Smuul, der 1922 in Koguva geboren wurde und auch später, so oft es ihm möglich war, nach Muhu zurückkehrte. Die Innenräume des Bauernhofes sind authentisch eingerichtet und illustrieren das übliche Landleben auf Muhu in der Mitte des letzten Jahrhunderts. Zum Museum gehören außerdem die alte Schule und die Valjä Farm, in der typische Muhu-Trachten ausgestellt sind. Beide Gebäude liegen ein Stück von Smuuls Bauernhof entfernt im Ort.
Geöffnet Mitte Mai bis Mitte September täglich von 9–18 Uhr, im Winterhalbjahr Di bis Sa von 10–17 Uhr geöffnet.
Eintritt €4, Senioren €3, Familienticket €8.
www.muhumuuseum.ee

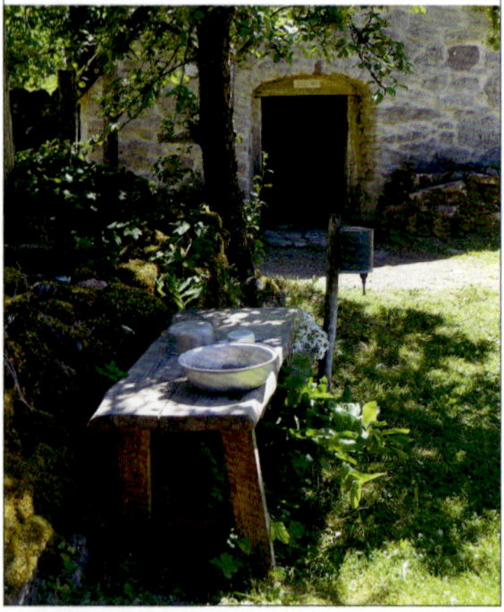

Folgen wir dem Bogen links, sind wir schnell wieder auf der Piste und treffen wenig später auf eine **flügellose Windmühle** und dann auf den Parkplatz vor dem malerischen Fischerdorf Koguva. Hinter dem Parkplatz liegt der Eingang zum **Muhu Museum**. Links geht es hinunter zum Hafen, an dem man auf rustikalen Bänken vor dem Haus frischen Räucherfisch oder Kuchen essen kann. Um das Hafenbecken sind etliche alte Boote aufgestellt und in der Scheune neben dem Café wartet im Hochsommer ein winziges **Fischereimuseum** auf Besucher. Machen Sie auf jeden Fall einen kleinen Spaziergang durch das Dorf. Auch das Muhu Museum lohnt einen Besuch.

Von Koguva zurück nach Liiva: 10 km
Auf der mäßig befahrenen Zufahrtsstraße nach Koguva fahren wir jetzt zügig zurück bis zur Hauptstrecke, die quer über die Insel führt und folgen dieser links in Richtung Liiva.

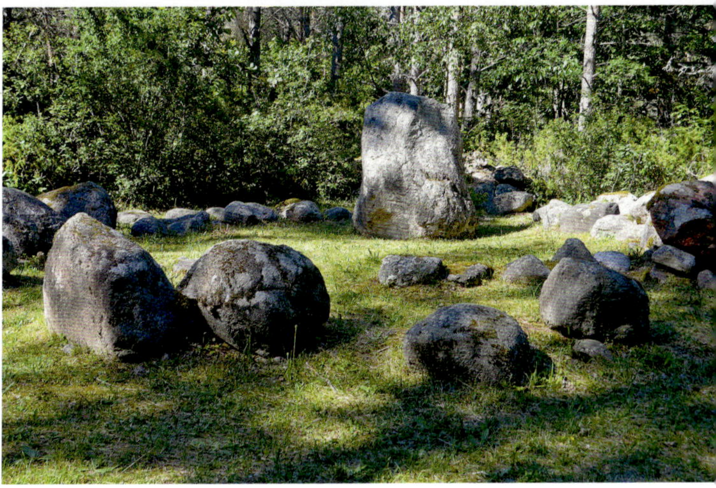

Markiert ist hier der **Radweg 335**. Nach kurzer Fahrt neben den Autos auf dem Randstreifen der Straße können wir auf den asphaltierten Fahrradweg ausweichen, dem wir bis Liiva folgen. Kurz vor Liiva biegt die markierte Radroute links ab und wir fahren geradeaus ohne Markierung weiter in den Ort.

Auf einer Wiese oberhalb des Hafens von Koguva hat man dem im Dorf geborenen Schriftsteller Juhann Smuul ein Denkmal gesetzt

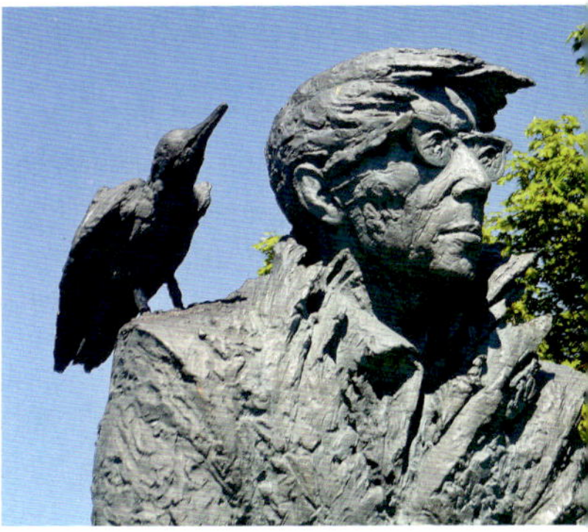

In **Liiva** lohnt unbedingt der Stopp an der **Katharinenkirche** rechts der Straße im Ortszentrum. Wer hier noch einmal Pause machen möchte, hat zur Einkehr das Muhu Restaurant und zwei einladende Cafés zur Wahl.

Die **Katharinenkirche** im Ortszentrum von Liiva stammt aus dem 13. Jahrhundert. Mit drei Stufen in der Außenfassade erinnert ihr Aufbau an einen Kathedralenbau. Die trapezförmigen Grabsteine neben der Kirche tragen zum Teil heidnische Symbole. Den Innenraum mit Fresken aus dem späten 13. Jahrhundert können sie von Juni bis August Mo bis Sa von 10–18 Uhr oder sonntags ab 12.30 Uhr besuchen.

Von Liiva nach Lounaranna:
11 km

Auf der vielbefahrenen Hauptstraße geht es aus Liiva hinaus und nach einem knappen Kilometer **rechts ab** ⑥ auf die ruhige Strecke nach Pädaste. Auf halbem Weg führt rechts ein Stichweg zu einem **Steinkreis** im Wald. Es handelt sich um einen Begräbnisplatz, der schon 2500 vor unserer Zeitrechnung angelegt und genutzt wurde. Dann fahren wir weiter nach Pädaste und von dort auf vertrautem Weg zurück nach Lounaranna.

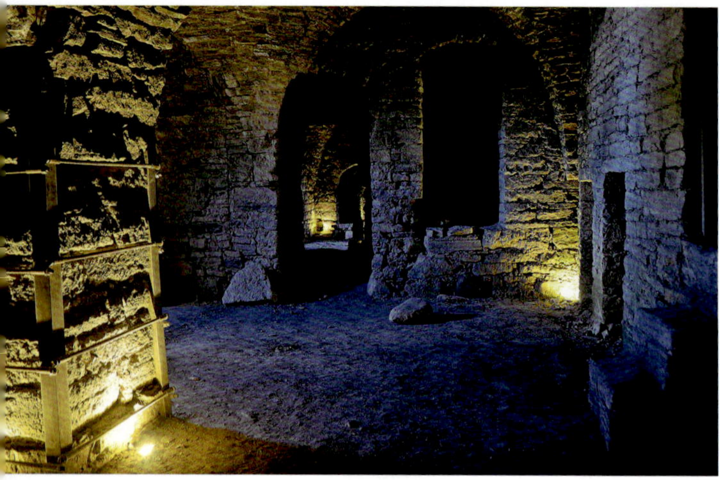

30 min

ab 6

Tour 7: In den Ruinen von Maasilinn

Die Geschichte der Ordensburg von Maasi

An der geschützten Meerenge zwischen Muhu und Saaremaa errichteten die Ritter des deutschen Ordens bei der Eroberung der Insel Ösel, wie Saaremaa damals noch hieß, eine starke Festung mit bis zu drei Meter dicken Mauern. Die geschützte Bucht vor der Burg diente den Ordensrittern als Hafen.

Vom Parkplatz läuft man an der Bucht entlang zum ehemaligen Hafenbecken der Festung. Auf einem vorgelagerten Inselchen im flachen Wasser kreischen Hunderte von Möwen. Dazwischen sitzen Schwäne und Enten. Nähert man sich dann rechts der Ausgrabung, sieht das Ganze erst mal enttäuschend aus. Man sieht nur einen Hügel mit Dach. Steigt man hinauf, befindet man sich zwischen den Grundmauern der Räume im oberen Stockwerk.

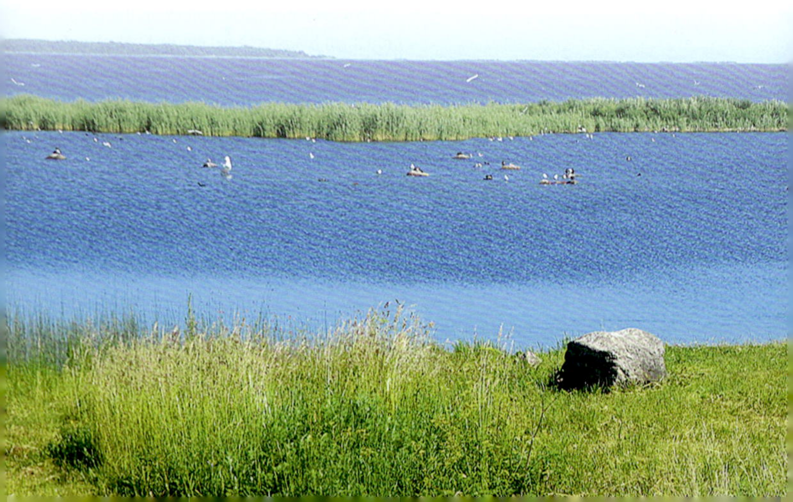

TOUREN-STECKBRIEF

Anfahrt: Von Muhu kommend fahren wir links in Richtung Orissaare, durch den Ort und weiter durch Maasi bis hinter dem Ort rechts ein Stichweg zur Festung Maaslinn und zum Parkplatz bei **GPS N 58°34'33", E 23°02'09"** führt.

Öffnungszeiten: Die Burgruine ist frei zugänglich, die Besichtigung kostenlos.

Mit Kindern: Die urige Burgruine mit knapper Beleuchtung dürfte auch die meisten Kinder faszinieren. Die Wiese am ehemaligen Hafen vor der Ruine eignet sich auch für ein Picknick.

Einkehr/In der Nähe: Kohvik (Café) Kalda im Jachthafen von Orrissare (4 km entfernt) mit schöner Terrasse. Badeplatz und Bootsverleih.

Übernachtung:

Hotel: Vanatoa Turimitalu in Koguva (Muhu), Hostel Pritsukas, Oti Manor House.

Camping: Camping Aki in Liiva auf Muhu oder Plätze bei Kuressaare. Einfacher Stellplatz für Wohnmobile im Jachthafen von Orissaare.

Richtig interessant wird es aber erst, wenn Sie dann ins Erdgeschoss hinunter steigen. Hier sind einige Innenräume komplett erhalten und werden von Scharen munterer Schwalben bewohnt. Rund um dieses Hauptgebäude gab es wohl früher eine Mauer und im Bereich des Hafens hat man 1985 bei einer U-Boot Exkursion des estnischen Seefahrtsmuseums ein Schiffswrack aus dem 16. Jahrhundert entdeckt. Es wurde bis 2010 im Hafen von Orissaare restauriert und ist heute im Besitz des Meeresmuseums in Tallinn und kann dort besichtigt werden.

Maaslinn wurde im Jahr 1345 nach einem niedergeschlagenen Aufstand der Inselbevölkerung als Ersatz für die zerstörte Festung von Poide erbaut und war die wichtigste Basis des livländischen Ordens auf der Insel. Der Orden hielt die Burg bis 1564. Dann übergab der letzte Landvogt Heinrich Lüdinghausen-Wulff die Festung an die Dänen, die bereits im Westen Saaremaas Fuß gefasst hatten. Zwischen 1568 und 1575 waren Maaslinn und die Insel Saaremaa dann in schwedischer Hand. 1578 wurde die Burg vom dänischen König Frederik II endgültig zerstört.

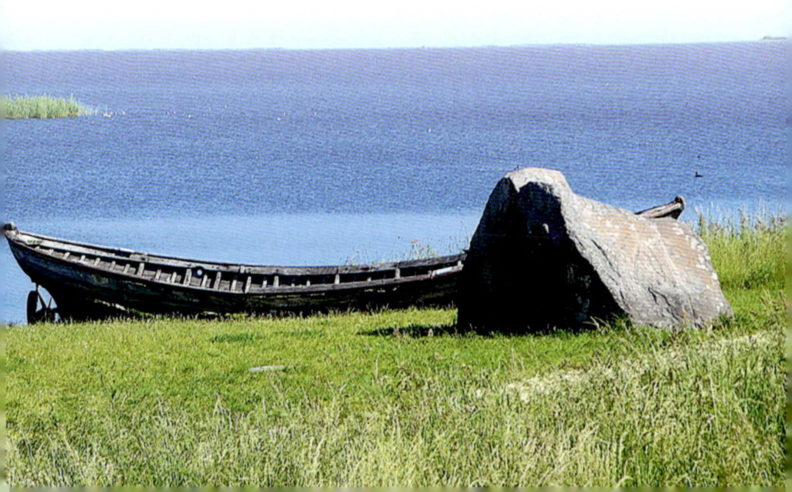

Geschichte und Gegenwart
Estlands Weg in die Unabhängigkeit

Auf Ihrer Reise durch Estland begegnen Sie an jeder Ecke der Vergangenheit: Burgruinen des Deutschen Ordens, Gutshäuser deutscher Adelsgeschlechter, KGB-Museen und Gedenkstätten für den Widerstand gegen die Sowjetunion. Ab und zu tauchen auch noch das russische Zarenreich, Schweden und Dänen auf. Das estnische Volk wurde in den letzten Jahrhunderten vorrangig von Fremden regiert. Erst 1918 erlangte Estland zum ersten Mal den Status einer unabhängigen Republik. Ein Blick in Estlands Geschichte hilft uns bei der Orientierung.

Der Deutsche Ritterorden und die Hanse

Bis 1945 sprach ein großer Teil der baltischen Oberschicht deutsch. Viele der heute noch erhaltenen Gutshäuser waren im Besitz des deutsch-baltischen Adels und viele Orte in den baltischen Ländern hatten deutsche Namen. Die Geschichte der deutschen Besiedelung des baltischen Raumes reicht bis ins Mittelalter zurück.

Im 13. Jahrhundert eroberte der Orden der Schwertbrüder Lettland und Estland. 1237 wurden die Schwertbrüder nach der verlorenen Schlacht von Schaulen als Livländischer Orden in den Deutschen Orden eingegliedert. Das Meistertum Livland umfasste den größten Teil des Gebietes, das wir heute als Lettland und Estland kennen. Der Deutschordensstaat, der den heidnischen Balten auch das Christentum bescherte, existierte von 1230 bis 1561. Parallel gewann im 14. Jahrhundert die Deutsche Hanse Einfluss im Ostseeraum. Aus dieser Zeit stammen die heute noch auf vielen Karten zu findenden Namen Pernau (Pärnu), Reval (Tallinn) und Dorpat (Tartu). Auch nach dem Niedergang der Hanse im 17. Jahrhundert blieben viele Deutsche im Land. Sie behielten ihre Privilegien und stellten weiterhin die Oberschicht in Estland, das zu dieser Zeit unter schwedischer und dänischer Oberhoheit stand.

Nach dem großen nordischen Krieg im 18. Jahrhundert zogen sich Dänen und Schweden zurück und Estland wurde Teil des russischen Zarenreiches. Anfangs war weiterhin Deutsch die Amtssprache und die Unterrichtssprache an höheren Schulen und der Universität von Tartu. Erst im Rahmen der 1885 angeordneten Russifizierung durch Zar Alexander III. trat das Russische an diese Stelle.

Parallel entwickelte sich ein neues Selbst- und Nationalbewusstsein unter gebildeten jungen Esten. Das wurde wenig später zur Basis für den ersten unabhängigen estnischen Staat, der 1918 nach dem Zerfall des russischen Reiches entstand.

Holocaust und Zweiter Weltkrieg

Schon 1940 wurden die baltischen Länder im Rahmen des Hitler-Stalin Paktes wieder von der Sowjetunion besetzt. Die deutschstämmigen Balten holten die Nazis damals »Heim ins Reich« und beendeten damit nach über 700 Jahren den massiven deutsche Einfluss in Estland. Aber nur ein Jahr später besetzte die deutsche Wehrmacht die baltischen Länder. Direkt nach dem Einmarsch der Nationalsozialisten wurde die jüdische Bevölkerung in Ghettos zusammengetrieben und zum Großteil ermordet. In Estland waren vergleichsweise wenige Juden zuhause. Besonders betroffen waren Vilnius, Kaunas und Riga, wo es heute auch Gedenkstätten für den nationalsozialistischen Völkermord gibt.

In den baltischen Ländern folgten auf die Deportationen der Nazis weitere Deportationen durch die sowjetische Armee, die auch Estland 1945 zwangsweise in die Sowjetunion eingliederte. Ein großer Teil der gebildeten estnische Elite wurde damals ermordet oder in die Gulags deportiert. Statt dessen wurden Russen angesiedelt. Viele Jahre leistete eine baltische Partisanenbewegung, genannt die Waldbrüder, Widerstand, wurde aber am Ende vom KGB ausgeschaltet.

Die Singende Revolution

Die baltischen Staaten befreiten sich im Rahmen der Perestroika zwischen 1987 und 1991. Am Anfang des Widerstandes standen Sängerfeste, auf denen die verbotenen traditionellen Volkslieder gesungen wurden. Im Sommer 1988 sangen 300.000 Esten in Tallinn erstmals wieder ihre verbotene Hymne. Am 23. August 1989 folgte eine beeindruckende Aktion: zwei Millionen Menschen bildeten eine Kette, die von Tallinn über Riga bis nach Vilnius reichte, um ihr Streben nach Unabhängigkeit zu demonstrieren. Im Frühjahr 1990 erklärten Estland seine Unabhängigkeit, die im Februar 1991 durch ein Referendum von der Bevölkerung bestätigt wurde. Am 1. Mai 2004 wurde Estland in die EU aufgenommen und führte im Januar 2011 als erster der drei baltischen Staaten den Euro ein.

Estlands russische Minderheit

25 Prozent der estnischen Bevölkerung ist russischer Herkunft und die meisten estnischen Russen der älteren Generation sprechen nicht estnisch. Das wäre aber die Voraussetzung für die Erlangung der estnischen Staatsbürgerschaft. Sie sind staatenlos und dürfen in Estland nicht wählen. Dafür ist ihnen sowohl in der EU, als auch in Russland die Einreise ohne Visum gestattet. Das Einkommen staatenloser Bürger liegt meist unter dem Durchschnitt.

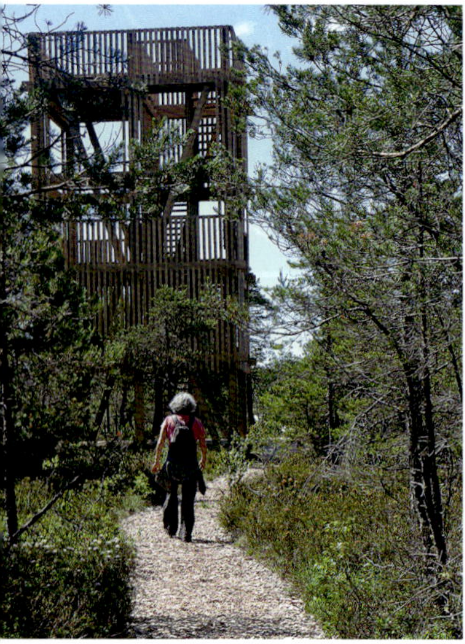

Tour 8: Rundweg im Koigi Moor

Einmal um den Pikkjärv

Das Koigi Moor liegt abseits der gängigen Touristenpfade und Sie sind hier oft ganz allein unterwegs. Von der Holzplattform am Ufer des kleinen Moorsees mit dem Namen Pikkjärv blickt man weit über die dunkelblaue Wasserfläche mit Seerosenblättern. Am Ufer stehen verzwirbelte Latschenkiefern in sattem Grün und kein Geräusch der Zivilisation ist zu hören. Der Platz am See ist zauberhaft. Will man die Stille ein wenig länger genießen, kommt man auf dem Rundweg durchs Moor einmal um den See herum ...

eben

STRECKE 5,5 km

1 h 45

ab 8

Wanderung: Vom Parkplatz folgt man dem breiten Waldweg bis zur Kreuzung am **Rand des Moores** ①. Hier biegt man links ab und wandert auf Rindenmulch durch den Wald zum neun Meter hohen Aussichtsturm. Von oben kann man weit über die Baumwipfel schauen. Schöner ist jedoch der Weg zum See. Auf einem nagelneuen Bohlenpfad marschieren wir durch die karger werdende Landschaft bis zu einer **Plattform mit Bank** ② am Seeufer. Wer mutig ist, kommt hier auch ins Moorwasser. Da es keine Treppe gibt, ist dazu aber ein wenig Kletterei oder ein beherzter Sprung ins moorbraune Wasser nötig.

Hinter der Plattform wird der Bohlenweg zu einem schmalen Pfad aus Lochblechen, die auf alten Reifen liegen, sodass es unter den Füßen immer leicht wippt. Kinder werden ihren Spaß

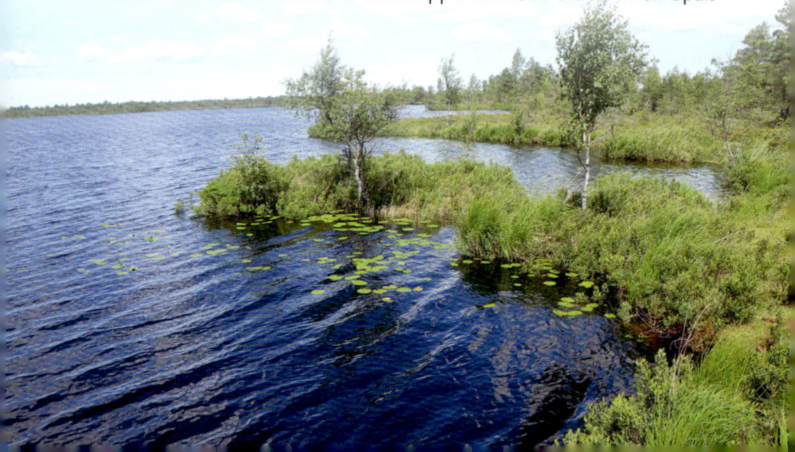

TOUREN-STECKBRIEF

Anfahrt: Von Muhu kommend links in die Nebenstrecke über Laimjala nach Kuressaare einbiegen und bei Koigi dem Wegweiser Koigi matkarada nach rechts folgen. Der Schotterweg führt zwischen den Häusern des Dorfes Koigi hindurch und endet nach gut drei Kilometern an einem Parkplatz am Waldrand bei **GPS E 58°29'10", E 22°59'24".**

Charakter: Guter Waldpfad bis zum Aussichtsturm und Bretterpfad zu einer Holzplattform mit Blick über den Moorsee. Ab hier führt der Weg auf schmalen Holzplanken und Metallplatten (nicht geeignet mit Hunden) weiter und umrundet den See.

Mit Kindern: Mit jüngeren Kindern kann man die Tour kürzen, indem man nur zum Aussichtsturm und bis zur Plattform am See läuft und dort eine Picknickpause mit Seeblick einlegt.

Übernachtung:

Hotel / Gästehaus: Oti Manor House, Aavikunurga Puhketalu, Kaali Hotell.

Camping: Campingplätze in Kuressaare, schöner Stellplatz für Wohnmobile am Hafen von Koiguste (Koiguste sadam).

In der Nähe: Meteoritenkrater von Kaali, Windmühlen von Angla.

an der Sache haben. Wir laufen durchs Moor, der See ist erst etwas später wieder gut zu sehen. Am hinteren Seeende kommt man dem Wasser nochmal ganz nah. Hier führt der Pfad führt durch eine karge Landschaft mit Flechten und Moosen. Dann lässt sich gut beobachten, wie der Boden trockener wird und sich Stück für Stück die Vegetation verändert, bis wir am Waldrand wieder auf unseren **Hinweg** ③ treffen. Auf vertrautem Weg geht es zurück zum Parkplatz.

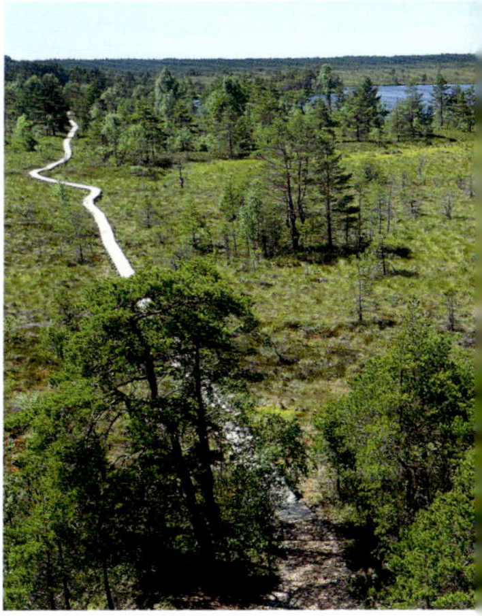

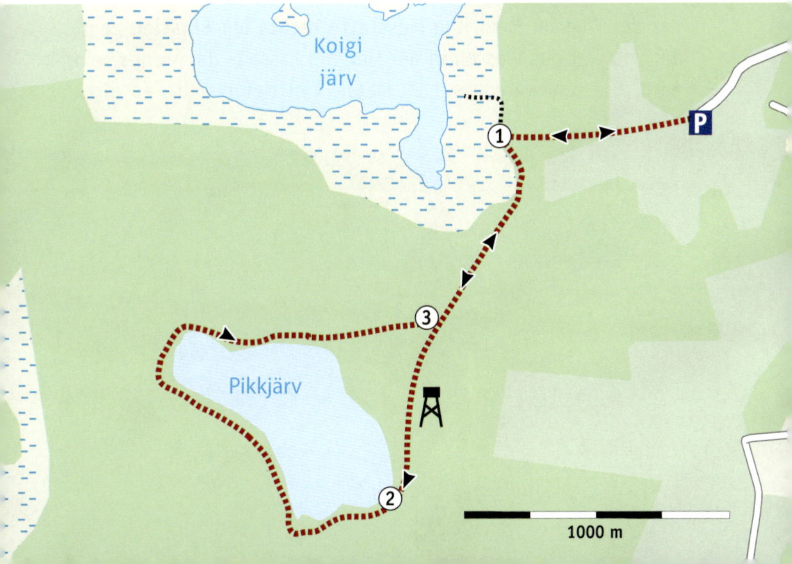

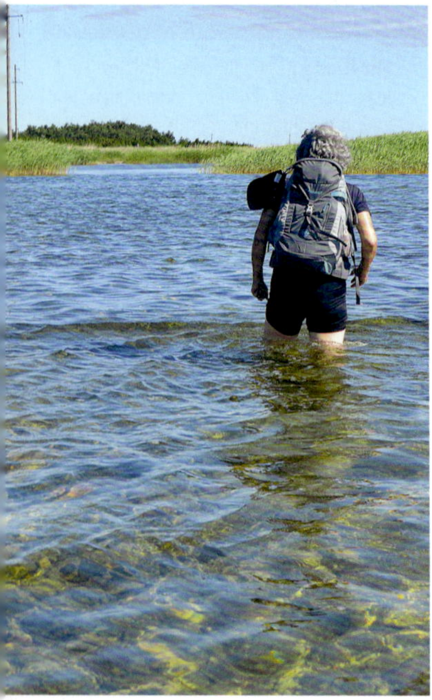

Tour 9: Im Reich der Wasservögel

Der Fußweg nach Vilsandi

Vilsandi ist die größte und die einzige bewohnte Insel des Vilsandi Nationalparkes. Eine Reihe kleinerer Inseln liegen zwischen der Hauptinsel und dem Festland von Saaremaa. Dazwischen ist die Ostee kaum tiefer als einen halben Meter, sodass man durch das Meer von Insel zu Insel laufen kann. So steht man auf diesem aufregenden Wanderweg plötzlich mitten im Meer und lauscht dem Kreischen der Möwen. Auf Noogima, der wildesten Insel der Inselkette, fliegt vor uns laut schimpfend ein Kranichpaar aus dem Schilf auf. Auf der Insel Vilsandi, unserem Ziel, führen Wege zum Hafen, zum alten Leuchtturm oder auf die vorgelagerte Mini-Insel Vesiloo saar. Es lohnt also durchaus, auf Vilsandi zu übernachten, um die Insel in Ruhe zu erkunden. Zwei einfache Zeltplätze und ein Bauernhof bieten dazu Quartier.

eben

STRECKE 17 km

7–8 h

Wanderung: Vom Parkplatz folgen wir dem Fahrweg zum Meer. Rechts steht noch mal eine detaillierte Karte der Tour. An der ersten Kreuzung geht es rechts auf das Ufer zu. Hier verschwindet der Weg im Meer. Die **Messlatte rechts am Einstieg** zeigt an, wie tief das Wasser an der tiefsten Passage des Weges sein wird. Bei uns waren es 1,20 Meter. Viel tiefer sollte es nicht

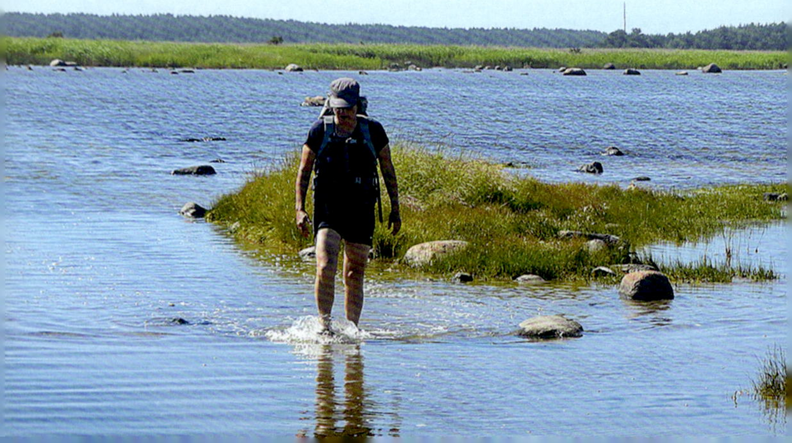

TOUREN-STECKBRIEF

Anfahrt: Vom Infozentrum im Gutshaus Loona in Richtung Süden fahren und kurz darauf rechts auf die Schotterpiste nach Vilsandi abbiegen. Kurz hinter einem Linksabzweig und einer gut erhaltenen Bockwindmühle biegen wir rechts in eine schmalere Piste ein, auf der wir weitere 6,5 Kilometer bis zum Zeltplatz mit Holzpavillon und Trockentoilette fahren. Parkplatz bei **GPS N 58°21'05", E 21°56'09"**.

Charakter: Der Weg führt abschnittweise durch das flache Wasser zwischen den Inseln und ist mit farbigen Stäben markiert. Gleich zu Beginn der Wanderung muss die Fahrrinne zwischen Vilsandi und Papissare durchwatet werden. Ein Messstab am Wegbeginn zeigt an, wie tief das Wasser dort ist. Im Sommer sind 1,10 bis 1,40 m Wassertiefe zu erwarten. Die Wege auf den Inseln sind teilweise ebene Kieswege, teilweise aber auch schlammig und mit Schilf zugewachsen. Nur bei stabilem Wetter und ruhiger See laufen! Nach fünf Kilometern (Gehzeit 2–3 h) haben Sie die Insel Vilsandi erreicht, weitere 3,5 Kilometer auf trockenem Boden sind es bis zum Hafen und zu den Unterkünften auf der Insel. Erkundigen Sie sich vor der Wanderung in der Naturpark-Information in Loona, ob der Weg passierbar ist.

Ausrüstung: Wasserfeste Sandalen oder Wasserschuhe, kurze Hosen, Badebekleidung, Sonnenhut, Sonnencreme.

Mit Kindern: Die Wanderung ist für Kinder nicht geeignet. Fahren Sie stattdessen mit dem Taxiboot nach Vilsandi und laufen dort bis zum Leuchtturm, übernachten im Zelt oder nehmen sie an einer Bootstour des Kusti Talu [› Seite 43] zur Robbeninsel teil.

Übernachtung:

Hotel / Gästehaus: Ferienhof Kusti auf Vilsandi oder Gutshaus Loona am Festland.

Camping: Auf Vilsandi Zeltplatz am Hafen oder in der Nähe des Leuchtturmes, am Festland Muha Talu oder Pidula Forell.

In der Nähe: Reiterhof Ratsukievari, Kihelkonna kirik, Bootstouren zu den Robben im Nationalpark.

werden, da es sonst schwierig wird, den Rucksack trocken durch den **Käkisilma Kanal**, zu bekommen. Mit steinigem Boden und leichter Strömung ist das die schwierigste Wasserdurchquerung der Route. Bei allen anderen Wasserpassagen ist der Rucksack auf dem Rücken sicher untergebracht.

Die erste Passage durch das Meer sieht vom Ufer tiefer aus, als sie ist. Man läuft locker hindurch und steht auf der anderen Seite vor einem ungewöhnlichen Weg. Ein Wasserlauf führt durch

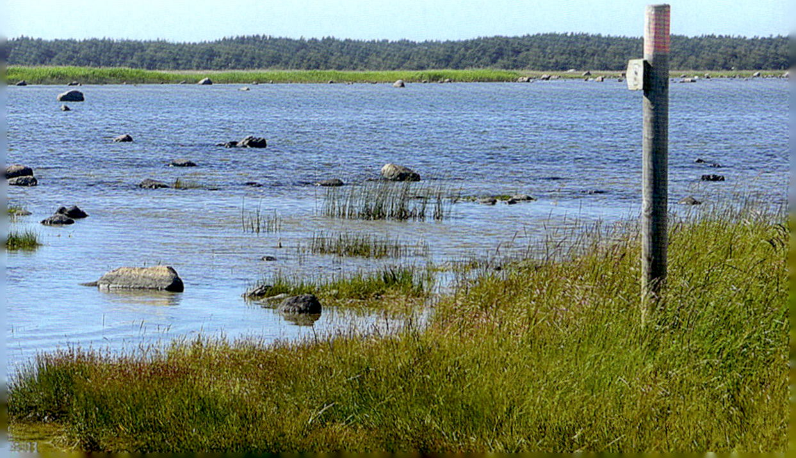

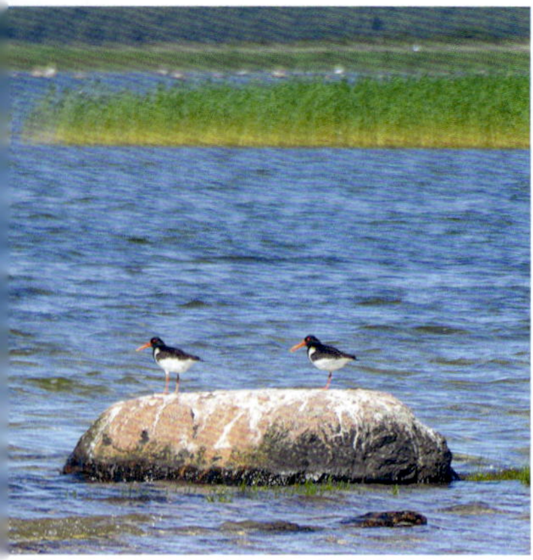

das Schilf und muss durchwatet werden. Mit kurzen trockenen Passagen geht es so bis zum **Käkisilma** (1), durch den die Boote von Papisaare nach Vilsandi fahren. Der tiefste Punkt der Fahrrinne liegt kurz vor dem Durchgang durch das Schilf in der Mitte des Wasserbeckens.

Auf der anderen Seite erwartet uns die erste der beiden größeren Inseln. Auf **Kalarahu** weiden im Sommer oft Schafe. Wir folgen dem Fahrweg über die Insel und bis zu einer **ersten Bucht**. Hier sind die ansonsten gut platzieren Markierungen etwas löchrig und man sieht ewig keinen Signalpfosten. Halten Sie sich einfach am Rand des Wassers. Am Ende der zweiten Bucht steht wieder ein Pfosten und eine Karte der Wanderstrecke.

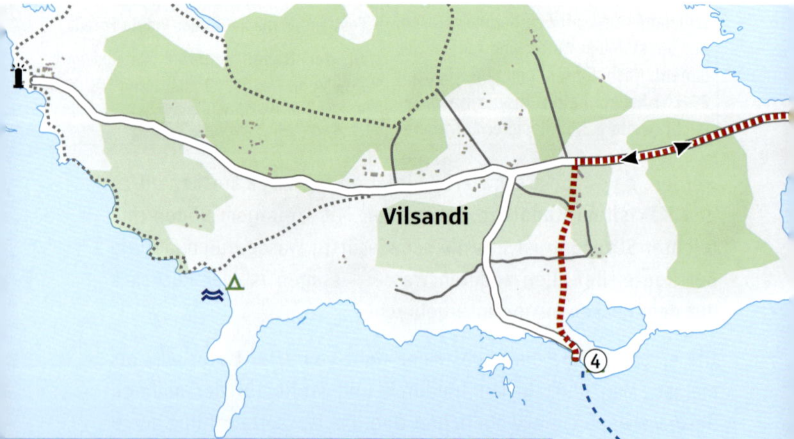

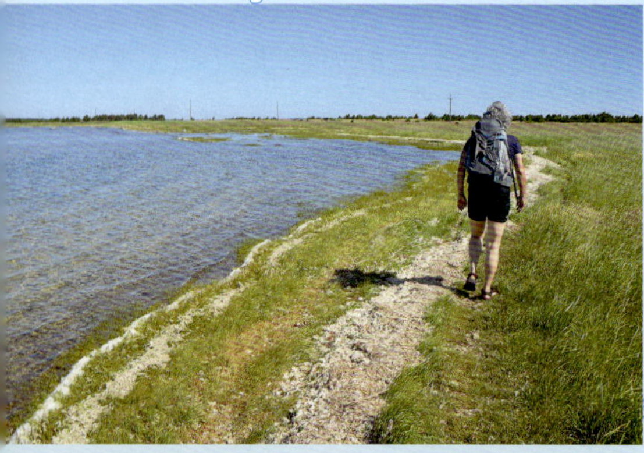

Kurz darauf verlassen wir die Insel und haben jetzt die beiden längsten, aber nicht sehr tiefen **Wasserpassagen** ② vor uns. Eine kleine Insel liegt zwischen den beiden größeren und unterbricht kurz den Weg durchs Meer. Dann befinden wir uns auf der Insel **Noogimaa**. Ein großer Teil des Weges ist hier trocken, führt aber durch hohes Gras oder Schilf. Noogimaa ist die wildeste der Inseln. Die Markierungen sind hier dringend notwendig, um den richtigen Pfad zu finden. Weniger angenehm sind dabei die kaum vermeidbaren Passa-

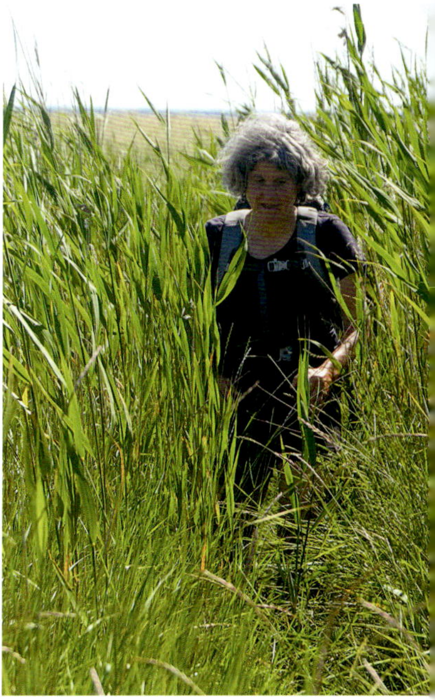

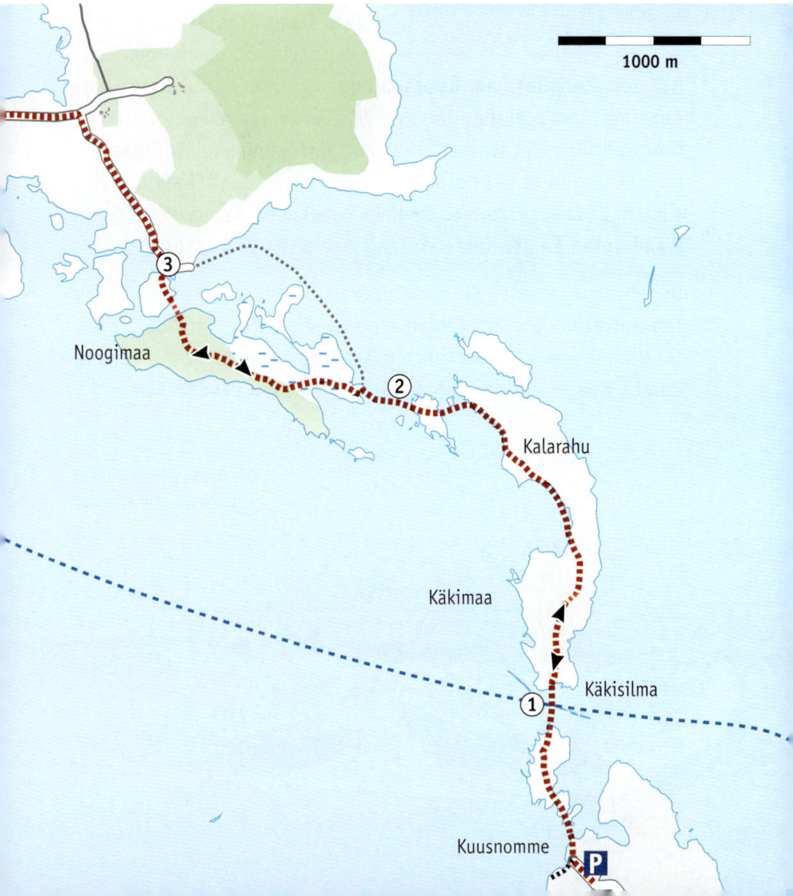

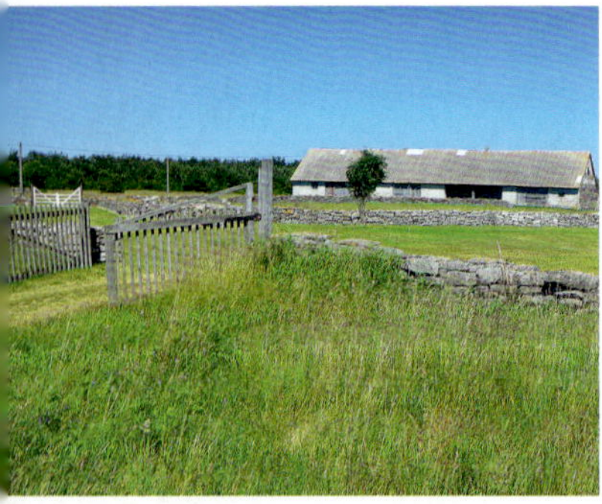

gen durch tiefen Schlamm. Das letzte große Wasserbecken vor Vilsandi erreichten wir dann ziemlich schmutzig mit schlammverschmierten Beinen.

Ein **Picknicktisch** und eine Infokarte begrüßen uns auf **Vilsandi** ③. Hier könnte man nach einer Pause kehrtmachen und zurückwandern, dann hat man von der Insel Vilsandi aber nur wenig gesehen. Weitere drei bis vier Kilometer Fußweg bringen uns bis zum **Bootsanleger** und zu den beiden Unterkünften Kusti Talu und Tolli Talu, gute fünf Kilometer sind es bis zum 200 Jahre alten Leuchtturm der Insel. Zwei Campsites erlauben eine Übernachtung im eigenen Zelt. Auf dem **Zeltplatz am Bootsanleger** ④ gibt es auch ein Infohaus mit drei Schlafstellen und WC. Ein Wasserspender mit kaltem und warmem Wasser steht zur Verfügung und Süßigkeiten oder Limo gibt es per Automat. Der zweite Zeltplatz befindet sich südlich des Leuchtturmes an einer Badebucht. Von dort führt ein Wanderpfad an der Küste entlang zum alten Leuchtturm.

Der Ferienhof Kusti talu

Auf dem Hof Kusti Talu gibt es drei Doppelzimmer und eine Campingwiese. Mit zwei Schnellbooten werden hier bei ruhiger See Marine-Tours durch den Nationalpark mit über 150 kleinen Inseln angeboten, bei denen man Robben, Seeadler und eine Kormorankolonie entdecken kann. Islander bietet außerdem auch einen Taxibootservice von Papisaare, der mit €110 für Einzelreisende aber nur erschwinglich ist, wenn Sie sich einer bereits gebuchten Überfahrt anschließen können. Mehr Infos unter www.islander.ee

Den Rückweg können Sie nach einer Pause oder auch am nächsten Tag antreten. Wir empfehlen eine Übernachtung auf der Insel. Im Norden von Vilsandi führt außerdem ein weiterer Wanderweg durchs Wasser auf das vorgelagerte Inselchen Vesiloo saar.

Die Boote der Anwohner im Hafen von Vilsandi

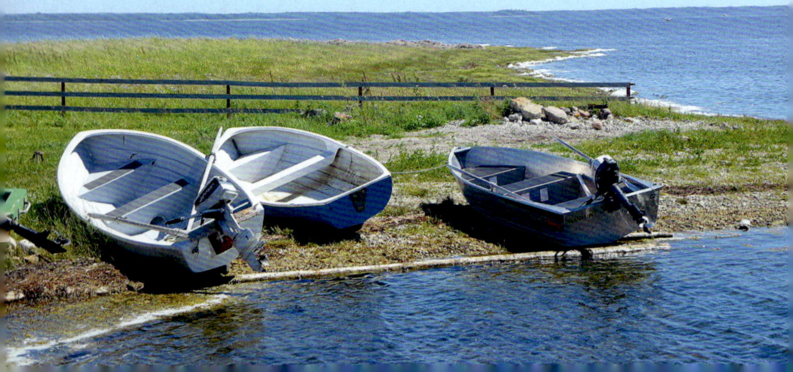

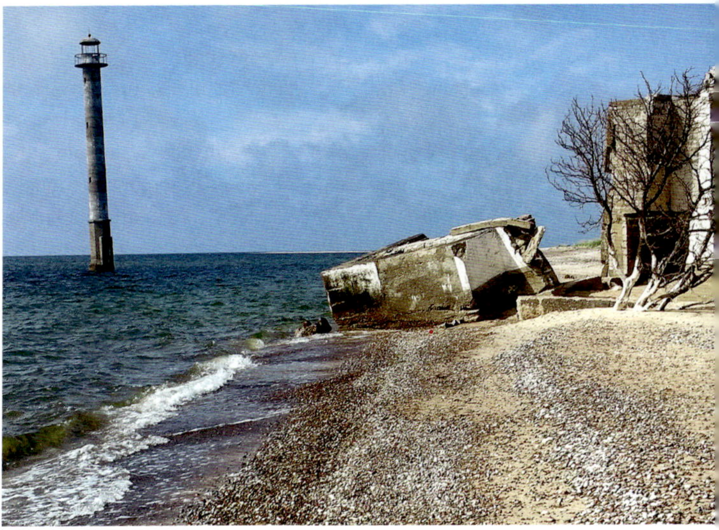

Tour 10:
Zum schiefen Turm von Harilaid

Immer am Meer entlang um die Halbinsel Harilaiu

eben

STRECKE 11 km

4 h

ab 10

Auch die karge, unbewohnte Halbinsel Harilaiu, die nur durch eine schmale Landbrücke mit Saaremaa verbunden ist, gehört zum Vilsandi Nationalpark. Ziel unserer Wanderrunde immer am Meer entlang einmal um die rauhe Halbinsel ist der Leuchtturm, der einst mitten auf der Insel stand. Der Leuchtturm ist immer noch da, nur die Landspitze ist inzwischen in der Ostsee verschwunden. Wer in den Turm will, muss schwimmen. An der anderen Seite der Halbinsel entsteht dafür neues Land mit flachen Binnenseen, in denen sich Schwäne und Möwen wohlfühlen.

TOUREN-STECKBRIEF

Anfahrt: Ausgeschildert von der 78. Kurz vor Tagamõisa nehmen wir den Abzweig links nach Koruse und folgen dem Holzwegweiser zum Harilaiu matkarada. Die Piste wird zum Ziel hin schmaler, ist jedoch gut befahrbar. Sie endet nach acht Kilometern Pistenfahrt auf einem ebenen Wanderparkplatz bei **GPS N 58°28′26″, E 21°54′08″.**

Charakter: Ebener, markierter Weg meist am Meer entlang. Streckenweise ist der Weg sandig, was das Laufen anstrengend macht.

Mit Kindern: Technisch unkompliziert, jedoch ohne spannende Höhepunkte (außer dem Leuchtturm). Da die Strecke außerdem recht lang ist, empfehlen wir diese Tour nur mit größeren Kindern, die gerne laufen.

Übernachtung:

Hotel: Gutshof Loona

Gästehaus: Praakli Rediku Farmhouse

Camping: Einfacher Zeltplatz (telkimisala) in einem Wäldchen am See auf der Halbinsel, etwa 3 km vom Parkplatz entfernt und nur zu Fuß erreichbar, Camping Pidula Forell oder Karujärve.

In der Nähe: Kihelkonna Kirik, Mihkli Farm Museum.

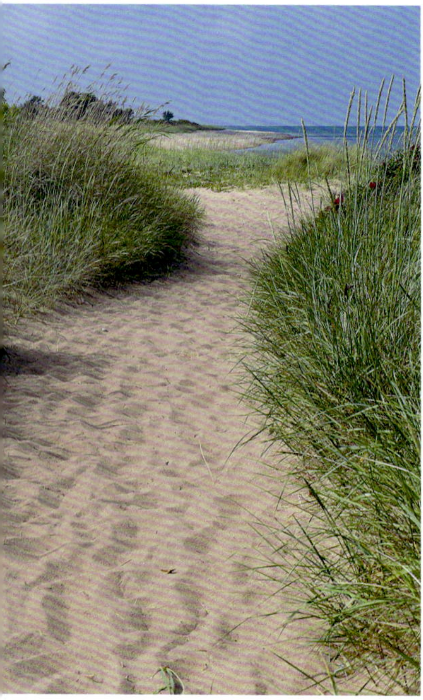

Rötlicher Sand und feiner Kies prägt die nördliche Küstenlinie von Harilaiu

Wanderung: Vom Parkplatz folgen wir einem breiten Schotterweg, der über eine steinige Ebene in den Wald führt. Im Schatten der Bäume kommen wir die ersten drei Kilometer zügig voran, auch wenn der Weg hier noch etwas langweilig ist. Dann treffen wir erst auf den **See Laialepa** ① im Zentrum der Halbinsel und dann auf den kleinen **Zeltplatz** an seinem Ufer. Er liegt geschützt zwischen den Bäumen und bietet neben einem Picknicktisch auch eine Grillstelle. Wenig später wird unser Weg sandig und nähert sich dem Meer. Wer mag, kann hier an den **Strand** ② wechseln und am Meer bis zum **Leuchtturm** laufen. Der eigentliche Weg verläuft etwas weiter im Inselinneren. Der Leuchtturm ist weithin zu sehen und auch vom Strand nicht zu verfehlen.

Ursprünglich stand er in der Mitte der Insel, heute muss man ein paar Meter schwimmen, um zu seinem Eingang zu kommen. Die Tür steht weit offen und ein Seil hilft beim Zugang zum leicht schief im Wasser stehenden Turm. Er steht übrigens nicht immer gleich schief. Zwischendurch hatte ihn das Meer auch mal wieder

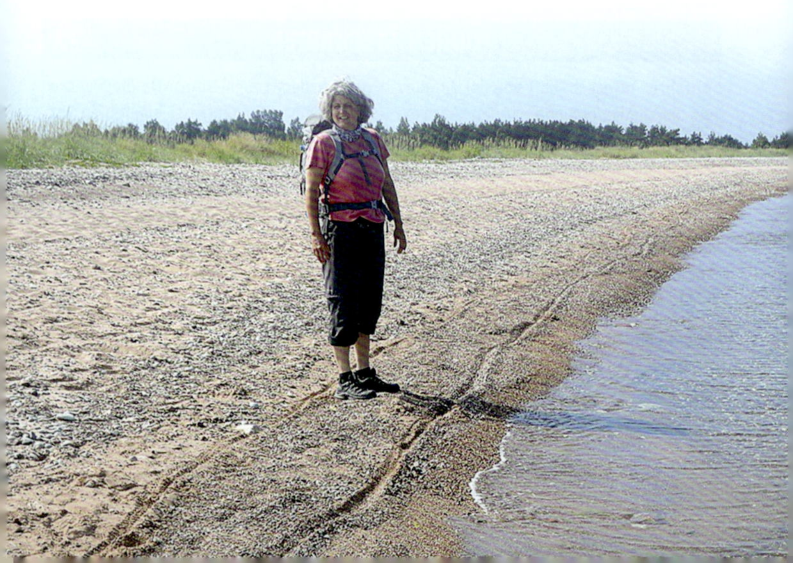

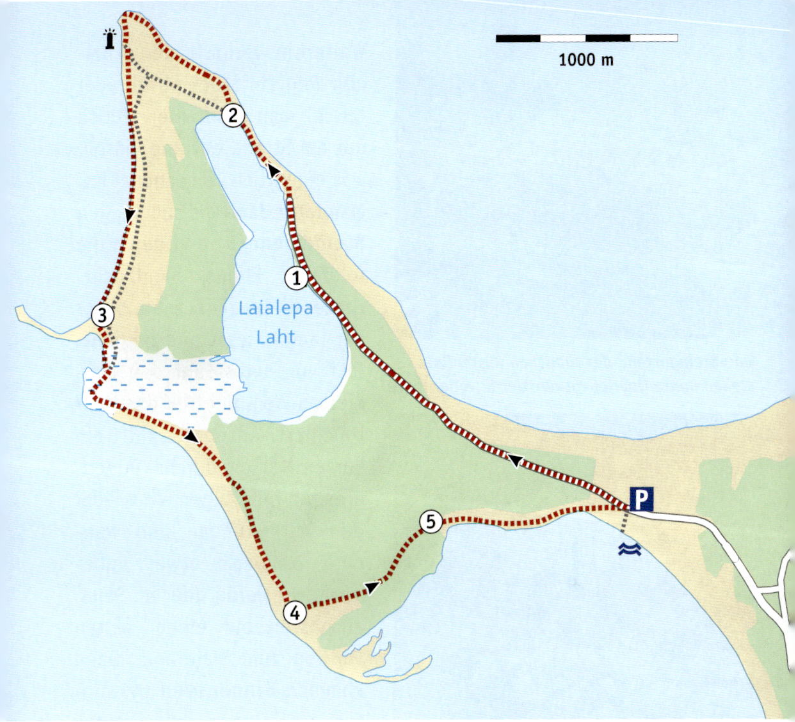

gerade gerückt. Das Meer verändert auch die Insel. Im Westen wird immer mehr Sand weggetragen, in der geschützten Bucht an der Südseite sammeln sich Kies und Sand zu neuem Land und lassen kleine Binnenseen entstehen, an denen wir auf dem Rückweg vorbeikommen.

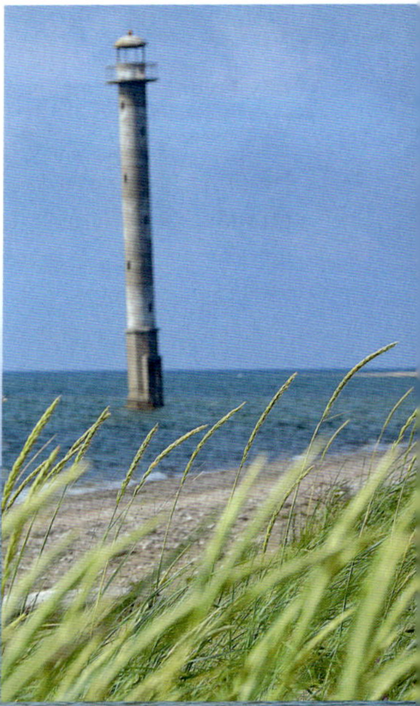

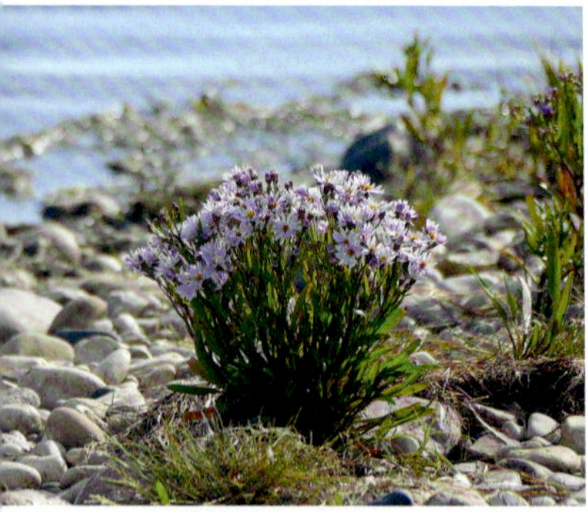

Im »Steingarten« der südlichen Küstenlinie stehen bunte Überlebenskünstler in voller Blüte

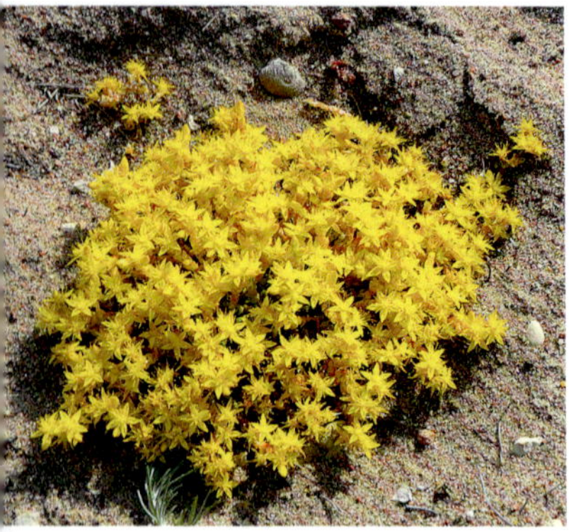

Weiterhin verläuft der offizielle Weg ein Stück abseits der Küste, man kann hier jedoch gut am Strand entlang laufen, was eigentlich viel schöner ist. Man läuft dann bis zum langen **Steindamm** ③ und durch die folgende kleine Sandbucht. Hinter dieser trifft man, bevor der lange Kiesstrand beginnt, fast von selbst auf den markierten Weg, der hier das Meer touchiert. Ansonsten hilft ein kurzer Marsch durchs Dünengras. Ab hier folgen wir wieder den Markierungen und wandern zeitweise etwas unbequem auf Geröll oder im Sand, ansonsten auf einem festen Fußweg zum Waldrand. Dann kommen **Binnenseen** ④ hinter einem angeschwemmten Kieswall in Sichtweite. Dort schwimmen besonders viele Wasservögel. Mit einem guten Fernglas kann man sie dort beobachten.

Ein Stück hinter den Seen treffen wir auf den Rand des **Sandstrandes** ⑤. Wer mag, läuft hier am Strand zurück. Links markiert eine Tafel mit Rettungsring den Badestrand, an dem man, vom Laufen erhitzt, gut noch einmal ins Wasser springen kann und den Zugang zum Parkplatz. Kürzer ist der Rückweg oben auf der Ebene, wo wir bald auf den vertrauten Fahrweg treffen. Direkt am Waldrand vor uns versteckt sich dann unser Parkplatz.

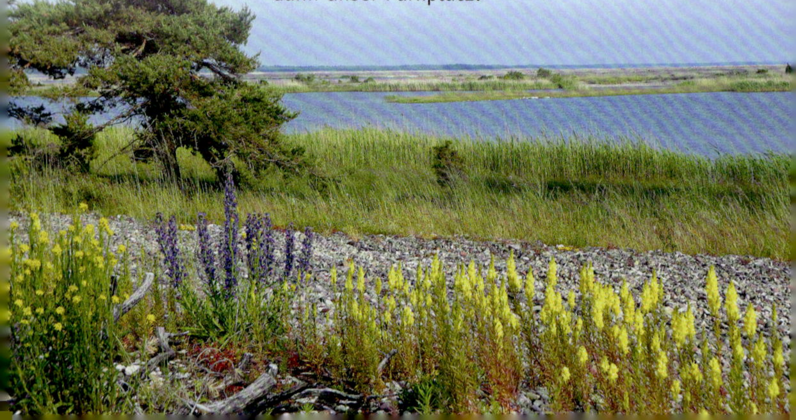

Tour 11:
Panga Pank

Abenteuerlicher Spaziergang an den Klippen von Panga

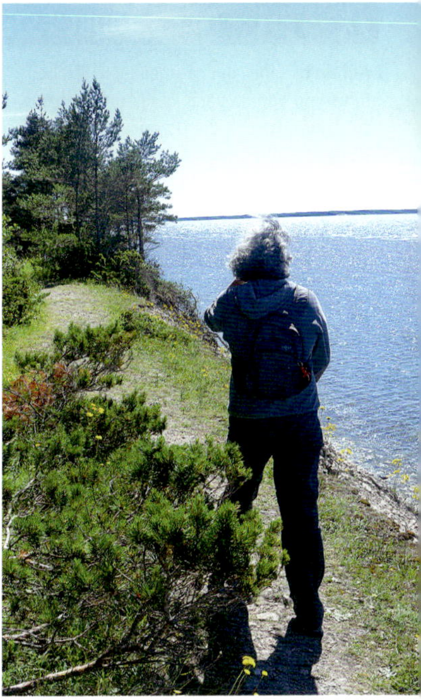

Die Klippen von Panga sind ganze 21 Meter hoch. Sie werden also nicht atemlos am Klippenrand stehen. Trotzdem ist es hier einfach schön. Folgt man dem schmalen Pfad, der mit tollem Meerblick am Klippenrand durch den Wald führt, trifft man auf halbem Weg auf ein dickes Tau. Man kann hier über eine sanftere Stelle der Steilwand hinunter zum Kiesstrand klettern und Panga Pank aus einer anderen Perspektive betrachten.

25 m

STRECKE 2 km

1 h

ab 8

Der Spaziergang zu den Klippen: Die Klippen von Panga gehören zu den drei bekanntesten Sehenswürdigkeiten der Insel Saaremaa. Entsprechend groß ist der Parkplatz, den Sie dort vorfinden. Die meisten Besucher begnügen sich jedoch mit dem Besuch des schönen **Picknickgeländes am Parkplatz** ①, auf dem auch einige perfekte Kletterbäume zu finden sind. Kinder entdecken hier einen tollen Platz zum Spielen und Toben.

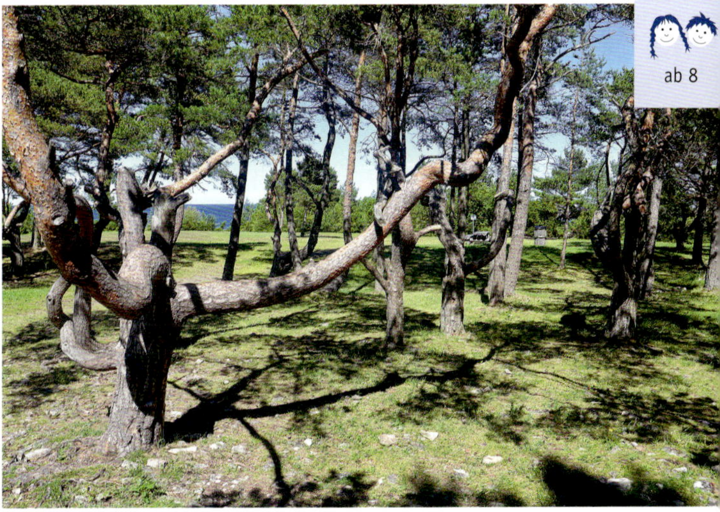

TOUREN-STECKBRIEF

Anfahrt: Eine gut ausgebaute Straße führt von Vohma nach Panga und weiter zur Landspitze an der Ostseite der Bucht Küdema laht und endet bei **GPS N 58°34'11", E 22°17'23"** auf einem großen Parkplatz mit Kiosk und Picknickwiese.

Öffnungszeiten: Jederzeit frei zugänglicht, kein Eintritt.

Mit Kindern: Der kurze Spaziergang zu den Klippen ist auch für Kinder spannend. Jüngere Kinder gehören am Abbruchrand der Klippen jedoch an die Hand. Der Abstieg am Klettertau ist frühestens für Kinder ab acht Jahren zu empfehlen.

Einkehr: Im Sommer Imbiss am Parkplatz.

Übernachtung:

Hotel: Hotels in Kuressaare.

Gästehaus: Muha Talu

Camping: Camping Karujärve oder Pidula Forell oder Campingplätze bei Kuressaare.

In der Nähe: Mühlenberg von Angla, Karja Kirik, Meteoritenkrater Kaali, Kuressaare mit Ordensburg.

Am Ende der Wiese führt ein Weg in den Wald, von dem schon bald ein Pfad zu den Klippen abzweigt. Schaut man von hier aus aufmerksam ins Wasser, kann man im Meer einen zweiten Steilhang entdecken, der unter Wasser liegt. Parallel zum Waldweg führt ab hier ein Pfad direkt an der Klippe entlang, der viel schöner ist als der Waldweg. Allerdings ist an wenigen Stellen Trittsicherheit erforderlich.

Etwa in der Mitte der Steilküste, die sich 2,5 Kilometer am Meer entlangzieht, kann man an einer etwas sanfteren Stelle über die Steilstufe zum Kiesstrand hinunterklettern – wenn man sich traut. An der entsprechenden Stelle zweigt vom Waldweg ein **Pfad zum Klippenrand** ② ab. Ein dickes, gut befestigtes Tau macht den Abstieg ungefährlich. Schuhe mit gutem Profil sollten

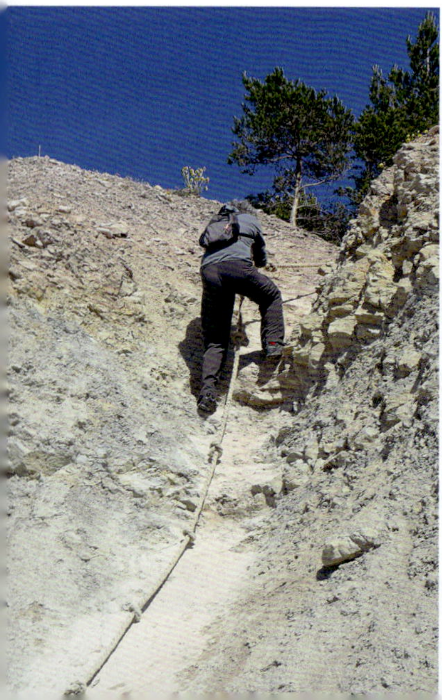

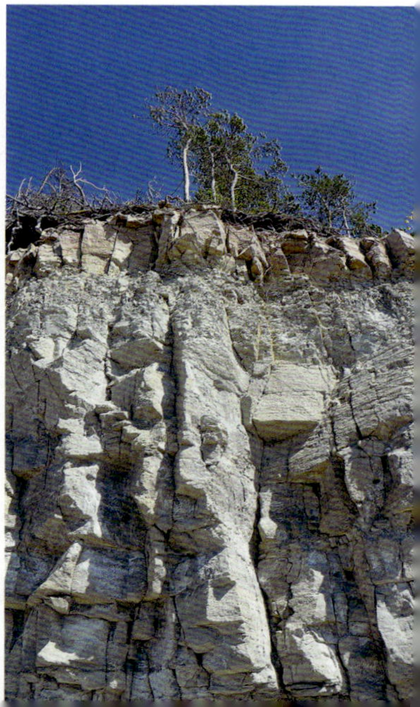

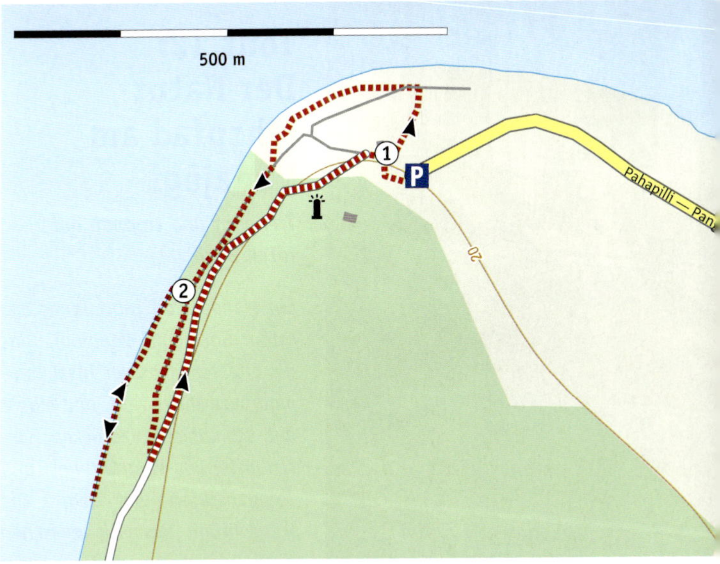

Sie aber trotzdem tragen. Unten am Wasser kann man auf dem Kiesstrand am Fuß der Klippen entlang laufen. Umkehren ist irgendwann unvermeidlich, zurück geht es nur auf dem bereits bekannten Weg.

Panga Pank – ein alter Opferplatz

Panga Pank sind die höchsten Klippen auf den estnischen Inseln und noch im 19. Jahrhundert gossen die Fischer der Insel an Mittsommer Bier und Whisky über den Klippenrand, um für einen guten Fang im kommenden Jahr zu bitten. Die Legende, man habe hier in heidnischen Zeiten auch Jungfrauen geopfert, würden wir allerdings eher unter »üble Nachrede« durch christliche Missionare sortieren.

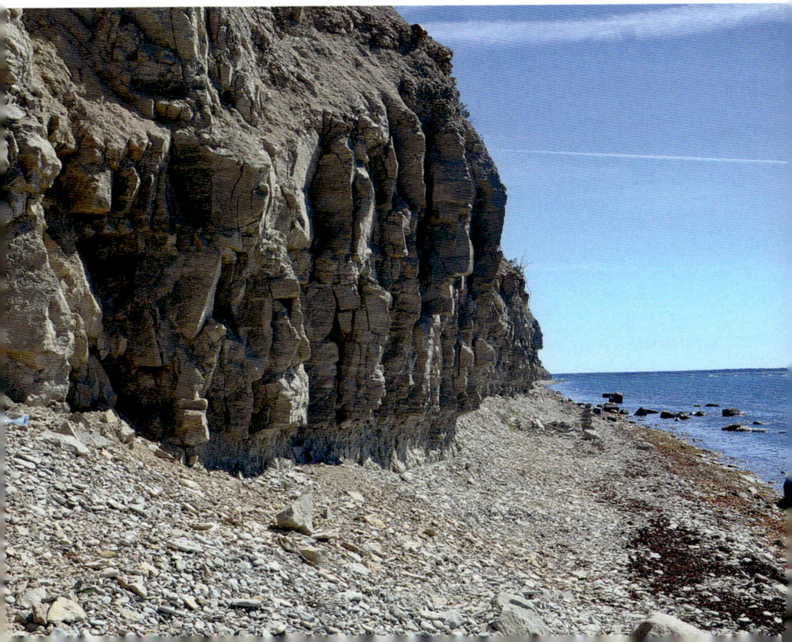

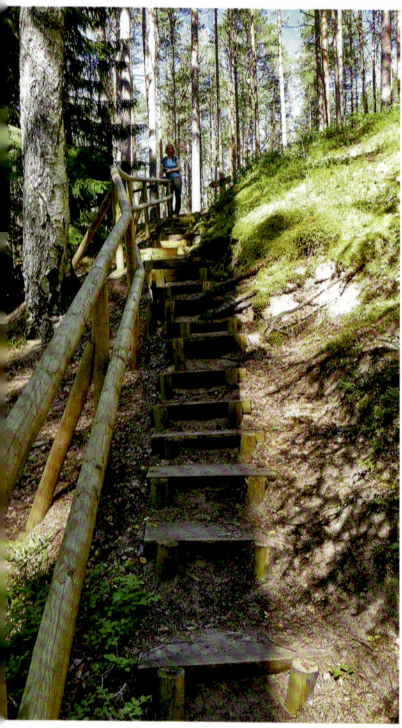

Tour 12: Der Naturlehrpfad am Vanajõgi

Treppauf und treppab am roten Bach

Ein Wanderpfad führt längs des roten Bächleins Vanajõgi, das als ältester Fluss der Insel Hiiumaa bezeichnet wird, und macht mit schmalen Holzbrücken, verschlungener Wegführung und Treppenstufen viel Spaß. Die Wegführung wechselt zwischen dem Bachufer und dem höher gelegenen Wald. Fünf Infotafeln am Wegesrand erklären Fauna und Flora im Bachtal.

24 m

STRECKE 1 km

30 min

ab 4

Wanderung: Vom Parkplatz sind eine kurze und eine lange Runde beschildert. Da auch der lange Rundweg mit einer Wegstrecke von einem Kilometer eher als Spaziergang zu werten ist, ignorieren wir die Kurzversion und laufen rechts oberhalb des Baches entlang, bis eine **Treppe in den Graben ①** hinunterführt, den der Vanajõgi hier in Jahrhunderten in den Waldboden gegraben hat. Unser Pfad führt am Ufer entlang und über drei kleine Brücken. Dann **haben Sie die Wahl ②**: Links überqueren Sie eine weitere Brücke und steigen dann hinauf zum Parkplatz. Rechts geht es ebenfalls den Hang hinauf und wir wandern oberhalb des Vanajõgi weiter durch den

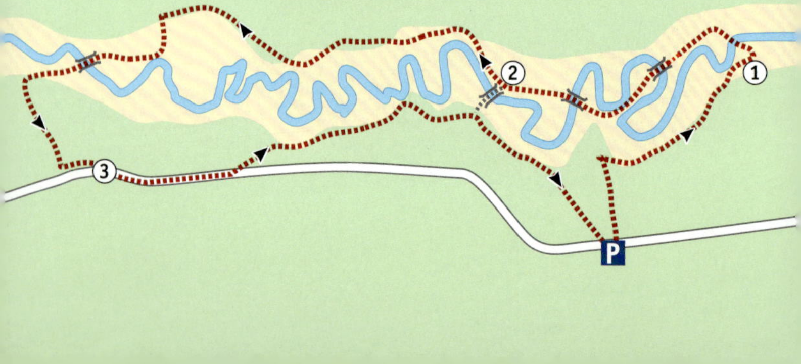

TOUREN-STECKBRIEF

Anfahrt: Von der Küstenstraße zwischen Emmaste und Luidja ist die Zufahrt zum Parkplatz kurz vor dem Abzweig zur Halbinsel Kõpu mit braunem Holzschild markiert. Nach 400 m auf einem Waldweg erreichen Sie den Parkplatz bei **GPS N 58°53′7″, E 22°26′09″.**

Charakter: Schmaler Waldpfad mit mehreren schmalen Holzbrücken. Über einfache Holztreppen geht es stetig auf- und ab. Infotafeln leider nur auf estnisch. Rund um den Parkplatz sind ab etwa Mitte Juli die Blaubeeren reif.

Mit Kindern: Der spannende kurze Pfad ist der perfekte Kinderweg. Hier haben auch schon die Jüngsten ihren Spaß.

Einkehr: Empfehlenswerte Gaststätte am Leuchtturm Kõpu (ca. 12 km).

Übernachtung:

Gästehaus: Pihla talu oder B&B in Kärdla.

Camping: Kalana Puhkeküla, Pihla Talu.

In der Nähe: Halbinsel Kõpu mit den Leuchttürmen Kõpu und Ristna, schöner Badestrand bei Luidja.

Wald. Das Unterholz besteht hier aus Blaubeersträuchern, was im Spätsommer die benötigte Zeit für diese Runde durchaus beeinflussen könnte.

Vom erhöhten Weg hat man außerdem einen guten Blick auf die steilen Sandhänge am Bachufer. Dann durchqueren wir das Bachtal erneut, klettern die letzte Treppe hinauf und laufen am andern Ufer bis zu einem **Fahrweg** ③. Auf diesem geht es links. Wenige Schritte weiter wechseln wir wieder auf einem Waldweg, der uns zurück zum Parkplatz bringt.

Der Orchideenpfad von Korgessaare

Ein zweiter, sehr kurzer Naturlehrpfad im wenige Kilometer entfernten Ortszentrum von Korgessaare informiert über eine ganz andere Landschaftsform der Insel. Hier ist ein 100 Meter langer Orchideenpfad angelegt, der Sie mit den wichtigsten Orchideenarten, die auch auf Hiiumaa zu entdecken sind, vertraut macht. Illustrationen auf den Tafeln helfen die Pflanzen eindeutig zuzuordnen.

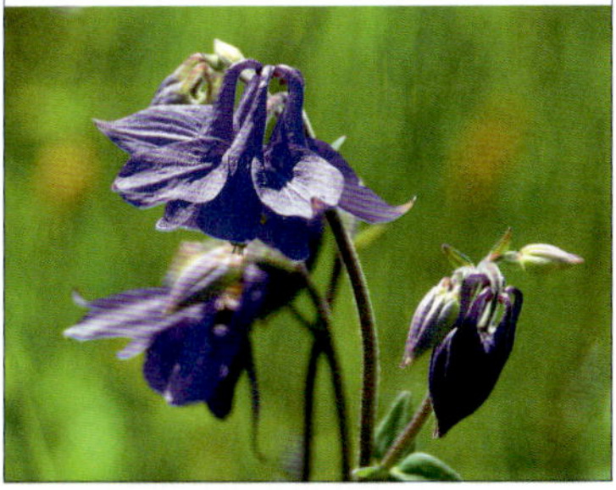

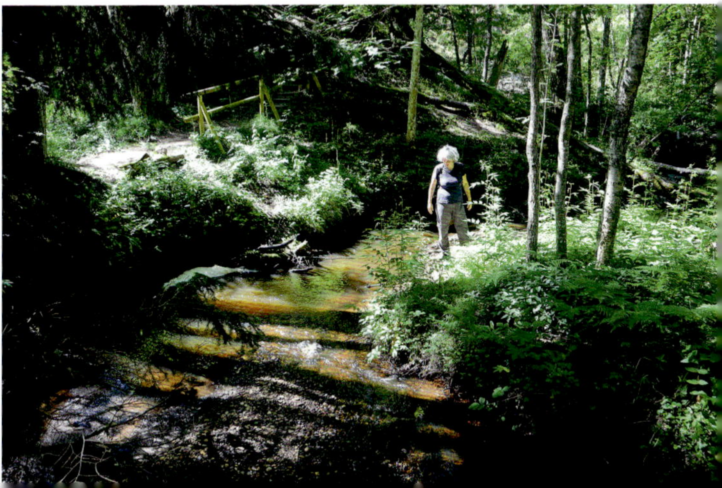

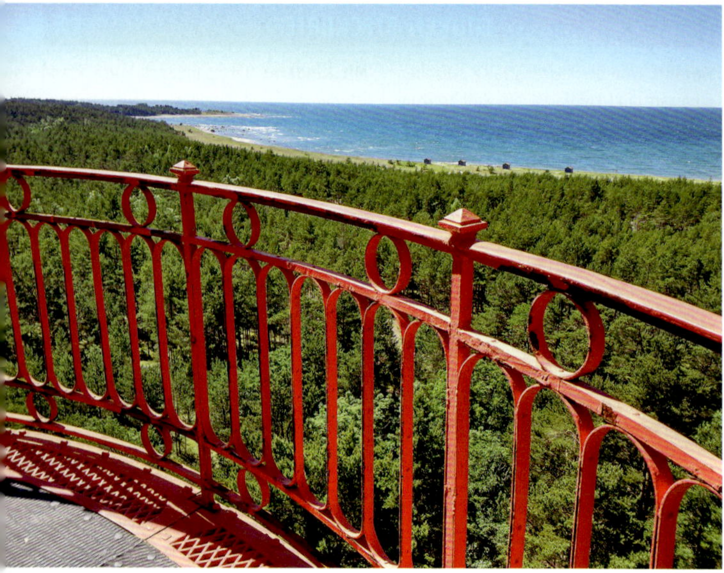

STRECKE
70 km

1 Tag

ab 6

Tour 13:
Leuchtfeuer auf Hiiumaa

Im Norden der Insel von Turm zu Turm

Die beiden Halbinseln Kõpu und Tahkuna strecken sich wie Finger von Hiiumaa in die Ostsee hinein, sodass an ihren Spitzen die exponiertesten Punkte der Insel liegen. Kein Wunder, dass hier schon sehr lange Leuchttürme stehen, um Kapitänen bei der Orientierung zu helfen. Der erste Leuchtturm wurde 1504 in der Mitte der Halbinsel Kõpu auf einem Hügel errichtet. Die anderen beiden folgten Ende des 19. Jahrhunderts. Alle drei sind heute für Besucher geöffnet, und so können Sie bei einer Rundfahrt von Turm zu Turm, für die wir ausnahmsweise das Auto verwenden, Hunderte von Stufen erklimmen und den besten Fernblick der Insel in drei ganz unterschiedlichen Türmen bewundern. Zwischen Kõpu und Tahkuna lädt zwischendurch der Strand von Luidja zum Baden und der Orichideenpfad in Korgesaare zur Fortbildung ein.

Die Leuchtturmrunde: Je nachdem wo ihr Quartier ist, können Sie an beliebiger Stelle in diese Runde einsteigen. Wenn Sie mittags gerne essen gehen möchten, timen Sie ihre Fahrt so, dass Sie zur passenden Zeit in Kõpu sind. Hier gibt es ein empfehlenswertes Restaurant mit gutem Preis-Leistungs-Verhältnis.

Wir beginnen unsere Wegbeschreibung in Luidja an der Inselhauptstraße und fahren von dort aus auf die **Halbinsel Kõpu Poolsaar,** auf der zwei der Leuchttürme stehen. Zuerst treffen wir auf den Turm von Kõpu im Zentrum der Halbinsel.

TOUREN-STECKBRIEF

Anfahrt: Parkplatz am Kõpu Tuletorn bei **GPS N 58°54'57", E 22°12'03"**, am Ristna Tuletorn bei **GPS N 58°56'27", E 22°03'24"** und am Tahkuna tuletorn bei **GPS N 59°05'26", E 22°35'13".**

Öffnungszeiten: Alle drei Türme müssen zu Fuß erstiegen werden und kosten pro Person jeweils €3 Eintritt, Familie €5. Sie sind vom 15. Mai bis Mitte September täglich von 10–19 Uhr geöffnet.

Mit Kindern: Der Blick vom Leuchtturm ist immer etwas Besonderes und der Aufstieg auf der Wendeltreppe ist spannend. Klären Sie nur vorher, ob die Ausdauer wirklich für drei Leuchttürme reicht oder ob nach ein bis zwei Türmen ein Grillfeuer auf dem Kalaste oder Palli telkimisala besser ankommen. Der kinderfreundlichste Badestrand der Insel befindet sich in Luidja und liegt ebenfalls am Weg.

Einkehr: Kõpu Tuletorn oder Café im Hafen von Kalana an der Landspitze der Halbinsel Kõpu. Kleine Cafés mit eingeschränker Auswahl in Ristna und Tahkuna.

Übernachtung:

Gästehaus: Kalana Puhkeküla, Pihla Talu oder B&B in Kärdla.

Camping: Pihla Talu oder Randmäe Caravan Park.

In der Nähe: Badestrand und Grillplätze in Kaleste oder Luidja.

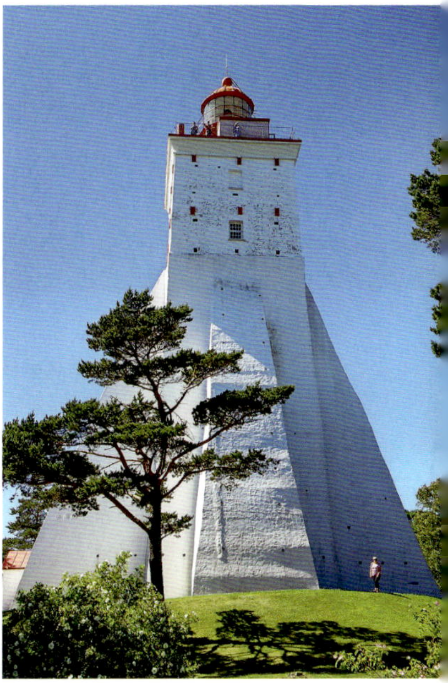

Der weiße **Turm von Kõpu**, *den Sie in leicht erhöhter Lage im Zentrum der Halbinsel Kõpu finden, wurde 1504 bis 1519 als erster Leuchtturm der Insel erbaut. Die Seefahrer der Hanse forderten ein sicheres Orientierungszeichen für ihre Handelsschiffe. Das massige Gebäude bekam damals eine hölzerne Außentreppe und ein offenes, ständig bewachtes Feuer an seiner Spitze. Ab 1659 wurde der Leuchtturm von den jeweiligen Gutsherrn der Insel betrieben. 1810 wurde die Treppe dann ins Innere des Gebäudes verlegt. 1845 erforderte ein Riss im Turmkörper größere Restaurierungsarbeiten, dabei wurde der Leuchtturm noch einmal erhöht und die Beleuchtung auf Öllampen und systematisch angeordnete Spiegel umgestellt. Erst seit 1960 wird das Leuchtfeuer elektrisch betrieben. In den 80er Jahren verursachte eine ungeeignete Außenfarbe Schäden in der Steinfassade und der Turm wurde erneut renoviert. So erstrahlt Kõpu trotz seines Alters heute wieder in frischem Glanz. Von der großen Aussichtsplattform am Leuchtfeuer kann man weit über die Insel blicken. Kõpu tuletorn ist übrigens der drittälteste noch vollständig funktionstüchtige Leuchtturm der Welt.*

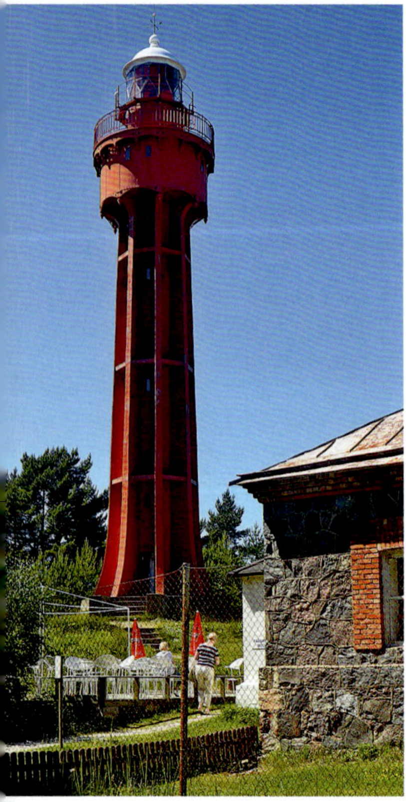

Weiter geht es in Richtung Kaleste, wo links ein Waldweg zum ersten Grillplatz abzweigt, bis nach Kalana. Hier wählen Sie der Beschilderung folgend den rechten Abzweig und parken am Waldrand. Von Parkplatz sind es wenige Schritte zum knallroten Metallturm von **Ristna**.

Der **Ristna Tuletorn** *ist 29 Meter hoch und steht im Gegensatz zum Turm von Kõpu ganz nahe an der Küste. Er wurde 1874 fast gleichzeitig mit dem Leuchtturm von Tahkuna erbaut. Die Metallteile für den Bau wurden gemeinsam aus Paris geliefert und es geht die Geschichte um, dass einige Teile, die für Ristna gedacht waren, aus Versehen auf der Halbinsel Tahkuna verbaut wurden. Wenn man die Türme vergleicht, ist das schwer vorstellbar, aber der rote Turm von Ristna ist tatsächlich vergleichsweise zierlich ausgefallen. Eine Metalltreppe führt im schmalen Körper des Turmes bis zur Plattform rund um das Feuer, zu der seit 2007 Besucher hinaufsteigen dürfen. Am Fuß des Turmes gibt es ein Café.*

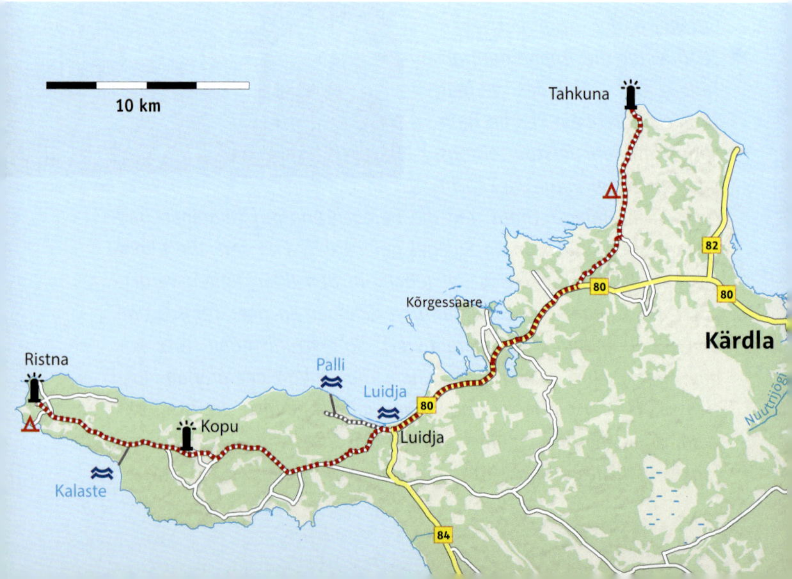

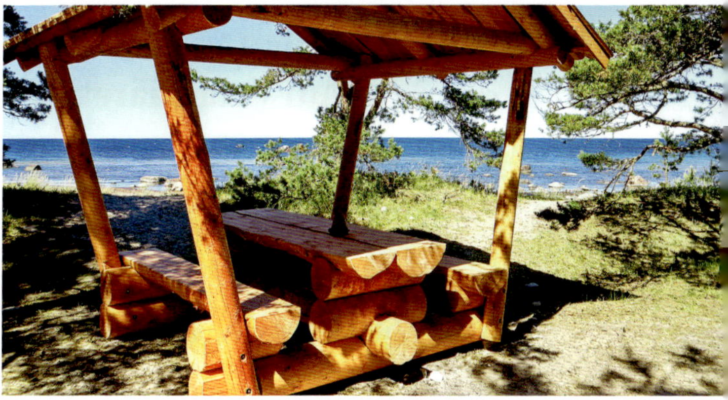

Wie wäre es mit einer Mittagpause am Grillplatz des Palli telkimisala bei Luidja?

Von der Spitze der Halbinsel Kõpu fahren wir zurück nach Luidja und zur Küstenstraße mit der Nummer 80. Hinter Pihla wählen wir die Stichstraße links nach Tahkuna und folgen der geschotterten Straße zu ihrem Ende an der Spitze der Halbinsel. Dabei sehen wir schon von weitem den dritten Leuchtturm.

Tahkuna tuletorn *ist schmal und elegant wie Ristna, aber blendend weiß und mit 42 Metern deutlich höher als sein roter Bruder. Auch im Innenhof des Leuchtturmes von Tahkuna gibt es ein winziges Café. Auf der Landspitze vor dem Leuchtturm erinnert ein Mahnmal mit einer frei hängenden Glocke an das Schicksal der Passagiere der Fähre Estonia, die 1994 auf dem Weg von Tallinn nach Stockholm sank. 852 Menschen kamen ums Leben, darunter viele Kinder. Zieht an der Landspitze ein Sturm auf, beginnt die Glocke wie von Geisterhand bewegt zu läuten.*

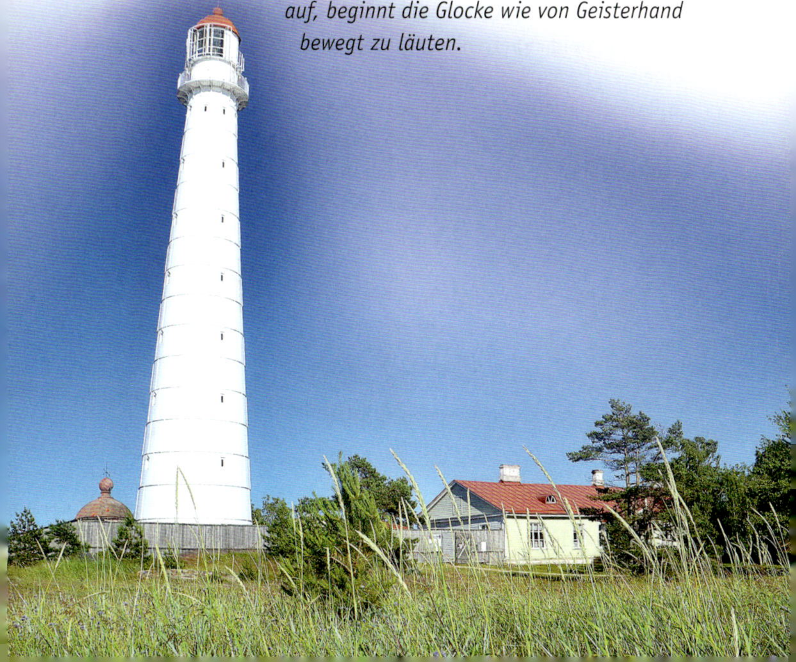

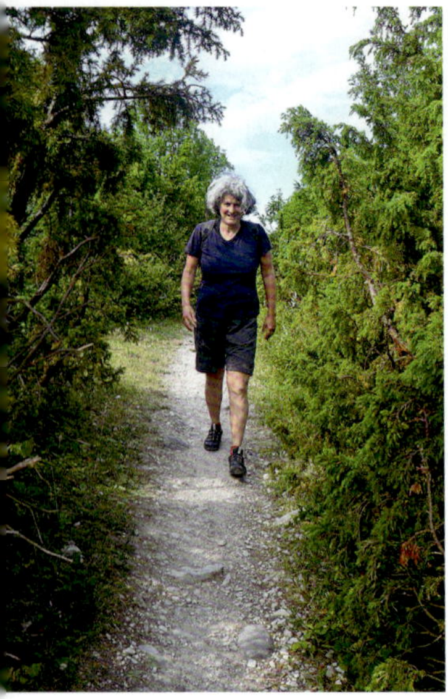

Tour 14: Auf dem Sääretirp ins Meer

Spaziergang auf der Insel Kassari

Eine lange sanft geschwungene Kiesbank führt von der Insel Kassari im Süden von Hiiumaa weit ins Meer und so laufen wir mit trockenen Füßen immer weiter in die Ostsee hinaus, bis auch die letzten Kiesel des Sääretirp vor uns im Wasser verschwinden.

eben

STRECKE 5 km

2 h

ab 6

Wanderung: Vom Wanderparkplatz biegt rechts der Weg zum **Telkimisala**, zum Zeltplatz, ab und geradeaus geht es durch den Elektrozaun der Pferdeweide auf die Landzunge Sääretirp. Der Weg beginnt als breiter Schotterweg und schlängelt sich in sanften Schwüngen durch dichte Vegetation. Dann taucht zuerst auf der rechten Seite das Meer auf. Der Blick reicht weit über die Bucht. Wie weiße Klekse schwimmen die Schwäne auf dem stillen Wasser und am Ufer sammelt sich der Schaum der nicht immer ganz sauberen Ostsee.

Landzunge und Weg werden schmaler und wir spazieren durch einen schmalen **Wacholdertunnel** zur vegetationslosen Landspitze. Ein paar letzte Heckenrosen und dann folgt nur noch Kies, von beiden Seiten vom Wasser umspült und weit vor uns zu einem Zipfel im Wasser auslaufend. Marschiert man ganz bis zur Spitze der Halbinsel, sieht man, das die Kiesbank auch unter Wasser noch weiter geht. Das Meer ist hier ganz flach und viele weiße Federn verraten, dass auch die Schwäne diesen Platz zu schätzen wissen.

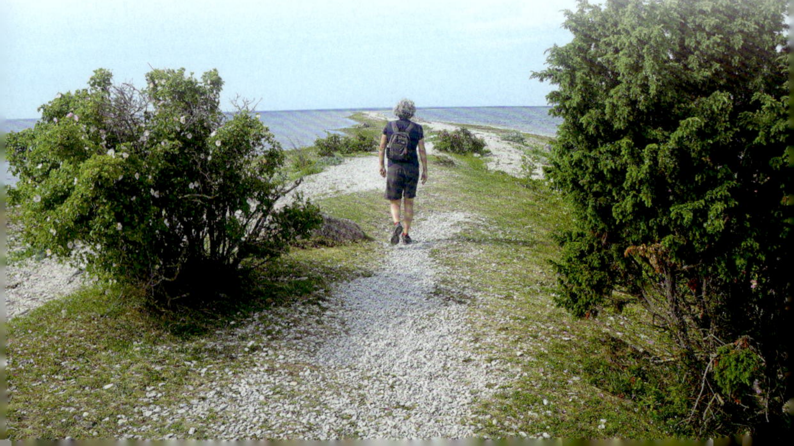

TOUREN-STECKBRIEF

Anfahrt: Fahren Sie von Kaina über den westlichen Damm nach Kassari und biegen im Ort Kassari rechts zum Sääretirp ab. Fahren Sie weitere drei Kilometer bis zum Wanderparkplatz am Ende der Straße bei **GPS N 58°46'12", E 22°48'56"**.

Charakter: Zu Beginn breiter gepflegter Schotterweg, der langsam schmaler wird. Am Ende geht es weglos auf der Kiesbank weiter.

Mit Kindern: Der unkomplizierte Weg ist auch für Kinder gut geeignet. Umkehren ist ja jederzeit möglich.

Einkehr: Grillrestaurant in Kassari, Pub im Jachthafen Orjaku, Vetsi Talu.

Übernachtung:

Hotel / Gästehaus: Kassari Puhkekeskus.

Camping: Zeltplatz in der Nähe des Wanderparkplatzes oder etwas weiter vorne rechts der Zufahrtsstraße am Badeplatz. Ilus Villem Camping mit urigem Gasthof an der Zufahrtsstraße nach Kassari.

In der Nähe: Villafabrik Kassari, Hiiumaa Museum, Gutshaus Suuremõisa, Badeplatz links an der Zufahrt zum Wanderparkplatz.

Auf dem gleichen Weg laufen wir dann mit neuer Blickrichtung zurück zum Rand der Wacholderheide und zum Parkplatz. Von den Pferden, die das Gras zwischen den Wacholderbüschen kurz halten, haben wir leider nur angetrocknete Pferdeäppel gesichtet. Vielleicht haben Sie da mehr Glück als wir.

Die Legende vom Riesen Leiger

Der Riese Leiger, der auf Kassari lebte, war weithin bekannt für seine Sauna und seine großen Kohlköpfe. Suur Töll, ein Verwandter von der Insel Saaremaa, kam ihn deswegen gerne besuchen, mochte aber keine nassen Füße. So begann der gastfreundliche Leiger mit dem Bau eines Kiesdammes zur Nachbarinsel. Da man aus den Legenden weiß, dass Riesen gerne streiten, gab Leiger sein Vorhaben schnell wieder auf – der Rest des halbfertigen Dammes ragt aber noch heute bei Kassari ins Meer.

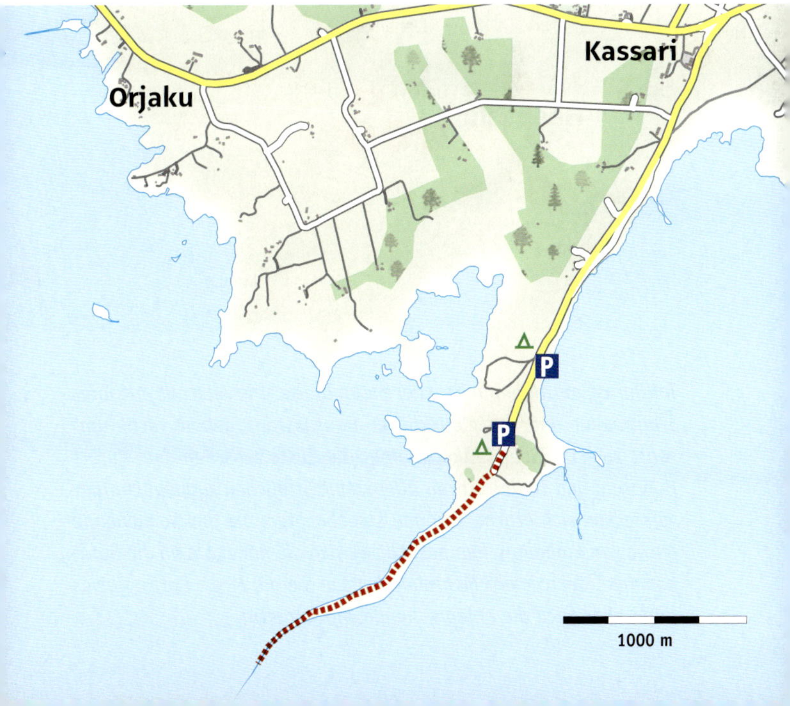

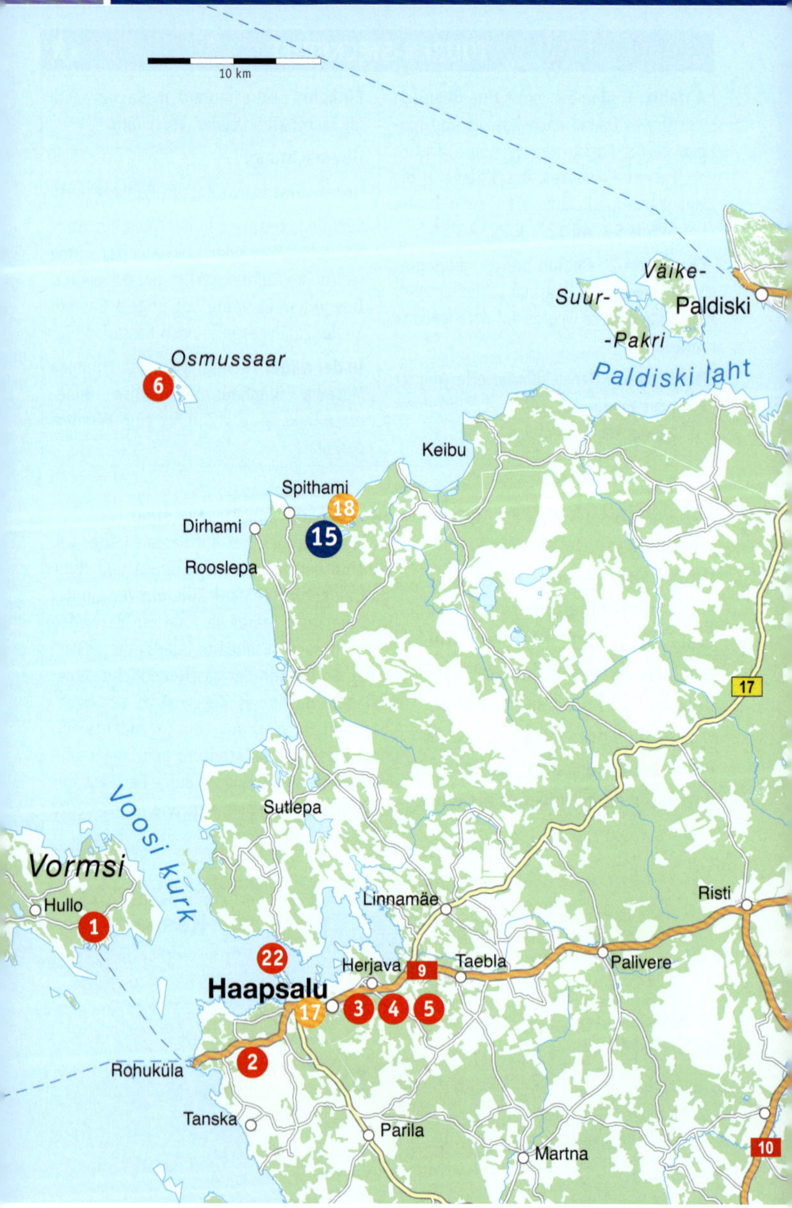

Tallinn ist ein Höhepunkt jeder Estlandreise. Die Altstadt mit ihrer Stadtmauer und mittelalterlicher Bausubstanz gehört nicht umsonst zum UNESCO-Weltkulturerbe. Die Küste zwischen dem Kurort Haapsalu und Tallinn ist nur über kleine Sträßchen zugänglich. Hier verstecken sich etliche schöne Ostseebuchten, die am Wochenende gerne von Einheimischen besucht werden. Je näher Sie an die Stadt kommen, desto mehr Menschen treffen Sie am Meer. Dafür gibt es dann aber auch die entsprechende Infrastruktur.

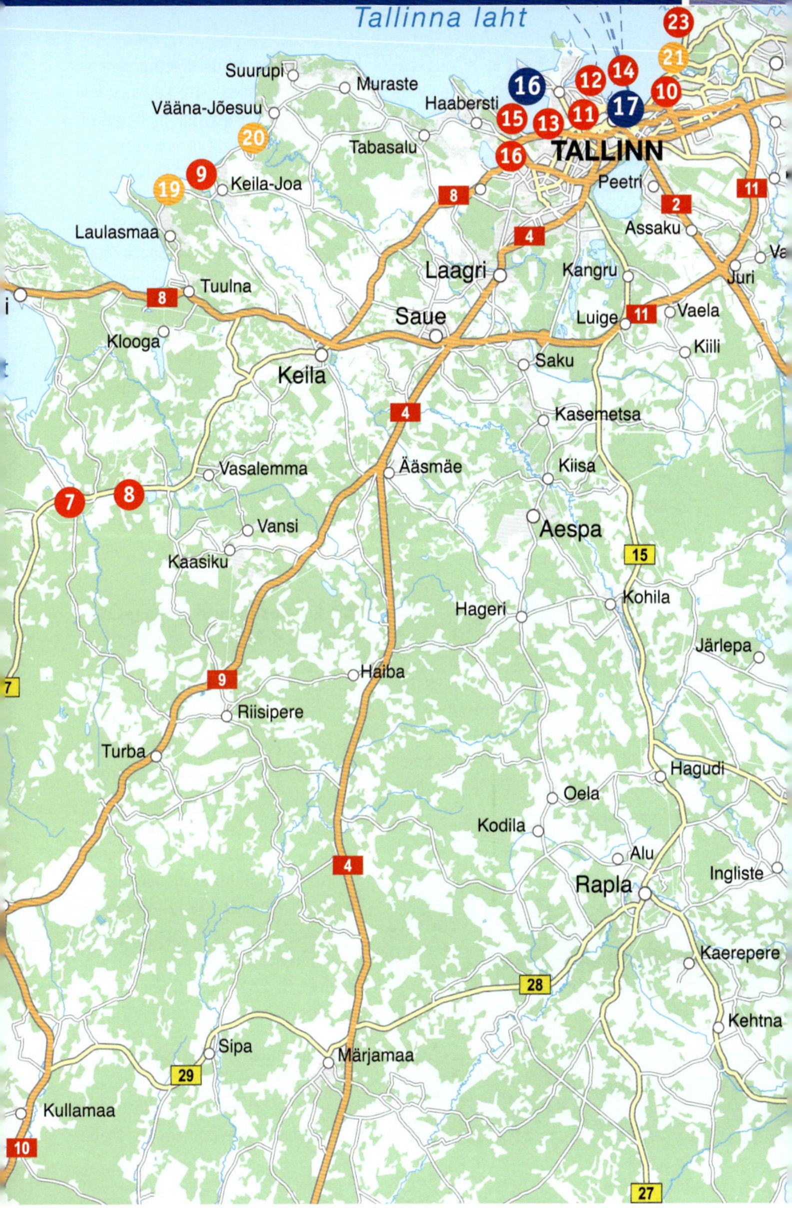

Ausflugsziele

❶ Ausflug nach Vormsi

Vormsi ist die viertgrößte der estnischen Inseln und war vor dem zweiten Weltkrieg von Schweden bewohnt, die 1944 flohen. Während der Sowjetzeit war Vormsi Sperrzone und durfte nur mit Sondergenehmigung besucht werden. Sehenwerte Ziele auf der Insel sind der alte Friedhof mit keltischen Kreuzen aus dem 13. Jahrhundert, das Bauernhofmuseum im Pears-Hof und die ursprüngliche Natur. Vormsi lässt sich auch sehr gut mit dem Fahrrad erkunden. Eine Verleihstation gibt es direkt am Café im Hafen. Der Tagestarif für ein Mountainbike liegt bei etwa €15. Die Autofähre von Rohuküla nach Sviby (www.veeted.ee) fährt mehrmals täglich. Weitere Infos finden Sie unter vormsi.ee.

2 Die Schlossruine von Ungru

Das Schloss von Ungru wurde 1893 von Constantin von Ungern-Sternberg erbaut und ist eine genaue Kopie des Schlosses von Merseburg in Deutschland. Der Baron hatte sich in die Tochter des Schlossherrn verliebt und der Angebeteten eine Kopie ihres Vaterhauses versprochen, damit sie ihm nach Estland folge. Tragischerweise verstarb der Graf bei einer Reise nach St. Petersburg im Alter von nur 45 Jahren und Schloss Ungru wurde niemals fertiggestellt. Zur Sowjetzeit wurden die Steine zum Bau der Landebahn des angrenzenden Flugplatzes genutzt, der heute ebenfalls eine Ruine ist.

Haapsalu

Haapsalu ist berühmt für seine heilenden Schlammbäder und war schon im 19. Jahrhundert eine bekannte Kurstadt. Aus dieser Zeit stammen viele der Villen und Kurhotels im alten Stadtkern und an der Seepromenade. Dort steht auch der alte Kuursaal von Haapsalu. Die Holzvilla in detailreicher Bäderarchitektur ist eines der schönsten Gebäude der Stadt und das Zentrum der Seepromenade, die sich hier in beide Richtungen am Wasser entlang zieht und zum Spaziergang einlädt. Der heilende Schlamm kommt aus dem Meer und wird gegen Rheuma und andere Gelenkserkrankungen eingesetzt. Aus den Heilanstalten der Zarenzeit sind heute allerdings moderne Wellness- und Spa Hotels geworden. Im Sommer bietet Haapsalu außerdem ein umfangreiches Kulturprogramm und verschiedene Locations für Nachtschwärmer. Ebenfalls einen Besuch wert sind die Museen in der Stadt.

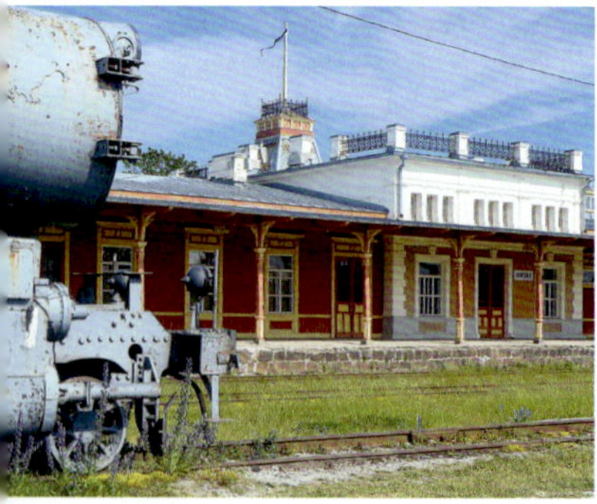

3 Eisenbahnmuseum Haapsalu

Einige Prunkstücke des Museums sieht man schon von außen. Sie sind jederzeit frei zugänglich. Ein besonderes Schmuckstück ist das 1909 für die russische Zarenfamilie und andere Gäste des beliebten Seebades errichtete Bahnhofsgebäude. Davor stehen Züge und eine Dampflok aus den 40er Jahren. Im Museum, das sich im Inneren des Bahnhofsgebäudes befindet, bekommen Sie Hintergrundinformationen zur Geschichte der Züge mit vielen alten Fotos.
Geöffnet Mi bis So 10–18 Uhr, im Sommer täglich, €4, Familie €10.

4 Burgmuseum Haapsalu

Im Zentrum von Haapsalu steht, umgeben von Mauerresten der alten Bischofsburg, die Domkirche. In der

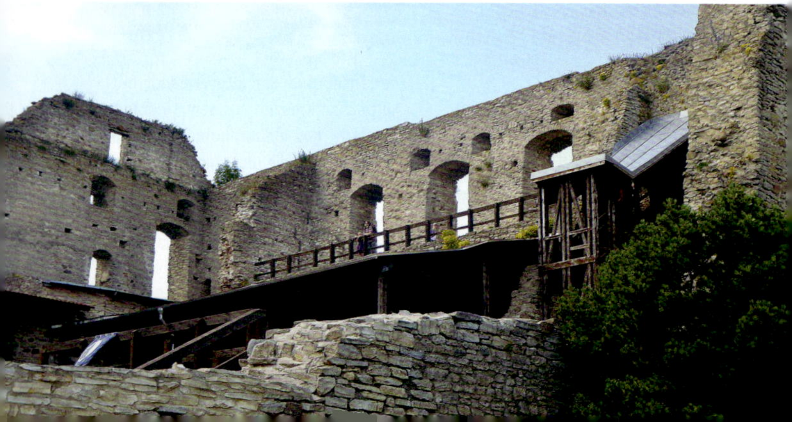

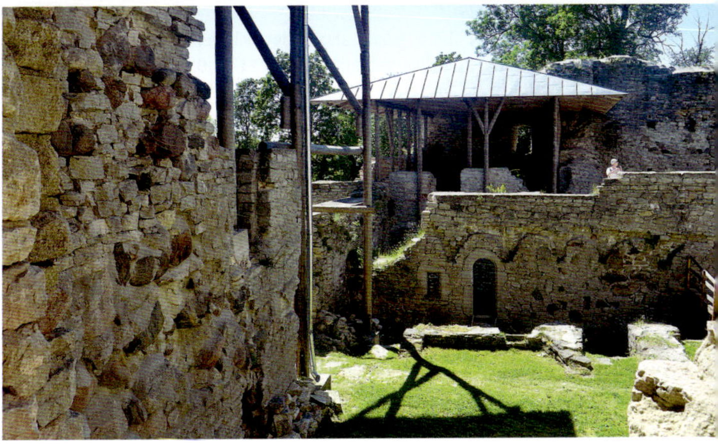

Eine romantische Ruine: Das Kloster von Padise

Ruine befindet sich das Burgmuseum, in dem man auch den 36 Meter hohen Burgturm besteigen kann. An der Kasse gibt es einen Audioguide, der Sie durch die Ausstellung führt. Hinter dem alten Gemäuer liegt ein toller Kinderspielplatz und am Fester der alten Domkirche soll abendlich die weiße Dame spuken, die, der Legende zufolge, zur Strafe für ihre Liebe zu einem jungen Domherren lebendig in die Turmwand eingemauert wurde. Auf dem Gelände gibt es außerdem eine Burgschänke und im Sommer finden hier abends Konzerte statt. Das Burggelände ist frei zugänglich.

Burgmuseum geöffnet von 15. Mai bis 15. September täglich 10–18 Uhr, von 16. September bis 14. Mai Mi bis So 11–17 Uhr, €12, Familie €26, linnus.salm.ee.

5 Ilon Wikland Museum

Jeder, der schon einmal eine Geschichte von Astrid Lindgren gelesen hat, kennt ihre Bilder. Ilon Wikland, die wie kaum eine andere die Bilderwelten in deutschen Kinderzimmern prägte, wurde am 5. Februar 1930 in Tartu geboren und verbrachte ihre Kindheit in Haapsalu in einem gelben Holzhaus in der Rüütli tee. Die Illustratorin emigrierte 1944 nach Schweden, hat jedoch ihrer Heimatstadt 800 Originalzeichnungen vermacht, die heute in eienr Galerie in der Kooli 5 betrachtet werden können.

Geöffnet Juni bis August täglich 10–18 Uhr. Von September bis April 11–17 Uhr, Montag und Dienstag geschlossen, €5–6. www.salm.ee

6 Osmussare Nature Reserve

Vor der Landspitze von Poosaspea liegt die unbewohnte Insel Osmussare, die mit ihren für Estland ungewöhnlichen Felsküsten landschaftlich und geologisch interessant ist. Ein Wanderpfad führt einmal um die Insel. Der Veranstalter Osmussaarereisid bietet Transfer und eine geführte Wanderung auf der Insel an.

www.osmussaarereisid.ee

7 Kloster von Padise

Die Klosterruine wurde 2019 restauriert, stabilisiert und mit Besucherzentrum und einigen interaktiven Infostationen ergänzt und ist voraussichtlich ab April 2020 wieder für Besucher geöffnet.

Die Gründung der Zisterzienserabtei Padise geht auf das Jahr 1310 zurück. Die Mönche lebten damals allerdings noch in Holzgebäuden. Im Zuge der estnischen Bauernaufstände wurde das Kloster komplett niedergebrannt. 1370 errichtete man den Bau neu und das Kloster erlebte seine Blütezeit. 1559 wurde es vom livländischen Orden aufgelöst und das Gebäude wurde als Festung genutzt. 1622 kam die Klosteranlage in den Besitz der Familie Ramm, die damals den Bürgermeister von Riga stellte. 1766 wurde die Anlage vom Blitz getroffen und nicht wieder aufgebaut. In den 1930er Jahren sicherte man die Mauerreste der Ruine und so kann man heute durch viele Räume spazieren, Leitern und Treppen hinaufsteigen und in dunkle Winkel gucken. Ein Besuch der Klosterruine macht wirklich Spaß. Die ehemals etwas abenteuerliche Wegführung zwischen den Mauern soll beim Umbau zu sicher begehbaren Pfaden werden. Der Besuch ist auch mit Kindern eine spannende Sache: Kloster Padise ist sozusagen »das Ideal« einer verwinkelten Ruine. Im gegenüberliegenden Gutshaus kann man anschließend sehr gut essen oder einfach einen Kaffee trinken.

8 Rummu karjäär

Der Abbau von Kalkstein hat in Rummu weiße Berge mit tiefen Furchen hinterlassen. Davor liegt das tiefblaue Wasserbecken des Rummu Sees, in dem bei der Stilllegung der Anlage mehrere Gebäude versunken sind. Einige davon waren Teil des Gefängnisses von Murru, dessen Insassen im Bergwerk arbeiten mussten. Mit der Auflösung des Gefängnisses war auch der Bergbau Vergangenheit. Heute ist der Platz aufgrund seines glasklaren Wassers beliebt bei Tauchern und sportlichen Badegästen, die von den Mauerresten ins Wasser springen oder in den weißen Bergen herumklettern. Die überfluteten Ruinen im türkisblauen Wasser vor den seltsam geformten Bergen bieten eine beinahe surreale Kulisse. Der Zugang zu Rummu karjäär befindet sich bei **GPS N 59°13'52.0", E 24°11'54.0"**. Um die Sperrung des Geländes zu verhindern wurde die Betreuung von einem privaten Träger übernommen. Man zahlt jetzt € 3 pro Person als Eintritt. Für Ihren Eintritt können Sie auf dem Gelände parken, im blauen Wasser baden und die weißen Berge hinaufklettern. Der Ausblick von oben ist genial, der Aufstieg ist jedoch eine echte Kletterpartie und nicht zu unterschätzen. Unten am blauen See öffnet am Nachmittag ein cooles Café. Es werden außerdem SUPs, Kanus und Schnorchelausrüstung zu stolzen Preisen verliehen und Tauchgänge zu den Ruinen angeboten.

9 Schloss Fall und der Wasserfall von Keila Jõa

Schloss Fall wurde 1827 vom deutsch-baltischen Adeligen Alexander von Benckendorf, einem Vertrauten und Berater des russischen Zaren Nikolaus I., erbaut. Den Namen erhielt es nach dem im Park am Schloss gelegenen Wasserfall. Das Wasser des Flusses Keila schwappt hier über eine mehrere Meter breite und gut vier Meter hohe Stufe. Der Platz ist urwaldähnlich zugewachsen und tatsächlich eine kleine grüne Idylle, die beinahe mehr Besucher anzieht als das neugotische Schloss, in dem regelmäßig Konzerte stattfinden. Am Wasserfall beginnt ein drei Kilometer langer Rundweg. Das Schloss kann außerdem besichtigt werden.

Geöffnet täglich 10–18 Uhr, Eintritt €8 pro Person, Familienticket € 16.

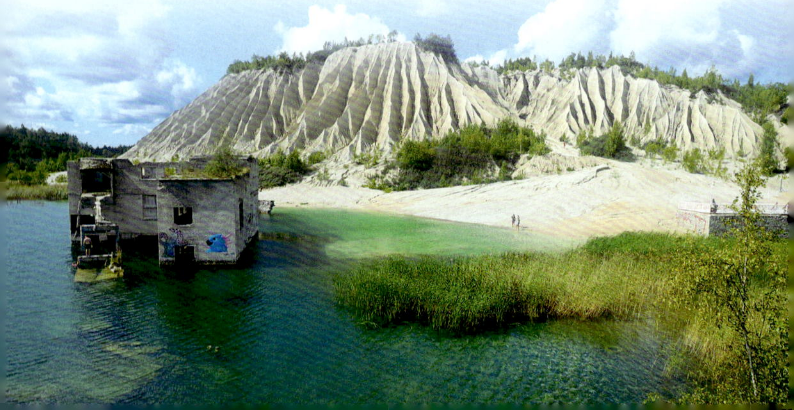

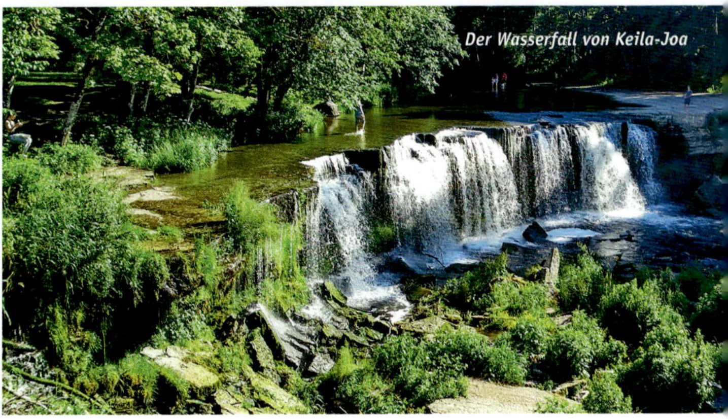

Der Wasserfall von Keila-Joa

Mittelalter trifft Neuzeit – Estlands Haupstadt Tallinn

Im Mittelpunkt des touristischen Interesses steht das historische Tallinn, die mittelalterliche Altstadt, die 1997 von der UNESCO zum Weltkulturerbe erklärt wurde [› Tour 17]. Doch das ist nur ein Gesicht der estnischen Hauptstadt. Außerhalb der historischen Stadtmauern ist Tallinn eine moderne Metropole mit flächendeckender WLAN Abdeckung, Büros und Geschäften, schicken Restaurants und Cafés und einer lebendigen Kulturszene. Hier leben und arbeiten 50 Prozent der estnischen Bevölkerung und ein Großteil der gut ausgebildeten jüngeren Esten. Im Südosten der Altstadt schließt rund um das Viru Einkaufszentrum der moderne Teil der Innenstadt an. Hier bekommt man alles, was das Herz begehrt und findet die Lösung für alle technischen Reiseprobleme. Zu jeder Automarke gibt es rund um Tallinn die passende Werkstatt und auch das verklemmte Teleobjektiv meiner Kamera war innerhalb von 24 Stunden repariert.

Auch in den Außenbezirken der Stadt gibt es viel zu entdecken. Im Stadtteil Kadriorg findet man nicht nur einen besonders schönen Park, sondern auch gleich zwei sehenswerte Kunstmuseen. Nördlich der Altstadt lohnt das Künstlerviertel Kalamaja einen Besuch und Zoo, botanischer Garten und ein Bauernhofmuseum bieten Entspannung am grünen Stadtrand.

10 Kadriorg – Kunst in Talllin

Das klassische **Kadriorg Art Museum** befindet sich im Gutshaus Kadriorg Palace mitten in einer der schönsten Parkanlagen Tallinns. Ungewöhnlicher ist jedoch das neuere **KUMU**. Das hypermoderne Museumsgebäude gilt als architektonische Meisterleistung. Im Museum erwartet Sie eine bunte Mischung künstlerischer Werke vom 18. Jahrhundert bis zur Gegenwart mit einem Schwerpunkt estnischer Kunst bis zum 2. Weltkrieg, Kunst aus der Sowjetperiode und wechselnde Ausstellungen zeitgenössischer Werke.

Das Museum ist Di bis So 10–18 Uhr geöffnet, donnerstags bis 20 Uhr. Eintritt €8, Familienkarte €16. Gratis mit Tallinn Card. kumu.ekm.ee.

11 Fotokunstzentrums Fotografiska

Ein ganz neues Kulturhighlight hat Tallinn mit dem ersten Ableger des Stockholmer Fotokunstzentrums bekommen. In den Ausstellungen geht es um Fotografie, im Gebäude finden aber auch Konzerte statt. Ein Café und ein Restaurant ergänzen den Kulturgenuss.

Täglich 9–23 Uhr, Fr und Sa bis 1 Uhr, Eintritt €14. Telliskivi 60a/8, www.fotografiska.com/tallinn.

12 PROTO Entdeckungsfabrik

Proto ist kein Museum zum Angucken, sondern eines zum Ausprobieren. In einer ehemaligen U-Boot-Werft im Stadtteil Kalamaja können Kinder und Erwachsene virtuell das erste Automobil fahren, auf dem Meerbo-

den herumspazieren und eine Rakete ins All schießen und dabei spielerisch physikalische Zusammenhänge verstehen.
Geöffnet: täglich 11–18 Uhr, Fr und Sa bis 19 Uhr, Eintritt €12, Familie ab €28. Peetri tänav 10, prototehas.ee.

13 Kalamaja

Das ehemalige Viertel der Seeleute und Fischer liegt westlich des Hafens und wird wegen seiner vielen alten Fischerhäuser auch Holzhausviertel genannt. In den letzten Jahren ist aus dem ehemaligen Arbeiterviertel eine angesagte Wohngegend geworden, in der sich zuerst die alternative Kunstszene Tallinns niederließ.

14 Der Wasserflughafen Lennusadam

Das modern mit vielen Multimedia Animatonen gestaltete Museum im Wasserflughafen ist in drei historischen Hangars mit großem Außengelände untergebracht, die Anfang des letzten Jahrhunderts als Teil der Seefestung Peters des Großen erbaut wurden. Star des Museums ist das U-Boot Lembit von 1936. Der Nachbau eines britischen Wasserflugzeuges und eine Reihe historischer Schiffe – darunter ein auf Saaremaa gehobenes Holzboot aus dem 16. Jahrhundert und der Eisbrecher Suur Töll – sind weitere Attraktionen.
Im Stadtteil Kalamaja in der Vesilennuki 6, erreichbar mit der Buslinie 3 und den Straßenbahnen 1 und 2, Haltestelle Linnahall. Geöffnet Mai bis September Mo bis So 10–19 Uhr, im Winterhalbjahr Di bis So 10–18 Uhr, Eintritt €15, Kinder ab 8 Jahren €8, Familienkarte €30. Kostenlos mit der Tallinn Card. Wer nur die Schiffe auf dem Außengelände sehen möchte zahlt etwa die Hälfte.

15 Rocca al Mare

Das estnische Freilichtmuseum liegt am Stadtrand von Tallinn und zeigt historische Höfe aus allen Regionen des Landes. **[› Tour 16]**

16 Zoologischer Garten

Stars des Zoos sind die seltenen Amur Leoparden, die 2012 und 2014 auch Nachwuchs hatten. Ansonsten leben hier Eisbären, Nashörner, Elefanten und Kamele und eine besonders umfangreiche Sammlung verschiedener Bergziegen und Schafe. Für Kinder gibt es im Sommer einen Streichelzoo.
Paldiski mantee 145, geöffnet Mai bis August täglich 10–19 Uhr, in der Nebensaison nur bis 17 Uhr, Eintritt €8, Familie €20. Kostenlos mit der Tallinn Card, tallinnzoo.ee.

Baden

17 Haapsalu

Der beliebte Badeort verfügt über einen eine kleine Sandbucht mit dem Namen Afrikastrand. Sie liegt östlich der Seepromenade mit dem historischen Kurhaus und bietet einen großen Spielplatz, einen Vogelbeobachtungsturm und einen Badeplatz. Im Sommer ist hier mit Musik und Veranstaltungen ordentlich was los. Schöner zum Baden ist der lange Strand von Paralepa westlich der Stadt. Bei entsprechendem Wind sind hier auch Kitesurfer auf dem Wasser.

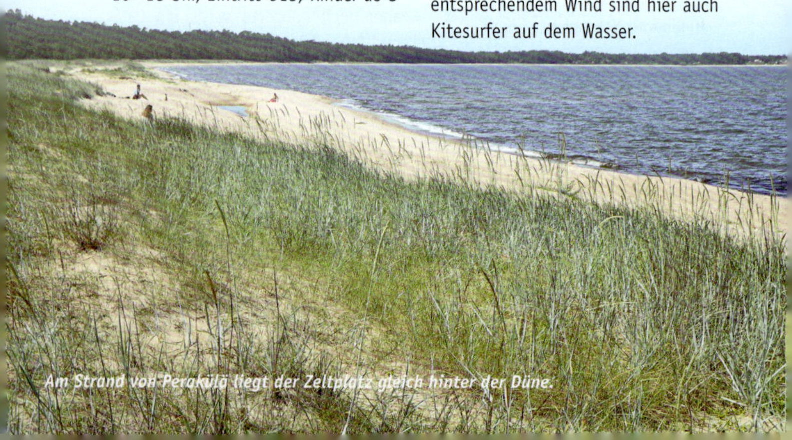

Am Strand von Perakülä liegt der Zeltplatz gleich hinter der Düne.

18 Peraküla rand

Langer weißer Sandstrand am Rand eines Naturschutzgebietes und mitten in der Einsamkeit. Hier ist weit und breit kein Haus zu sehen. Erschlossen durch einen großen RMK-Zeltplatz direkt hinter der Düne bei **GPS N 59°13'18", E 23°36'10"**.

19 Meremoisa rand

Sehr schöner langer Sandstreifen vor einem ausgedehnten Kiefernwald, mit großem RMK-Zeltplatz, der sich aber unauffällig im Wald verteilt. Durch die Nähe zu Tallinn im Hochsommer immer gut besucht. Die Zufahrt ist von der Küstenstraße mit Meremoisa telkimisala beschildert. An der Zufahrt steht ein Schild der verzweigten Anlage mit mehreren Parkplätzen.

20 Vääna Joesuu rand

Unser letzter Badeplatz bei Vääna-Joesuu ist wegen seiner Nähe zu Tallinn und dem schönen weißen Sand besonders beliebt. Er liegt an der Mündung der Vääna ins Meer und hat, außer der besonders schönen Optik, auch ein cooles Café in einem alten Sowjet-Militärbau zu bieten. Östlich der Flussmündung geht der Sandstrand noch 1,5 Kilometer weiter, auf der anderen Seite kommt man nach 500 m zur Steilküste. Kleinerer Zeltplatz im Küstenwald. Parkplatz bei **GPS N 59°25'26", E 24°20'40"**. Die Zufahrt ist beschildert.

21 Pirita rand

Langer Sandstrand mit guter Infrastruktur, Verleih von Surfausrüstung und Booten am nördlichen Stadtrand von Tallinn. Aus der Innenstadt mit Bus erreichbar.

Outdoorsport

22 Kajaktouren bei Haapsalu

Kajakimatkad organisieren von der Familientour in Zweierkajaks auf ruhigem flachem Wasser in der Bucht von Tagalaht (ab 2 Personen) bis zur mehrstündigen Kajaktour um die Inseln vor Haapsalu (ab 6 Personen).
Familientour 2 h, ab 15 Jahren €20, Kinder ab 6 Jahren €15. www.kajakimatkad.com

23 Pirita Seikluspark

Hochseilgarten mit acht Parcours am Strand von Pirita. Drei sind auch für Kinder ab 115 cm geeignet. Kidspark für Kleinere.
Geöffnet Juni bis August täglich 10–20 Uhr, ansonsten nur am Wochenende. Eintritt €23, Kinder gestaffelt €8–19, Familien minus 20 Prozent. piritaseikluspark.ee

Seehundbeobachtung und mehr – Tagestouren ab Tallinn

Ausflüge zur Insel Prangli, geführte Touren durch Tallinns Altstadt oder eine Bootstour zu den Seehunden in der Nähe der Malusi-Insel – alle Tagestouren von Prangli Travel starten und enden in Tallinn, sind also optimal, wenn Sie ihr Quartier in der Hauptstadt aufschlagen möchten.
Weitere Informationen unter www.tallinndaytrip.com

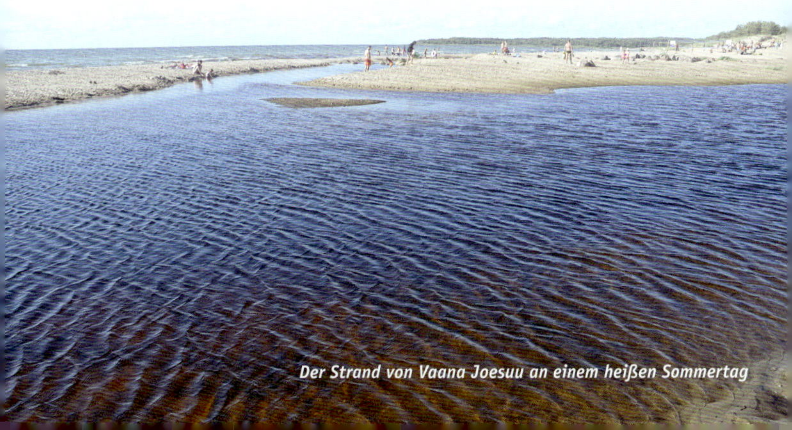

Der Strand von Vaana Joesuu an einem heißen Sommertag

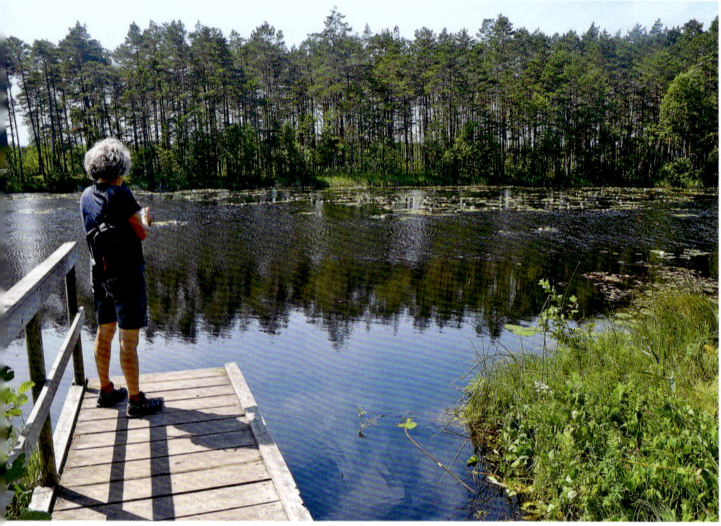

eben

STRECKE 5,5 km

2 h

ab 6

Tour 15: Kiefernwald und Meer

Rundweg auf dem Liivanomme Trail

Ein malerischer, alter Kiefernwald, ein Moorsee mit Seerosen und der weite Sandstrand von Peraküla – die Eindrücke dieser Wanderrunde sind so vielfältig wie die Landschaft im Peraküla Naturpark. Sollten Sie mit Zelt unterwegs sein, finden Sie hier außerdem ein echtes Strandparadies, das Sie nur an sonnigen Sommerwochenenden mit vielen Menschen teilen müssen.

Wanderung: Am Schild führt ein breiter Weg in den Wald, der schnell schmaler wird und sich zwischen Kiefern durch den Uferwald windet. Er führt zum Ufer des **Allikajärv**, auf dem im Sommer unzählige Seerosen blühen und weiter in den Wald hinein. Ein erster Abzweig nach links führt zum See. Wir bleiben auf dem orange markierten Pfad, bis am Weg ein **Schild mit Punkt 3** den nächsten Abzweig anzeigt. Links führt hier ein Weg zum **Forsthaus von Pikana** ①, dem Schauplatz einer glücklich endenden Flucht in die Freiheit im Sommer 1944. Der Förster und eine Gruppe Fischer und Bootsbauer zimmerten hier im Wald versteckt ein Holzboot und transportierten es, zwischen zwei Patrouillengängen der Grenzer, zur 200 Meter entfernten Ostsee, um damit nach Schweden zu gelangen. Die Flucht gelang. Nach zwei stürmischen Tagen auf See erreichten am 20. August 1944 22 Erwachsene und zehn Kinder schwedisches Festland.

Folgt man anschließend dem Weg geradeaus, kommt man zu einem kleinen Parkplatz an der **Brücke über den Bach Uusjõgi** ②.

TOUREN-STECKBRIEF

Anfahrt: Von der Verbindungsstraße zwischen Riguldi und Nova kurz vor Nova links nach Peraküla abbiegen. An der Straße steht eine Infotafel, die Wege im Naturpark erklärt. Über altes Kopfsteinpflaster hoppeln wir langsam bis zum Infozentrum und daran vorbei, bis aus Kopfsteinpflaster Schotter wird und ein Waldweg links abzweigt. Dieser Weg ist nach etwa 100 m für Fahrzeuge gesperrt. Hier beginnt der Wanderweg und das Auto bleibt am Rand des Weges bei **GPS N 59°12′44″, E 23°36′28″** oder in einer der kleinen Parkbuchten links im Wald, wo am Ufer des Moorsees Allikajärv ein Grillplatz mit Badesteg angelegt ist, an dem man auch zelten darf.

Charakter: Markierter Wanderweg auf guten Wegen durch den Küstenwald zum Strand und durch die Dünen. Meist schattige Wege.

Mit Kindern: Unkomplizierte, abwechslungsreiche Wanderung mit Bademöglichkeit am Meer oder in einem Moorsee. Im Wald um den Allikajärv gibt es im Spätsommer viele Blaubeeren.

Übernachtung:

Hotel / Gästehaus: Thalasso Spa Hotel Fra Mare, Lahe Maja in Haapsalu

Camping: RMK-Zeltplatz Peraküla, Roosta Puhkeküla bei Riguldi.

In der Nähe: Sandstrand Peraküla, Osmussaare Nature Reserve.

Hinter der Brücke befindet sich ein weiterer Zeltplatz und dahinter ein Aussichtsturm. Wir biegen aber schon vor der Brücke rechts ab und laufen auf einem Fahrweg bis zur nächsten **Grillstelle am Fluss**. Hier gibt es im Sommer sogar eine Sauna, an der wir uns links halten und auf einem sandigen Weg weiter in Richtung Meer laufen. Das letzte Stück geht es rechts am Fluss **Uusjõgi** entlang bis zu dessen Mündung ins Meer. Hier wäre ein schöner **Platz für eine Pause ③**.

RMK-Zeltplatz am Badeparadies Peraküla
Fährt man von Peraküla geradeaus bis zum Meer, kommt man zum Zeltplatz am traumhaften Sandstrand von Peraküla. Wie alle RMK-Zeltplätze ist er einfach ausgestattet, verfügt über Grillplätze und ist kostenlos. Vergessen Sie nicht, vorher einzukaufen, nur im Hochsommer hilft ein kleiner Kiosk bei der Versorgung. Trinkwasser gibt es am Naturpark Infozentrum an der Zufahrt.
Parkplatz **GPS N 59°13′18″, E 23°36′10″**.

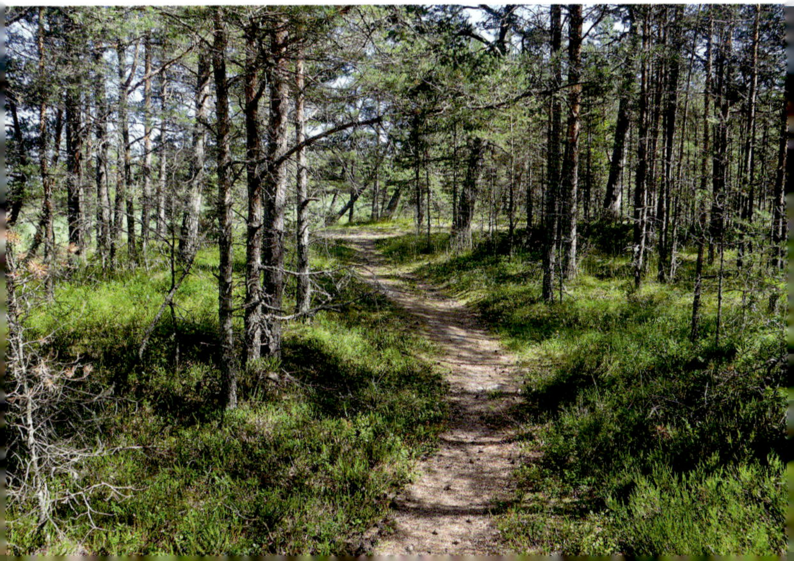

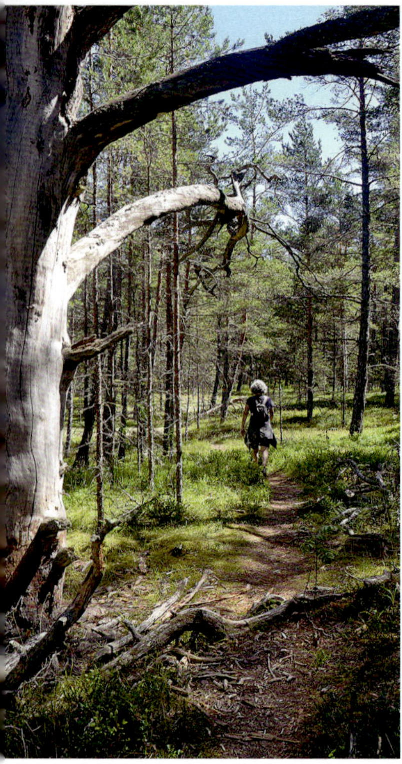

Der markierte Weg führt jetzt direkt zurück in die Dünen. Man kann aber auch ein Stück am Strand entlang laufen, bis man rechts oben auf der Düne den **Holzpfeil** mit der Wegmarkierung entdeckt. Die orangen Markierungen helfen, den Weg durch die Düne zu finden. Sie bringen uns zurück in den Wald, wo sich der Pfad durch einen alten Kiefernbestand schlängelt. Hier kann man gut beobachten, wie unterschiedlich ein **Kiefernwald** ④ aussehen kann. Der erste Bereich ist über Jahre gewachsen und junge Bäume stehen neben hohen Kiefern und alten, knorrige Baumruinen. Nur wenige Meter weiter wurde der Nadelwald nach einem Sturmschaden neu aufgeforstet. In diesem Bereich sind alle Bäume 30 bis 40 Jahre alt und fast gleich hoch gewachsen. Dieser Wald sieht völlig anders aus als der schöne Kiefernwald wenige Schritte hinter uns.

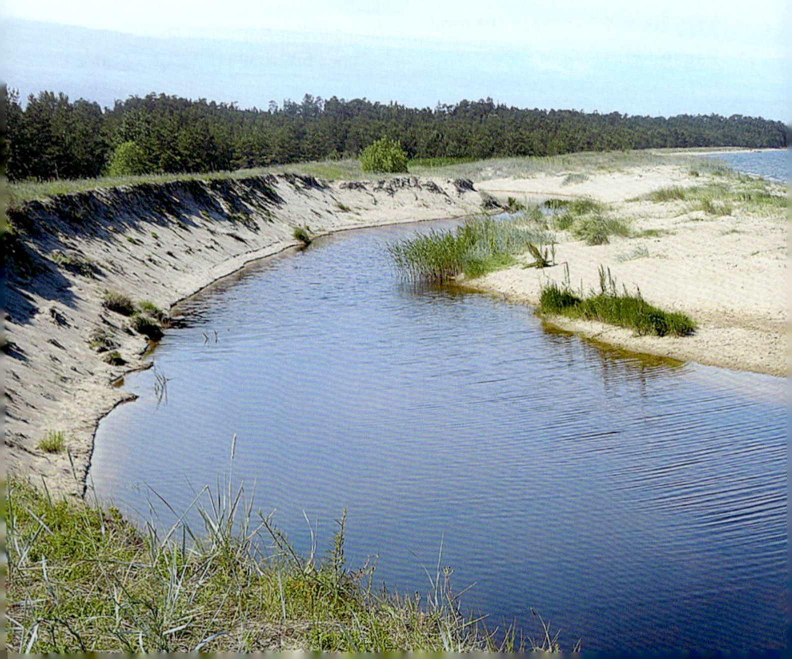

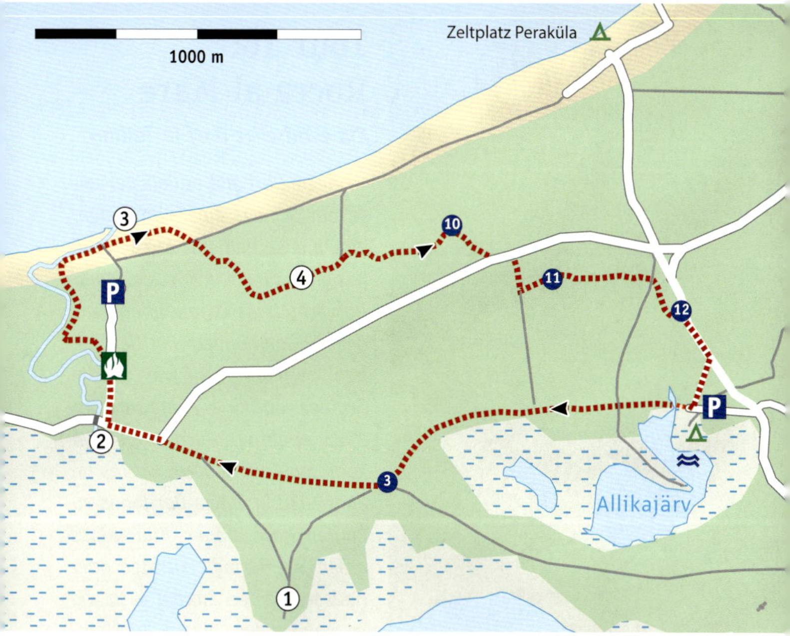

Zwischen den **Markierungen 10 und 11** queren wir dann den Fahrweg und biegen gleich darauf wieder links in einen Pfad ein. Vorsicht, hier nicht geradeaus auf der breiteren Brandschneise weiterlaufen. An **Punkt 12** erreichen wir, über das Bett eines ausgetrockneten Flusses, den Fahrweg zum Strand und folgen diesem etwa 100 Meter nach rechts. Gegenüber einer Holzbank zweigt der Weg nach rechts ab, der zum Parkplatz zurückführt.

Sehr ausführliche **Erläuterungen zu den Stationen im Wald** erhalten Sie auch im Infozentrum. Es gab das kopierte Blatt sogar auf Deutsch.

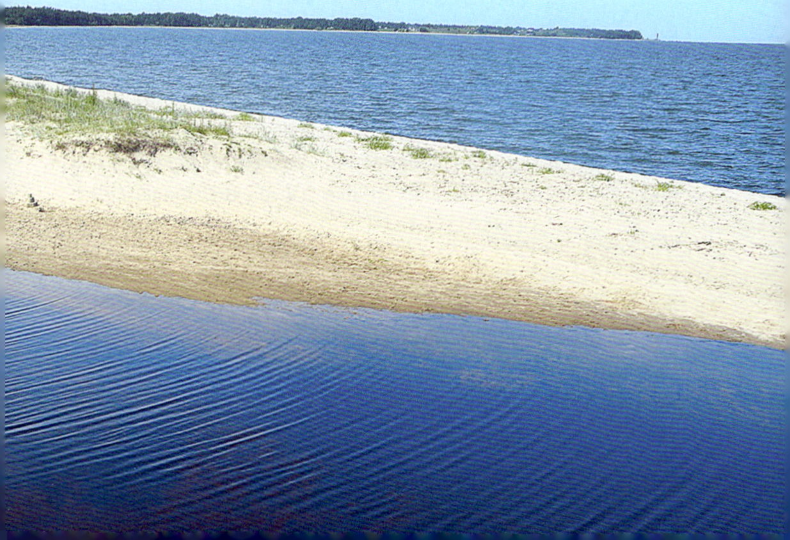

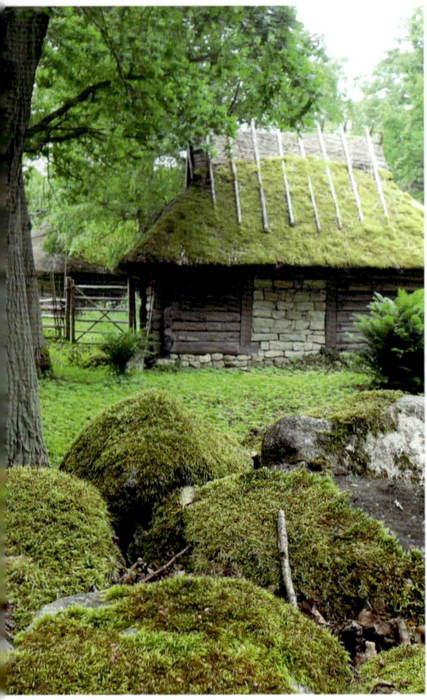

Tour 16: Rocca al Mare

Ein estnisches Dorf in Tallinn

In einem Dorf gibt es üblicherweise ein Schule, einen Dorfladen, eine Kneipe und eine Kirche – all das gibt es auch in Rocca al Mare. Das Schulhaus ist allerdings aus dem 19. Jahrhundert und sieht innen auch so aus, wie es die Schüler von Järve-Jaani im Jahr 1923 erlebten. Auch im Laden kann man nur kaufen, was es im Jahr 1930 in einem Dorfladen zu kaufen gab und im Kolu Körts essen Sie Hering, Porridge oder hausgemachten Eintopf – so wie es Anfang des letzten Jahrhunderts in Bauernfamilien üblich war. Jedes der 75 Gebäude des Museums hat seine Geschichte. Sie stammen aus Dörfern in allen Regionen Estlands und wurden dort demontiert und in Rocca al mare originalgetreu wieder aufgebaut.

eben

STRECKE 3–4 km

2–3 h

ab 4

Hält man sich am Eingang rechts, kommt man zuerst zu zwei Höfen aus dem Westen Estlands. Vorne steht der **Bauernhof Köstriasme** – die Heimat einer wohlhabenden Bauernfamilie aus dem 19. Jahrhundert. Der dahinter stehende **Häuslerhof Nuki** ① zeigt die Lebensbedingungen einer ärmeren Familie ohne eigenen Landbesitz. Hier sind Viehstall und Wohnräume unter einem Dach untergebracht.

Die beiden folgenden Anwesen stammen aus dem frühen 20. Jahrhundert aus dem Norden Estlands. Einige Nebengebäude sind aus dem dort vorkommenden Kalkstein gebaut. Im **Hof Pulga** auf der rechten Seite werden im Sommer Ferkel gehalten. Der Hof **Härjapea** aus dem Landkreis Viru, auf der linken Seite, war bis in die 70er Jahre bewohnt, ist aber Stil von 1930 eingerichtet.

Wir halten uns links und kommen zur **Bockwindmühle Nätsi** ②, mit der das Getreide für mehrere Dörfer gemahlen wurde. Läuft man vor der Windmühle über die Wiese, steht dort der **Fischerhof Aarte** aus dem Dorf Kuusaalu. Zum Hof gehörten nur wenige Hektar Land, auf dem Gemüse und Kartoffeln angebaut wurden. Korn tauschte man gegen Fisch. Netze und alle Geräte zum Fischfang wurden in den Netzschuppen am Wasser aufbewahrt.

TOUREN-STECKBRIEF

Anfahrt: Rocca al Mare liegt am westlichen Stadtrand Tallinns und direkt am Meer. Vom Hauptbahnhof ist das Museum mit den Buslinien 21 und 21 B zu erreichen. Mit dem Auto fährt man die Paldiski mantee stadtauswärts und am Zoo rechts in die Vabaomuuseumi tee. Das Museum ist beschildert. Parkplatz bei **GPS N 59°25'52", E 24°38'25"**

Öffnungszeiten: Täglich von 10 – 20 Uhr (Oktober bis April nur bis 17 Uhr), € 10, Familienkarte € 20.

Mit Kindern: Bei einem Spaziergang durch das Museumsgelände gibt es jede Menge Spannendes zu sehen. In einem Koben grunzen Schweine und auf den Teich schwimmen Enten. Natürlich ist es auch spannend zu sehen, wie eine Schule aussah, als die Urgroßeltern Kinder waren und wie die Menschen damals gelebt haben. Viele der Räume sind frei zugänglich. An Feiertagen und in den Ferien werden auch alte Handwerke demonstriert. Für Kinder gibt es hier viel zu entdecken.

Einkehr: Kolu Körts auf dem Museumsgelände.

Übernachtung:

Hotels, Gästehäuser und Hostels in Tallinn ab Seite 218.

Camping: Pirita Camping, Vannamoisa Camping (außerhalb in Saue).

In der Nähe: Der Tallinner Zoo liegt gleich schräg gegenüber.

Wir kehren zum Hauptweg zurück und sehen links eine **Holzkapelle** ③. Sie stammt aus **Sutlepa** bei Haapsalu und ist eine der ältesten Kirchen Estlands. 1699 ist in den Außenbogen der Kapellentür geschnitzt. Die Kapelle wurde 1989 neu geweiht und hier finden heute wieder Gottesdienste statt. Ursprünglich saßen hier Männer und Frauen getrennt. Die Männer auf der rechten und die Frauen auf der linken Seite. Heute sieht man das nicht mehr so eng.

Warum heißt das Museum Rocca al Mare?
Im 19. Jahrhundert befand sich auf dem Gelände des heutigen Parkes die Sommervilla des Bürgermeisters von Tallinn, die der Italienfan nach einem Fels im Meer vor dem Anwesen »Rocca al Mare« taufte. 1957 wurde auf dem Parkgelände um das Herrenhaus das Freilichtmuseum eingerichtet.

Links biegt ein mit Weidenzäunen gefasster Weg ab, rechts von uns liegt der **Schaukelplatz** und eine weitere Bockwindmühle,

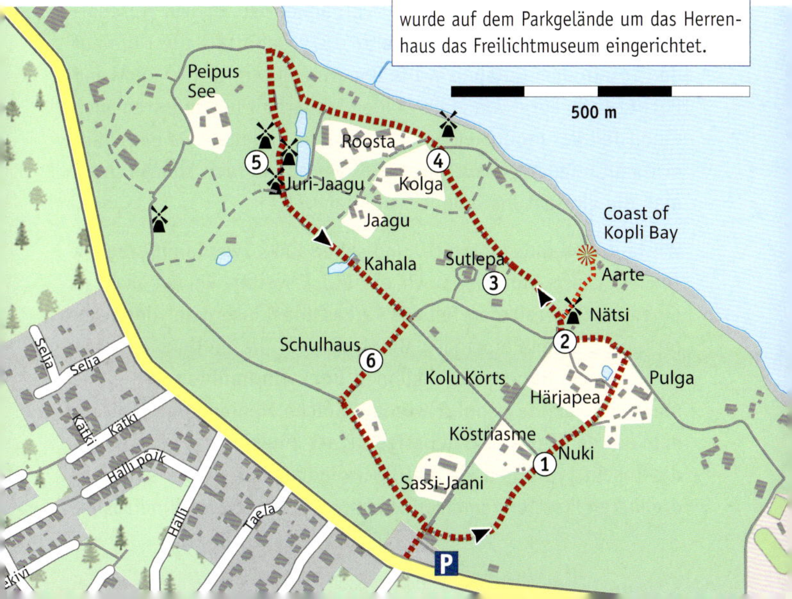

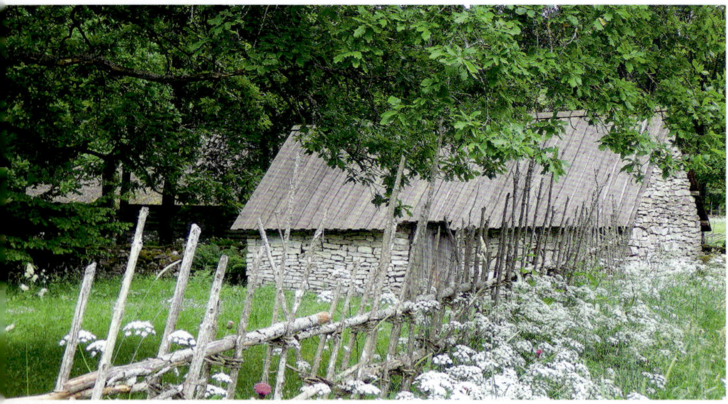

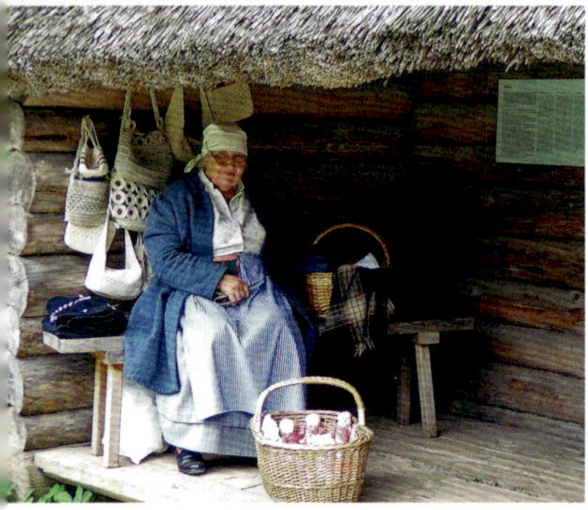

die wie der **Bauernhof Kolga** ④ auf der linken Wegseite, von der Insel Hiiumaa stammt. Hiiumaa war lange von schwedischen Siedlern bewohnt, die eine Mittlerposition zwischen schwedischer und estnischer Kultur hatten. Die Höfe standen auf der Insel nie weit vom Wasser entfernt, da man auf dem kargen Eiland nur mit vielseitigem Wirtschaften überleben konnte und Fisch mit zu den Lebensgrundlagen der Bauern gehörte.

Hinter Kolga gruppieren sich die **Höfe Roosta, Jüri Jaagu** und **Jaagu** um einen typischen Dorfplatz. Auch sie stammen von den Inseln Saaremaa und Muhu, wo man vorzugsweise mit Stein baute, der auf den Inseln reichlich vorhanden ist. Bis zur Abschaffung der Leibeigenschaft im Jahre 1819 gehörten alle Höfe auf den Inseln dem Gutsherrn. Die Bauern zahlten für Hof und Land Pachtzins in Form von vielen Tagen Fronarbeit und mussten auch einen Teil der produzierten Lebensmittel abgeben. Da eine Bauernfamilie jederzeit aus ihrem Hof verjagt werden konnte, hielt man die Einrichtung möglichst einfach.

Wir laufen geradeaus weiter und sehen links zwei langgezogene Teiche. Läuft man hier noch ein Stück weiter, kommt man zu einem neu gestalteten Teil des Parkes mit Häusern aus der Region rund um den Peipsi järv. Biegt man vor diesen links ab, geht es auf einem Hügel zu drei kleinen **Bockwindmühlen** ⑤, die je von einer Familie genutzt wurden. Solche Mühlenberge richtete man auf den Inseln am günstigen Platz eines Dorfes ein. Die für die Inseln typischen kleinen Bockwindmühlen stehen auf einer drehbaren Plattform und können immer passend zum Wind ausgerichtet werden. Die Mühlenhügel waren meist auch der Treffpunkt der Dorfjugend. Ein Abzweig nach rechts führt dann zu einer großen dreigeschossigen **Holländermühle**, die ursprünglich in der Nähe des Peipsi järv in einer Region mit sanften Hügeln und fruchtbarem Ackerland stand. Wenn man geradeaus läuft, trifft man auf einen dritten Mühlentyp: Die **Wassermühle von Kahala**, rechts des Weges, konnte nur im Frühjahr und Herbst bei Hochwasser in Betrieb genommen werden. Wasserbetriebene Mühlen sind in einer Landschaft mit geringen Höhenunterschieden wenig zuverlässig und daher eher rar.

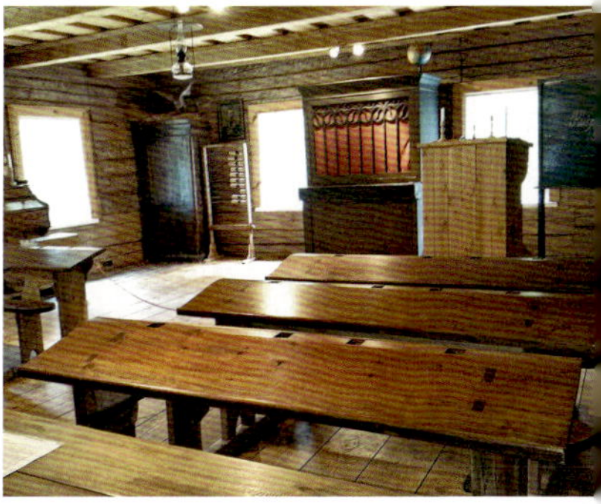

An der nächsten Kreuzung stehen wir zwischen **Spritzenhaus**, **Dorfladen** und **Schule.** Geradeaus geht es zum Dorfkrug **Kolu körts**. Aber bevor Sie sich vom knurrenden Magen ins Körts locken lassen, lohnt unbedingt ein Abstecher nach rechts zum **Schulhaus** ⑥. Der Unterrichtsraum mit alten Holzbänken und einer Schiefertafel ist allerliebst und hat so gar nichts mit unseren eigenen Schulerinnerungen zu tun. Er könnte glatt als Kulisse für einen Astrid-Lindgren-Film durchgehen.

Egal welchen Rückweg Sie jetzt wählen, sie kommen kurz vor dem Eingang am **Sassi-Jaani Bauernhof** vorbei. In seinen Räumen ist eine Ausstellung über die typisch estnische Landarchitektur zu sehen. In den Nebengebäuden sind Gebrauchsgegenstände ausgestellt. Das Feld im Innenhof ist mit den gängigen landwirtschaftlichen Kulturpflanzen des 19. Jahrhunderts bepflanzt. Dann stehen wir wieder am Eingang und machen einen großen Schritt zurück in die Gegenwart, zu stinkenden bequemen Autos, fließendem Wasser, Supermärkten und dem Lärm einer großen Stadt.

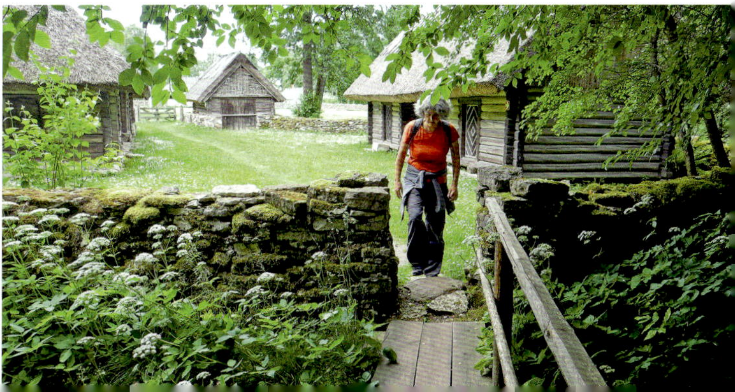

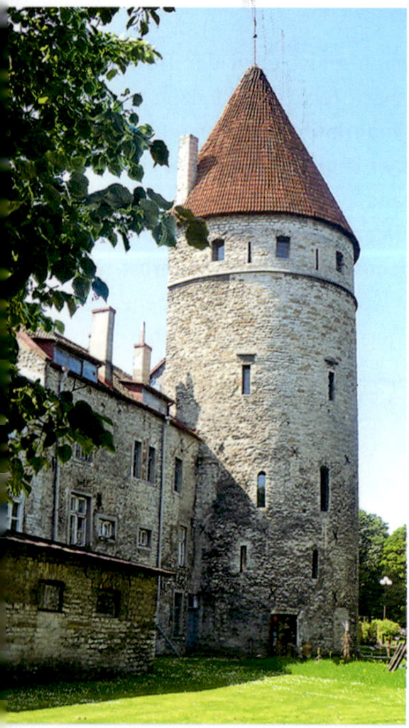

Tour 17: Spaziergang durchs Mittelalter

Eine Runde durch Tallinns Altstadt

Unter dem deutschen Namen Reval war Tallinn im Mittelalter einer der wichtigsten und wohlhabendsten Handelsplätze der Hanse im Ostseeraum. Zu dieser Zeit war die Stadt mit einer durchgehenden Stadtmauer mit 46 Wehrtürmen gesichert. Fast zwei Kilometer dieser Mauer und 20 der runden Steintürme sind heute noch erhalten und verleihen der Altstadt ein beinahe märchenhaft mittelalterliches Flair. Enge Gassen und hanseatische Kaufmannshäuser aus dem 16. Jahrhundert, der Blick vom Burgberg Tompeea, der quirlige Rathausplatz mit stattlichen Villen und dem 1404 erbauten gotischen Rathaus mit seinem grazilen achteckigen Turm – ein Rundgang durch Tallinn hat viele Höhepunkte.

60 m

STRECKE 4 km

2–4 h

ab 6

Die Altstadt von Tallinn besteht aus zwei separaten Stadtteilen: der Unter- und der Oberstadt. Die Oberstadt mit dem Schloss von Tallinn war in der Hansezeit der Wohnsitz des Adels und des Klerus und liegt tatächlich deutlich höher als der Rest der Stadt auf dem Burgberg. Die Unterstadt, in der Handwerker und Händler lebten, befindet sich am Fuß des Burgberges.

Wir beginnen unseren Rundgang durch das alte Tallinn am **1 Raekojaplats** – dem Rathausplatz im Zentrum der Unterstadt. Hier finden wir die meisten Cafés und das bereits erwähnte alte Rathaus mit seinem eleganten Turm, das auch heute noch der Hauptsitz des amtierenden Bürgermeisters von Tallinn ist. Ganz in der Nähe befindet sich an der Kullasepa auch die gut ausgestattete Touristeninformation.

Vom Rathausplatz drehen wir zuerst eine Runde durch die Unterstadt. Dazu laufen wir auf der Vanaturu Kael am beliebten Restaurant Olde Hansa, in dem in mittelalterlicher Kluft gute traditionelle Küche serviert wird, vorbei und zur Viru Tee. Hier treffen wir auf die ersten Reste der Stadtmauer. Geradeaus sieht man die Türme des **2 Viru Tores**, das als eines der Wahrzeichen

TOUREN-STECKBRIEF

Anfahrt: Es empfiehlt sich unbedingt von Ihrer Unterkunft mit öffentlichen Verkehrsmittel (Bus oder Straßenbahn) in die Altstadt zu fahren. Parkplätze sind im Zentrum Tallinns rar und teuer. Am ehesten werden Sie auf den großen Parkflächen in der Nähe des Hafens fündig. Günstig gelegen ist auch der Parkplatz im Norden der Altstadt an der Väike-Rannavärav mit einem Tagestarif von €15. Überall in Altstadtnähe müssen Sie mit vergleichsweise hohen Parktarifen rechnen. Mehr Infos unter www.parkimine.ee.

Mit Kindern: Gut dosiert ist ein Besuch der Tallinner Altstadt auch für Kinder spannend. Die unterirdischen Gänge unter der Bastion, Hellemann und Eppinger Turm oder ein mittelalterliches Mahl in der Olden Hansa sind eine gute Wahl. Außerhalb der Stadt sind der zoologische Garten, Rocca al Mare und der Wasserflughafen zu empfehlen.

Einkehr: Große Auswahl an Cafés und Restaurants in der Altstadt. Das Preisniveau ist allerdings deutlich höher als sonst in Estland üblich.

Übernachtung:

Hotel: The Tree Sisters, Merchants House Hotel, My City, St. Barbara, Gästehäuser und Hostel ab S. 218.

Camping: Pirita Camping, Vannamoisa Camping (außerhalb in Saue).

In der Nähe: Weitere Museen und Sehenswürdigkeiten um Tallinn finden Sie ab Seite 82.

der Stadt gilt. Wir laufen links und innen an der Stadtmauer entlang bis zum **3 Hellemannturm**, der ursprünglich Waffenlager und Gefängnis war. Heute ist im Inneren eine Kunstausstellung zu sehen. Am Hellemannturm ist ein 220 Meter langer Abschnitt der Stadtmauer begehbar.
Geöffnet Mai bis September täglich 9–19 Uhr, im Winterhalbjahr 10–17 Uhr. Eintritt €4, Kinder €2. Gratis mit der Tallinn Card.

Dann biegen wir links in die nächste schmale Gasse ein: In der **4 Katariina kaik** gibt es viele Künstlerateliers, in denen man Glasbläser, Weber oder Töpfer bei der Arbeit beobachten kann und wo in kleinen Läden handgearbeitete kunsthandwerkliche Produkte angeboten werden.

An der rechten Seite der Straße steht das älteste Gebäude der Stadt: das **5 Dominikanerkloster** wurde 1246 erbaut. Besonders schön ist der Innenhof. Einige Räume wie Sakristei, alte Bibliothek, Dormitorium und den Raum des Priors kann man besichtigen. Der Eingang zum Museum befindet sich in der Müürivahe 33 am Beginn der Katarina kaik.

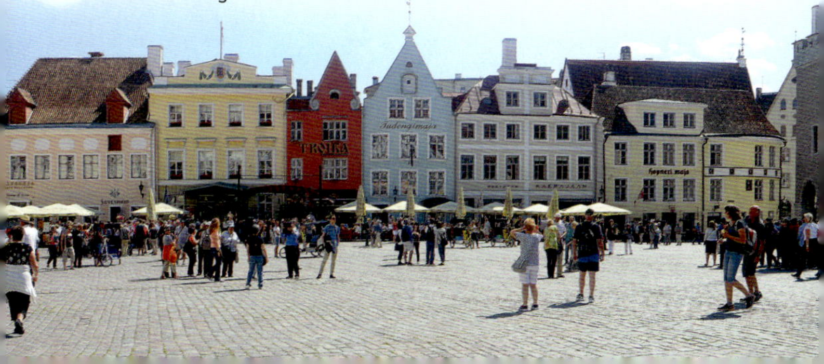

Das Klostermuseum Claustrum ist von Mai bis September täglich von 10 – 17.30 Uhr geöffnet. www.claustrum.eu

Läuft man am Ende der Katarina kaik rechts, folgt neben dem Kloster die **6 russisch-orthodoxe Kirche St. Nikolai**. In ihrem Inneren sind wertvolle alte Ikonen zu sehen.

Von hier aus laufen wir auf der Pühavaimu zur **7 Heiliggeist Kirche**, die wie das Rathaus einen achteckigen Turm besitzt. Die Kirche stammt aus dem 14. Jahrhundert, der Turm wurde erst 1688 ergänzt. An der Kirchenfassade befindet sich eine bunt bemalte Uhr, die erste Uhr, die es in Tallinn gab. Im Inneren steht ein Flügelaltar mit schönen Holzskulpturen aus dem 15. Jahrhundert.

Dann geht es gleich wieder rechts und über die Olevimägi in die Pikk tee. Unser nächstes Ziel ist wieder ein Kirche. Die besondere Attraktion von **8 St. Olai** ist jedoch ganz weltlich. Von ihrem Turm hat man einen grandiosen Blick über die Altstadt und den Hafen. Bis 1625 war der Kirchturm mit 159 Metern Höhe das höchste Bauwerk der Welt und diente auch als Orientierungspunkt für ankommende Schiffe. Durch seine exponierte Position wurde er aber auch mehrfach ungeplant zum Blitzableiter und brannte nieder. So musste er dreimal neu aufgebaut werden und

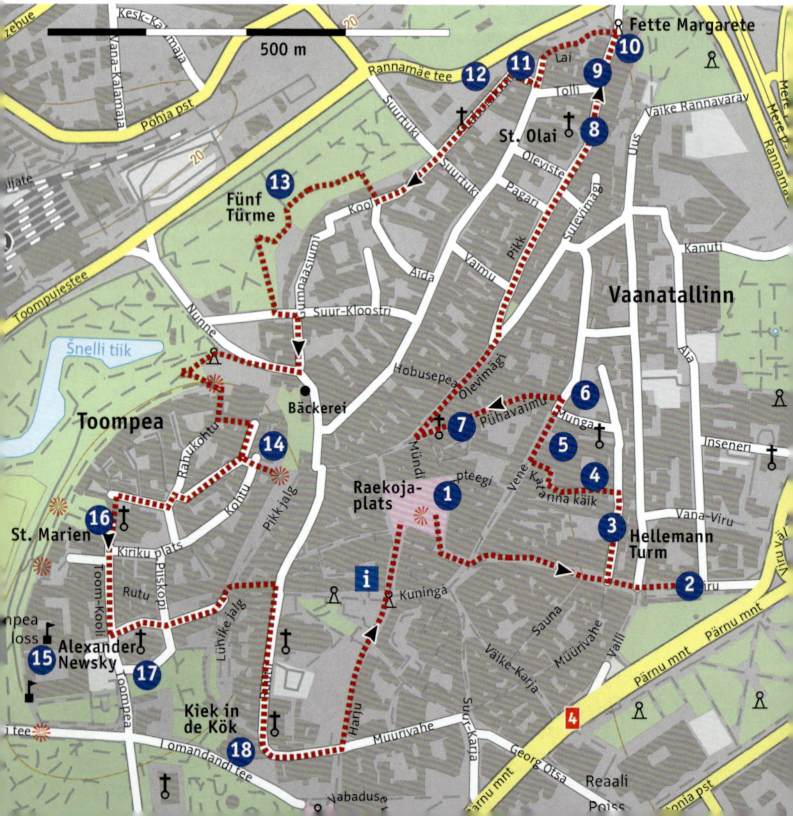

ist heute nur noch 124 Meter hoch. Das reicht aber immer noch für 232 Stufen und einen tollen Weitblick.
Der Turm ist von April bis Oktober täglich von 10–18 Uhr, in Juli und August bis 20 Uhr zugänglich. Der Aufstieg kostet €3, der Besuch der Kirche ist kostenlos.

Kurz hinter St. Olai schmiegen sich am Straßenrand drei alte Häuser dicht aneinander. Sie werden **9 Drei Schwestern** genannt und beherbergen eines der besten Hotels der Stadt. Dann treffen wir am nördlichsten Zipfel der Altstadt erneut auf die Stadtmauer, wo ein massiger Wehrturm den Zugang zum Hafen bewacht. In der **10 Fetten Margarete**, wie der Turm passenderweise heißt, können Sie das Maritime Museum von Tallinn besuchen.

Läuft man jetzt am Park entlang, kommt man zu einem flachen runden Gebäude, in dem vom 14. bis zum 18. Jahrhundert ein Mahlwerk mit Pferdekraft betrieben wurde. Vor der **11 Pferdemühle** stehen die Tische eines gemütlichen Cafés.

Mit der Tallinn Card unterwegs
Wenn Sie mehrere Tage in Tallinn verbringen und auch einige Museen besuchen möchten, könnte sich eine Tallinn Card lohnen. Die Karte beinhaltet die kostenlose Nutzung öffentlicher Verkehrsmittel und den Eintritt in die meisten Museen, inklusive Zoo und Freilichtmuseum Rocca al Mare. Für viele anderen Attraktionen erhalten Sie einen Rabatt. Die Karte kostet €29 für 24 Stunden, €43 für 48 und € 52 für 72 Stunden. Die teurere Tallinn Card Plus impliziert die Mitnahme von zwei Kindern. Während Sie ihre Karte in 24 Stunden nur mit einem Mega-Sightseeing-Programm effektiv nutzen können, wird das Angebot bei drei Tagen recht interessant. Die Tallinn Card kann man vorab im Internet bestellen oder in der Information in Tallinn kaufen. Mehr Infos unter www.visittallinn.ee.

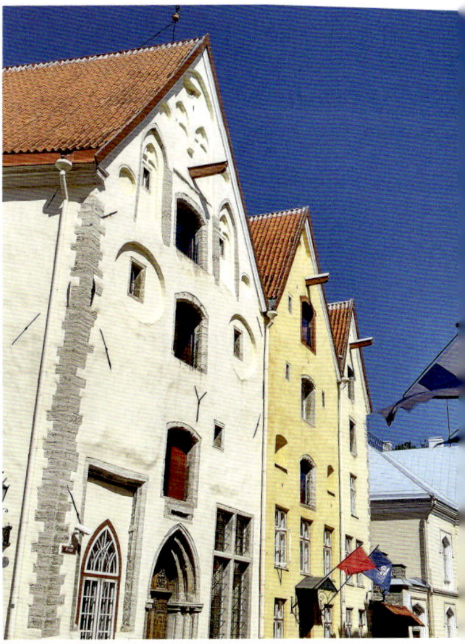

Hinter der Mühle ragt der erste von sieben Türmen der westlichen Stadtmauer auf, an der wir jetzt entlang laufen. Im **12 Eppinger Turm**, dem zweiten in der Reihe, kann man eine Ausstellung über die Stadtmauer und die Wehranlagen Tallinns zur Hansezeit besuchen. In der Ausstellung auf den sechs Stockwerken des Turmes können Sie auch eine echte Ritterrüstung anlegen oder ihre eigenen Münzen prägen.
Die Ausstellung im Eppinger Turm ist geöffnet von Mai bis September von Do bis Di, 11–18 Uhr. Im Winterhalbjahr nur am Wochenende, 11–16 Uhr, Eintritt €6, Kinder €4. Kostenlos mit der Tallinn Card.

Dann führt rechts ein Tor in der Mauer in die Parkanlage vor der Altstadt. Von hier hat man den besten Blick auf einen gut erhaltenen Abschnitt der Mauer. Besonders beliebt ist der Ort, weil man hier **13 fünf Türme mit Mauer** auf ein Foto bannen kann.

Nach einer Runde durch den Park kehren wir in den Bereich innerhalb der Mauer zurück und laufen innen an ihr entlang bis wir auf die Nunne tee treffen. Läuft man hier noch ein Stückchen links in Richtung Unterstadt, findet man an der Straße eine Bäckerei, die allen eine Alternative bietet, die angesichts der stolzen Restaurantpreise nicht mehrfach Essen gehen möchten. Unser Weg führt dann die Nunne tee rechts hinauf. Wir stehen jetzt vor dem Domberg. Weit über uns sehen wir eine Reihe Häuser und eine **14 Aussichtsplattform** mit vielen Menschen. Viele Treppenstufen führen in mehreren Bögen zur Plattform hinauf, und wir können von dort die Unterstadt, die wir gerade durchwandert haben, von oben betrachten. Von dieser Terrasse schauten früher die betuchten Bürger Revals auf das bunte Treiben in der gemeinen Stadt hinab. Die auffällige **Wetterfahne Vana Tom** auf dem Dach des Rathausturmes und hilft bei der Orientierung. Im Hafen sehen Sie bestimmt ein oder zwei Kreuzfahrtschiffe, Tallinn gehört zu den beliebtesten Zielen auf der Ostseeroute, und die ein oder andere Reisegruppe zieht bestimmt auch bei Ihrem Besuch in gut betreuten Gruppen durch die Stadt.

Auf dem **Domberg** ist außerdem noch das **15 Tallinner Schloss** zu finden, in dem sich heute wieder der Sitz der estnischen Regierung befindet und natürlich auch der **16 Dom St. Marien**. Der Dom ist eine evangelische Kirche und war früher dem Adel vorbehalten. Die Wappen der alten Adelsfamilien sind auch heute noch in der Kirche zu sehen. Mehrere Gräber erinnern an bedeutende Persönlichkeiten, die einst in Tallinn gelebt haben: Hier ruhen unter anderen der schwedische Feldherr Pontus de la Gar-

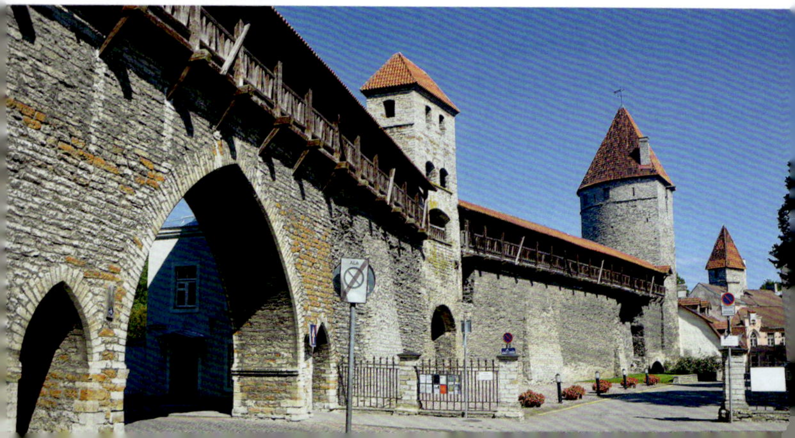

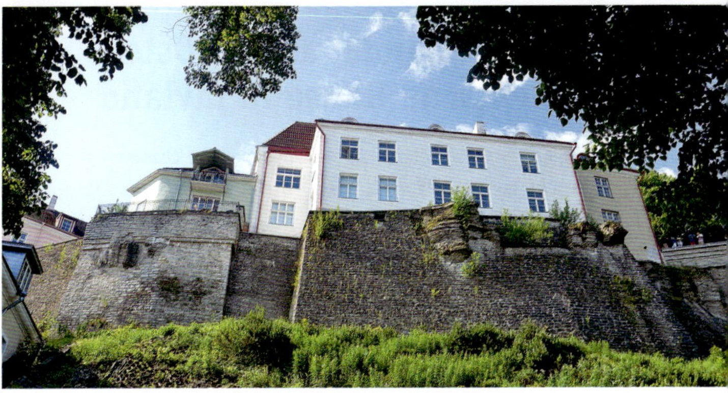

die und der Weltumsegler Johann von Krusenstern. Auch den Turm der Domkirche, der sich noch einmal 69 Meter über den Domberg erhebt, können Sie besteigen.
Die Kirche ist geöffnet von Juni bis August täglich von 10–18 Uhr, im September und Mai nur bis 17 Uhr, im Winter wird um 16 Uhr geschlossen. Wer auf den Turm will, zahlt €5 Eintritt, Kinder €3. Kostenlos mit der Tallinn Card.

Wir bummeln weiter durch die schmalen Gassen der Oberstadt mit vielen kleinen Geschäften, bis wir den Platz am Schloss und die prächtige russisch orthodoxe 17 **Alexander Newsky-Kathedrale** mit ihren fünf Zwiebeltürmchen erreichen. Sie wurde zur Zarenzeit im Jahr 1900 geweiht, ist als Symbol des russischen Herrschaftsanspruches bei den Tallinnern aber weniger beliebt.

Vom Kathedralenplatz führt eine schmale Stiege durch ein Tor und wieder hinab in die Unterstadt. Hier halten wir uns rechts, um den letzten und höchsten Turm in der Stadtmauer zu besuchen, der in Tallinn nur 18 **»Kiek in de Kök«** (schau in die Küche) genannt wird. Der Name ist norddeutsch und der Turm war mit 36 Metern hoch genug, um den Bürgern von der Plattform ungeniert durch den Schornstein in die Häuser zu schauen. Sie können das selbst ausprobieren: In der obersten Etage des Turmes besucht man heute das Museumscafé. Ansonsten können Sie sich auch in diesem Turm über die Verteidungsanlagen und die Rechtsprechung im alten Tallinn informieren. Besonders spannend sind dann die unter dem Domberg verlaufenden unterirdischen Gänge der alten Bastion, die ebenfalls vom Turm zugänglich sind.
Geöffnet Mai bis September täglich 9–18 Uhr, im Winter Mo geschlossen. Eintritt €6, Kinder €4 oder kostenlos mit der Tallinn Card.

Sie könnten jetzt in der gegenüberliegenden Parkanlage in der Ingeri Bastion eine Pause einlegen, bevor Sie links an der Nikolaikirche vorbei zum Raekoja plats zurücklaufen, wo unser Rundweg durch die Altstadt beendet ist.

Bernsteinhandel an der Ostsee
Die deutsche Hanse in Livland

Schon Anfang des 12. Jahrhunderts schlossen Kaufleute in den norddeutschen Ansiedlungen Lübeck und Hamburg erste Bündnisse, um den Handelsweg zwischen den Städten und damit ihre kostbaren Waren vor Überfällen zu schützen. Salz aus Lüneburg war eines der wichtigsten Handelsgüter in der jungen Stadt Lübeck, die durch ihren Ostseehafen schnell an Bedeutung gewann. 1257 schlossen sich Lübeck, Rostock und Wismar zu einem »Bündnis für ein sicheres Handeln zu Lande und zu Wasser« zusammen. Weitere Städte kamen schnell dazu. Man reiste gemeinsam und handelte als größere Gemeinschaft bessere Bedingungen aus. Aus diesem ersten Zusammenschluss sollte sich in den nächsten Jahrzehnten ein ungewöhnlich mächtiges Bündnis von Kaufleuten entwickeln: die deutsche Hanse.

Erste Handelskontore in London und Brügge bildeten eine sichere Basis, die Kaufleuten Handelsprivilegien, wie niedrige Zölle und eine sichere Unterkunft in der Fremde garantierten. So kam der Verkauf von Waren quer über die Ostsee immer mehr in Schwung. Die Waren wurden in Koggen, bauchigen Holzschiffen mit viel Stauraum, über die Ostsee gesegelt.

Über Visby, die wichtigste Hafenstadt auf der Insel Gotland, entwickelte sich auch der Handel mit den Ostseeanrainern im Osten. Wichtigstes Ziel war die Stadt Nowgorod in Russland, wo Salz und andere Waren aus Lübeck und feines Tuch aus Flandern gegen wertvolle Pelze getauscht wurde. So entwickelte sich Visby zur umkämpften Drehscheibe im Ostseehandel.

Die deutschen Kaufleute fanden mit den Meistern des Livländischen Ritterordens, die ebenfalls deutscher Herkunft waren, weitere Handelspartner im Osten. Diese hatten, unter dem Vorwand, das Christentum zu verbreiten, das Land der Prussen erobert. Der Deutschordensstaat umfasste zwischen 1230 und 1561 das spätere Ostpreußen und den Westen der baltischen Staaten. Das wichtigste Handelsgut des Ordensstaates war Bernstein, den man in großen Mengen an der livländischen Küste fand. Die Steine wurden geschliffen und zu Schmuck verarbeitet. Rosenkränze aus Bernstein waren in ganz Europa begehrt. In Estland gehörten nicht nur die Hafenstädte Reval (Tallinn) und Pernau (Pärnu) der Hanse an, sondern auch Dorpat (Tartu) und Fellin (Viljandi) im Landesinneren.

Die wohlhabenden Kaufleute gewannen in ihren Städten schnell an Einfluss und stellten bald die meisten Ratsherrn, die über die Geschicke der Stadt entschieden. So entstand aus dem losen Bündnis von Händlern eine politische Macht und aus dem Bündnis zwischen Kaufleuten wurde ein Bund zwischen Städten. Die Aufnahme in die Hanse konnte von einer Stadt beantragt werden.

Ein wichtiger Meilenstein in der Entwicklung der Hanse zur politischen Großmacht waren die Kriege mit dem dänischen König Waldemar, der 1361 das strategisch wichtige Visby auf Gotland besetzte und so der freien Passage der Kaufleute nach Osten ein Ende setzte. In den beiden Waldemarkriegen trat die Hanse erstmals als bewaffnete Macht auf, und konnte im zweiten Anlauf mit dem Frieden von Stralsund ihre Vormachtstellung im Ostseehandel ausbauen.

Dass es im Rahmen dieser Kriege nicht um territoriale Ansprüche, sondern ausschließlich um den ungehinderten Handel ging, machte sie für ihre Zeit recht ungewöhnlich. Im Wertesystem der hanseatischen Kaufleute stand der Profit unangefochten an erster Stelle. Der Städteverbund organisierte sich nicht in festen Gremien. Gemeinsame Projekte und Interessen wurden von Abgesandten der Städte auf den Hansetagen besprochen. Die ansatzweise demokratischen Strukturen hatten im Mittelalter keinerlei Vorbild, so war die Hanse in dieser Hinsicht ihrer Zeit weit voraus.

Erst im 16. Jahrhundert verlor die Handelsgemeinschaft an Bedeutung. Der Handelskontor in Nowgorod wurde vom russischen Zaren geschlossen, Handelswege auf den Landweg verlegt und niederländische und britische Kaufleute entwickelten sich zur starken Konkurrenz. Nach der Entdeckung Amerikas gelang es den deutschen Kaufleuten nicht, im Überseehandel Fuß zu fassen. Der letzte Hansetag der historischen Hanse fand 1669 in Lübeck unter der Beteiligung weniger norddeutscher Städte statt.

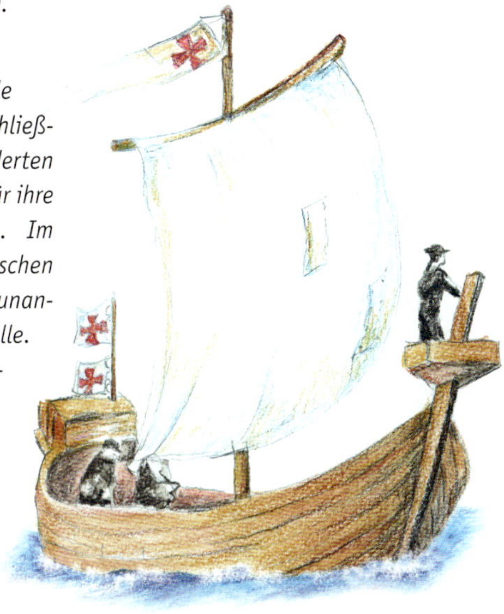

Eine Kogge, das typische Schiff der Hanse, war ein etwa 20 bis 30 Meter langer und fünf bis acht Meter breiter Einmaster. Koggen besaßen einen flachen Kiel und konnten nur mit dem Wind segeln. Sie waren ausschließlich als Transportschiffe konstruiert und nur in beladenem Zustand seetüchtig.

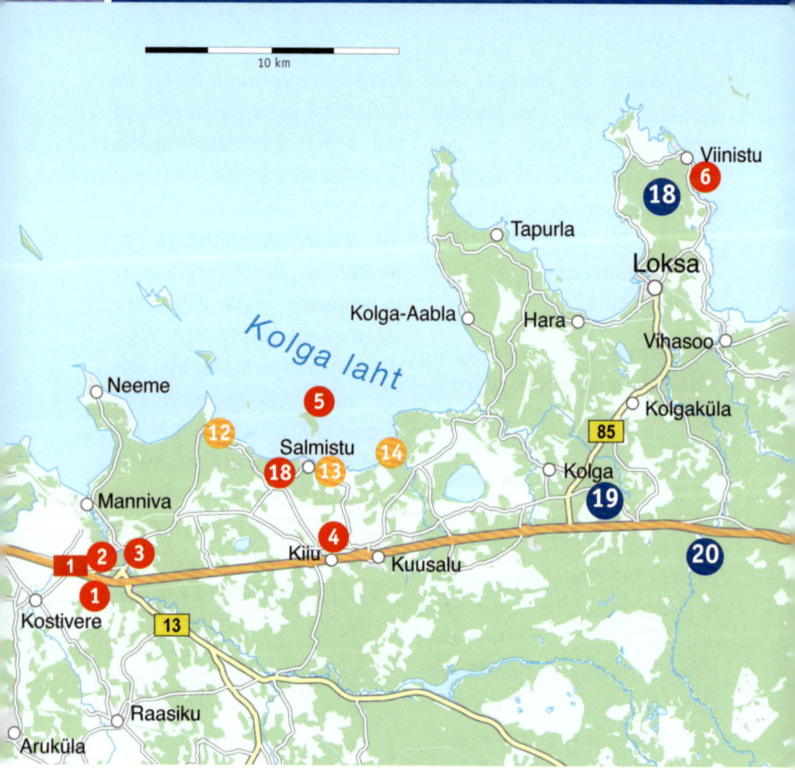

Fünf Finger ragen an der Nordküste Estlands ins Meer. Sie gehören zum größten Nationalpark des Landes, der eine ungewöhnliche Küstenlandschaft mit vielen dicken Steinen und kleinen Sandbuchten schützt. Die Findlinge im Lahemaa Nationalpark, die auf estnisch Kivis heißen, sind Relikte der Eiszeit. Die vorrückenden Eismassen haben sie hierher transportiert, und als aus Eis wieder Wasser wurde, blieben die Steine an Ort und Stelle und geben jetzt der Landschaft ihren unverwechselbaren Charakter. Abseits der Küsten besteht der Lahemaa park aus ausgedehnten Wäldern, in denen Elche und auch ein paar Bären leben. Drei alte Gutshöfe – Palmse, Sagadi und Vihula – sind gut restauriert und zu Museum, Informationszentrum und Hotel umgebaut. Sie bieten kulturelle Abwechslung in der ansonsten dünn besiedelten Naturlandschaft des Parkes.

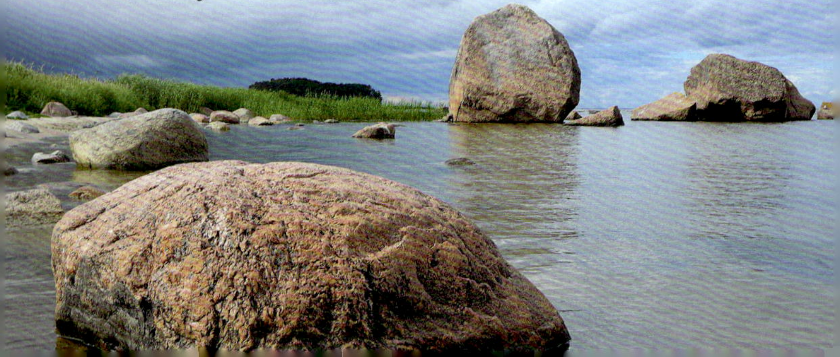

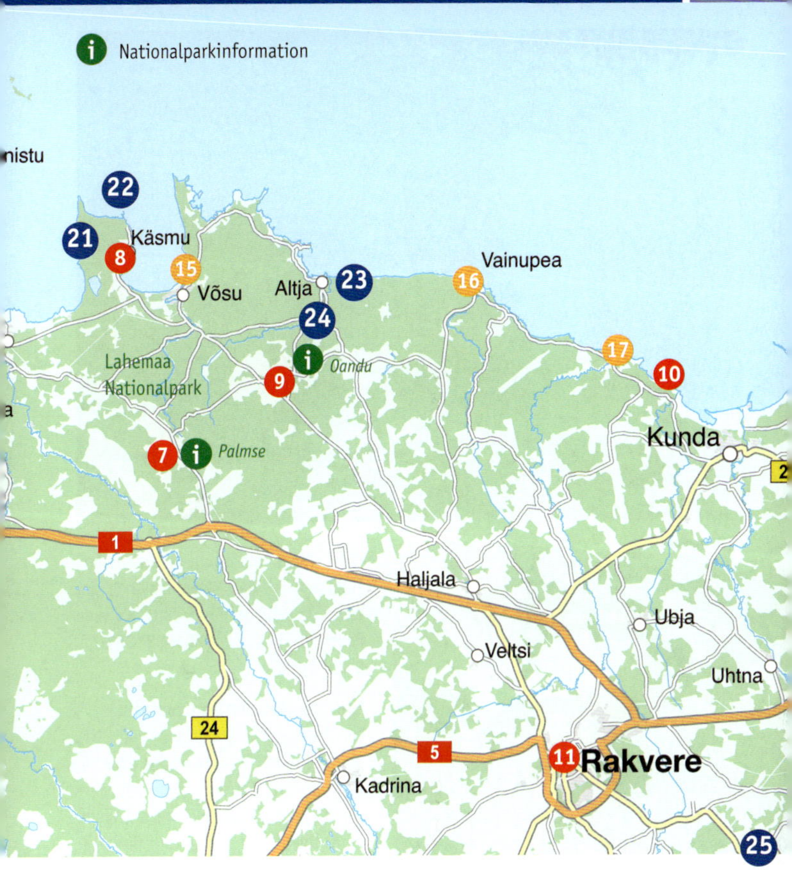

Ausflugsziele

1 Die Steinkistengräber von Rebala

Die Gräber von Rebala stammen aus der späten Bronzezeit (etwa 800 v. Chr.) und bestehen aus kreisrunden 20 bis 30 Zentimeter hohen Steinsetzungen, in deren Zentrum in gemauerten Steinkisten die Knochen von Männern, Frauen und Kindern sowie Grabbeigaben gefunden wurden, die man im Museum auf dem Gelände betrachten kann. Weitere Spuren aus der jüngeren Steinzeit fand man am nahen Maardu See.

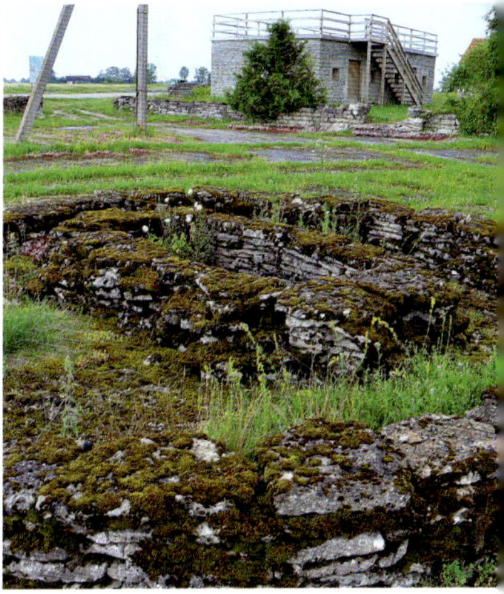

Die Gräber wurden 1982 beim Bau der A1 entdeckt. Das Ausgrabungsgelände liegt bei **GPS N59°26'24", E 25°88'01"** an der Ausfahrt Rebala direkt neben der Autobahn und ist jederzeit frei zugänglich. Das Museum, dessen Ausstellung dem Verständnis der Fundstelle durchaus zuträglich ist, öffnet von April bis September, Mi bis So von 10 – 17 Uhr, rebala.ee.

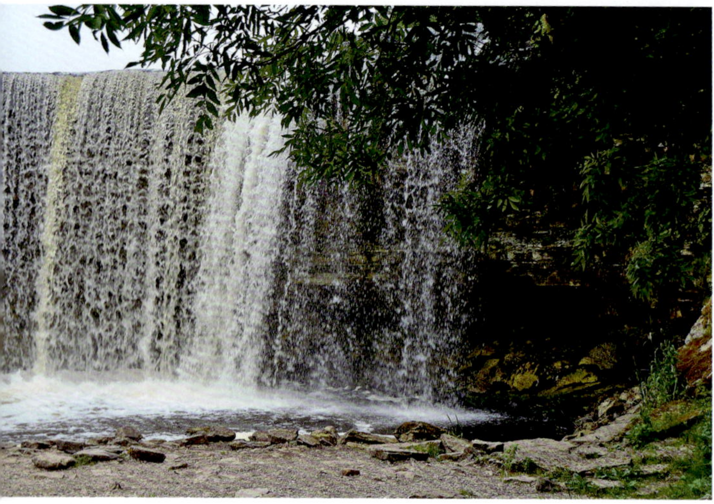

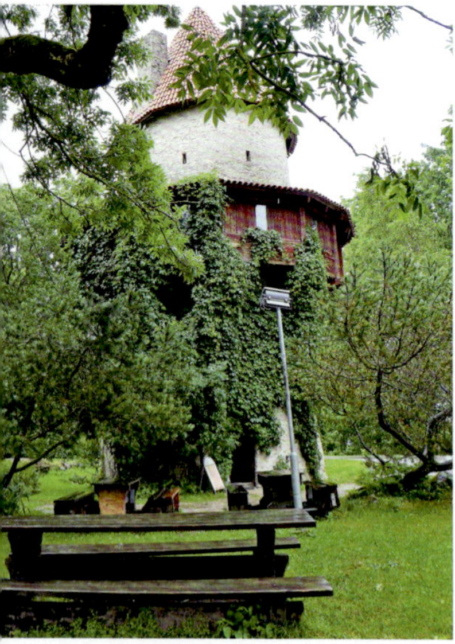

2 Joeläthme

Das winzige Dorf gegenüber der Ausgrabung von Rebala lohnt einen Besuch wegen seiner schönen alten Bogenbrücke, der Steinkirche von 1241 und einer Handvoll historischer Bauernhöfe.

3 Jägala Wasserfall

Mit einer Höhe von 8 Meter und bis zu 50 Meter Breite ist er der gewaltigste Wasserfall Estlands, auch wenn einem das im Hochsommer, wenn das Wasser nur über die Hälfte der Steinstufe rinnt, nicht unbedingt so vorkommt. Trotzdem ist das Wiesengelände am Wasserfall ein schöner Platz für eine Pause. Parkplatz bei **GPS N 59°26'57", E 25°10'45"**.

4 Der Mönchsturm von Kiiu

Im Park des Gutshauses von Kiiu steht ein alter Wehrturm aus dem 16. Jahrhundert, der von einer sehr netten älteren Dame als Café betrieben wird. Die Tische stehen auf drei Etagen und auch auf der schmalen Holzgalerie. An der Theke wird hausgemachter Kuchen und Eierlikör aus einer Destillerie im Ort verkauft und auch eine Besichtigung des Turmes, der beinahe wie eine Puppenstube wirkt, ist möglich. Der Eintritt kostet €1 pro Person. Um zum Turm zu kommen, fahren Sie vor Kuusalu nach rechts bis zum benachbarten Dorf Kiiu, biegen im Ort links ab und folgen der Beschilderung zum Gutshaus (mõisa). Der Turm steht bei **GPS N 59°26'52", E 25°23'11"** an der Mõisa tee.

5 Pedassare und die Bucht von Kolga

In der Bucht von Kolga gibt es mehrere kleine Inseln, die meisten sind unbewohnt. An der Insel Malusi leben Seehunde, die man auf Bootsfahrten von Prangli oder Kaberneeme beobachten kann. Die Touren werden von Prangli travel [› Seite 91] angeboten. Um die unbewohnte Insel Pedassaare ist ein vier Kilometer langer Wanderpfad angelegt. Eine Überfahrt zur Insel ist auf Absprache vom Hafen in Salmistu möglich.

6 Kunst und Kultur in der Fischfabrik von Viinistu

Im Kühlhaus der einstigen Fabrik, wo man noch vor einigen Jahren den frischen Fang der Ostseetrawler in handlichen Portionen zerlegt in Blechdosen verpackte, hängen heute über 1000 Werke estnischer Künstler aus mehreren Jahrhunderten an der Wand. Die Wassertanks auf dem Außengelände dienen ebenfalls als Ausstellungsräume. Hier sind wechselnde Exponate zu sehen.

Die Existenz des ungewöhnlichen Museums verdankt das Dorf dem estnischen Politiker Jaan Manitzki, der in Viinistu geboren ist. Seine Eltern flohen 1944 nach Schweden und Manitzki studierte an der Handelsschule in Göteborg. Er arbeitete bei IBM und der Swedbank, war kurzzeitig Manager der Band Abba, Berater in Brüssel und ab 1992 Außenminister der jungen Republik Estland. Seine Leidenschaft gehörte neben der Wirtschaft auch immer der Kunst, und so hat Jaan Manitzki im Laufe seines Lebens eine beachtliche Sammlung estnischer Kunstwerke zusammengetragen. Neben dem Museum gibt es am Hafen auch ein kleines Hotel-Restaurant mit Meerblick.

Das Museum ist im Sommer täglich von 11–18 Uhr geöffnet, Eintritt €4. Parkplatz bei **GPS N 59°38‘45“, E 25°45‘10“.** *Das Restaurant im Hafen ist nur von Freitag bis Sonntag von 12–19 Uhr geöffnet.*

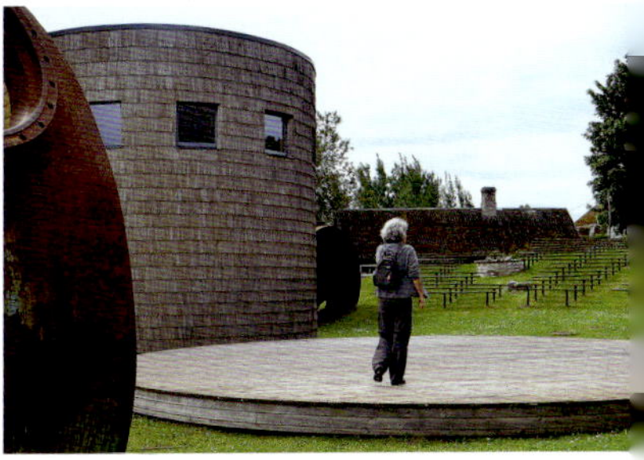

7 Das Gutshaus von Palmse

Das Herrenhaus von Palmse wurde Ende des 17. Jahrhunderts erbaut und seitdem mehrfach verändert. Der ursprünglich im französichen Stil angelegte Park wurde vergrößert und zu einem englischen Landschaftspark umgestaltet. Das Anwesen gelangte 1677 in den Besitz der deutsch-baltischen Familie von der Pahlen und entwickelte sich mit der Zeit zu einem der größten Güter Estlands. Auf dem Gelände stehen fünfzehn Nebengebäude: vom Haus der Farmarbeiter über das Badehaus zur eigenen Destillerie. Ein guter Teil der Einkünfte des Gutes wurden mit der Wodkabrennerei erwirtschaftet. Mit den Produktionsabfällen der Destillerie mästete man Ochsen. Die Ochsen produzierten Dung für die Felder. Zusätzlich verdiente man am Verkauf von Planken und Feuerholz.

Im Park des Gutshauses Palmse

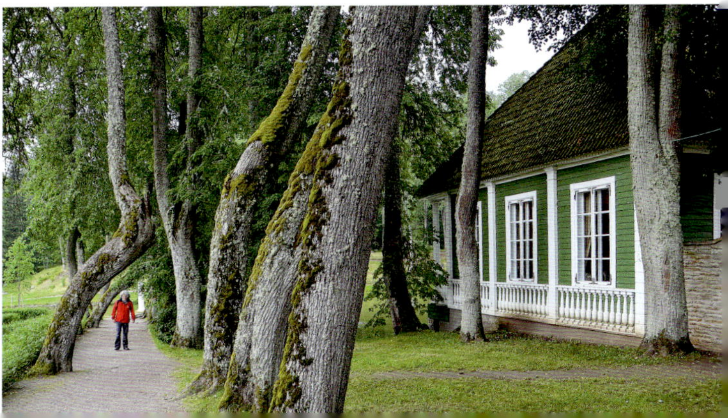

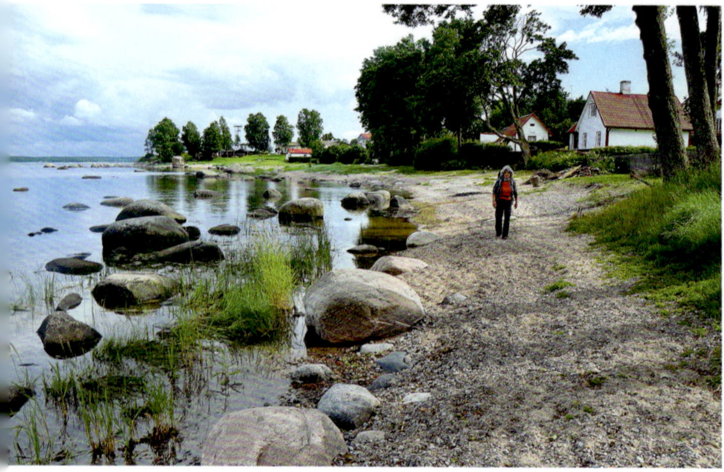

1919 wurde Palmse im Rahmen der estnischen Landreform enteignet und zum Erholungsheim umgewidmet. Nach dem zweiten Weltkrieg verfiel die Anlage wie die meisten Herrenhäuser Estlands. Schon 1971, nach der Gründung des Nationalparks, begann man mit der Renovierung und Rekonstruktion, sodass sich Palmse heute, inklusive der Möblierung der Innenräume, wieder im Originalzustand des 19. Jahrhunderts präsentiert. In der Orangerie wachsen exotische Pflanzen und den Park können Sie auf drei Rundwegen entdecken: Der Pfad des Burgherrn (Mõisahärra rada 2,5 km), der rot markierte Pfad der Dame des Hauses (Mõisaproua rada, 1,5 km) und der einen Kilometer lange, gelb markierte Pfad des Burgfräuleins (Mõisapreili rada). Auf dem Gelände gibt es außerdem ein Hotel, ein Restaurant und ein Café.

Der Gutshof einschließlich Garten ist von 10–18 Uhr geöffnet und kostet €9 Eintritt, Familienticket €18.

Võsu

Võsu ist der einzige richtige Badeort im Lahemaa Nationalpark. Er hat einen schönen breiten Sandstrand und einen gemütlichen Ortskern, der fast ausschließlich aus Hotels und Restaurants besteht. Am Ortsrand in Richtung Käsmu liegt der riesige komfortable Lepispea Camping.

Kapitänsdorf Käsmu

Das Leben in Käsmu, dem nächsten Dorf an der Küste, war lange Zeit von der 1884 eröffneten Seefahrtsschule bestimmt, die einen großen Teil der estnischen Kapitäne ausbildete. Die Schule war bis 1931 in Betrieb, und das schmucke Dorf mit seinen bunten Häusern wird auch heute noch gerne »Kapitänsdorf« genannt. Die einzige klassische Sehenswürdigkeit in Käsmu ist das Meeresmuseum rechts der Hauptstraße. Läuft man vom Wanderparkplatz am Ende der Straße durch den Wald, kommt man zu einem urigen Strand mit vielen dicken Findlingen und einer vorgelagerten Insel. Hier führt auch die schöne Wanderrunde um die Halbinsel vorbei.

[› Tour 21]

8 Meeresmuseum von Käsmu

In einer ehemaligen sowjetischen Grenzstation ist die private Sammlung des Aarne Vaik ausgestellt, die alles zeigt, was mit dem Meer zu tun hat: vom Fischfang bis zu Schmuggel und Piraterie.

Täglich geöffnet, Eintritt €3. www.kasmu.ee

Altja

Durchquert man das Dörfchen Altja mit dem Auto sieht man nur ein paar gepflegte Holzhäuser und die beliebte Taverne Altja Körts, in der es sehr gutes estnisches Essen gibt.

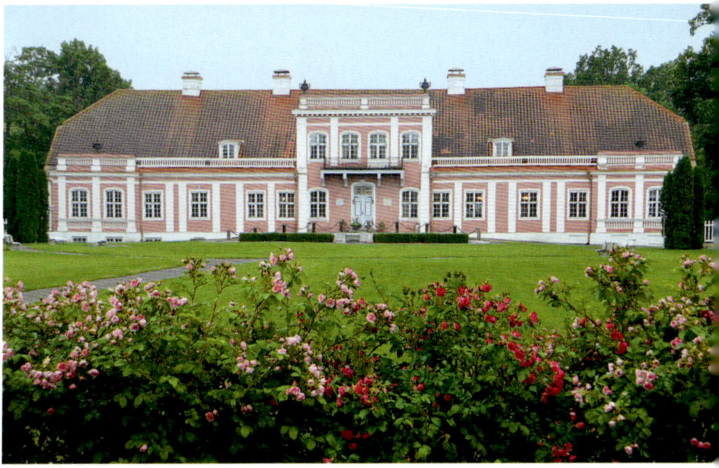

Folgt man in der Kurve dem Fußweg in Richtung Meer, kommt man zu einigen alten Fischerhäusern und zu einer Hängebrücke, die an den langen etwas rauen Sandstrand von Altja führt [› Tour 23]

9 Das Waldmuseum von Sagadi

Das Gutshaus von Sagadi steht unter Verwaltung der estnischen Forstbehörde RMK und beherbergt ein Hotel und das Museum. Das Museum besteht aus dem originalgetreu eingerichteten Gutshaus und dem Waldmuseum im benachbarten Lagerhaus. Ziel der Waldausstellung ist es, Interessierten die Fauna und Flora des Waldes nahezubringen und über Jagd und Forstwirtschaft zu informieren. Das Verhältnis der Esten zu ihrem Wald, dem größten Schatz des Landes, ist liebevoll. Diese Einstellung spricht immer wieder deutlich von den Informationstafeln an den Lehrpfaden. Ein guter Teil der Angebote in Sagadi orientiert sich daran, der einheimischen Jugend diese Haltung zu vermitteln und bietet Abenteuer und Lernprogramme in der Natur. Aber auch für Touristen ist das Waldmuseum ein Tor zum estnischen Verhältnis zu Wald und Natur.

Das Museum ist täglich von 10 – 18 Uhr geöffnet, Eintritt €4, Familie €8.

10 Die Burgruine von Toolse

Toolse war die nördlichste Burg des livländischen Ordens und wurde 1471 fertiggestellt, um den Hafen von Rakvere vor Piraten zu schützen. Später geriet sie in schwedische Hand und wurde dann im nordischen Krieg zerstört und nicht wieder aufgebaut. Die Mauern der Festung sind nicht restauriert, sondern nur gesichert. So erwartet uns hier eine romantische Ruine direkt am Meer. Die

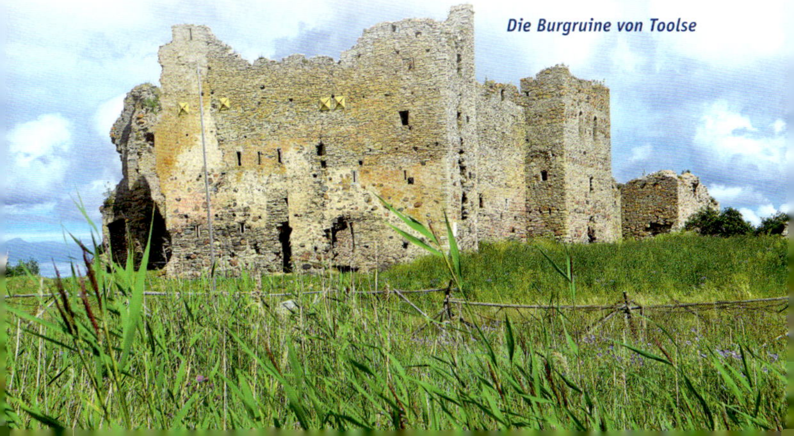

Die Burgruine von Toolse

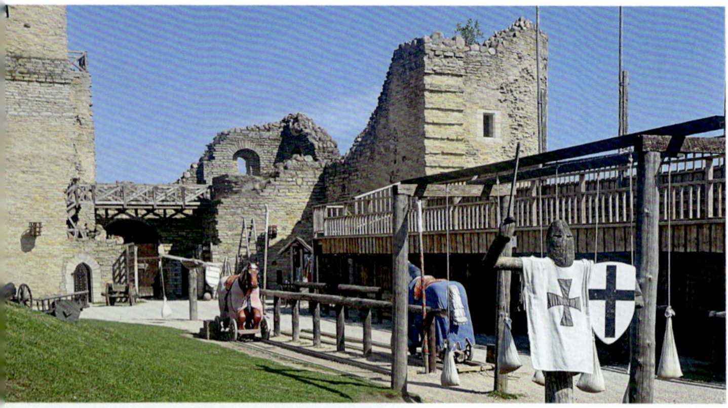

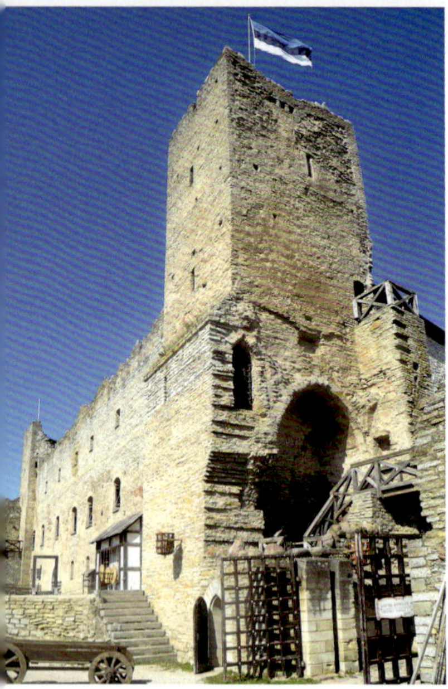

Ruine ist jederzeit frei zugänglich. Auf der Wiese unterhalb der Burg gibt es einen Grillplatz in schlechtem Zustand. Ein Pfad führt zu einer Sandbucht, die bei unserem Besuch einladend und sauber war, aber zeitweise auch voller Algen sein soll

11 Ordensburg von Rakvere

In der alten Burg von Rakvere erweckt man im Sommer die Ritterwelt des Mittelalters zu neuem Leben: Hier können wir Bogenschießen, auf Schienenpferden ein Turnier reiten und durch die Ruine der alten Burg streifen. Hühner und Gänse spazieren durch den Burghof und in der Taverne dampfen große Töpfe auf dem offenen Feuer. In der Schmiede dürfen Besucher ihre eigene Münze schlagen, in anderen Werkstätten kann man Kerzen ziehen und mit einem Gänsekiel schreiben. Zwischen Mitte Juni und Mitte August ergänzt ein Showprogramm das bunte Leben im Hof, bei dem auch schon mal eine echte Kanone gezündet wird.
Mai bis August täglich 10–18 Uhr, im März, April, September und Oktober nur Mi–So 10–16 Uhr. Eintritt €11, Familie €22. www.rakverelinnus.ee

Baden

12 Kaberneeme rand

Schmaler, aber sehr schöner Sandstreifen vor der Steilküste. Holztreppen führen hinunter zum Meer.
Anfahrt: Vom Jägala Wasserfall der Straße nach Kabernehme folgen und bis zum Meer fahren. Großer Parkplatz rechts hinter der Kurve im Wald bei **GPS N 59°30'32", E 25°16'23".**

13 Salmistu rand

Langer naturbelassener Sandstreifen am kleinen Hafen von Salmistu. Am Hafen gibt es einen Kiosk, der bei Badewetter öffnet, und einen Aussichtsturm. Im Hochsommer ist der Parkplatz kostenpflichtig.

14 Tsitre telkimisala

Kleine rötliche Sandbucht mit wenigen Traumplätzen in der Düne am Rand des Küstenwaldes für Camper mit Zelt. Die Plätze sind nur zu Fuß erreichbar, Autos müssen 50 bis 100

Meter entfernt am Ende der Straße geparkt werden. Wendekreis am Ende der Straße nicht zuparken!!!
Anfahrt: In der Linkskurve der Küstenstraße führt links eine Piste zum Meer. Sie ist mit dem üblichen RMK Holzschild markiert. Am einzigen Abzweig links dem Schild zum telkimisala folgen. Parkplatz bei GPS **N 59°31'06", E 25°30'39".**

15 Võsu rand

Breiter, ganz sanft abfallender Sandstrand vor dem netten Badeort.

16 Vainupea rand

Langer naturbelassener Sandstreifen am Meer neben einem der Leuchtsignale, die eher nach Aussichtstürmen als nach Leuchtturm aussehen. Infotafel zu einem Wanderweg am Sandstrand entlang zum nächsten Ort (6 km).
Anfahrt: Von der Küstenstraße dem braunen Schild Vainupea kabel bis zur Kapelle folgen und an dieser vorbei weitere 500 m bis zum Parkplatz am Ende der Straße bei **GPS N 59°35'09", E 26°15'55"** *fahren.*

17 Karepa rand

Ausgesprochen schöne kleine Sandbucht an einer Flussmündung in abgeschiedener Lage. Dort wo an der Küstenstraße das Talumuseum ausgeschildert ist, kann man auf einem sehr schmalen Waldweg zum Strand hoppeln. Vorsicht, der kleine Parkplatz am Straßenende bei **GPS N 59°32'51", E 26°24'15"** ist zum Meer hin sandig.

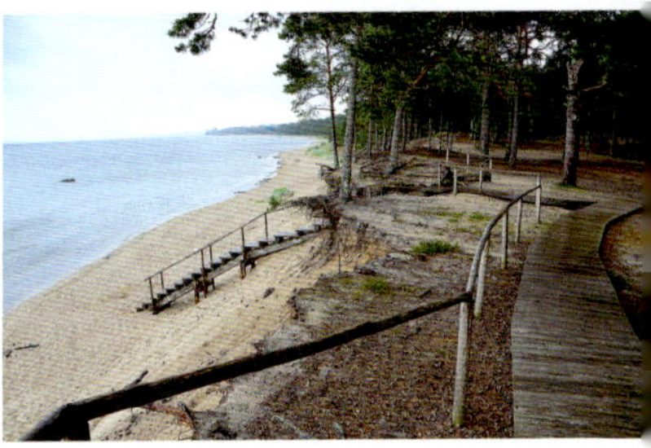

Die Bucht von Kaberneeme (oben) und der die Mündung der Selja am Strand von Karepa

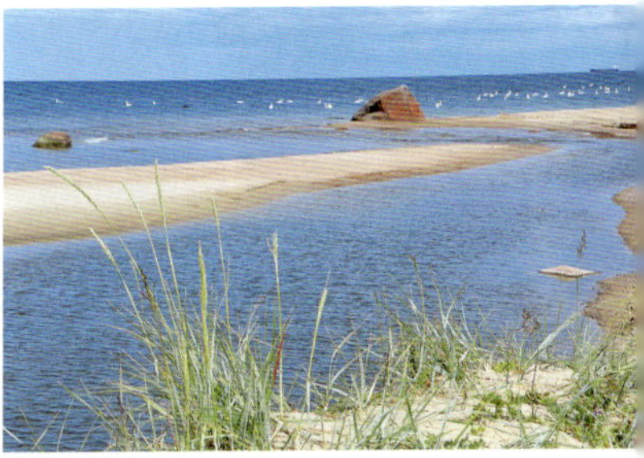

Outdoor und Wildnis

18 Reiman Retked

Eine Kajaktour rund um die Insel Pedassaare und eine Biberbeobachtungstour im Kajak in der Nähe von Tallinn hat Reimann Retked im Programm. Die Touren um Pedassare starten im Hochsommer am Valkla Feriencenter bei Salmistu, dauern etwa drei Stunden und kosten ab vier Personen etwa €30 pro Person. Alle Touren werden von erfahrenen englisch sprechenden Guides begleitet. Vorherige Anmeldung unter Tel. +372 5114099 oder retked.ee erforderlich.

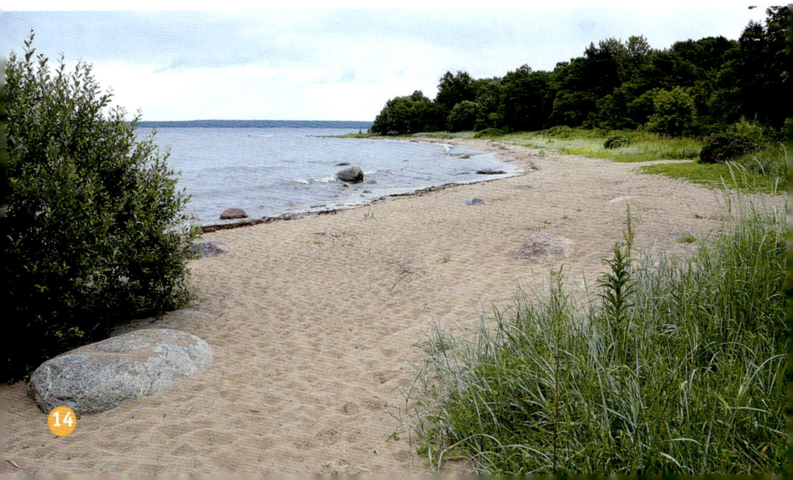

14

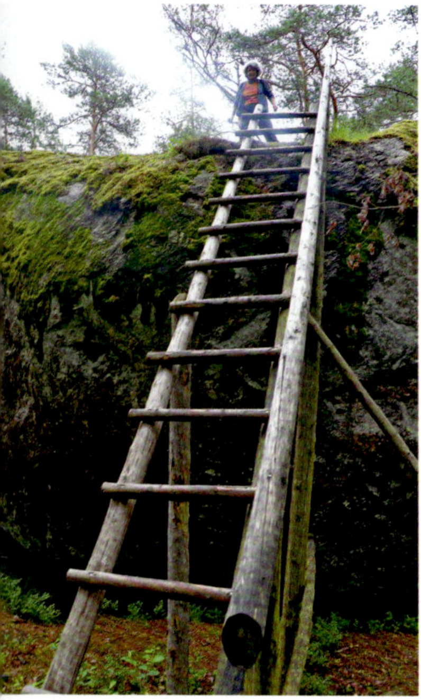

Tour 18: Blaubeerpfad zum Majakivi

Eine Wanderrunde durch Dünen, Wald und Moor

Der Rundweg zum Majakivi hat viele Höhepunkte: Er führt in schnellem Wechsel durch drei ganz unterschiedliche Landschaftsformen mit unterschiedlicher Pflanzenwelt. Vom Wald geht es ins Moor und gleich darauf in eine mit ungewöhnlichen Flechten bewachsene Dünenlandschaft. Der spannendste Stopp in der Runde ist jedoch der Majakivi selbst. Eine stabile Holzleiter hilft auf den haushohen Findling. Hier oben sitzt man gut verborgen mitten im Wald und kann weit durch die Bäume blicken. Einen Elch konnten wir leider trotzdem nicht entdecken.

21 m

STRECKE 7 km

2 h 30

ab 8

Wanderung: Die Wanderung ist in Form einer Acht angelegt, sodass sich an der zentralen Kreuzung in der Mitte der Strecke auch die Markierungen treffen. Vom Parkplatz läuft man erst einmal auf einem Zubringerpfad zur Acht. An dessen Ende treffen wir auf den ersten großen **Findling** (1), der üppig mit Moos bewachsen ist. Dann stehen wir im unteren Bogen der Acht und der Weg ist in beide Richtungen markiert. Wir gehen zuerst rechts auf einem bequemen mit Blaubeerbüschen gesäumten Waldweg. Nach einem Kilometer stehen wir dann an der **zentralen**

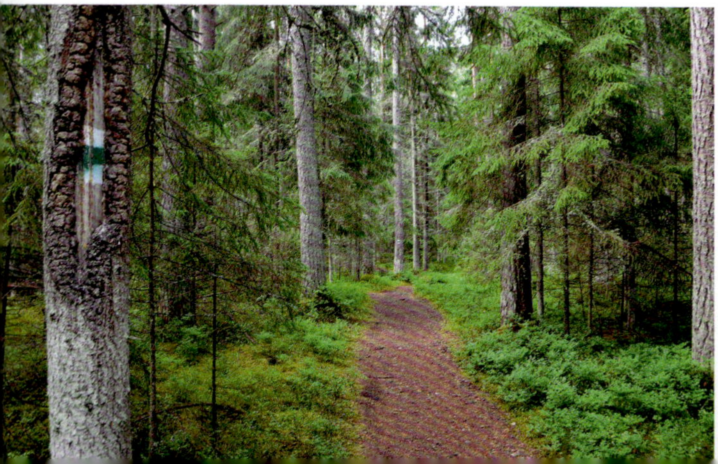

TOUREN-STECKBRIEF

Anfahrt: Die Wanderung beginnt an der Westküste der Halbinsel Juminda poolsaar. Der Parkplatz liegt auf der Höhe von Virve dirkt an der Küstenstraße bei **GPS N 59°35'20", E 25°35'43"**

Charakter: Gut markierte Wanderung, die meist auf schmalen Pfaden oder Bohlenwegen zwischen Wald, Hochmoor und einer mit Fichten und Flechten bewachsenen Dünenlandschaft wechselt. Der Aussichtsturm am Weg ist zur Zeit in baufälligem Zustand und kann nicht betreten werden.

Mit Kindern: abwechslungsreiche Wanderrunde mit aufregendem Aufstieg auf den Riesenfindling Majakivi. Wer kürzen möchte, kann die Wanderung dort beenden und nur den unteren Bogen der Acht laufen.

Einkehr: am Wochenende Restaurant in Viinistu im Hafen

Übernachtung:

Hotel: Gutshäuser Palmse, Sagadi, Vihula

Camping: Zeltplatz Juminda telkimisala an der Landspitze der Halbinsel Juminda oder Lepispea Camping in Võsu

In der Nähe: Viru Moorpfad, Badeplätze auf der Ostseite der Halbinsel an der Küstenstraße. Kunstmuseum Viinistu

Wegkreuzung ②. Vier Holzwegweiser erläutern die Möglichkeiten. Wir wählen zuerst den Weg geradeaus auf dem Holzbohlenpfad zum Riesenfindling, nach dem der Wanderweg benannt ist. Der **Majakivi** ③ (Hausstein) ist über sieben Meter hoch und liegt in einer großen Pfütze. Eine Leiter führt hinauf und der Aussichtsplatz auf dem »Dach« ist grandios.

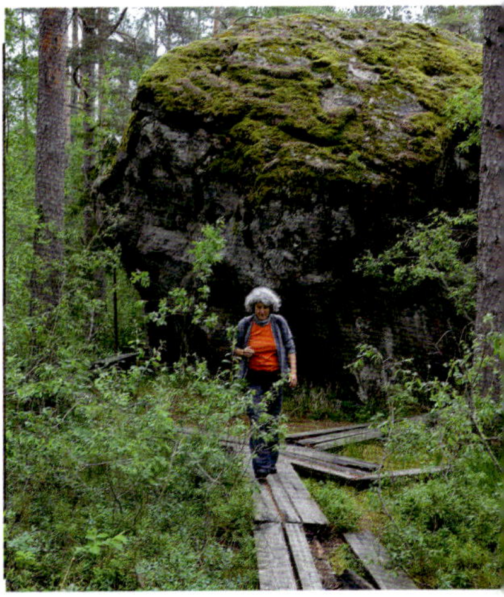

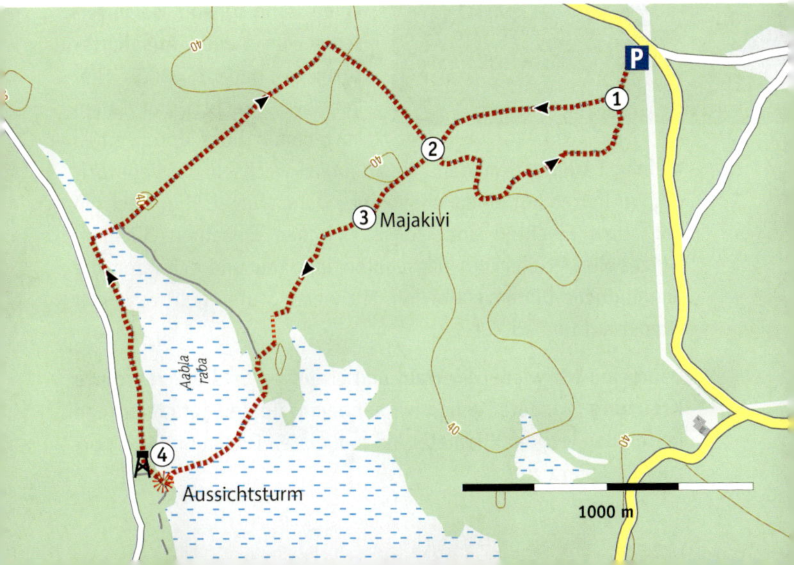

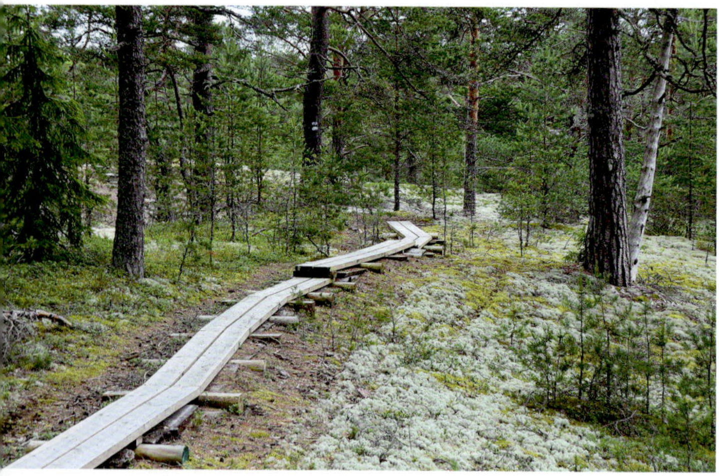

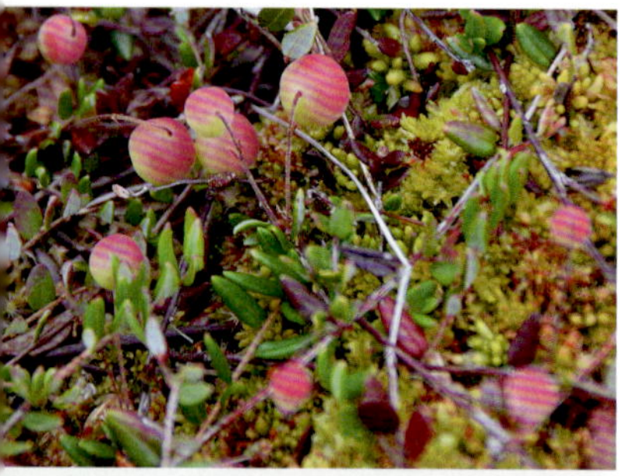

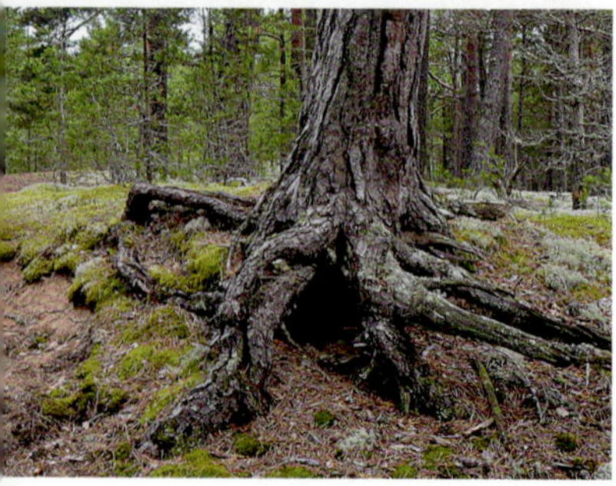

Es geht noch ein Stück durch den Wald, dann wechselt die Landschaft. Die Bäume werden weniger und der Boden immer nässer, bis unser Holzbohlenpfad durch ein **Moor** führt. Eine Tafel erklärt die Vegetation und man findet tatsächlich genau diese Pflanzen in der direkten Umgebung: Preiselbeeren, Sumpfrosmarin und die rötlichen haarigen Drosera Pflanzen, die sich von kleinen Insekten ernähre.

Dann geht es auf Holzstützen einen Hang hinauf, wo inzwischen ein neuer **Aussichtsturm** ④ gebaut wurde. Hier gehen wir rechts und sehen kurz darauf links unten einen kleinen Parkplatz im Wald. Noch einmal wechselt die Vegetation. Wir laufen auf einem ehemaligen Dünengürtel. Hier wachsen vor allem Flechten und Moose zwischen einzelnen Bäumen. Holzbohlen erleichtern das Laufen im Sand und schützen die empfindliche Dünenvegetation. Mit vielen Stufen geht es immer wieder auf und ab.

Dann sind wir wieder im **Wald** und erreichen bald die **vertraute Kreuzung** ②. Jetzt gehen wir auf dem Waldpfad geradeaus und laufen den letzten Kilometer bis zum ersten Felsen und von dort zum Parkplatz zurück.

Die Esten und die Kivis

Viele Legenden ranken sich um die dicken Findlinge, die auf estnisch Kivis heißen und die überall im Lahemaa Nationalpark die Landschaft zieren. Wissenschaftlich ist schon lange erwiesen, dass die Steinbrocken Relikte der Eiszeit sind und von gigantischen Gletscherzungen bis nach Estland transportiert wurden. Als das Eis schmolz und die Gletscher sich zurückzogen, blieben die Kivis an Ort und Stelle. Das ändert aber nichts an der Beliebtheit der alten Legende um den Riesen Kalevipoeg, der Kivis nach seinen Gegnern warf und sie auf diese Weise über die Landschaft verteilte.

Der Umgang der Esten mit ihren Kivis ist eher liebevoll denn wissenschaftlich und auf jeden Fall ungeheuer sympathisch. Kivis ab einer bestimmten Größe bekommen Namen und oft auch Schilder, auf denen diese stehen. Sie sind das Ziel von Wanderungen oder Bestandteil der Gartengestaltung. Einige der größten Steine, wie den Majakivi (Hausstein), kann man mit Hilfe einer Holzleiter erklettern. Das Versetzen von Kivis bringt Unglück, was dazu führt, dass sie selbstverständlich in den Alltag eingebaut werden. Zäune werden um sie herumgeführt und Gärten werden rund um die Steine angelegt. Mitten auf dem Parkplatz des Kunstmuseums von Viinistu liegt ein kleiner Kivi von Teer umgeben und rot markiert. Es wird nicht wirklich klar, ob die Autos vor dem Hindernis gewarnt oder doch eher der Kivi vor den Autos geschützt werden soll.

Der größte Stein im Park, der Jaani-Tooma Suurkivi, wird auch gerne zum Bouldern genutzt. Der Zugang ist an der Straße zwischen Kasispea und Vihasoo mit einem Holzschild markiert. Auf dem linken der beiden Wege läuft man knapp zehn Minuten bis zum Ziel.

Der Jaani-tooma Suurkivi ist mit einer Höhe von 6,8 m und einem Umfang von 37,7 m der größte Findling im Lahemaa Nationalpark.

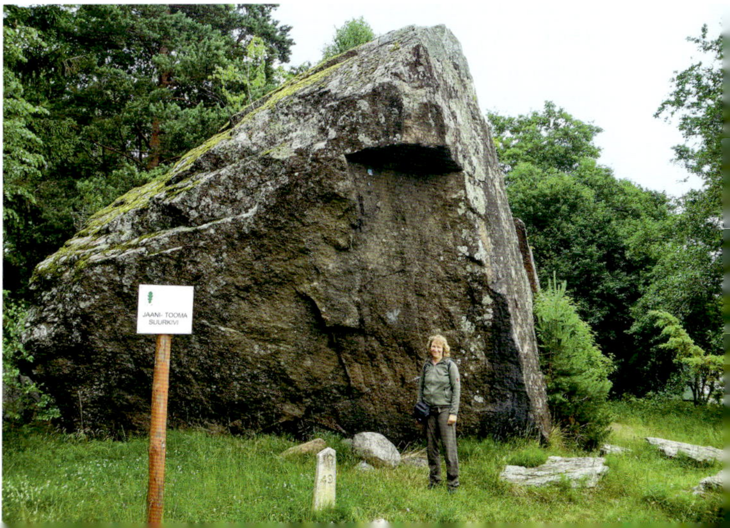

Elche in Estland

Leben zwischen Wasser und Wald

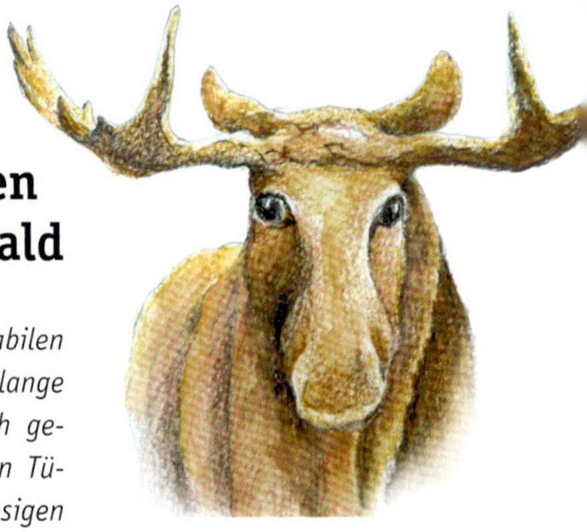

Mit ihrem schweren, stabilen Körperbau, dem durch die lange Unterlippe charakteristisch gebogenen Kopf, den großen Tütenohren und ihrem riesigen Geweih sehen Elchbullen aus wie eine Mischung zwischen Hirsch und Pferd. Auf den ersten Blick wirken die Tiere schwerfällig und träge, sie können aber erstaunliche Geschwindigkeiten von bis zu 60 Kilometern pro Stunde erreichen. Bei der Nahrungssuche legen sie täglich mehrere Kilometer zurück und können bei Bedarf ausdauernd über weite Strecken wandern.

Ein ausgewachsener Elch hat eine Schulterhöhe bis etwa 2,30 Meter und wiegt 500 bis 800 Kilogramm. Bullen sind dabei deutlich schwerer als Kühe. Optisch unterscheiden Sie sich die Geschlechter außerdem im Sommer durch das Geweih, welches der Elchbulle jedes Jahr im Januar verliert und im Laufe des Sommers neu ausbildet. Ein zweijähriger Bulle trägt zwei kurze Spieße, die sich mit den Jahren verzweigen. Die Anzahl der Spieße entspricht aber nicht wie bei Hirschen dem Alter. Das stärkste Geweih tragen Elche im Alter von acht bis zehn Jahren.

Nicht nur der kompakte Körperbau der Elche, mit ihrem ausgeprägtem Widerrist, erinnert an Pferde, auch ihr Verhalten in Gefahr ist nicht ganz unähnlich. Normalerweise suchen die Tiere schnell und leise das Weite. Da nur Bären groß genug sind, um einen erwachsenen Elch anzugreifen, ist diese Strategie meist erfolgversprechend. Hat eine Kuh dagegen ein Jungtier zu verteidigen, das ihr nicht in angemessenem Tempo folgen kann, ist sie durchaus wehrhaft und auch für Menschen nicht ungefährlich. Obwohl Elche Paarhufer sind, sind sie die einzige Hirschart, die sich wie ein Pferd gegen kleinere Raubtiere mit gezielten Tritten verteidigen kann.

Die Hufe eines Elches weisen noch eine weitere Besonderheit auf: Als einzige Hirschart hat er zwischen den Schalen der Hufe eine Art Schwimmhaut, die verhindert, dass das schwere Tier in sumpfigem Gelände einsinkt. Die Tiere stehen gerne und häufig in flachen Gewässern und fressen Wasserpflanzen. Um unter Wasser zu äsen, kann ein Elch seine Nüstern komplett verschließen. Auch sonst ist er erstaunlich gut an einen feuchten Lebensraum angepasst. Elche sind geschickte und ausdauernde Schwimmer, die leicht einen Fluss oder einen Fjord durchqueren können.

Elche sind Vegetarier und ernähren sich von Laub, jungen Trieben und Rinde. Sie bevorzugen Birken, Erlen, Pappeln und Weiden, die ja häufig auf feuchtem Grund wachsen. Durch das Äsen von Wasserpflanzen deckt ein Elch vermutlich seinen Natriumbedarf. Wird das Nahrungsangebot knapper, fressen die Tiere auch Gräser, Heide und Fichtentriebe. Schon wegen seines großen Nahrungsbedarfs ist der Elch ein Einzelgänger und beansprucht ein Revier von etwa 200 bis 400 Hektar. Elche schätzen dabei unwegsames Gelände, in dem sie mit ihren langen Beinen gut zurecht kommen und leben gerne in Laub- und Mischwäldern und Sumpfgebieten.

Vor allem Elchbullen brauchen bis zum Herbst eine dicke Speckschicht, da sie zur Paarungszeit kaum fressen, Kämpfen ausgesetzt sind und so bereits vor dem Winter viel Gewicht verlieren. Im Herbst, wenn das Geweih seine volle Größe erreicht hat, klären Bullen mit Imponiergehabe und Schaukämpfen, die kurz vor der Paarung zu ernsten Konflikten werden können, die Rangordnung. Nur die stärksten Tiere pflanzen sich fort. In der Brunftzeit sammeln sich Elche zu kleinen Gruppen, die die Kühe direkt nach der Paarung wieder verlassen.

Die Tragzeit dauert etwa acht Monate und so werden im Frühjahr ein bis zwei Elchkälber geboren. Die Jungtiere haben weiches rotbraunes Fell. Sie kommen wie alle Fluchttiere mit offenen Augen zur Welt und können fast sofort laufen. Im ersten halben Jahr werden sie von ihren Müttern gesäugt, dann können sie sich selbst ernähren, bleiben aber bis zur Geburt des nächsten Kalbes bei ihren Müttern. Junge Elche sind mit zwei Jahren geschlechtsreif und können in Obhut des Menschen bis zu 25 Jahre alt werden.

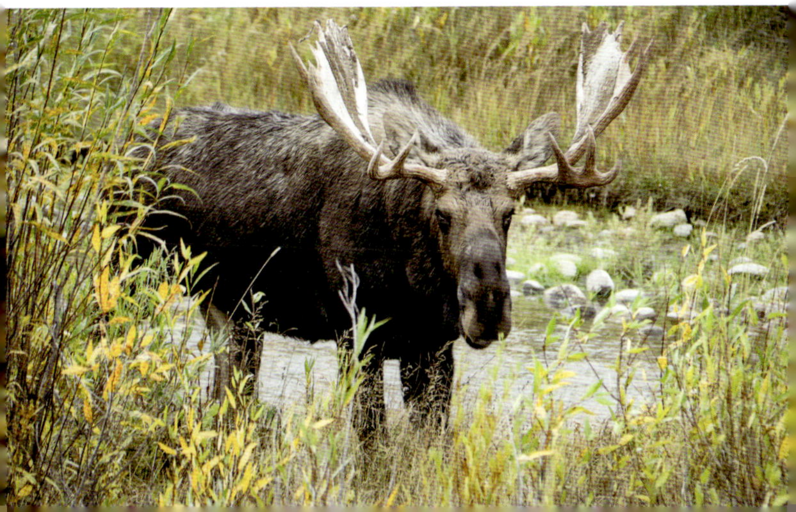

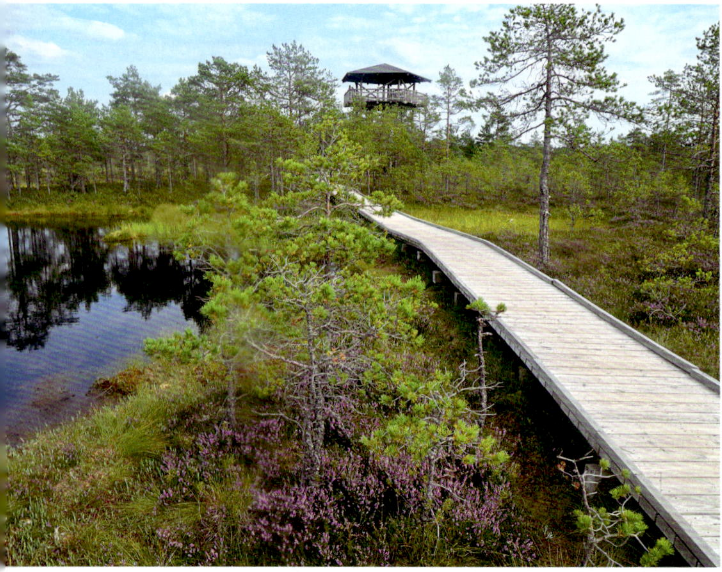

eben

STRECKE 6 km

2 h

ab 4

Tour 19:
Viru Raba Matkarada

Durch Hochmoor und Wald

Der Bohlenweg durchs Viru-Moor war der erste Moorpfad, der 1977 nach finnischem Vorbild in Estland angelegt wurde, und er ist immer noch einer der beliebtesten Wege im Lahemaa Nationalpark. Wir werden hier also selten allein durchs Moor und von Moortümpel zu Moortümpel wandern. Ein Aussichtsturm am Anfang des Moorbereiches ermöglicht auch Menschen, die nicht so gut zu Fuß sind, den Blick über die Wassertümpel.

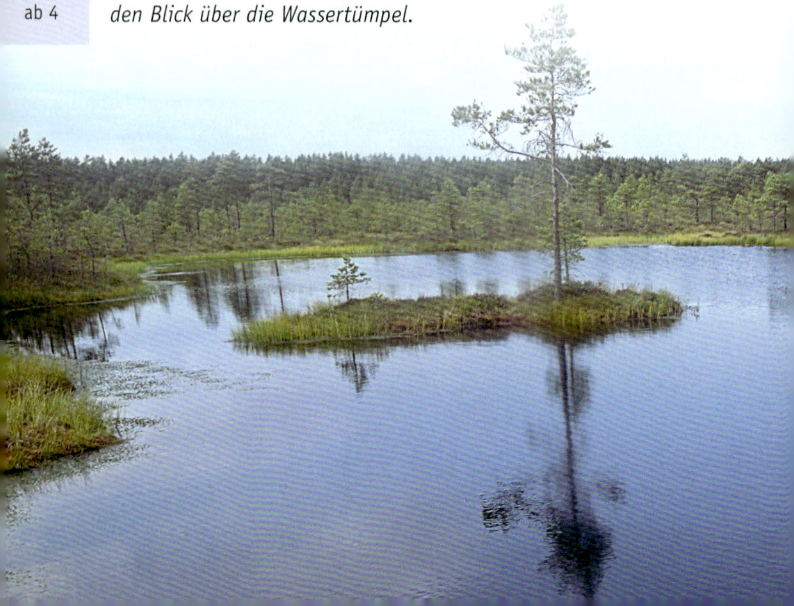

Wanderung: Vom Parkplatz folgen wir dem dort beginnenden breiten Waldweg etwa 600 Meter bis zur **ersten Kreuzung** ①. Wir biegen dort rechts ab, um zum unteren Ende des Pfades zu kommen, der hier ins Moor abzweigt. Dazu lassen wir den ersten Weg rechts liegen, halten uns an der gleich darauf folgen Kreuzung links und gehen dann auf **Holzbohlen** ② weiter.

Zuerst durchqueren wir den trockenen Teil des Hochmoores, dann taucht links der erste Tümpel auf, rechts vom Pfad steht der **Aussichtsturm** ③ im Moor. Bis hierher ist der Pfad rollstuhl- und kinderwagentauglich ausgebaut.

Ein schmalerer Bretterpfad führt weiter ins Moor und zwischen die Wassertümpel. An einem der größeren Moorseen gibt es auch eine Badestelle. Nach einem guten Kilometer ist dieser spektakuläre Teil der Wanderrunde vorbei und das Moor wird wieder trockener.

TOUREN-STECKBRIEF

Anfahrt: Das Hochmoor von Viru befindet sich 45 Kilometer östlich von Tallinn und ist von dort über die Nationalstraße 1 zu erreichen. Um von Westen kommend auf die links von der »1« abzweigende »85« zu kommen, müssen Sie mit Hilfe des Linksabiegers kurz hinter der Ausfahrt die Fahrtrichtung wechseln und dann rechts von der »1« abbiegen. Die Abfahrt ist mit Viru Raba beschildert. Den Parkplatz finden Sie bei **GPS N 59°28'14.8", E 25°38'12.5"** rechts der Straße. An Sommerwochenenden ist normalerweise auch der Straßenrand zugeparkt.

Charakter: Rundweg auf gepflegtem Bretterpfad durchs Moor und auf einem breiten Wanderweg durch den Wald zurück.

Mit Kindern: Wenn die Runde zu lang ist, einfach am Ende des Bretterweges umdrehen. In der Blaubeerzeit lockt aber vielleicht die Aussicht auf reiche Ernte weiter bis zum Waldweg.

Übernachtung:

Hotel/Gästehaus: Gutshäuser Palmse, Sagadi, Vihula; Hiie Talu Puhkeküla

Camping: Lepispea Camping

In der Nähe: Lahemaa Nationalpark

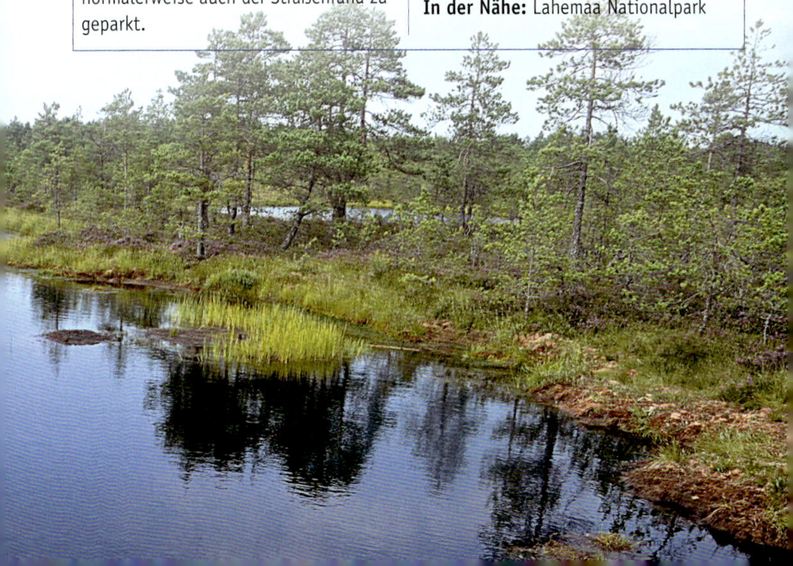

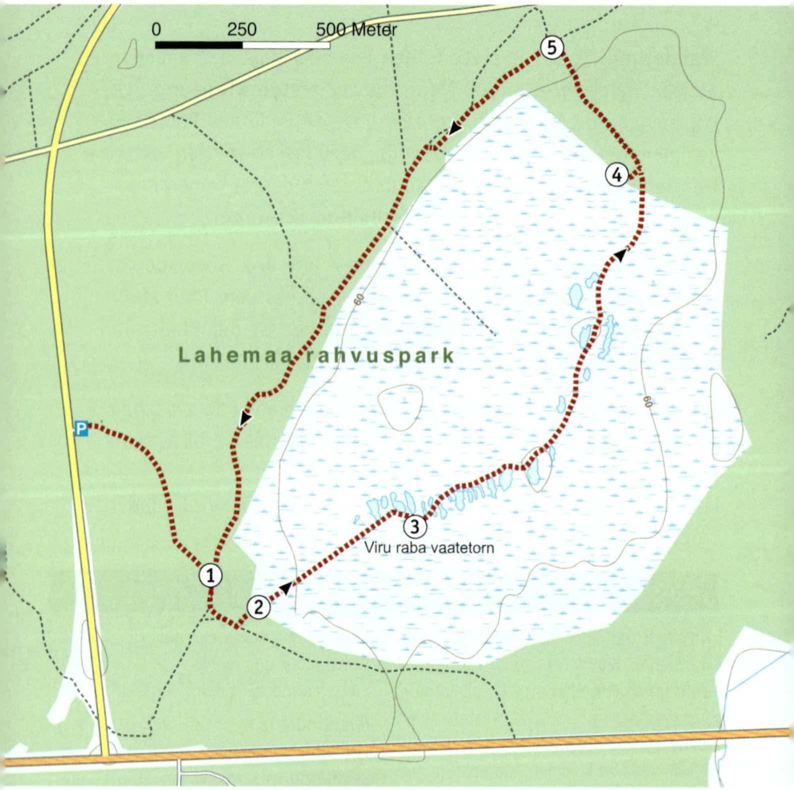

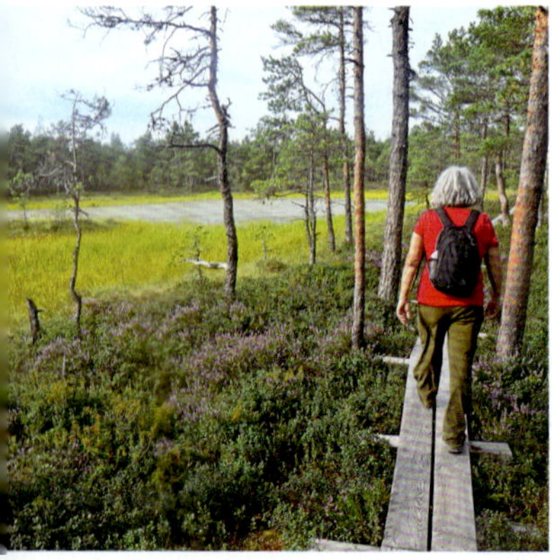

Noch ein Stück weiter teilt sich der Bohlenweg und rechts geht es zu einem **Aussichtspunkt** ④, der an einem renaturierten Teil des Moores liegt. Hier wurde zu Beginn des 20. Jahrhunderts Wasser für eine Mühle abgeleitet. In den 60er Jahren verschloss man die Gräben und seitdem steigt der Wasserspiegel wieder. Die Bäume sind schon weitgehend abgestorben, die obere Moorschicht ist aber noch lange nicht wieder hergestellt.

Oberhalb dieser Stelle ist der Boden trocken und wir treffen kurz darauf auf den **Waldrand** ⑤. Es geht wenige Schritte hinauf zu einem rot markierten Waldweg, dem wir nach links folgen. Durch Heide und Blaubeeren, die unter Kiefern und Mischwald wachsen, wandern wir am Rand des Moores zurück zur **ersten Kreuzung** ①. Hier biegen wir rechts ab und laufen zum Parkplatz.

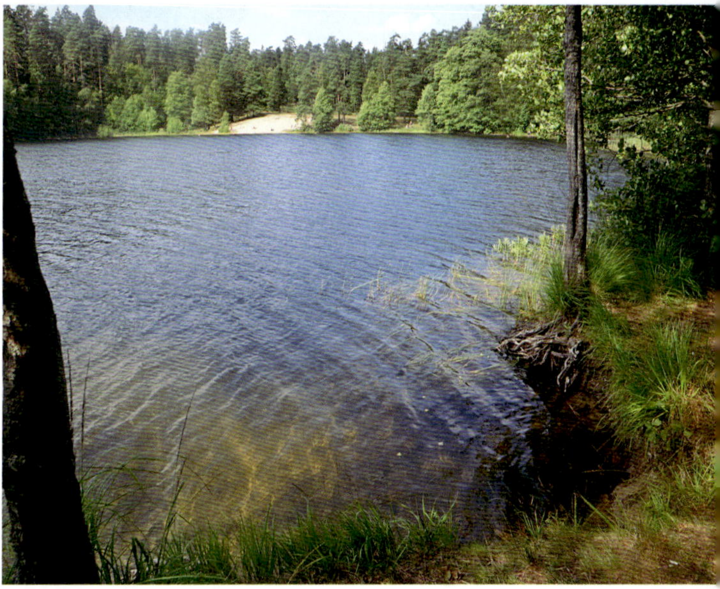

Tour 20:
Rund um den Pikkjärv

Wandern und Baden

20 m

STRECKE 3 km

1 h

ab 4

Am oberen den Ende des Pikkjärv lockt an warmen Sommertagen eine Wiese mit einigen hohen Bäumen und einem hübschen Sandstrand zum Baden. Der untere Teil des Sees ist dagegen Naturschutzgebiet, und das Baden ist hier verboten. Wir können aber auf einem angenehmen Pfad mit Seeblick einmal rundherum spazieren und an den vielen hübschen Buchten eine Pause einlegen. Der Rückweg führt dann hoch über dem Pikkjärv zurück zur Badestelle, wo wir die heißgelaufenen Füße im See kühlen oder einen Sprung ins Wasser wagen können.

TOUREN-STECKBRIEF

Anfahrt: Von der Nationalstraße 1 zwischen Tallinn und Rakvere nach Viitna abfahren. Am Viitna Körts rechts auf die »142« abbiegen, am Viitna Linajärv vorbei und am oberen Ende des Pikkjärv links auf den beschilderten Parkplatz fahren. **GPS N 59°26′50.7″, E 26°00′49.2″**

Charakter: Markierter Rundweg, der am östlichen Ufer auf einem schmalen Pfad am Seeufer und auf der anderen Seeseite auf einem breiteren Schotterweg im Wald verläuft.

Mit Kindern: Am Ostufer des Sees darf man zwar nicht Baden, es gibt aber viele hübsche Buchten für eine Pause am Wasser und für ein Picknick. Der Badeplatz mit seinem Sandstrand ist ebenfalls gut für Kinder geeignet.

Einkehr: Viitna Körts an der Zufahrt zum See.

Übernachtung:

Hotel/Gästehaus: Gutshäuser Palmse, Sagadi, Vihula; Hiie Talu Puhkeküla

Camping: Lepispea Camping

In der Nähe: Lahemaa Nationalpark

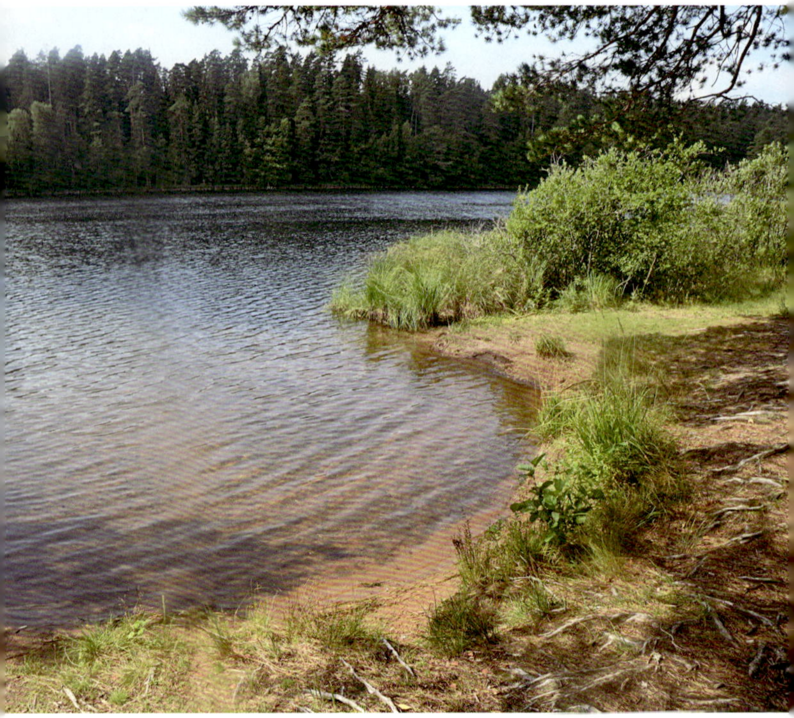

Der Naturlehrpfad am Pikkjärv

Am Parkplatz beginnt ein Naturlehrpfad mit 27 Stationen, die die Vegetation und die Geschichte der Landschaftsbildung während der Eiszeit erklären. Die kleinen Tafeln sind hübsch illustriert und mit estnischen und englischen Texten auch für Touristen interessant.

Wer den kompletten Naturlehrpfad wandern möchte (7 km) geht, um bei Tafel 1 zu beginnen, von Parkplatz zuerst rechts zur Badestelle und folgt dann den grün-weißen Markierungen. Der Weg führt um den Pikkjärv und durch den Wald zum südlicher gelegenen, kleineren Nabudi Järv.

Wanderung: Vom Parkplatz überqueren wir die Straße und wählen einen der Pfade zum See hinunter. Hier halten wir uns links und wandern auf einem **Wurzelpfad am Ufer** entlang. Der Pfad ist grün auf weiß markiert. Rechts von uns kann man den See häufig sehen und es gibt mehrere idyllische Buchten, die mit Holzbarrieren abgegrenzt sind, weil man hier unten im See aus Naturschutzgründen nicht baden soll.

Wir nähern uns dem unteren Ende des Sees und sehen dort eine **größere Sandbucht** ①, zu der wir rechts hinuntersteigen. Hier heißt es ein wenig aufpassen, weil die Markierungen des Naturlehrpfades uns hier auf den unteren Abschnitt des Weges führen, der noch weiter nach Süden führt. Wenn wir jetzt am anderen Seeufer zurück möchten, gehen wir zuerst auf dem breiten Weg an der Bucht vom See weg. Dann halten wir uns an der kurz darauf folgenden **Kreuzung** rechts.

200 Meter weiter **teilt sich der Weg** noch einmal ②. Wir haben hier die Wahl: Der rechte, unmarkierte bleibt näher am See, führt aber ein gutes Stück über dem Wasser durch den Wald. Der linke Weg gehört zum Naturlehrpfad und zieht einen etwas größeren Bogen durch den Wald. Kurz vor der **Badestelle am oberen Seeende** ③ treffen beide wieder zusammen. Dort angekommen gehen wir rechts hinunter und hinter dem Sandstrand zurück zur Straße.

Bevor wir zum Parkplatz zurückkehren, führt noch ein kurzer Abstecher zu einem dritten See. Am Ufer des **Linajärv** ist die **Station 27** ④ des Naturlehrpfades und ein weiterer Badeplatz zu finden.

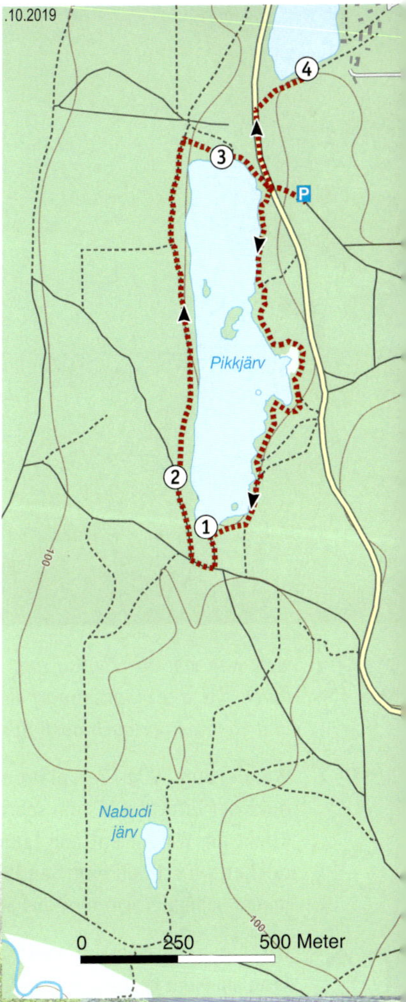

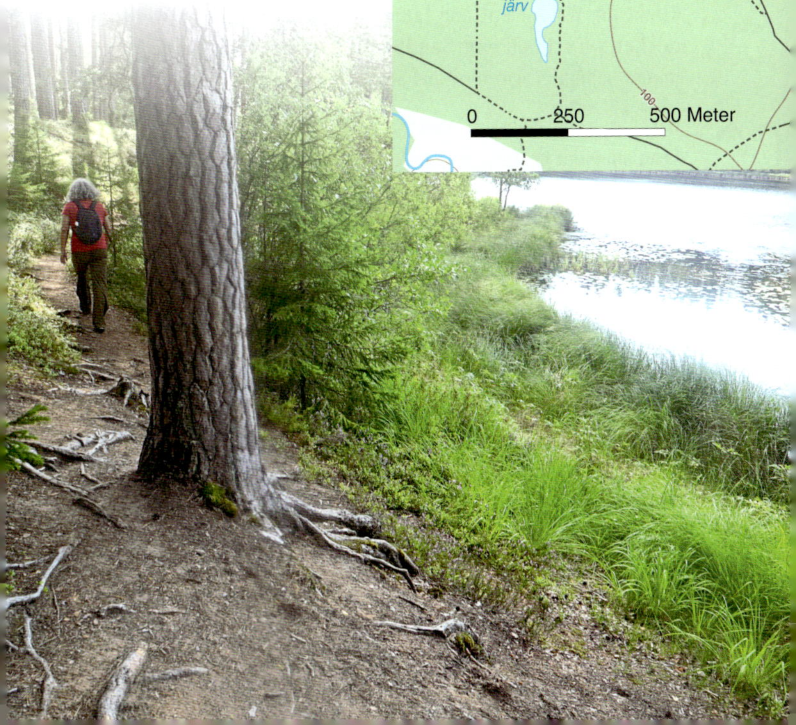

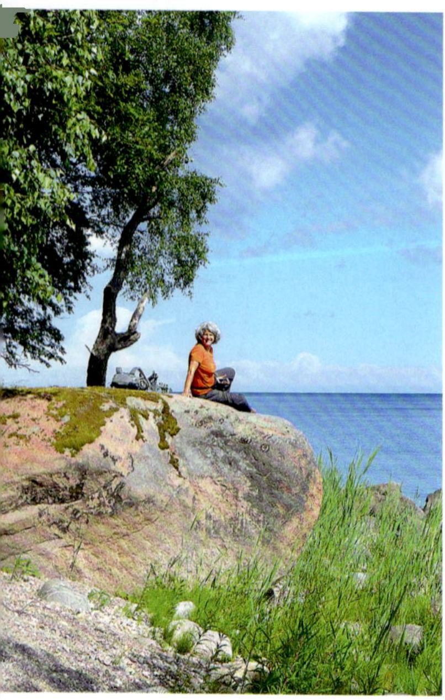

Tour 21: Rund um Käsmu

Auf dem Küstenweg um die Halbinsel

Die dicht mit Wald bestandene Halbinsel Käsmu poolsaar ist an ihrer Westseite nicht durch Straßen erschlossen. Nur ein schmaler Fußpfad führt hier direkt am Meer entlang und leitet uns von einem malerischen Sandstrand mit unzähligen dicken Findlingen von Bucht zu Bucht an der steinigen Küste entlang, wo nur noch der Wind pfeift und das Meer rauscht. Es riecht nach Salz und manchmal ein bisschen nach Tang und wir fühlen uns ganz weit weg von der Zivilisation. Zum Abschluss spazieren wir dann durch das alte Kapitänsdorf Käsmu mit vielen alten Holzhäusern und könnten dor auch noch das kleie Meeresmuseum besuchen.

eben

STRECKE 16 km

5 h

Variante ab 6

Wanderung: Vom Parkplatz folgen wir dem breiten Waldweg links der Infotafel bis ein schmalerer Pfad abzweigt, auf dem wir direkt am Wasser entlang laufen können. Auf beiden Wegen erreichen wir schnell eine **Sandbucht an einer Landzunge** ①, die immer schmaler werdend ins Meer führt.

Wir folgen hier dem mit »**matkarada**« (Wanderweg) beschilderten Pfad am Meer entlang und machen uns auf den Weg zur vier Kilo-

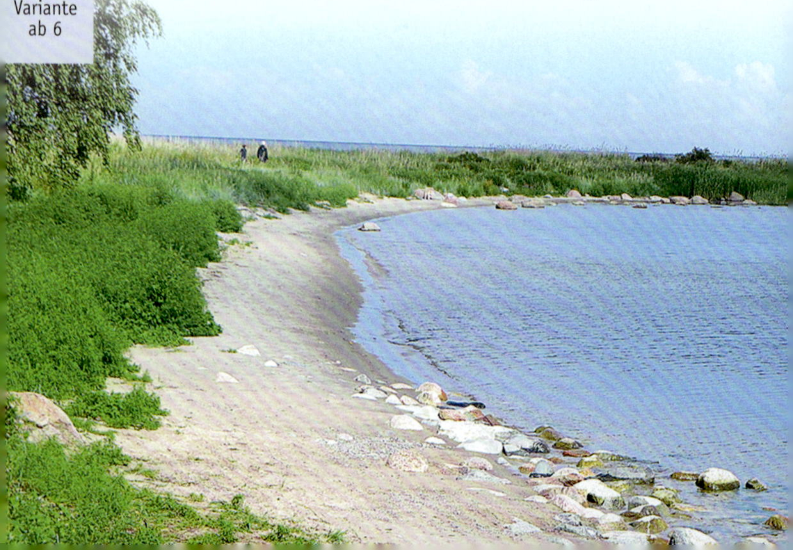

TOUREN-STECKBRIEF

Anfahrt: Wählen Sie die Stichstraße auf die dritte der vier Halbinseln, durchqueren Käsmu und parken auf dem Wanderparkplatz am Ende der Straße **GPS N 59°36'37", E 25°54'59"**.

Charakter: Ausgesprochen schöner Wanderpfad durch eine stetig rauher werdende Landschaft. Am Wendepunkt zwischen dem Meer und dem Käsmu järv erwischt man leicht den falschen Weg, ansonsten ist die Orientierung unproblematisch. Die Route kann durch die frühere Rückkehr quer über die Halbinsel nach Käsmu gekürzt werden.

Mit Kindern: Für jüngere Kinder ist die komplette Tour zu lang. Ein sehr schönes Ziel ist jedoch die Bucht direkt bei Käsmu und der Übergang zur Teufelsinsel, die man nach der Vogelbrutzeit ab Mitte Juli sogar zu Fuß erreichen kann [› Tour 22]. Von der Bucht können Sie dann dem grün-weiß markierten Weg (Minirunde) zurück nach Käsmu folgen.

Einkehr: Café an der Kapelle, Restaurant Kaspervik kurz vor dem Parkplatz.

Übernachtung:

Hotel / Gästehaus: Uustalu B&B, Gutshäuser Palmse, Sagadi, Vihula.

Camping: Campingwiese am Gästehaus Uustalu, Lepispea Camping.

In der Nähe: Meeresmuseum Käsmu.

meter entfernten Landspitze Palganeem. Der Weg ist durchgängig mit roten und orangen Farbpunkten markiert. Links zweigt bald die grün-weiß ausgezeichnete **Mini-Runde** ② um Käsmu ab. Wir laufen im ersten Abschnitt der Wanderung am Waldrand in der Nähe des Meeres. Pfade führen mehrfach zu kleinen Sandbuchten, umrahmt von Findlingen jeder Größe. Etwa auf halbem Weg erreichen wir einen **breiten Sandstrand** ③. Dann folgen mehrere Buchten mit grobem

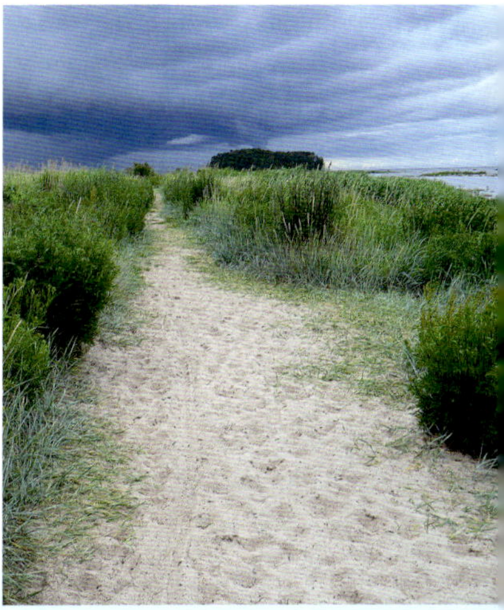

Der Weg von Käsmu in Richtung Teufelsinsel.

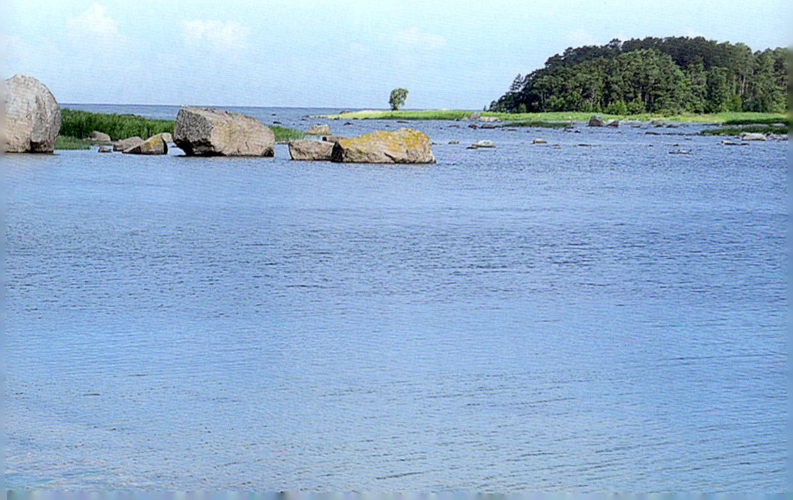

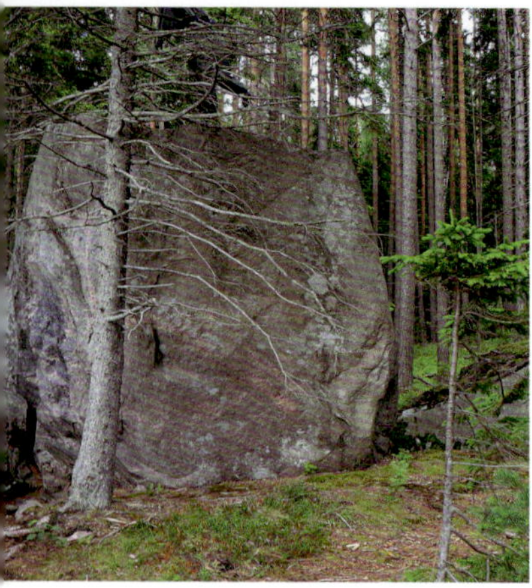

Kies. An der **Landspitze** ④ stehen die Ruinen eines sowjetischen Militärposten und zwischen den dicken runden Steinen schwimmen mehrere Schwäne wie weiße Tupfer auf dem Meer. Laufen Sie hier ganz bis nach vorne ans Meer, erst dort biegt ein schmaler und leicht zugewachsener Pfad ab, der zum Meer hinunter und dann ganz nahe am Wasser durch den Wald führt.

Ab hier wird der Weg rauer und ist stärker dem Wind ausgesetzt. Die erste Reihe der Birken und Buchen des schönen Mischwaldes steht im Uferkies, die Wurzeln schon beinahe im Wasser. Der nächste markante Wegpunkt ist der Riesenfindling mit dem schönen Namen **Meremunk** (Meeresmönch). Noch mal genauso weit läuft man, bis die nächste kleine Sandbucht auftaucht.

Kurz vorher stehen plötzlich Pfosten mit den Resten einer Stromleitung am Wegrand und wenig später wird der Weg breiter und sandig und es folgt eine lang gezogene Sandbucht, an der von links ein breiterer Weg einmündet. Der nächste Weg, der von links kommt, ist dann der **blau markierte Fahrradweg** ⑤, der anschließend ein kurzes Stück auf dem gleichen Weg verläuft. An der folgenden Landspitze trennen sich die Wege wieder und unser Pfad ist nur noch rot markiert. Wer die **Wanderung abkürzen** möchte, wählt entweder den ankommenden oder den wieder abbiegenden Radweg, um zum Rückweg im Wald zu wechseln.

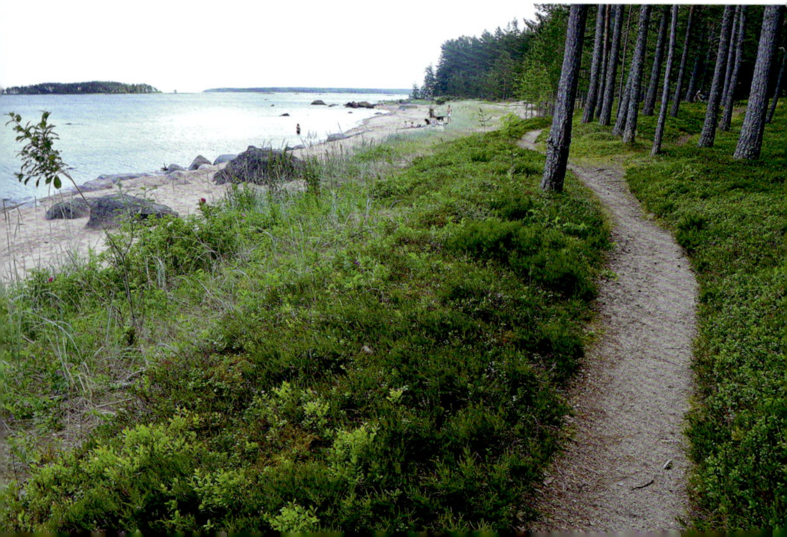

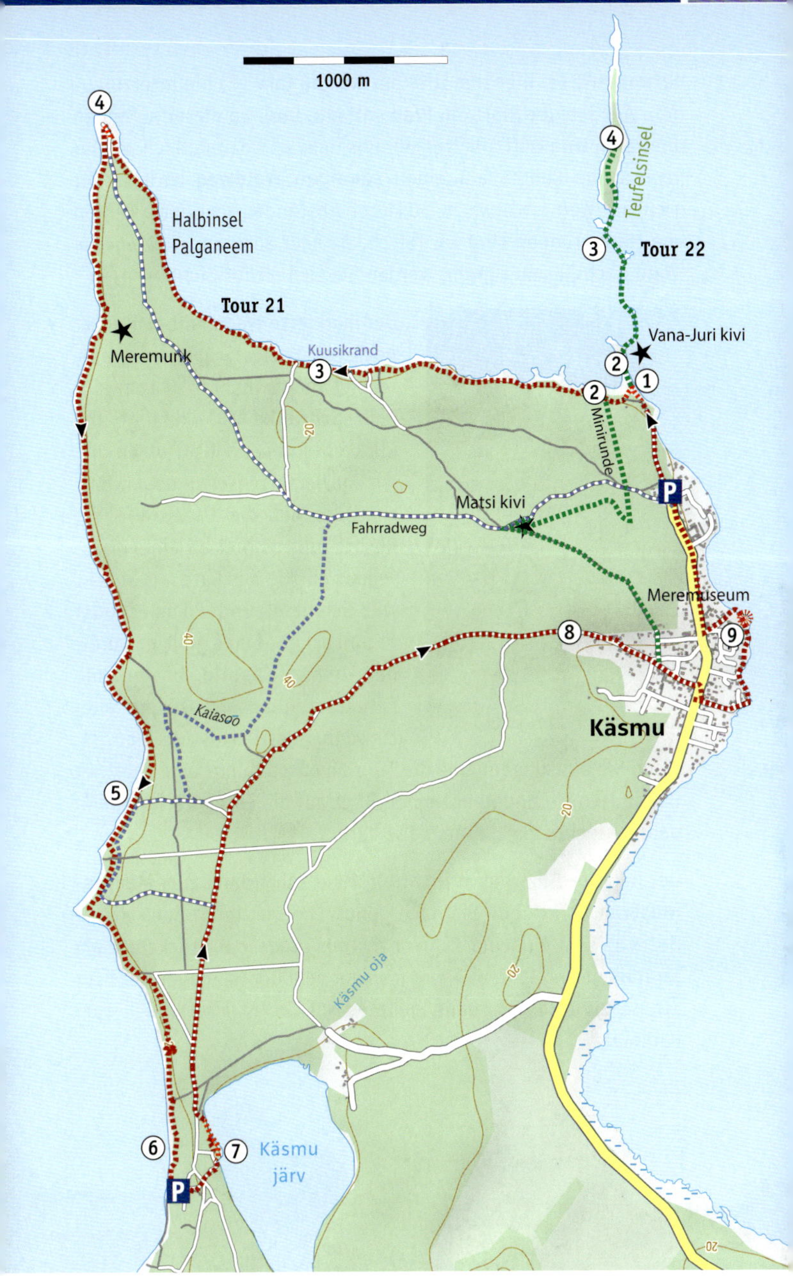

Der letzte Abschnitt des markierten Weges führt dann hinauf in den Uferwald und an einem kurzen Abschnitt Steilküste entlang. Dann folgt ein **langer Sandstrand** ⑥. Der markierte Weg befindet sich oberhalb der Bucht im Wald. Wer am Strand entlang läuft muss aufpassen, die Markierungen nicht zu verlieren. Sie führen vom Ende der Bucht hinauf zu einem breiten Forstweg.

Schöner ist es, hier zum Ufer des **Käsmu järv** ⑦ hinunterzulaufen. Am Seeufer führt ein Pfad entlang. Dort wo dieser auf einen breiteren Weg trifft, halten wir uns links und dann gleich wieder rechts und kehren auf einen **sandigen Waldweg** zurück. Der richtige Weg ist etwa in 50 Meter Abständen markiert. Fehlen die Markierungen sind wir falsch. Da aber auch andere Wege im Wald nach Käsmu führen, werden Sie sich sicher nicht verirren.

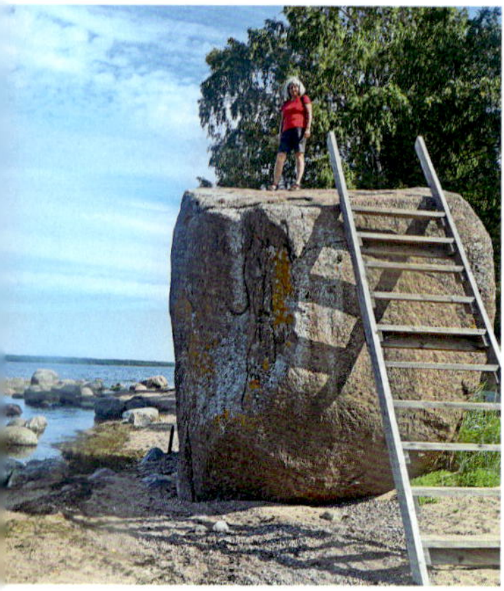

Der markierte Weg zieht sich jetzt noch ein ganzes Stück wenig aufregend durch dichten Mischwald. Eine **Schranke** ⑧ kündigt die Rückkehr in die Zivilisation an und wir spazieren zwischen neuen Holzhäusern auf die Uferstraße zu. Rechts gibt es hier an einem Gästehaus ein kleines Café mit Snacks wie Schnitzel und Pommes oder Pfannkuchen. Links geht es zu einer kleinen **Kapelle**, in der eine Fotoausstellung mit Bildern aller Einwohner des Dorfes zu sehen ist. Wenn Sie Glück haben und die Tür zum Ausstellungsraum geöffnet ist, sollten Sie unbedingt einen Blick auf die Fotos werfen. Dann geht es rechts zur Hauptstraße zurück.

Der nächste Abzweig in Richtung Meer führt dann zum **Meeresmuseum** ⑨. Haben Sie noch genug Energie, lohnt auch dieser Besuch. Vom Museum kann man links noch ein Stückchen am Strand entlang laufen, bevor man vor dem Bootsanleger links zur Straße zurückkehrt. Dann geht es auf der Straße zurück zum Parkplatz.

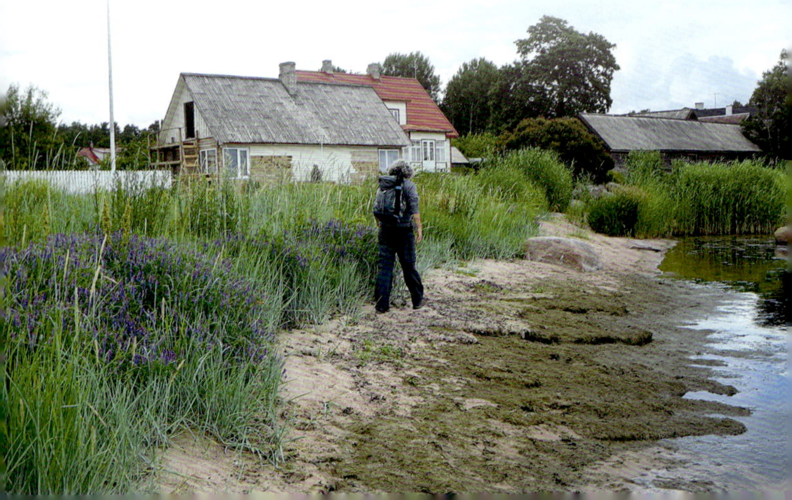

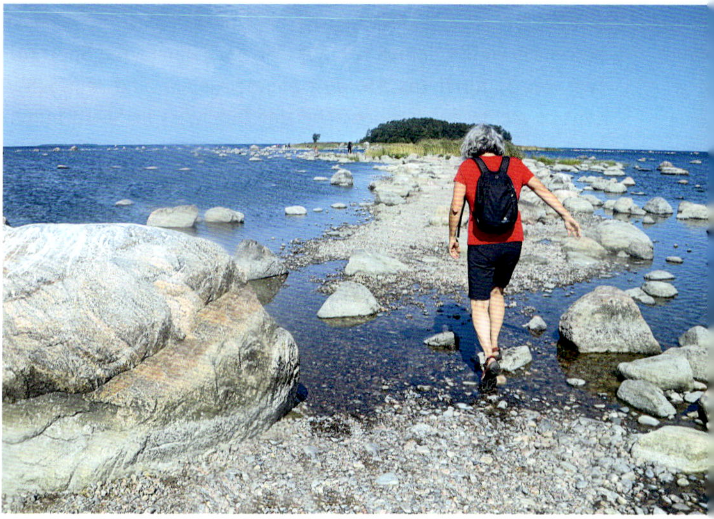

Tour 22:
Durchs Wasser zur Vogelinsel

Ein kleines Wanderabenteuer in Käsmu

eben

STRECKE 4 km

1 h 30

ab 4

Ganz im Norden der Halbinsel Käsmu polsaar zieht sich eine Kiesbank weit ins Wasser – fast bis zu einer vorgelagerten schmalen Insel, auf der im Frühsommer Schwäne und andere Wasservögel brüten. In dieser Zeit darf die Insel nicht betreten werden. Gegen Ende des Sommers, wenn die Nester schon verlassen sind, kann man vom Strand durch das flache Wasser zur Vogelinsel hinüberwaten.

Wanderung: Vom Parkplatz am Ortsende von Käsmu folgen wir den markierten Wanderwegen zum **Strand** ①. Hinter einem schmalen Sandstreifen liegen hier etliche dicke Findlinge im Wasser. Immer geradeaus halten wir auf den größten Stein zu, der am Ende der Bucht im Wasser liegt. Von hier aus sehen wir

TOUREN-STECKBRIEF

Anfahrt: Wählen Sie die Stichstraße auf die dritte der vier Halbinseln, durchqueren Käsmu und parken auf dem Wanderparkplatz am Ende der Straße **GPS N 59°36'37", E 25°54'59"**.

Charakter: Abenteuerliche Kurzwanderung, die über Kiesbänke und durchs flache Wasser bis zu einer Vogelinsel führt. Um die Brutgebiete der Wasservögel zu schützen, dürfen die Kiesbänke und die Insel **erst ab dem 16. Juli** betreten werden. Davor ist diese Tour nicht möglich! **Karte auf Seite 129**.

Mit Kindern: Perfekte kleine Abenteuertour für Kinder. Die Wanderung ist durch früheres Umkehren beliebig zu kürzen.

Ausrüstung: Trekkingsandalen, kurze Hose, Picknick.

Einkehr: Café an der Kapelle, Restaurant Kaspervik kurz vor dem Parkplatz.

Übernachtung:

Hotel / Gästehaus: Uustalu B&B, Gutshäuser Palmse, Sagadi, Vihula.

Camping: Campingwiese am Gästehaus Uustalu, Lepispea Camping.

schon das **weiße Schild** ②, auf dem noch einmal die **Sperrzeiten von 1. April bis 15. Juli** angeschrieben sind. Am Schild geht es rechts durch einen schmalen Durchlass im Schilf hinunter auf eine Kiesbank, die sich weit ins Wasser zieht. Das erste Stück schafft man noch mit trockenen Füßen, zwei feuchte Stellen lassen sich leicht von Stein zu Stein überqueren. Dann stehen wir am Wasser.

Die **erste Wasserdurchquerung** zwischen den im Wasser liegenden Findlingen ist etwas länger, und hier wird auch das Wasser tiefer. Bei unserer Wanderung waren es maximal 20 bis 30 Zentimeter Wassertiefe. Nach etwa 50 Metern Wasserspaziergang stehen wir wieder auf Kies.

Die kurz darauf folgende zweite, kürzere Wasserdurchquerung ist sehr seicht. Dann geht es auf einer schön geschwungenen **Kiesbank** ③ zur Insel, die in der Mitte mit Wald bewachsen ist. Zuerst halten wir uns rechts am Ufer, bis es nach etwa 100 Metern an einer **kleinen Bucht** mit einem knapp einen Meter hohen »Steilhang« links nach oben geht. Ab hier läuft man besser oben im Wald. Etwa in der Mitte der Insel treffen wir auf eine kleine **Kiesbucht** ④ rechts am Weg. Hier könnte man gut Pause machen und picknicken, bevor es wieder zurück geht.

Bis zur Kiesbank an der Inselspitze sind es noch etwa 500 Meter. Der Weg wird aber hier ruppiger und wir sind schon mal mit stacheligen Heckenrosen konfrontiert. Es führen mehrere Pfade zu Buchten am gegenüberliegenden Inselufer, die außerdem erkundet werden können.

Dann kehren wir auf dem gleichen Weg zurück zur **Bucht von Käsmu** ①. Dort folgen wir dem Holzschild »Matkarada« (Wanderweg) erst nach rechts und dann gleich wieder links in den Wald. Der Weg ist als kurze Wanderrunde **grün-weiß markiert** und auf der Infotafel eingetragen. Der direkte Weg zurück zum Parkplatz führt an der ersten Kreuzung nach links. Wer mag folgt der Markierung und hängt die kurze Wanderrunde (zusätzlich zwei Kilometer) an und trifft dann etwas weiter unten im Wald wieder auf die Hauptstraße von Käsmu.

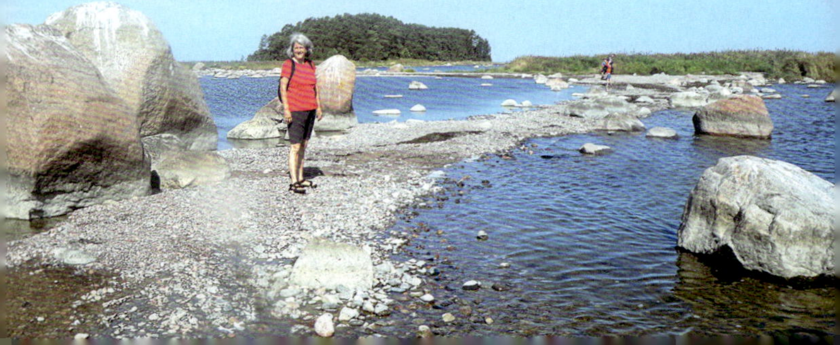

Tour 23: Zwischen Dorf und Meer

Auf Wanderpfaden um Altja

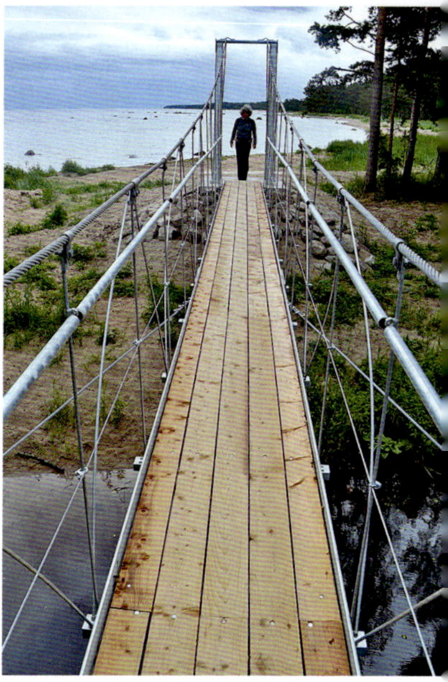

Der lange Sandstrand von Altja ist vom Dorfkern nur zu Fuß zu erreichen. Der schönste Weg zum Strand führt durch den Uferwald und zum Meer, am Strand entlang und über eine Hängebrücke zurück ins Dorf. Er ist vom Dorfzentrum am Altja Körts als Wanderweg markiert. Sie sollten im Anschluss an die Wanderrunde keinesfalls die Einkehr in den Gasthof versäumen.

eben

STRECKE 3 km

1 h

ab 4

Wanderung: Der Weg beginnt auf dem eingezäunten Wiesengrundstück des **Gasthofes Altja Körts** und versteckt sich zwischen der großen Schaukel und der Feuerstelle am Waldrand. Der richtige Weg ist grün-weiß markiert und führt den Hang hinab in den Wald. Auf einem angenehmen Waldpfad mit sanft federndem Boden laufen wir zur ersten **Infotafel** des Naturlehrpfades, die auf estnisch und englisch die in der Umgebung wachsenden Pflanzen Heidekraut (heather) und Rauschbeere (crowberry) vorstellt.

Wir folgen dem Waldweg bis zu einem dicken, namenlosen **Findling** (1). Am Wegesrand wachsen hier jede Menge Blaubeeren. Laufen Sie diese Runde zwischen Mitte Juli und Mitte August,

TOUREN-STECKBRIEF

Anfahrt: Altja liegt am westlichen Rand von Vergi poolsaar, der vierten Halbinsel im Lahemaa. Der größte Teil des Ortes befindet sich abseits der Küstenstraße in Richtung Meer und ist nur zu Fuß erreichbar. Der Weg beginnt am Parkplatz bei **GPS N 59°34'56", E 26°06'42"** von Sagadi kommend links direkt vor der Kurve im Ort Altja.

Charakter: Gut markierter ebener Weg mit viel Schatten und ebenso viel Abwechslung.

Mit Kindern: Die kurze Runde zwischen Wald, Meer und Dorf bietet auch für Kinder viel Abwechslung. Eine echte Attraktion ist die Hängebrücke zum Strand und die große Schaukel auf der Wiese vor dem Körts.

Einkehr: Altja Körts (April bis September 12 bis 20 Uhr geöffnet).

Übernachtung:

Hotel: Gutshöfe Palmse, Sagadi, Vihula.

Camping: Zeltplatz am Oandu Nature Center, Lepispea Caravan Park.

In der Nähe: Waldmuseum Sagadi, Ausstellungen im Ouandu Nature Center.

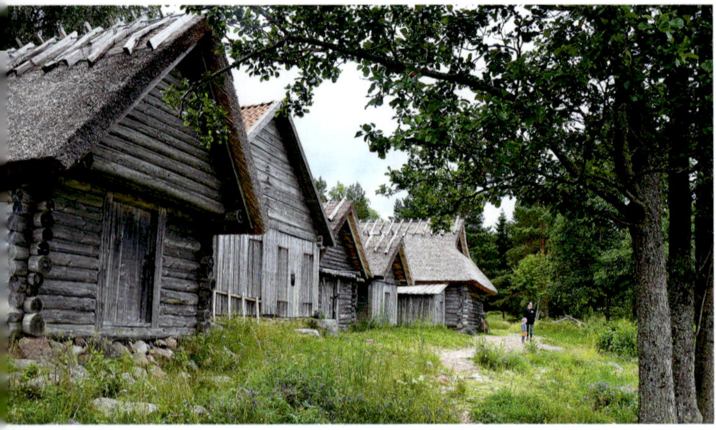

könnte die Wanderung also etwas länger dauern und ein Sammelgefäß tut gute Dienste.

Am Findling folgen wir der Markierung links bis zum **Meer**. Der Weg verläuft hier unter den Bäumen mit Blick über den schmalen, aber sehr **schönen Sandstrand Merinomme rand**, der beim passenden Wetter zum Baden verführt. Die Tafeln unseres Lehrpfades machen uns mit der jüngeren Geschichte des Dorfes vertraut. In der Sowjetära waren der Strand und das Meer davor Sperrgebiet und hermetisch abgeriegelt. Auch das alte Herrenhaus, das schon viele Jahre im Wald hinter dem Sandstrand stand, wurde in dieser Zeit zu Brennholz verarbeitet. Bei Punkt 8 führt ein Abstecher weg vom Meer, wo zwischen den Bäumen nur noch das **Fundament des alten Hauses** ② zu finden ist.

Zurück am Strand, laufen wir zur neuen **Hängebrücke** ③ über die Altja, die leider nicht ganz so malerisch ist, wie ihre Vorgängerin. Wir wandern dann rechts zu einer Gruppe alter **Fischerhäuser** ④.

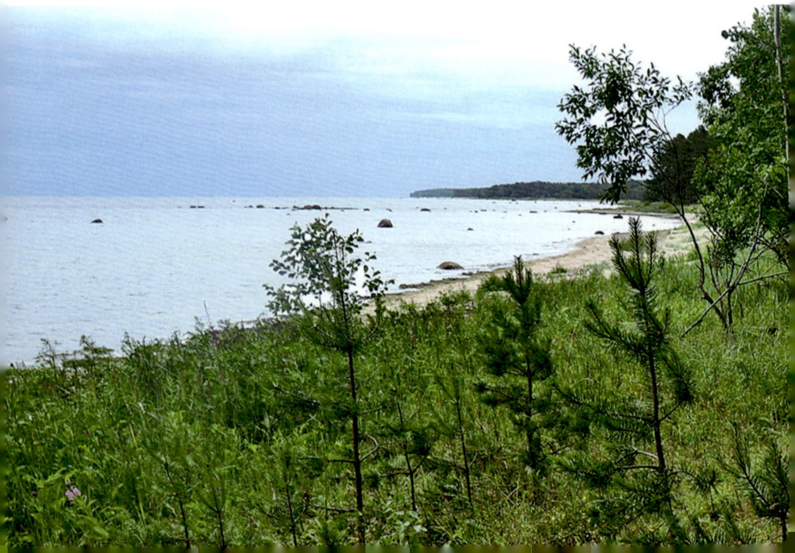

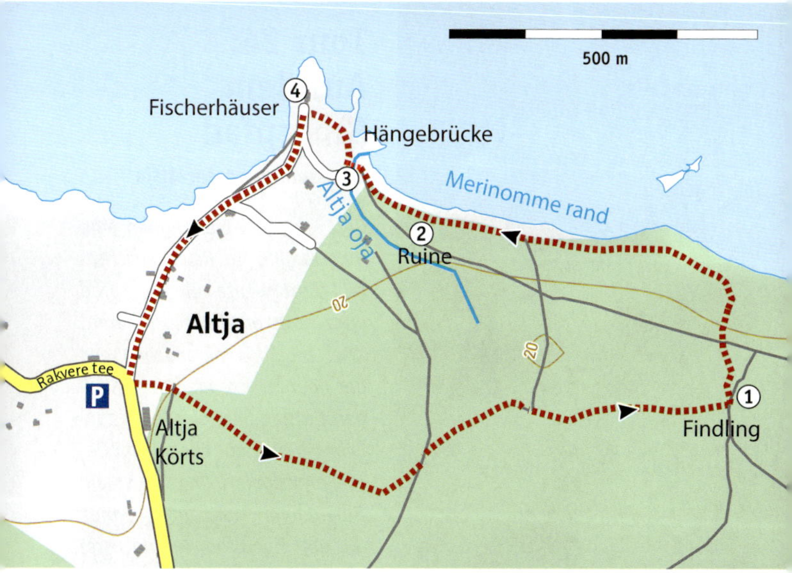

Im ersten werden originelle handgenähte Topflappen verkauft. Zwischen den Häusern von Altja, die sich in großen Grundstücken an der Schotterstraße reihen, laufen wir dann zurück zum **Gasthof Altja Körts**, wo man sehr gut essen kann. Serviert werden in dem Familienbetrieb vorrangig estnische Spezialitäten.

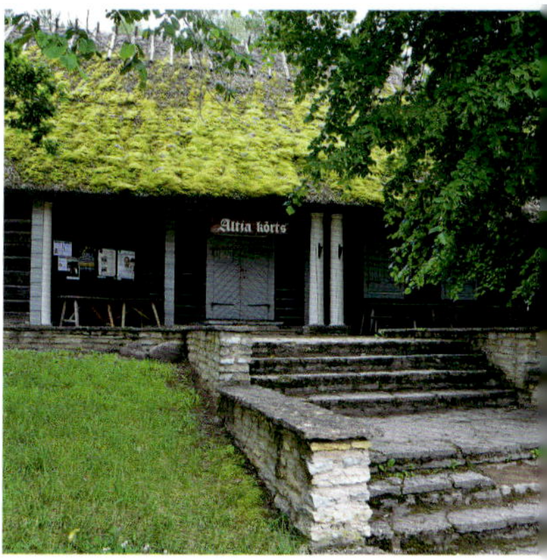

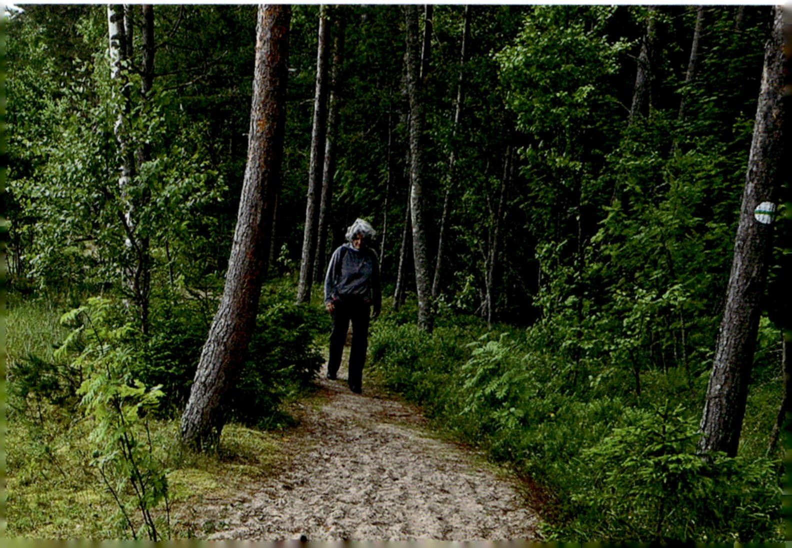

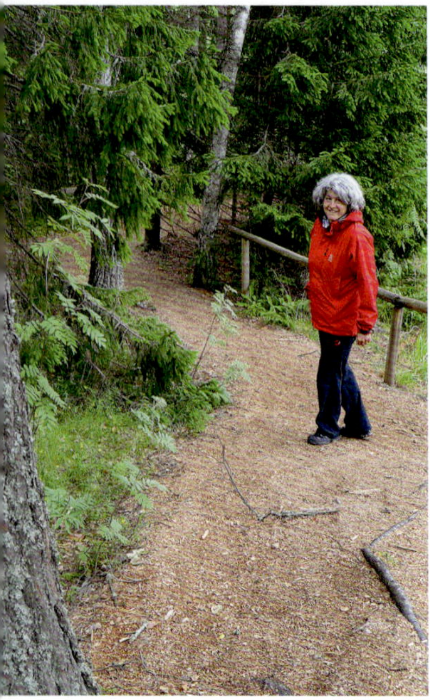

Tour 24: Auf dem Biberpfad

Biberspuren an der Altja

Dort, wo vor vielen Jahren eine Biberfamilie ihr Reich errichtete, führt heute ein Lehrpfad ganz nahe an den Fluss heran. Zwei Biberdämme machen aus der munter sprudelnden Altja den flachen See, den Biber zum Leben brauchen. Wie das im Detail funktioniert und wie so ein Biberdamm aussieht, können Sie am Biberpfad aus nächster Nähe beobachten. Die Biberfamilie werden Sie dabei übrigens kaum stören, die sind nämlich schon seit vielen Jahren ausgezogen. Auch die Spuren ihrer Arbeit an einer riesigen Birke am Lehrpfad sind eindeutig nicht mehr ganz frisch.

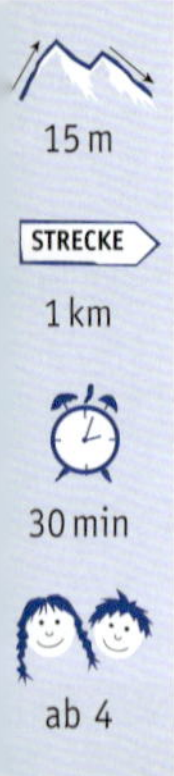

Wanderung: Vom Parkplatz laufen wir auf einem Bretterpfad in den Wald. Ein erster Abstecher vom Weg führt hinunter zum Bach, wo aber noch nicht allzu viel zu sehen ist. Etwas oberhalb der Altja geht es weiter in den Wald hinein. Ein zweiter Bogen hinunter zum Wasser bringt uns direkt neben einen stattlichen **Biberdamm** (1), der den kompletten Bach staut. Oberhalb des Dammes entsteht ein stilles Gewässer, in dem der Biber seine Burg errichtet. Das nötige Baumaterial beschaffen Biber, indem sie Bäume fällen. Die typischen Spuren am Flussufer verraten

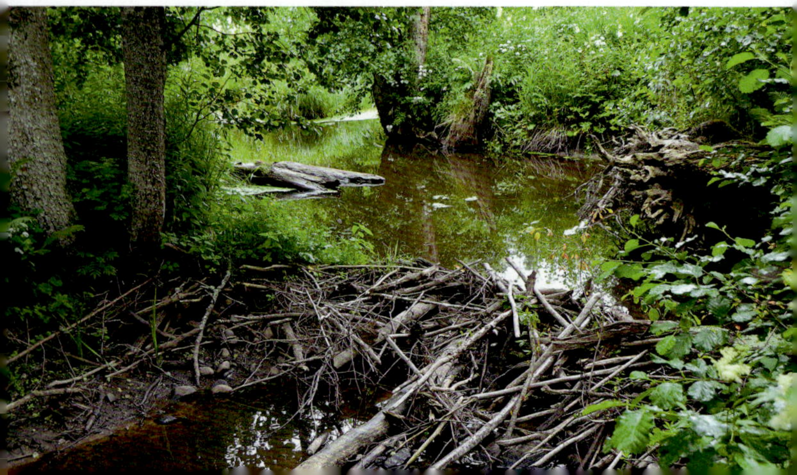

TOUREN-STECKBRIEF

Anfahrt: Der Biberlehrpfad Koprarada beginnt an einem Parkplatz an der Straße zwischen Sagadi und Altja. Der Parkplatz liegt kurz hinter dem Infozentrum von Oandu auf der rechten Seite bei **GPS N 59°34‘20“, E 26°06‘43“**. Am Wegbeginn steht ein Holztor mit der Aufschrift Koprarada.

Charakter: Gut markierter kurzer Rundweg mit mehreren Holztreppen und Infotafeln.

Mit Kindern: Kurzweiliger Lehrpfad, der gut erkärt wie Biber leben. Einen ausgestopften Biber können Sie dann in der Ausstellung im Infozentrum in Oandu betrachten.

Einkehr: Altja Körts oder Restaurant Sagadi mõis beide nur wenige Kilometer entfernt.

Übernachtung:

Hotel: Gutshöfe Palmse, Sagadi, Vihula.

Camping: Zeltplatz am Oandu Nature Center, Lepispea Caravan Park.

In der Nähe: Waldmuseum Sagadi, Ausstellungen im Ouandu Nature Center.

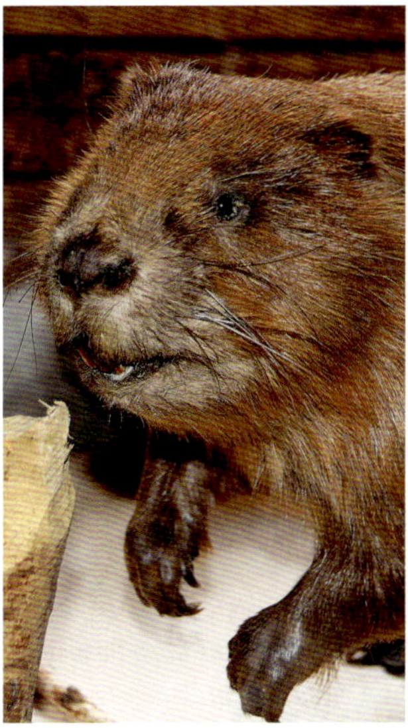

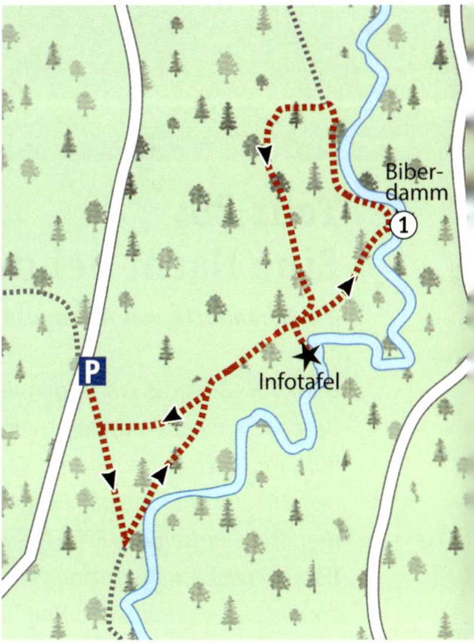

sofort, wo die Tiere zu Hause sind. Ein Biberhaus ist dagegen nur schwer zu entdecken. Der Eingang liegt immer sicher verborgen unter der Wasseroberfläche. Biber sind sehr geschickte Schwimmer und können bis zu 15 Minuten tauchen. Ein kurzer Abstecher vom Weg führt uns wenig später zu einer Tafel, die einen **Biberbau** im Querschnitt zeigt und erklärt. In so einem Bau lebt eine komplette Biberfamilie mit ihren Jungen. Die Jungtiere werden früh selbstständig und beginnen im Alter von etwa zwei Wochen, draußen Futter zu suchen. Biber sind übrigens Vegetarier und fressen am liebsten Wasserpflanzen wie Schilf, Rohrkolben, Wasserlilien und Seerosen, die in den stillen Biberteichen gut gedeihen.

Etwas weiter flussabwärts an unserem Rundweg staut noch ein **zweiter Damm** den Bach. Dann steigen wir wieder hinauf und spazieren auf dem gut angelegten Pfad zum Parkplatz zurück.

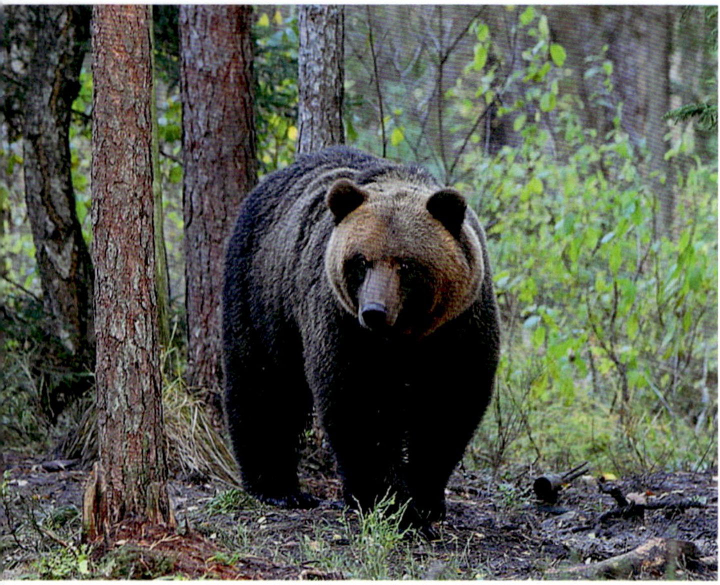

Tour 25:
Eine Nacht bei den Bären

Die Bärenhütte von Alutaguse

Etwa 700 Bären leben in den Wäldern Estlands in freier Wildbahn. Besonders viele Braunbären gibt es in den Wäldern südöstlich von Rakvere. Dort wurden schon vor 60 Jahren Schutzmaßnahmen getroffen, um die damals noch kleine Bärenpopulation zu sichern. Hier steht auf einem Privatgrundstück, gut versteckt im Wald, die Bärenbeobachtungsstation von »natourest«, die es auch Besuchern ermöglicht, wild lebende Braunbären zu beobachten.

Am Abend um 17 Uhr werden wir am Treffpunkt abgeholt und unsere kleine Gruppe aus zwei deutschen Paaren und einer französischen Familie mit zwei Kindern marschiert los – ganz leise, um die Tiere im Wald nicht zu beunruhigen.

Zwei Hütten stehen am Rand einer kleinen Lichtung mitten im Wald. Wir beziehen ein eigenes Abteil mit Fenstern auf beiden Seiten, die mit grünen Netzen getarnt sind. Jetzt heißt es warten, bis unser Menschengeruch um die Hütte verflogen ist und es dämmrig wird. Wir schauen mal auf der einen Seite über die kleine Lichtung, mal auf der anderen Seite zwischen die Baumstämme. Zuerst taucht ein Reh mit zwei Kitzen auf. Und plötzlich kommt ein Wispern von der anderen Seite der Hütte. Da im Wald hat sich etwas bewegt. Ganz hinten zwischen den Bäumen. Ein dunkler Schatten. Und da schon wieder. Dann tritt aufmerk-

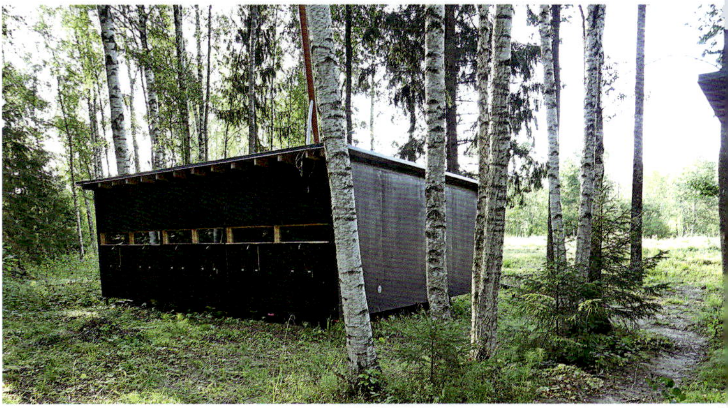

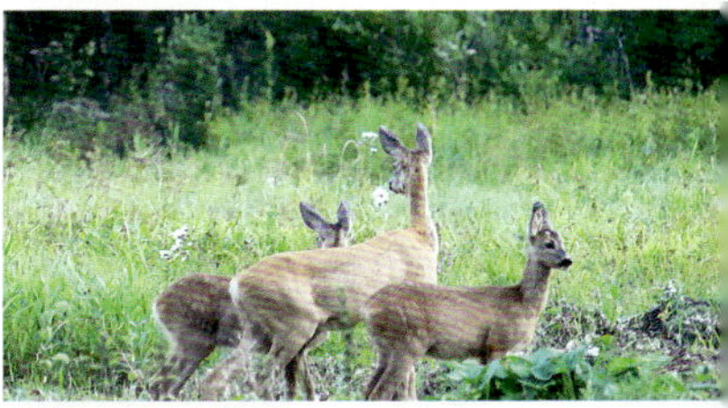

sam sichernd eine große Bärin zwischen den Bäumen hervor. Sie schaut rechts und links und schiebt eine auf dem Boden liegende Platte zur Seite. Kurz darauf hopsen zwei Bärenkinder hinterher und fangen an zu fressen.

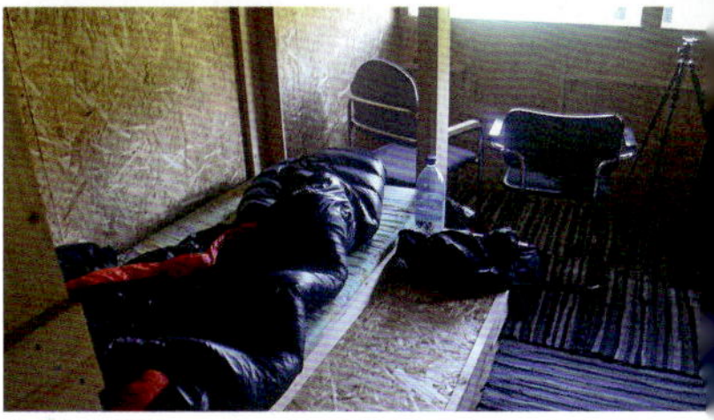

Rund um die Beobachtungshütten sind Verstecke mit Bärenfutter angelegt. Sie sind es, die die Bären so zuverlässig zur Station locken, dass Besucher eine sehr gute Chance haben, während des Aufenthalts in der Hütte, auch Bären zu sehen. Dazu darf es an den Hütten außerdem möglichst wenig

TOUREN-STECKBRIEF

Anfahrt: Der Treffpunkt für den Anmarsch zur Beobachtungshütte liegt südöstlich von Rakvere im Wald. Von der Landstraße ist eine kurze Fahrt auf Schotter zum Parkplatz notwendig. Die GPS-Daten des Treffpunktes erhalten Sie bei der Anmeldung. Fahrzeit ab Rakvere: etwa 30 Minuten.

Anmeldung: Die Übernachtung in der Hütte ist zwischen Mai und Oktober möglich und kostet €105, Familienpreis €235 und kann über www.baltikumnaturreisen.de oder natourest.ee gebucht werden.

Charakter: Übernachtung in einer einfachen, aber gemütlichen Holzhütte mitten im Wald. Eine Komposttoilette ist vorhanden. Wasser und etwas zu Essen müssen selbst mitgebracht werden. Der Weg zur Hütte kann schlammig sein, sodass feste Schuhe empfehlenswert sind.

Mit Kindern: In einem Hüttenteil befinden sich vier Betten, sodass Familien etwas Privatspähre haben. Es ist aber notwendig sich still zu verhalten, damit die Bären herankommen. Die Tour eignet sich also eher für Familien mit interessierten etwas älteren Kindern. Lärm in der Hütte sorgt sonst leider dafür, dass keiner der Gruppe Bären zu sehen bekommt.

In der Nähe: Burg von Rakvere

nach Mensch riechen. Die Komposttoilette ist deswegen mit einem langen Abluftrohr ausgestattet und wir dürfen die Hütten auch erst am nächsten Morgen nach acht Uhr wieder verlassen. Die Bären kommen abends auf die Lichtung, die leicht schummerig beleuchtet ist. So können wir mit Hilfe der Nachtsichtferngläser, die wir bei »natourest« gegen Gebühr ausleihen können, auch dann noch etwas erkennen, wenn es langsam dunkel wird. Wir haben, außer der Bärenmutter, zwei stämmige Jungbären, Rehe und einen Marderhund gesehen. Füchse, Wildschweine sollen häufiger auftauchen und es wurden auch schon Elche und Wölfe aus der Hütte gesichtet.

Am nächsten Morgen kann dann jedes Menschen-Grüppchen ohne Begleitung und in seinem eigenen Tempo auf dem bekannten Weg zum Parkplatz zurücklaufen. Und wenn man dabei so über die Lichtung spaziert, ist es beinahe unwirklich, dass hier vor wenigen Stunden noch ein Bär stand.

Fotos: Tarmo Sammal/ Natourest – aufgenommen aus der Bärenhütte Alutaguse

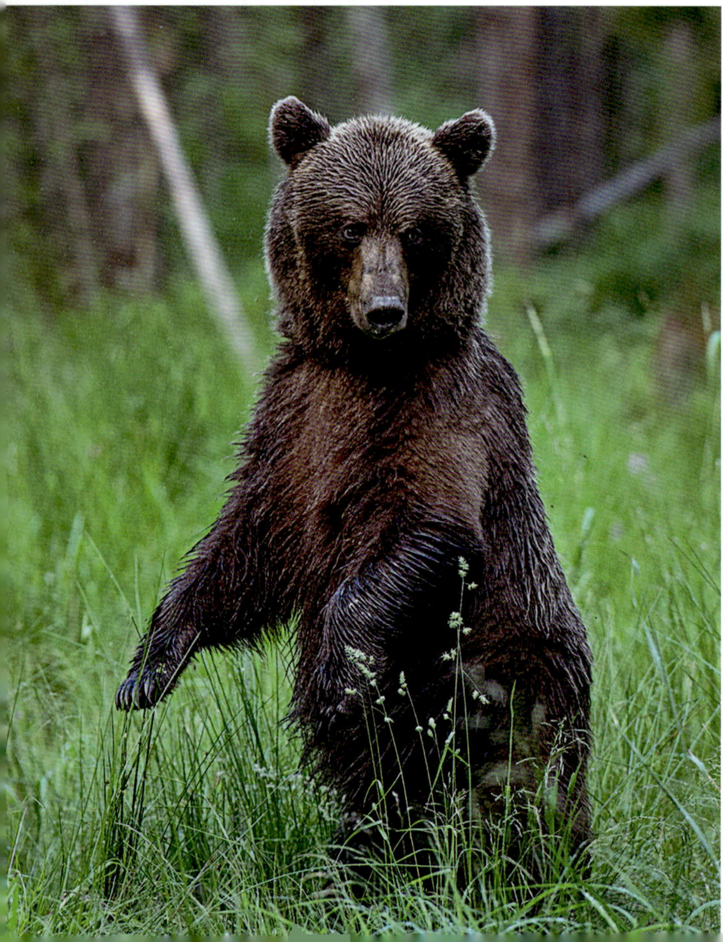

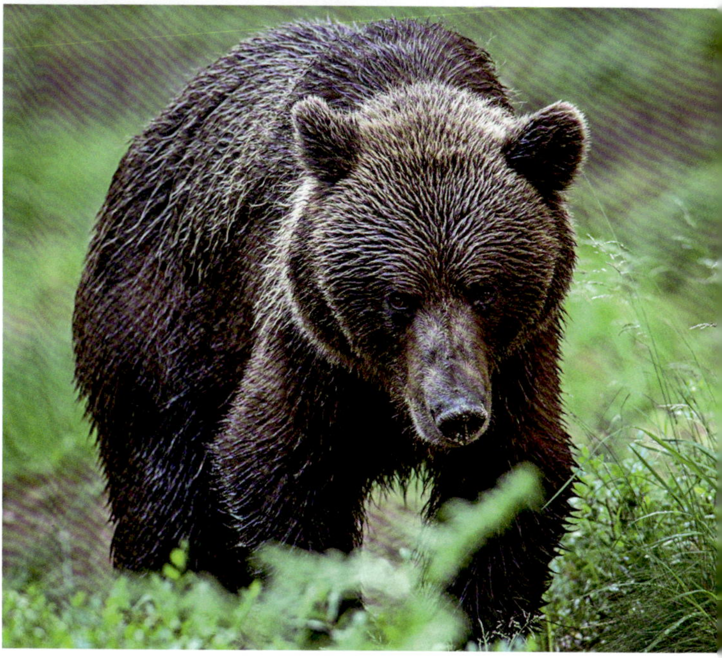

Der Braunbär

Etwa 17.000 frei lebende Braunbären gibt es in Europa. Die meisten davon leben in Russland. Weitere große Populationen sind in den Karpaten und im Norden Skandinaviens zu finden. In kleinerer Zahl sind Bären außerdem auf dem Balkan, in den Apenninen, den Pyrenäen und in Kantabrien zu Hause.

Braunbären ernähren sich vorwiegend vegetarisch. Sie fressen Wurzeln, Gräser, Kräuter, Beeren und Früchte. Nur sporadisch stehen auch Aas, kleinere Säugetiere oder Fische auf dem Speiseplan. Auf die Jagd geht ein Braunbär eher selten. Von Ende Oktober bis April halten auch die Bären von Alutaguse Winterruhe. Sie schlafen in dieser Zeit zwar nicht durch, nehmen aber keine Nahrung zu sich.

Braunbären sind dämmerungs- und nachtaktiv und ziehen sich tagsüber zurück. Sie leben als Einzelgänger in großen Gebieten, die sie aber nicht für sich alleine beanspruchen. Oft leben mehrere Bären im gleichen Revier.

Jungtiere werden während der Winterruhe im Januar und Februar geboren. Sie bleiben ein bis drei Jahre bei ihrer Mutter. Mit drei bis fünf Jahren wird ein Bär geschlechtsreif. Ein ausgewachsener Braunbär hat eine Schulterhöne zwischen 90 Zentimetern und 1,50 Metern, wobei der Europäische Braunbär deutlich kleiner ist als der Nordamerikanische. Braunbären werden etwa 25 Jahre alt, in Gefangenschaft können es auch bis zu 40 Jahre werden.

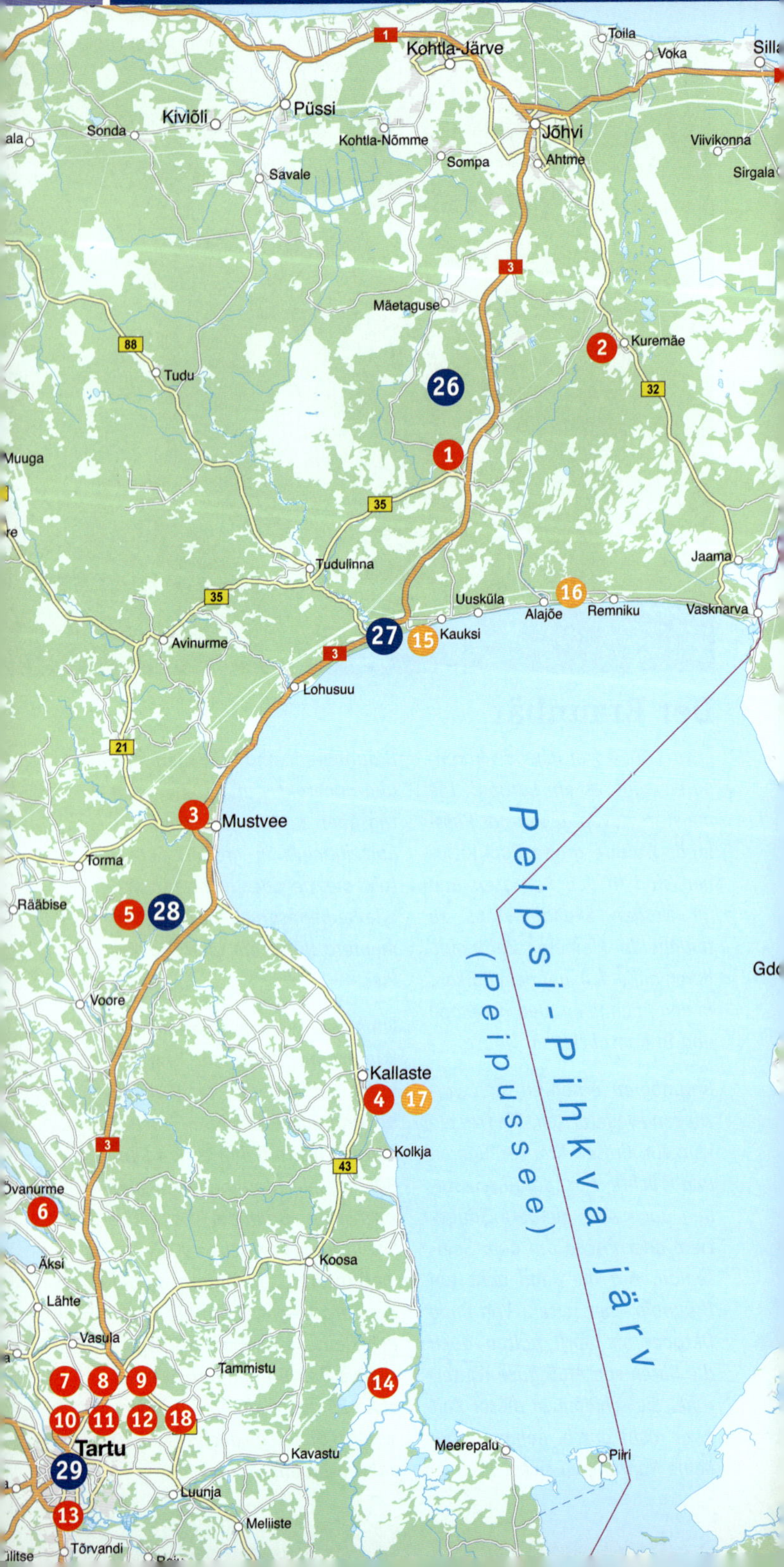
Toila
Kohtla-Järve
Voka
Püssi
Kiviõli
Sonda
Jõhvi
Viivikonna
Kohtla-Nõmme
Sompa
Ahtme
Sirgala
Savale
Mäetaguse
Kuremäe
Tudu
Muuga
Tudulinna
Jaama
Uusküla
Alajõe
Remniku
Vasknarva
Kauksi
Avinurme
Lohusuu
Mustvee
Torma
Rääbise
Peipsi-Pihkva järv
(Peipussee)
Voore
Kallaste
Kolkja
Äksi
Koosa
Lähte
Vasula
Tammistu
Tartu
Kavastu
Meerepalu
Piiri
Luunja
Meliiste
Tõrvandi

Universitätsstadt ist Tartu schon seit 1632. Damals gründete der schwedische König Gustav Adolf II. hier eine der ersten Universitäten Europas. Auch heute ist die kleine Stadt, die viele Museen, gemütliche Cafés, Restaurants und eine schöne Altstadt besitzt, das kulturelle Zentrum in Estlands Südosten. Aber auch das Umland der »Stadt der guten Gedanken« lohnt eine Reise: Einmalig ist vor allem der riesige Peipsi järv mit seinen langen Sandstränden. Südlich der Stadt sind es die seichten Ufer des Võrtsjärv, die ausgedehnten Wälder um Elva und Otepää und das Tal des Flusses Ahja, die zu Ausflügen in die Natur einladen.

Ausflugsziele

1 Der Aussichtsturm von Iisaku

Nördlich des Ortes Iisaku ermöglicht der nach einem Sturmschaden wieder neu errichtete Holzturm, auf einem kleinen Hügel stehend, freie Sicht über die Baumwipfel. Halten Sie sich in Iisaku rechts und folgen der Beschilderung. Von der Parkbucht an der Straße bei **GPS N 59°06'43", E 27°18'30"** laufen Sie etwa 10 Minuten bergauf bis zum Fuß des Turmes.

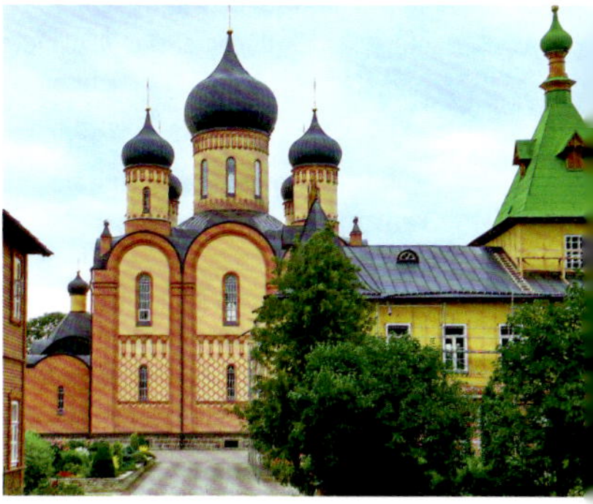

Sehenswert ist auch der Friedhof **Iisaku kalmistu** am anderen Ortsende mit einigen alten Grabsteinen.

2 Das Kloster Pühtitsa

1891 wurde das Kloster von Kuremäe als erstes russisch-orthodoxes Kloster auf estnischem Boden von drei Nonnen des russischen Ipatios-Klosters gegründet. Seitdem ist Kuremäe ununterbrochen ein bewirtschaftetes Kloster gewesen. Auf dem Friedhof an der Kapelle geben unzählige silberne Kreuze Zeugnis von der langen Klostergeschichte und den vielen Frauen, die hier gebetet, gearbeitet und ein Zuhause gefunden haben. Heute leben in den Häusern der Klosteranlage gut 100 Schwestern. Zwischen 7 und 19 Uhr sind die Klosterpforten geöffnet und auch Touristen dürfen einen Blick in die Kirche mit den fünf Kuppeln werfen. Geht man vom Parkplatz nach rechts, kommt man zur Klosterquelle, an der gegen eine kleine Spende Trinkwasser abgefüllt werden kann.

Am Peipsi järv

Der Peipsi järv oder Peipussee ist der größte See Estlands. Das Ostufer des Sees gehört bereits zu Russland. Die Grenze der EU führt hier mitten durch das Wasser und ab und zu wird mit Booten Patrouille gefahren. Befindet man sich am Seeufer, bekommt man

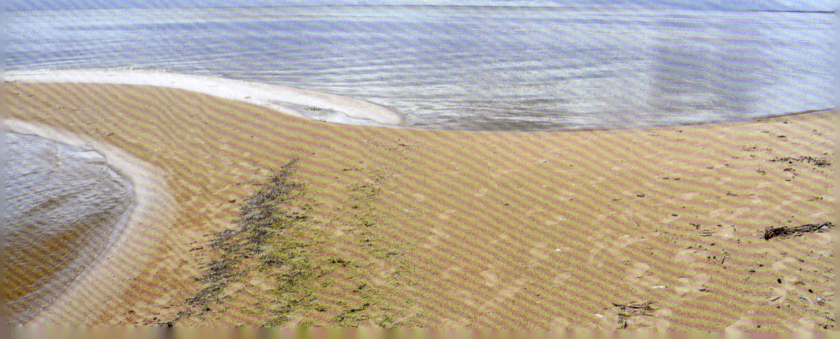

davon jedoch nicht viel mit. Rund um den See gibt es nur wenige Dörfer, die alle stark russisch geprägt sind. Dies ist eine der wenigen Regionen Estlands, in der Sie sich eher mit Deutsch als mit Englisch verständigen können. Wenn Sie noch ein paar Wörter Russisch im Gedächtnis haben, könnte das auch hilfreich sein. Die größte Siedlung am See ist Mustvee. Unterkünfte für Touristen sind außerdem in Kauksi am besonders bemerkenswerten Nordufer des Peipsi järv zu finden. Hier gibt es hinter einer Dünenreihe einen breiten, flachen und oft recht einsamen Sandstrand. Ein echtes Badeparadies.

3 Die Altgläubigendörfer am Peipsi järv

Die Dörfer am Peipus See werden von russischen Altgläubigen bewohnt. Sie wurden im 17. Jahrhundert in Russland wegen der Ausübung ihrer Religion verfolgt, und flohen auf die estnische Seite des Sees. Die meisten arbeiten als Fischer oder Handwerker. Viele bauen Zwiebeln an, was ihnen den Spitznamen Zwiebelrussen eingetragen hat. Die Altgläubigen blieben in ihren Dörfern über Jahrzehnte unter sich und pflegen heute noch viele ihrer archaisch anmutenden Bräuche und Traditionen. Strenggläubige Männer empfinden das Rasieren als Sünde, in den Kirchen sitzen Männer und Frauen grundsätzlich getrennt und in den mehrstündigen Messen werden die Texte in einer sehr alten Übersetzung gelesen.

Die Dörfer zwischen Mustvee und Kolkja bestehen aus niedrigen Holzhäusern in üppig wachsenden Gemüsegärten. Zwei Museen, eines in Mustvee, der größten Siedlung am See, und ein weiteres in Kolka erlauben einen Blick in die Denkweise und Lebensrealität der Altgläubigen. Beide Museen sind nur mit Voranmeldung zu besichtigen. Bitte erkundigen Sie sich in der Touristeninformation in Mustvee in der Tartu tee 12, Mo bis Fr 10–17 Uhr, Sa 10–14 Uhr.

4 Die roten Felsen von Kallaste

Ein Sandstrand mit roten Sandsteinklippen versteckt sich im Dorf Kallaste. Es gibt am Strand keinen speziellen Parkplatz und auch keine großen Hinweisschilder. Parken Sie am besten vor dem Laden an der Aia tee oder direkt am Zugang zum See in der Kiriku tee. Der Zugang zum »Kallaste Liviakivipaljand« ist bei **GPS N 58°39'30", E 27°09'48"** mit einem Holzschild markiert. Steigt man am See rechts die Treppe hinauf, kommt man zu weiteren kleineren Buchten, die sich perfekt für ein Picknick eignen.

5 Reminiszenz an Schottland

Das Schloss Alatskivi wurde 1840 nach dem Vorbild des königlichen Schlosses Balmoral in Schottland im Auftrag des deutsch-baltischen Adeligen Arved von Nolcken erbaut. Seine Ausstattung war für die damalige Zeit exzentrisch. Das Schloss kann besichtigt werden und beher-

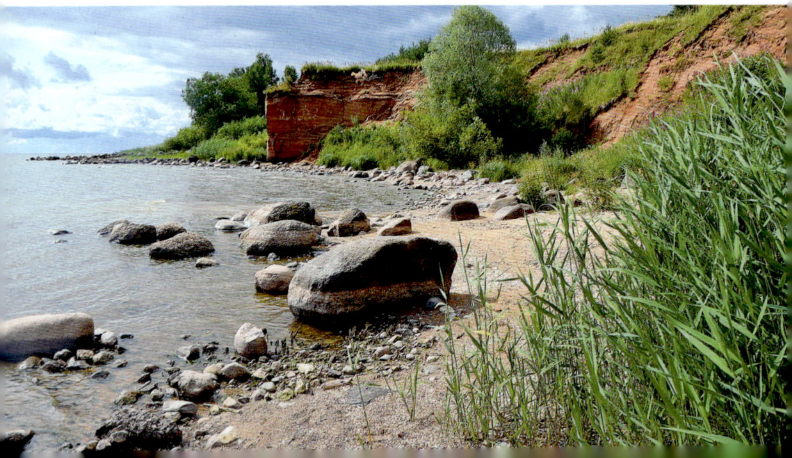

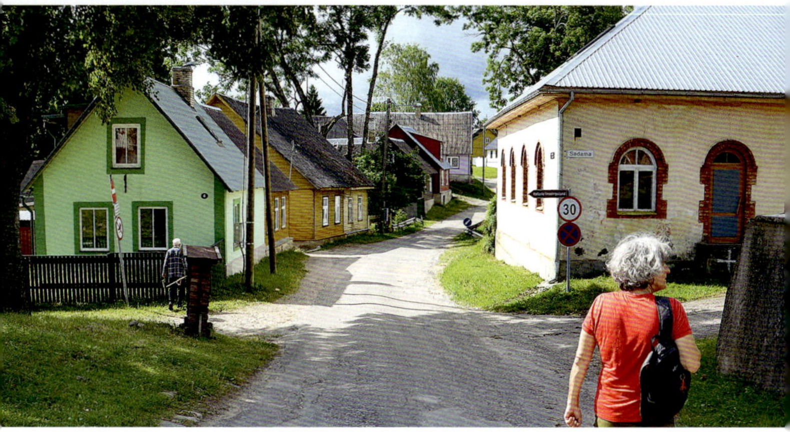

bergt außerdem eine Ausstellung über den estnischen Komponisten Eduard Tubin und ein ausgezeichnetes Restaurant der gehobenen Preisklasse. [› Tour 28]

Das Schlossmuseum ist von Juni bis September täglich von 11 – 19 Uhr geöffnet. Im Mai montags geschlossen und nur bis 18 Uhr, Oktober bis April bis 16 Uhr geöffnet. Eintritt € 7, Familienticket € 14.

Das Alatskivi lossi restoran mit deutscher, estnischer und schottischer Küche ist täglich von 14 – 22 Uhr geöffnet. www.alatskiviloss.ee

6 Wildpark Elistvere

Im Tierpark am ehemaligen Gutshaus von Elistvere leben ausschließlich einheimische Tierarten. In großen naturnahen Gehegen kann man Füchse, Rehe, einen Bären, Luchse, Elche, Wildschweine oder Bisons entdecken. Durch das Gelände führt außerdem ein Naturlehrpfad, der einheimische Pflanzen vorstellt und von einer Besichtigungsplattform am See kann man die reiche Vogelwelt bewundern.

Anfahrt: Der Park liegt 25 Kilometer nördlich von Tartu am See von Elistvere. Zufahrt von der Landstraße Nummer 3, Parkplatz bei **GPS N 58°34‘35“, E 26°41‘17“.**

Geöffnet von Juni bis August täglich 10 – 20 Uhr, in der Nebensaison nur bis 17 Uhr. Eintritt € 3,20, Schüler € 1,60, Familienticket, 6,40.

Tartu – die Stadt der guten Gedanken

In der Studentenstadt Tartu gibt es neben einer lebendigen Kulturszene besonders viele Museen. Die wichtigsten stellen wir hier vor. Sie könnten aber unter anderem auch noch das estnische Biermuseum, eine Tattoogalerie, das Postmuseum oder das Sportmuseum besuchen. Unbedingt lohnend ist ein Rundgang durch die Altstadt. [› Tour 29].

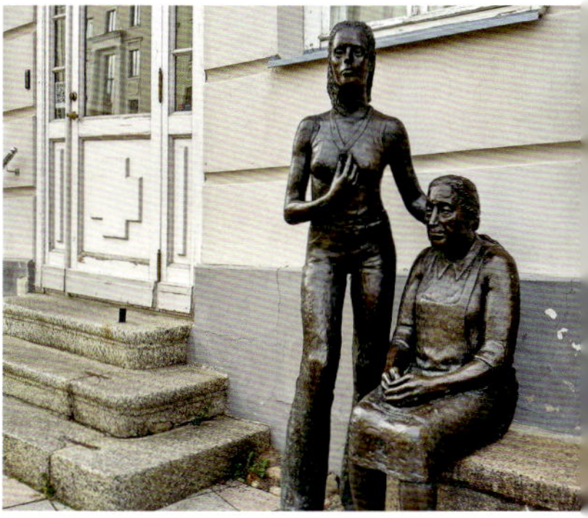

7 Tartu Kunstimuuseum

Im 1940 gegründeten Museum für zeitgenössische estnische Kunst sind regelmäßig neue Ausstellungen junger estnischer Künstler zu sehen. Ebenso interessant ist das Museumsgebäude: Das 1793 erbaute Stadthaus war einst Teil der Stadtmauer von Tartu und sein Fundament steht an einer Seite auf Stein und an der anderen auf Pfeilern, die sich langsam

absenken. Der Name »Schiefes Haus« erklärt sich da von selbst.
Raekoja plats 18, geöffnet Mi bis So 11 – 18 Uhr, Do bis 20 Uhr, Eintritt € 5, Familienticket € 8 für das komplette Haus. Reduzierter Tarif für einzelne Ausstellungen, tartmus.ee.

8 KGB Museum

Im »grauen Haus«, in dem sich von 1940 bis 1950 das KGB Zentrum von Südestland befand, kann man heute die im Keller untergebrachten Zellen besichtigen. Einige sind in authentischem Zustand, in anderen ist eine Ausstellung über die Deportationen und den Freiheitskampf der estnischen Waldbrüder in der Nachkriegszeit zu sehen.
Riia 15b, Geöffnet Di bis Sa 11 – 18 Uhr, Eintritt € 5, Familienticket € 10, linnamuuseum.tartu.ee.

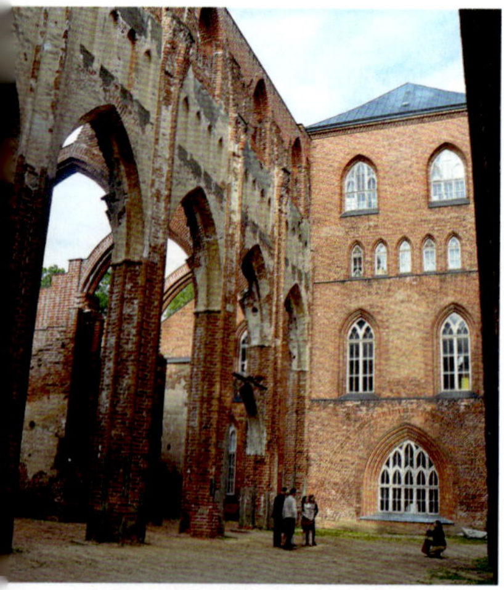

9 Universitätsmuseum

Das Museum der Universität Tartu in der halb restaurierten Ruine des alten Domes beschäftigt sich mit der Geschichte der Wissenschaft, der universitären Bildung und des Studentenlebens der altehrwürdigen Universität vom 17. Jahrhundert bis heute.
Lossi tänev 25, geöffnet ist von Mai bis September Di bis So 10 – 18 Uhr und von Oktober bis April Mi bis So 11 – 17 Uhr, Eintritt € 6, Familienkarte € 12, www.muuseum.ut.ee.

10 Sternwarte Tartu

Für Astronomiefans gibt es dort eine Dauerausstellung über die astronomische Forschung und das Weltall.
Upsala 8, geöffnet Mi bis So 11 – 17 Uhr, Eintritt € 4, Familienkarte € 8, www.tahetorn.ut.ee

11 Wissenschaftszentrum Ahhaa

Das Teasduskeskus Ahhaa, das sich besonders für Familien eignet, ist eines der modernsten Museen Estlands. Hier gibt es Mitmachstationen zu vielen Themen der Naturwissenschaft, eine Natur-Halle, in der man Ameisen beobachten kann oder mit etwas Glück direkt daneben steht, wenn ein Küken aus dem Ei schlüpft. In Workshops wird Schokolade oder Seife hergestellt oder die DNA des Gummibärs erforscht und mit Aufpreis kann man das Planetarium und ein 4D Kino besuchen. Schon wegen dem Preis der Familienkarte (€ 35, Erwachsene € 15) sollten Sie sich Zeit für das Museum nehmen. Mit dem Café Newton ist dort auch für Verpflegung gesorgt.
Sadama tänav 1, geöffnet täglich 10 – 19 Uhr, Fr und Sa bis 20 Uhr.

12 Botanischer Garten

Der botanische Garten von Tartu wurde 1803 angelegt. Im Außengelände stehen hauptsächlich heimische Pflanzen um einen schönen Teich, in den Gewächshäusern kann man Pflanzen aus dem Regenwald und der Wüste betrachten.
Am nördlichen Rand der Altstadt in der Lai tänav 38, geöffnet 10 – 17 Uhr, Eintritt € 3, Famlienticket € 6.Der Garten ist frei zugänglich.

13 Estnisches Luftfahrtmusem

Auf der Ausstellungsfläche im Inneren des Museums wird die Geschichte der Luftfahrt mit über 400 naturgetreuen Flugzeugmodellen illustriert. Im Außengelände treffen Sie dann auf Originale: Neben dem Hubschrauber Mi-2 und wenigen kleinen Passagiermaschinen stehen hier allerdings vor allem Militärflugzeuge, darunter auch mehrere Jagdbomber.

An der A2 bei Lange. Geöffnet von Mai bis September täglich 10–18 Uhr, Oktober 11–16 Uhr. Eintritt €10. www.lennundusmuuseum.ee.

14 Mündungsdelta des Emajögi

Durch die Stadt Tartu fließt der Emajögi, einstmals ein wichtiger Handelsweg. Östlich von Tartu mündet der Fluss in einem sumpfigen Delta, das unter Naturschutz steht, in den Peipsi järv. Vom Dorf Kavastu führt ein 2,5 Kilometer langer Rundweg durch das Sumpfgebiet, der nur bei niedrigem Wasserstand passierbar ist. *Geöffnet Mai bis September 9–18 Uhr, Eintritt €4, karilatsimuuseum.ee.*

Baden

15 Kauksi rand

Der Sandstrand von Kauksi macht den schönsten Ostseestränden Estlands harte Konkurrenz. Er ist kilometerlang und führt überall ganz sanft ins flache Wasser. Am Seeufer sind nur wenige kleine Orte zu finden. Guten Zugang zum Wasser und einen großen Parkplatz finden Sie bei **GPS N 58°59'28", E 27°13'37"**. Camper finden am Ortsrand auf dem einfachen Zeltplatz Kauksi telkimisala direkt hinter der Düne ein perfektes Quartier. Sollte das Wetter nicht zum Baden einladen, kann man denn Strand von hier aus auch gut zu Fuß erkunden. **[› Tour 27]**

16 Kaarjamaa telkimisala

Fährt man von Kauksi in Richtung Osten, kommt man nach Uusküla. Hier ist das Parken nicht ganz so einfach, der Strand aber ebenfalls sehr schön. Links der Straße befindet sich im Wald ein weiterer Zelt- und Grillplatz (Uusküla telkimisala) und ein privater Camping. Den dritten schönen Grillplatz hinter der Düne finden Sie bei Kaarjama, östlich des Dorfes Alajõe. Die Zufahrt zum Zeltplatz ist kurz vor dem Camping Suvi auf der Seeseite mit einem unauffälligen Schild markiert. **GPS N 59°00'39", E 27°29'35".** Der Strand in der sanft geschwungenen Bucht vor dem Platz ist feinsandig und das Wasser glasklar.

17 Kallaste

Am westlichem Seeufer des Peipsi järv gibt es nur wenige Badeplätze. Meist reicht die Vegetation bis ins flache Uferwasser. Ein kleines, wenig einladendes Badeufer gibt es mitten in Mustvee. Interessanter ist der rötliche Sand-Kies-Strand bei Kallaste, der wegen seiner roten Sandsteinfelsen auch bei kühlem Wetter einen Besuch lohnt. Zum Baden bleibt man am besten vorne in der langen ersten Bucht. Der Zugang zum »Kallaste Liviakivipaljand« ist bei **GPS N 58°39'30", E 27°09'48"** mit einem Holzschild markiert.

Outdoorsport

18 Loodustourism Tartu

Moorschuhwanderungen im abgelegenen Rubina Moor, Kanutouren auf Ahja und Ohne oder eine Fahrt mit dem Tretroller durch Tartu – das sind die attraktiven Tourenvorschläge. Bisher sind die meisten Touren nur für Gruppen buchbar, Einzelpersonen können sonntags an der Moorschuhwanderung teilnehmen oder sich einer Gruppe anschließen. Fragen Sie einfach nach: Pille Gerhold (+372) 5348 2077 (deutsch und englisch), *www.loodusturism.ee.*

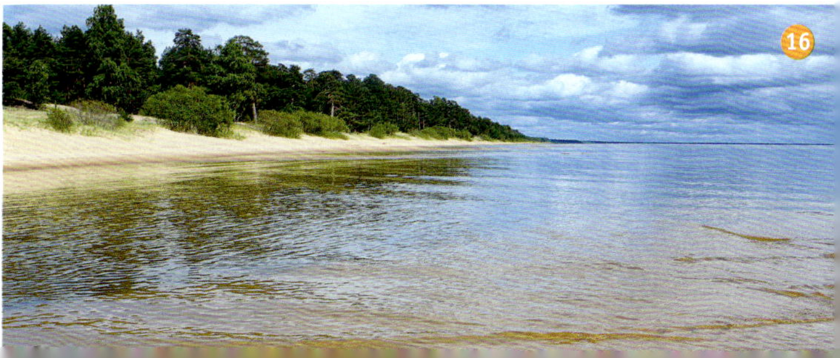

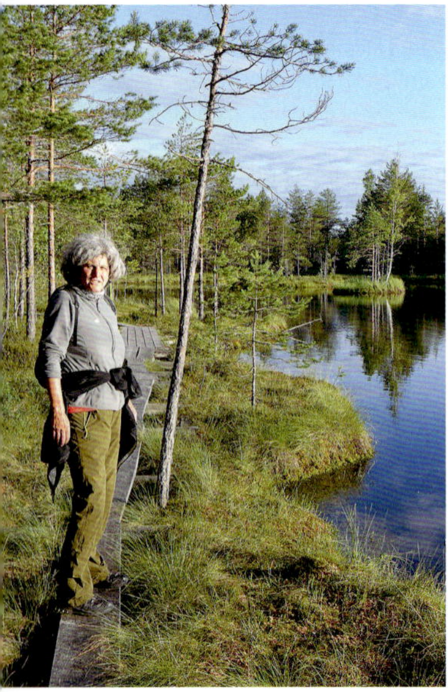

Tour 26: Selisoo Matkarada

Der Moorweg zum Seli järv

Im Moor von Selisoo kann man gut die Entwicklung eines Niedermoores mit Schilftümpeln und artenreichem Bewuchs zum kargen Hochmoor beobachten. Tafeln am Wegesrand erklären die unterschiedlichen Moortypen und die Vegetation neben dem Bretterpfad. Er führt durch einen dichten Kiefernwald zu gut versteckten Tümpeln, bis dann die spiegelglatte Wasserfläche des Seli järv mit einigen kleinen Inseln vor uns auftaucht.

eben

STRECKE 4,5 km

1 h 30

ab 6

Wanderung: Vom Parkplatz folgen wir dem Schotterweg neben der Infotafel, der schon wenige Meter weiter in einen schmalen **Bohlenweg** übergeht. Die auf der Karte eingezeichnete Variante links des Hauptweges ist zur Zeit nicht begehbar. Wir folgen also dem einzigen passierbaren Weg und stehen bald an den ersten **Moorseen** (1), die sich in ungewöhnlich hohem Wald verstecken. Es folgt einer auf den anderen und dort, wo ursprünglich ein Rastplatz mit Bank zu finden war, hat man einen tollen Blick über den See. Dann geht es ein ganzes Stück durch relativ trockenes Moor, bis vor uns die Wasserfläche des **Seli järv** (2) mit mehreren kleinen Inselchen auftaucht. Ein paar Enten flüchten laut platschend ins Wasser, sonst ist es hier ganz still. Nicht

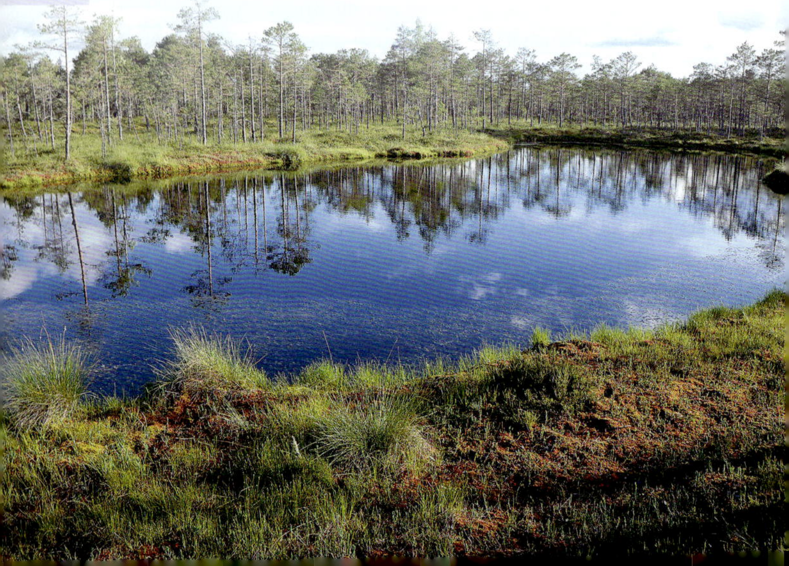

TOUREN-STECKBRIEF

Anfahrt: Von der A3 zwischen Pagari und Iisaku als »Selisoo matkarada« ausgeschildert. Zufahrt über vier Kilometer gut befahrbare Schotterpiste. Kurz vor dem Ziel geht es geradeaus zum Busparkplatz. Mit dem PKW fahren Sie rechts noch 800 Meter weiter bis zum kleinen Parkplatz am Beginn des Weges bei **GPS N 59°10'15.6", E 27°17'48.1"**.

Charakter: Bretterpfad durch eine stille Moorlandschaft weit abseits jeder Siedlung. Der Weg für durch einen lichten Kiefernwald in dem immer wieder unerwartet Tümpel und kleine Moorseen auftauchen. Die Bretter des Hauptweges sind nicht mehr im allerbesten Zustand aber begehbar. Der linke Bogen des Weges war bei unserer Recherche jedoch nicht passierbar. Der marode Aussichtsturm am Seli järv ist weitgehend rückgebaut, aber bisher noch nicht ersetzt.

Mit Kindern: Das Balancieren auf dem teilweise recht schmalen Bretterpfad sorgt für einen interessanten Weg, ist aber für jüngere Kids recht anstrengend. Solange kein Turm am See steht, fehlt hier leider das klare Ziel, das man evtl. mit einem Picknick an den Seen ersetzen könnte.

Übernachtung:

Hotel/Gästehaus: Suvi Puhkekeskus, Kalameestemaja (Fishermans Hotel) in Mustvee

Camping: Kauksi telkimisala

In der Nähe: Aussichtsturm und Friedhof in Iisaku, Badeplätze am Peipsi järv, Kloster Pühtitsa

einmal Vögel sind im Wald zu hören. Wir laufen links um den See herum bis zum Rastplatz, an dem einmal ein Aussichtsturm stand. Hier drehen wir dann um und kehren auf dem gleichen Weg zurück. Wer noch wandern möchte, kann auch noch zwei Kilometer weiter bis zum **Rastplatz am anderen Ende des Pfades** ③ laufen, und sich dann nach einer Picknickpause auf den Rückweg machen.

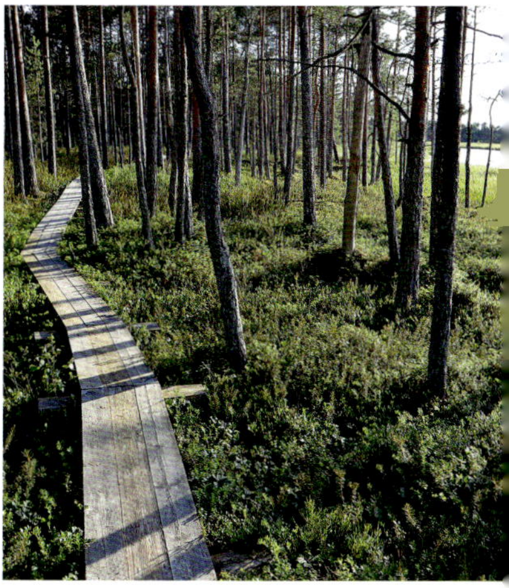

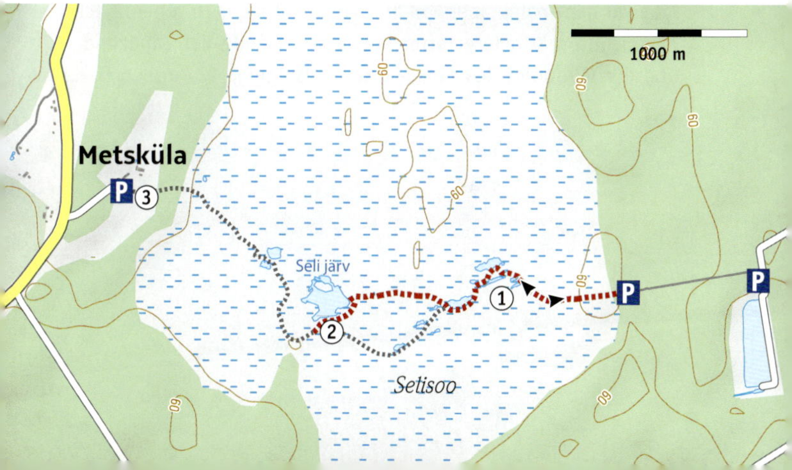

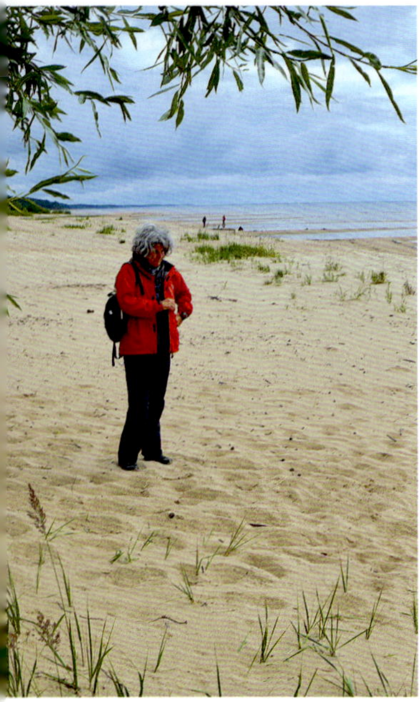

Tour 27: Am Sandstrand von Kauksi

Streifzug durch die Dünen am Peipsi järv

Kurz bevor der Fluss Rannapungerja in den Peipsi järv mündet, windet er sich in engen Kurven, sodass direkt am Seeufer eine von Wasser umgebene Landzunge entsteht. Hier beginnt der lange Sandstreifen, der sich am Nordufer des Sees bis zur Narva zieht. Unser Weg führt vom breiten Strand von Kauksi bis zur Flussmündung um die kleine Halbinsel und auf der Düne zum Zeltplatz zurück.

eben
STRECKE 6 km
2 h
ab 6

Wanderung: Vom Parkplatz in Kauksi laufen wir am Strand entlang durch die Bachmündung zum **Zeltplatz Kauksi telkimisala**. Auf dem Zeltplatz ist der Wanderweg mit gelber Farbe und den Schildern »matkarada« (Wanderweg) markiert. Sie führen hinter der Düne durch den ganzen Zeltplatz. Da der Weg hinter der Düne über viele Zugänge mit dem Strand verbunden ist, kann man aber auch am Seeufer entlang laufen, bis der Sandstreifen schmaler wird und erst dann hinter die Düne auf den markierten Weg wechseln. An den letzten Grillstellen des Zeltplatzes führt dann eine Treppe auf ein **Aussichtsplateau** ①, das auf einer der höchsten Dünen eingerichtet ist.

Kurz darauf lotsen uns die Markierungen über die Düne und der Weg verläuft jetzt zwischen dieser und dem Uferwald. Der See ist zwar ganz nahe, aber von hier aus nicht mehr zu sehen. Nach einem guten Kilometer erreichen wir das Ende der Landzunge und die **Mündung des Flusses Rannapungerja** ② in den See.

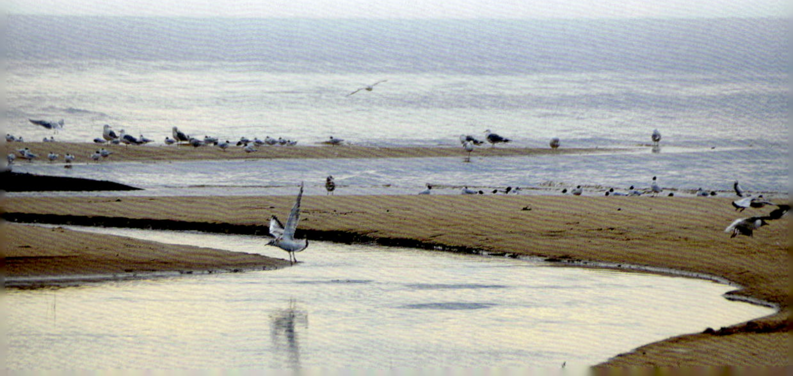

TOUREN-STECKBRIEF

Anfahrt: Startpunkt der Wanderung ist entweder der Strandparkplatz in Kauksi bei **GPS N 58°59'28", E 27°13'37"** oder der Zeltplatz Kauksi telkimisala, bei **GPS N 58°59'12", E 27°12'43".** Reisen Sie mit Zelt oder Wohnmobil und kommen mit Minimalausstattung zurecht (Wasser aus der Pumpe, Trockentoilette, Grillplätze und teilweise ein überdachter Picknicktisch), finden Sie hier ein kleines Paradies hinter einem Traumstrand. Der Platz kostet an den Wochenenden eine geringe Gebühr, unter der Woche ist das Häuschen am Eingang meist nicht besetzt. An Sommer-Wochenenden ist der Platz, wie alle RMK-Campsites, gut belegt. Dann brennt hier in jeder Feuerstelle ein Grillfeuer und es wird mit Kind und Kegel gefeiert bis spät in die Nacht. Um zum Zeltplatz zu kommen, fahren Sie von Kauksi auf der »3« in Richtung Mustvee und biegen nach etwa 1000 Metern links in den beschilderten Feldweg zum Kauksi telkimisala ein.

Charakter: Markierter Pfad durch die Düne zu einem Rastplatz an der Mündung des Rannapurgeria. Die Wanderung kann anschließend von Kauksi am Strand des Peipsi järv entlang beliebig weit verlängert werden.

Mit Kindern: Die kurze Wanderrunde ist auch mit Kindern gut machbar. Kommt man von Kauksi, muss man schon zu Beginn den flachen Wasserlauf des einmündenden Baches durchwaten und kann dann barfuß durch den Sand und das flache Wasser stromern und Muscheln und Schneckenhäuser suchen. Am besten vor der Rückkehr eine Picknickpause an der Flussmündung einplanen.

Übernachtung:

Gästehaus: Kalameestemaja, Suvi Puhkekeskus.

Camping: Kauksi telkimisala, Suvi Camping, Rannapungerja Puhkeala.

In der Nähe: Aussichtsturm in Iisaku

Auf der Flussseite der Landzunge laufen wir zurück. Die gelben Markierungen weisen hier weg vom Fluss in die Mitte der Landzunge, wo der Weg im Gestrüpp verschwindet. Läuft man stattdessen auf dem Pfad oben auf der Düne weiter, stößt man bald wieder auf den vertrauten Weg. Kurz vor der Aussichtsplattform kann man dann zum Strand hinuntersteigen und am Wasser zurück zum Parkplatz laufen.

Am Strand entlang gen Alajõe

Steht Ihnen der Sinn eher nach einem Strandspaziergang, laufen Sie von Kauksi in die andere Richtung, durchqueren den Bach und wandern am Seeufer entlang, so weit wie Sie Lust haben. Das erste ernstzunehmende Hindernis ist die Mündung des Alajogi in den See und bis dahin sind es etwa 13 Kilometer.

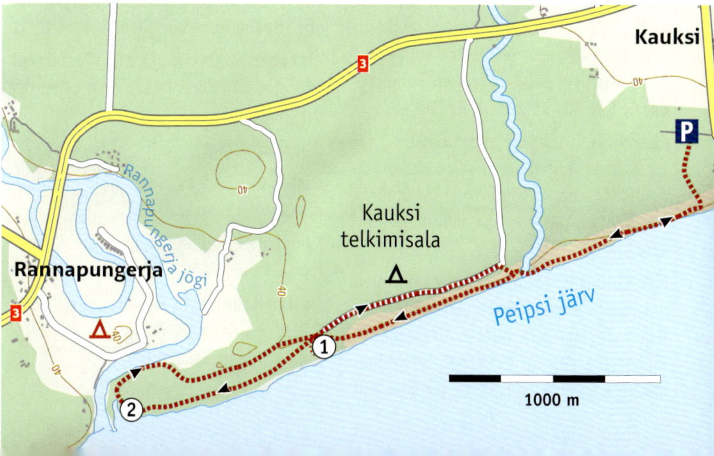

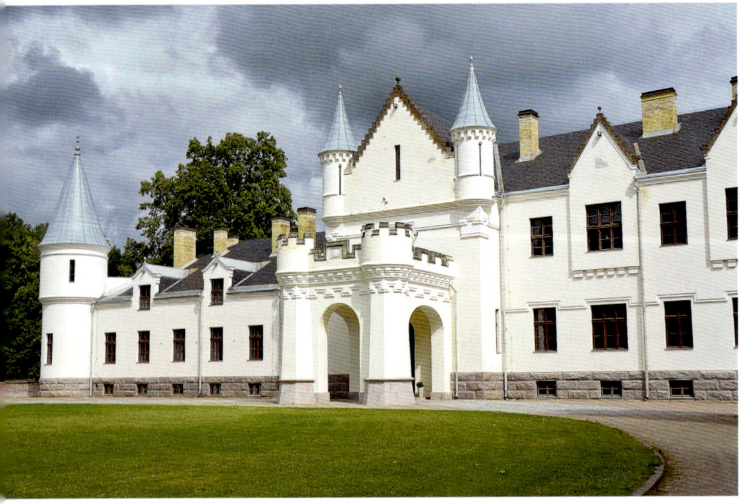

20 m

STRECKE 4 km

1 h 30

ab 6

Tour 28: Im Schlosspark von Alatskivi

Eine schottische Burg am Peipsi järv

Ein angenehmer Waldpfad zieht sich leicht erhöht am nördlichen Ufer des Alatskivi järv entlang und bietet einen schönen Blick über den See und auf das schneeweiße Schloss von Alatskivi, für dessen Architektur mit verspielten Türmchen und Burgzinnen einst das schottische Schloss Balmoral Pate stand. Der kleine Hügel am oberen Ende des Sees ist dagegen tief in der estnischen Sagenwelt verwurzelt. Der Legende zufolge hat hier der Riese Kalevipoeg Sand aufgeschichtet, um sich darauf bequem zur Nachtruhe zu betten. So führt Sie unser Rundweg durch schönste Natur zu wichtigen historischen Stätten und auf der inzwischen mit Gras bewachsenen ehemaligen Zufahrtsallee zurück zum Schloss.

TOUREN-STECKBRIEF

Anfahrt: In Alatskivi, vorbei am Kivi Körts, den braunen Hinweisschildern zum Alatskivi loss rechts bis zum Parkplatz vor dem Schloss folgen. Parkplatz bei **GPS N 58°36'13", E 27°07'42"**.

Charakter: Schöner Spaziergang auf markierten Wegen um den See und durch den Schlosspark. Möglichkeit zur Einkehr am Schloss, das auch besichtigt werden kann.

Mit Kindern: Unkomplizierter Weg, aber unterwegs wenig Höhepunkte. Kein direkter Zugang zum Wasser. Geeignet für Kinder, die sich für ein schön zurechtgemachtes Schloss begeistern können. Auf einem der Nebengebäude ist außerdem ein Storchennest zu sehen.

Einkehr: Alatskivi Castle Restaurant oder das Kivi Körts neben dem Laden im Ortszentrum.

Übernachtung:

Gästehaus/Hotel: B&B Nina Kordon, Peipsi Lake House, Alatskivi Castle.

Camping: Camping Willipu oder Rannamoisa Puhkeküla.

In der Nähe: Rote Felsen von Kallaste, Badeplatz Kallaste, Flussdelta des Emajögi, Wildpark Elistvere.

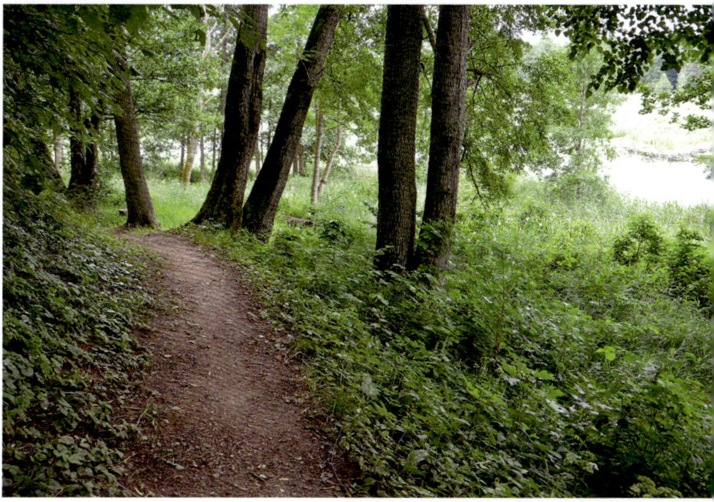

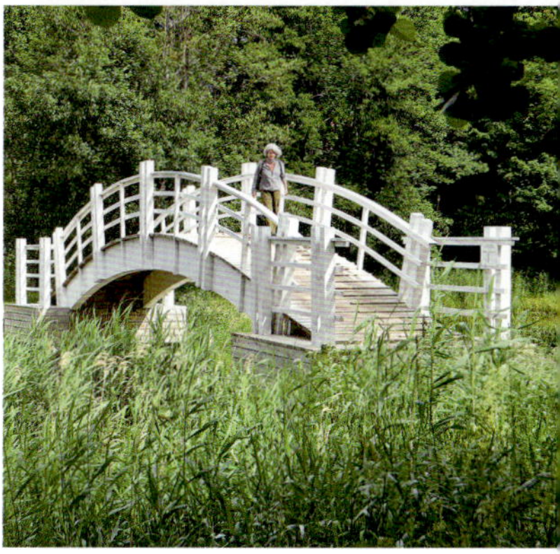

Wanderung: Nachdem wir einmal um das Schloss marschiert sind und den Anblick von allen Seiten genossen haben, steigen wir an der Terrasse hinter dem Gebäude, dort wo die Tische des Restaurants im Freien stehen, einen steilen Pfad in Richtung See hinunter. Der Weg ist hier nicht markiert. Er führt über eine schmale Holzbrücke und dann am Alatkivi järv entlang zu einer **weißen Bogenbrücke** ①, die den See an einer schmalen Stelle überspannt. Wir überqueren die Brücke und halten uns dann links immer direkt am Seeufer. Der Weg führt kurz hinauf zu einem Platz mit Holzbänken an einer **uralten Eiche** ②.

Dann geht es oberhalb der Wasserfläche mit schönen Blicken über den See weiter durch den Wald. Ein weiterer **Rastplatz mit Bank** ③ folgt wenig später an einer **Quelle**. Kurz darauf wird aus unserem Waldweg ein breiter Wiesenweg.

Im Schloss von Alatskivi

Das Schloss Alatskivi in seiner heutigen Form wurde 1840 nach dem Vorbild des königlichen Schlosses Balmoral in Schottland im Auftrag des deutschbaltischen Adeligen Arved von Nolcken erbaut. Seine Ausstattung war für die damalige Zeit exzentrisch. Das Schloss kann besichtigt werden und beherbergt außerdem eine Ausstellung über den bekannten estnischen Komponisten Eduard Tubin und ein ausgezeichnetes Restaurant der gehobenen Preisklasse.

Das Schlossmuseum ist von Juni bis August täglich von 10–18 Uhr geöffnet. Im Mai montags geschlossen und ansonsten nur bis 16 Uhr geöffnet. Eintritt €7, Familienticket €14. Das Alatskivi lossi Restoran mit deutscher, estnischer und schottischer Küche ist täglich von 14–22 Uhr geöffnet. www.alatskiviloss.ee.

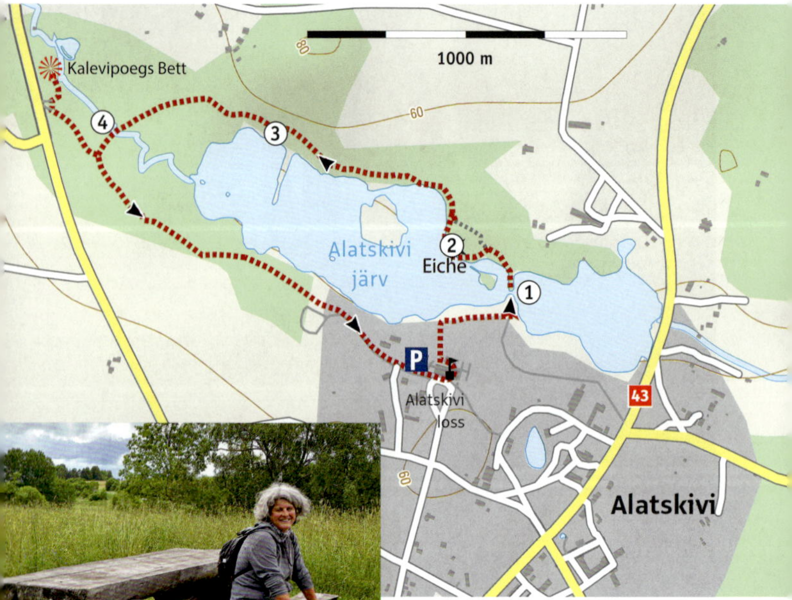

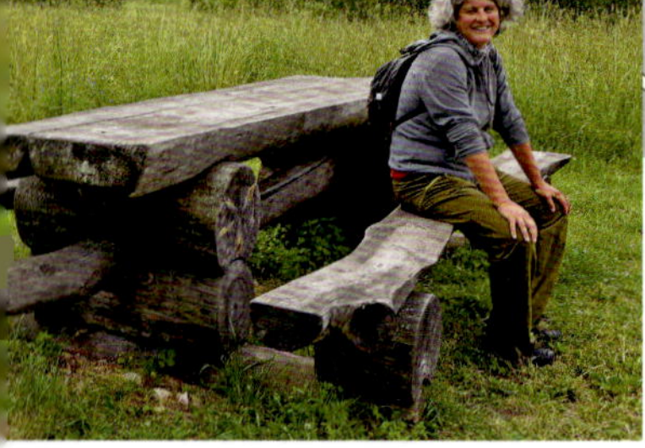

Wir überqueren einen **Bach** ④ und kurz darauf zweigt rechts ein Weg zum **Bett des Riesen Kalevipoeg** ab. Eine Treppe führt auf den Hügel. Oben stehen zwei Picknicktische und laden zu einer Pause ein.

Auf dem Grasweg geht es dann zurück auf unsere Runde, und kurz darauf spazieren wir auf Wiesenboden durch eine alte Allee. Sie verläuft parallel zum Seeufer bis zum Schlossparkplatz, wo unser Auto auf uns wartet und ein Besuch des Schlossrestaurants möglich wäre. Ziehen Sie die deftige, preiswerte Küche vor, ist das **Kivi Körts** neben dem Laden im Ortszentrum eine gute Alternative. Die Auswahl auf der Speisekarte reicht vom Burger zu Spezialitäten der Peipsi-Region mit gegrilltem Fleisch und Fischgerichten.

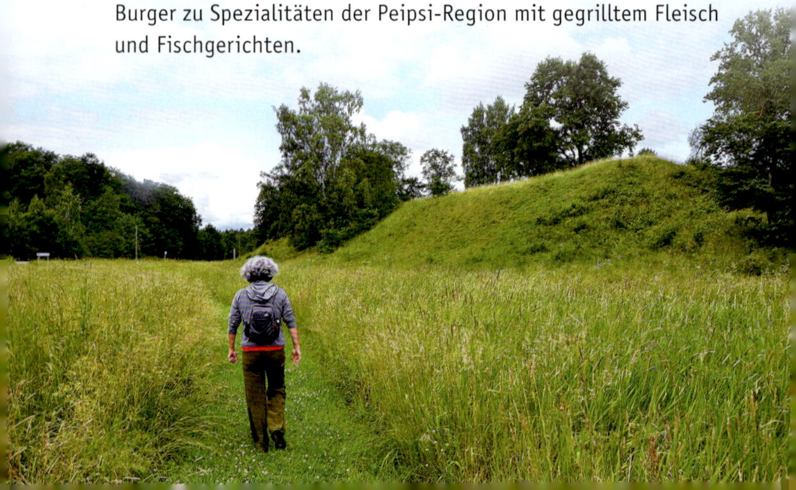

Tour 29: Rundgang durch Tartu

Eine Universitätsstadt mit Geschichte

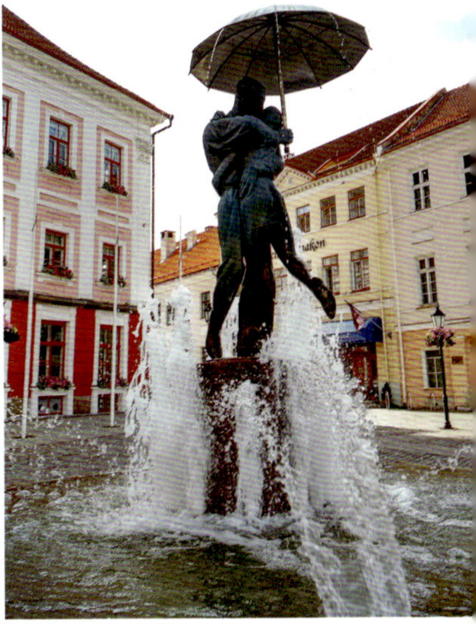

Tartu ist eine alte und eine junge Stadt. Schon 1693 wurde hier die erste Universtät gegründet und heute sind etwa 15 Prozent der Einwohner Studentinnen und Studenten. Die Gebäude der Universität verteilen sich rund um die Altstadt und prägen das Leben in den Gassen um den langgezogenen Raekoja plats, der das Zentrum und die Seele der Stadt ist. Vor dem bonbonfarbenen Rathaus versinkt ein junges Paar aus Bronze in einem innigen Kuss. Der sympathisch verspielte Brunnen ist neueren Datums, unterstreicht perfekt das neue Image der alten Universitätsstadt und ist ein vielgeliebtes Wahrzeichen im Zentrum der »Stadt der guten Gedanken«.

30 m

STRECKE 3 km

1–2 h

ab 8

Wir beginnen unseren Rundgang am **Raekoja plats**, der sich vom Ufer des Emajögi bis zum Fuß des Toomemägi, des alten Domberges, zieht. Rund um den Platz stehen Tische, denn hier sammeln sich die beliebtesten Cafés und Restaurants der Stadt. Vor dem Rathaus steht das bronzene Studentenpaar und küsst sich unter einem nutzlosen Regenschirm. Das Wasser kommt nämlich

TOUREN-STECKBRIEF

Anfahrt: Ein größerer Parkplatz befindet sich auf der gegenüberliegenden Seite des Emajögi an der Raatuse tee 20. Der Platz ist kostenpflichtig. Besser sind Sie innerhalb der Stadt mit dem Fahrrad oder öffentlichen Verkehrsmitteln unterwegs. Einen detaillierten Stadtplan bekommen Sie kostenlos in der Information am Raekoja plats.

Charakter: Rundweg durch die Altstadt auf Straßen und geschotterten Fußwegen im Park.

Mit Kindern: Die Ruine des Doms auf dem Toomemägi und die Werkstätten im Antoniushof sind auch für Kinder eindrucksvoll. Auf den Wegen im Park ist Platz zum Toben und in der Lossi 34a in der Nähe der Sternwarte soll es einen Spielplatz geben.

Einkehr: Cafés und Restaurants am Raekoja plats.

Übernachtung:

Hotel: Antonius Hotel, Dorpat Hotel.

Gästehaus / Hostel: Terviseks Hostel, Tampere Maja.

Camping: Campingplätze am Peipsi järv, Wohnmobilstellplatz Karlova Sadam.

In der Nähe: KGB Museum, Wissenschaftsmuseum Aahaa, Hansefest mit mittelalterlichem Spektakel im Juli.

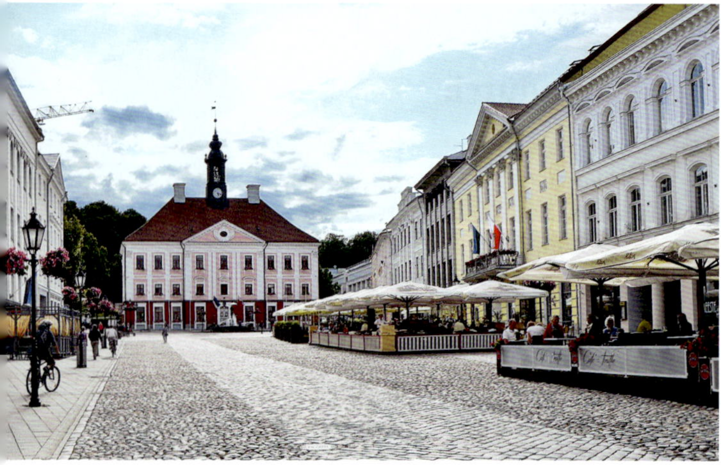

Universität mit Geschichte

1693 gründete der schwedische König Gustav II. Adolf im damals schwedisch regierten Tartu eine der ersten Universitäten Europas. Aus der Academia Gustaviana wurde 1802 die kaiserliche Universität zu Dorpat, wie die Stadt damals hieß. Neben vielen Studenten der deutsch-baltischen und russischen Oberschicht gab es auch wenige estnische Schüler an dieser Uni. Unterrichtet wurde ausschließlich auf Deutsch, später auf Russisch. Erst mit der ersten estnischen Unabhängigkeit im Jahr 1919 wurde die Tartu Ülikool zur ersten estnischsprachigen Universität der Geschichte. Heute können junge Esten außer in Tartu auch noch in Tallinn studieren.

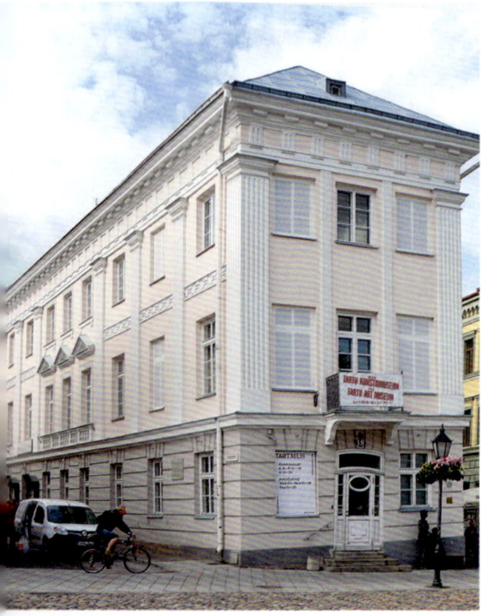

von unten, wo ein Springbrunnen für einen glitzernden Tropfenwirbel sorgt. **1 Suudlevad tudengid** (Küssende Studenten), wie das Werk des estnischen Bildhauers Mati Karmin auf estnisch heißt, wurde 1998 vor dem Rathaus aufgestellt. Rund um den Brunnen ist es immer lebhaft: hier toben und spielen die Kinder zwischen hingebungsvoll fotografierenden Touristen.

Am Raekoja plats steht neben dem **2 Rathaus** aus dem Jahr 1793 ein weiteres interessantes historisches Gebäude: das **3 Schiefe Haus**, in dem Ausstellungen des Tartuer Kunstmuseums zu sehen sind. Es steht teilweise auf einem Steinsockel und teilweise auf einem Holzfundament, welches sich im Laufe der letzten 200 Jahre gesenkt und das Haus in seine ungewöhnliche Schieflage gebracht hat.

Das Museum im Schiefen Haus ist von Mi bis So 11–18 Uhr, Do bis 20 Uhr geöffnet, Eintritt €5,

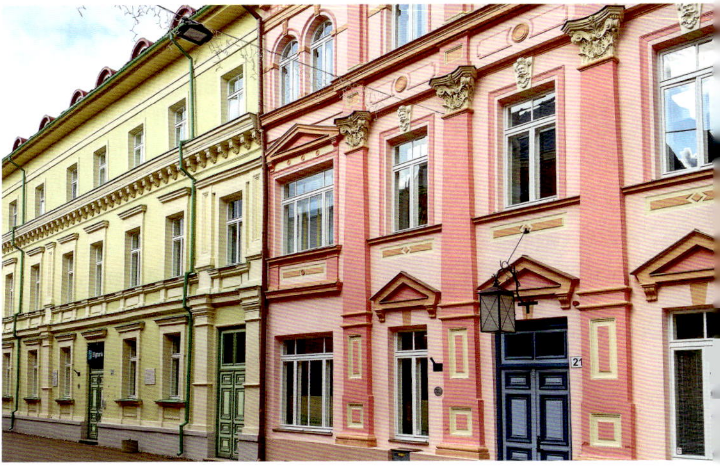

Familienticket €8 für das komplette Haus. Reduzierter Tarif für einzelne Ausstellungen.

Vor dem Rathaus beginnt die Fußgängerstraße **Rüütli tee**. Wenn man diese bis zum Ende läuft, kommt man rechts zum sehenswerten **4 Botanischen Garten** mit Parkanlage und Gewächshäusern, der aber nicht Teil unserer Altstadtrunde ist. Wir erreichen kurz vor dem Ende der Jaani tee eines der wenigen mittelalterlichen Gebäude Tartus: Die evangelische **5 Jaani kirik** (Johanneskirche), im gotischen Stil erbaut, stammt aus dem 14. Jahrhundert. In ihrer Fassade sind etliche rote Terrakottafiguren zu entdecken, die teilweise über 700 Jahre alt sind. Im Turm der Kirche gibt es außerdem eine Aussichtsplattform.
Das Kirchentor ist von Dienstag bis Sonntag von 10–18 Uhr geöffnet. Der Besuch der Kirche ist kostenlos, der Zugang zur Aussichtsplattform kostet €2 pro Person (Schüler €1,50).

Hinter der Jaani kirik biegen wir links in die Lutsu tee ab und laufen bis zum **6 Hof der Antoniusgilde**. In den Werkstätten rund um den Hof können Sie Töpfern und Glasmalern bei der Arbeit zusehen und ihre Produkte kaufen. Hier werden Puppen hergestellt und mit Leder gearbeitet, genäht, gemalt und geschmiedet.
Die Werkstätten sind Di-Fr von 12-18 Uhr für Besucher geöffnet.

Vom Antoniushof kehren wir zurück zur Jaani tee und laufen rechts weiter bis zur Ülikooli tee. Hier steht rechts der Straße das 1804 errichtete klassizistische Hauptgebäude der **7 Universität**, eindeutig zu erkennen an seinem Eingangsportal mit sechs weißen Säulen. In der Aula des klassizistischen Gebäudes finden wegen der guten Akustik regelmäßig Konzerte statt.

Hinter der Universität ragt der Toomemägi über die Dächer der schön restaurierten Stadthäuser. Wir steigen eine der Treppen

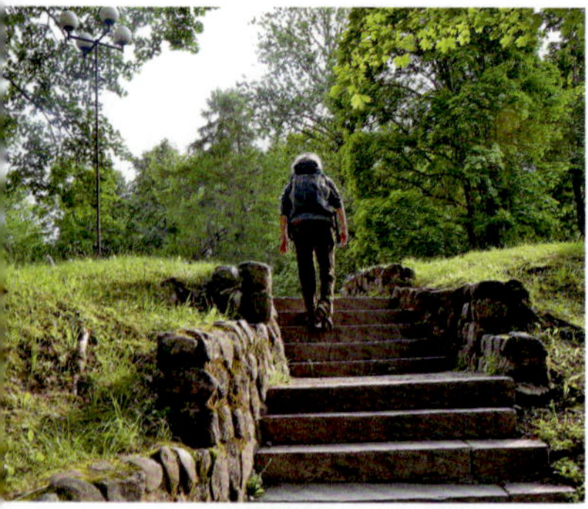

hinauf und halten uns zuerst rechts, um eine Runde durch den Park mit seinen vielen Skulpturen zu drehen. In einem Bogen wandern wir zur halb restaurierten **8 Ruine des alten Domes**. Im wieder aufgebauten Teil des Doms ist das Universitätsmuseum untergebracht, der Rest des Gebäudes erlaubt ohne Dach über den weit hinauf ragenden Kirchenwänden den ungebremsten Blick in den Himmel.

Das **9 Museum der Universität Tartu** in der halb restaurierten Ruine des alten Domes ist frisch renoviert und wird am 1. Mai 2016 mit der Ausstellung »Die Vermessung der Welt« wieder eröffnet. Das Museum beschäftigt sich mit der Geschichte der Wissenschaft, der universitären Bildung und des Studentenlebens vom 17. Jahrhundert bis heute.
Geöffnet ist von Mai bis September Di bis So 10–18 Uhr und von Oktober bis April Mi bis So 11–17 Uhr, Eintritt €6, Familienkarte €12.

Vom Domberg führen zwei Brücken zurück in die Stadt. Die **10 Engelsbrücke** ist weiß und befindet sich näher an der Innenstadt. Sie führt über eine Straße und ist im Vergleich zu ihrem klangvollen Namen ein wenig enttäuschend. Ihr Gegenstück ist die **11 Teufelsbrücke**, eine dunkle Betonbrücke aus dem Jahr 1913. Ihr Name könnte zwar als Gegenpart zu dem der nahen Engelsbrücke entstanden sein, man ist jedoch nicht sicher, ob er sich nicht doch einfach vom Namen des Bauherrn ableitet: Werner Zoege von Manteuffel. Teuflisch wirkt die nüchterne Betonkonstruktion eigentlich nicht.

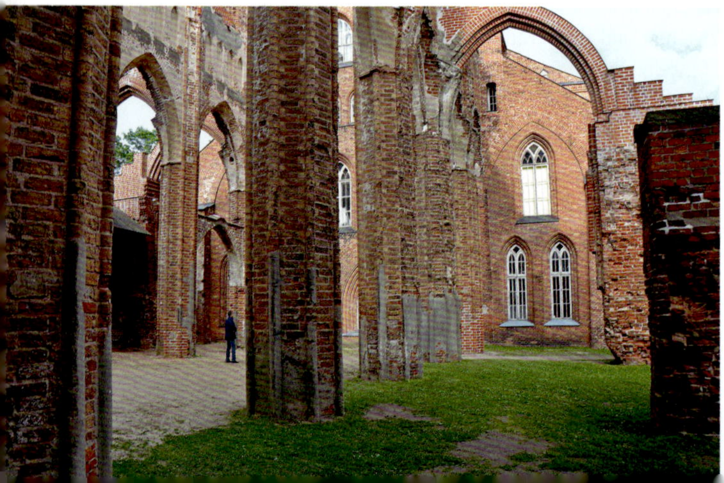

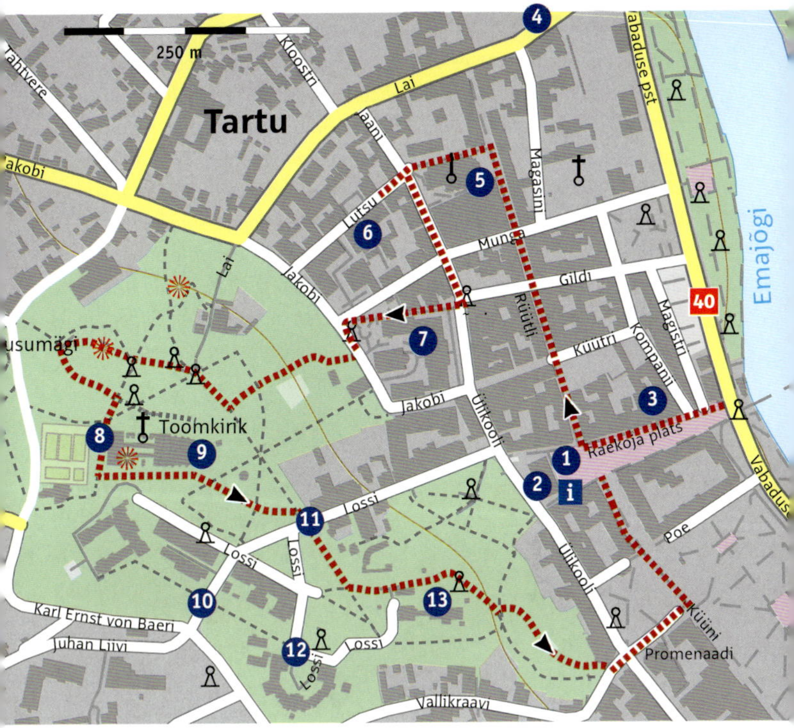

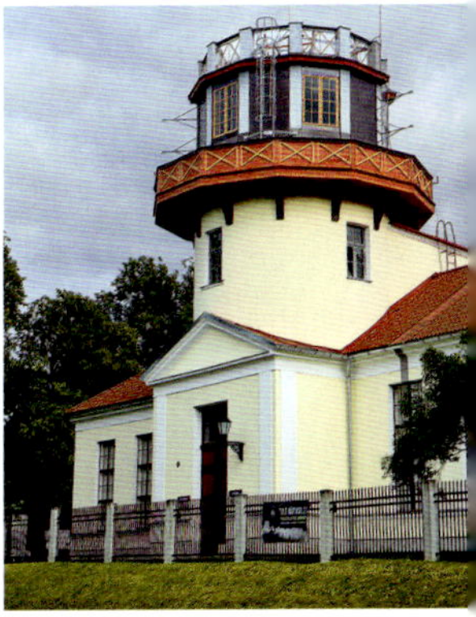

Im Park auf dem zweiten Hügel steht neben dem hufeisenförmigen ⓬ **Vana anatoomikum** von 1803, in dem lange die medizinische Fakultät der Universität Tartu untergebracht war, ein weiteres historisches Gebäude: Die ⓭ **Sternwarte von Tartu** wurde 1810 in Betrieb genommen und machte die Stadt zu einem wichtigen Zentrum der Astronomie. Seit einigen Jahren gibt es hier ein kleines Museum, in dem die historischen Teleskope zu sehen sind. Informationen über die Entwicklung der Astronomie seit dem 19. Jahrhundert gibt es dagegen ganz modern mit Computeranimationen und Touch Sceen.

Geöffnet Dienstag bis Samstag 11 – 17 Uhr, Eintritt €4, Familienkarte €8, www.tahetorn.ut.ee.

Dann steigen wir über Treppen wieder hinunter in die Stadt und laufen im Bogen durch die Ülikooli tee zurück zum gemütlichen **Rathausplatz** (Raekoja plats). Läuft man hier ganz hinunter bis zum Fluss, kann man diesen auf einer schmalen Brücke überqueren und die Stadt von den Schaukelbänken am Bootsanleger noch einmal aus einem anderen Winkel betrachten.

Südlich von Tartu gibt es viel unberührte Natur zu entdecken. So befindet sich in der leicht hügeligen Landschaft südlich von Võru mit dem Suur Munamägi der höchste Berg Estlands und natürlich steht ein stattlicher Aussichtsturm auf seiner Spitze. Wenige Kilometer entfernt trifft man im Ööbikuorg – dem Nachtigallental von Rõuge – auf den tiefsten See des Landes. Der Rõuge Suurjärv ist 38 Meter tief und gehört zu einer Kette von sieben Seen, die durch den Fluss Rõuge verbunden sind. Der Võrtsjärv im Westen ist der größte Binnensee Estlands aber nur wenige Meter tief. Ganz im Süden an der lettischen Grenze ist, in einer der abgelegensten Regionen Estlands, der Karula Nationalpark zu entdecken.

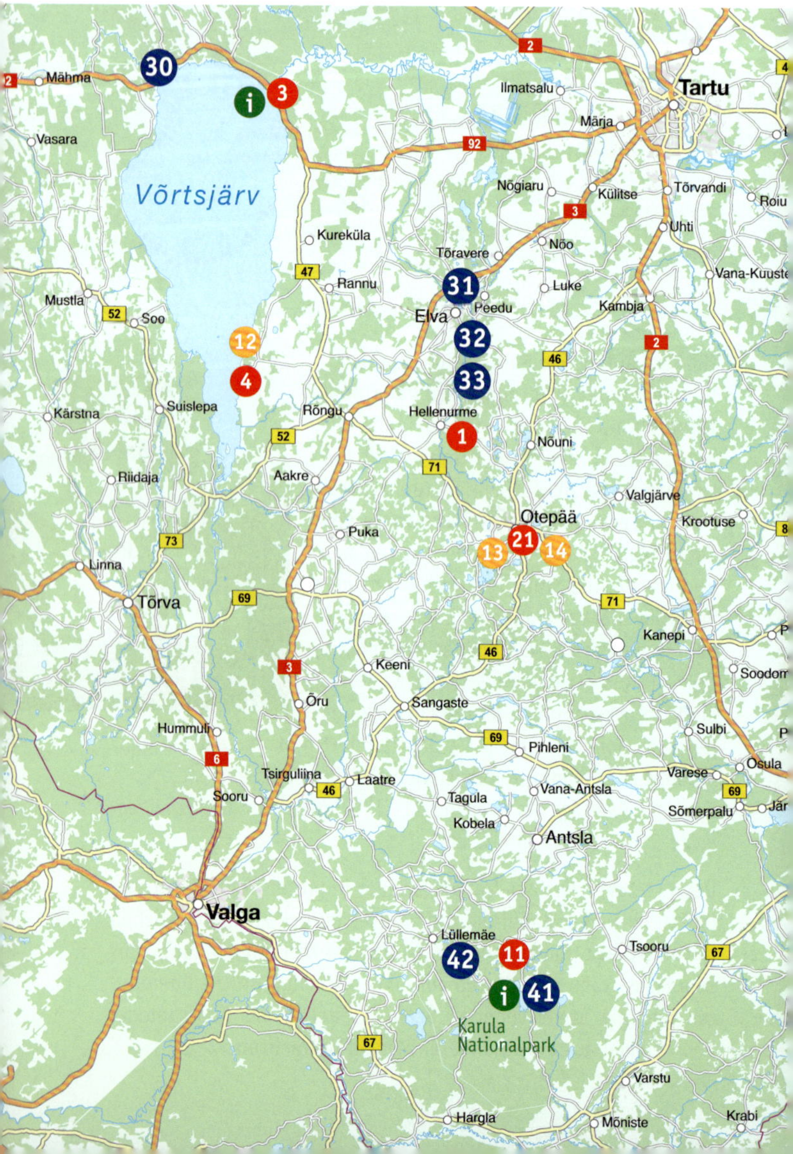

Ausflugsziele

Võru ist durch seine Lage direkt am Tamula järv ein attraktiver Ort. Die lange Strandpromenade mit aufgeschüttetem Sandstrand und dem modernen Strandbad beginnt schon im Ortszentrum. Am Ortsrand an der langen Seebrücke ist der drehbare National-Geographic-Rahmen ein beliebtes Fotomotiv. Rund um die Stadt bieten weitere Seen und der Naturpark Haanja schöne Ausflugsziele.

Haanja Naturpark

In der stillen Landschaft des Haanja Naturparkes gibt es neben der Seenkette im Urstromtal von Rõuge weitere kleine Seen, die teilweise nur auf Schotterstraßen erreichbar sind, und einige schöne Wanderpfade zu entdecken [› Tour 37]. Ansonsten ist das Gebiet nur ansatzweise touristisch erschlossen. Die größten Attraktionen sind die Aussichtstürme auf dem Suur Munamägi und am Infozentrum in Rõuge.

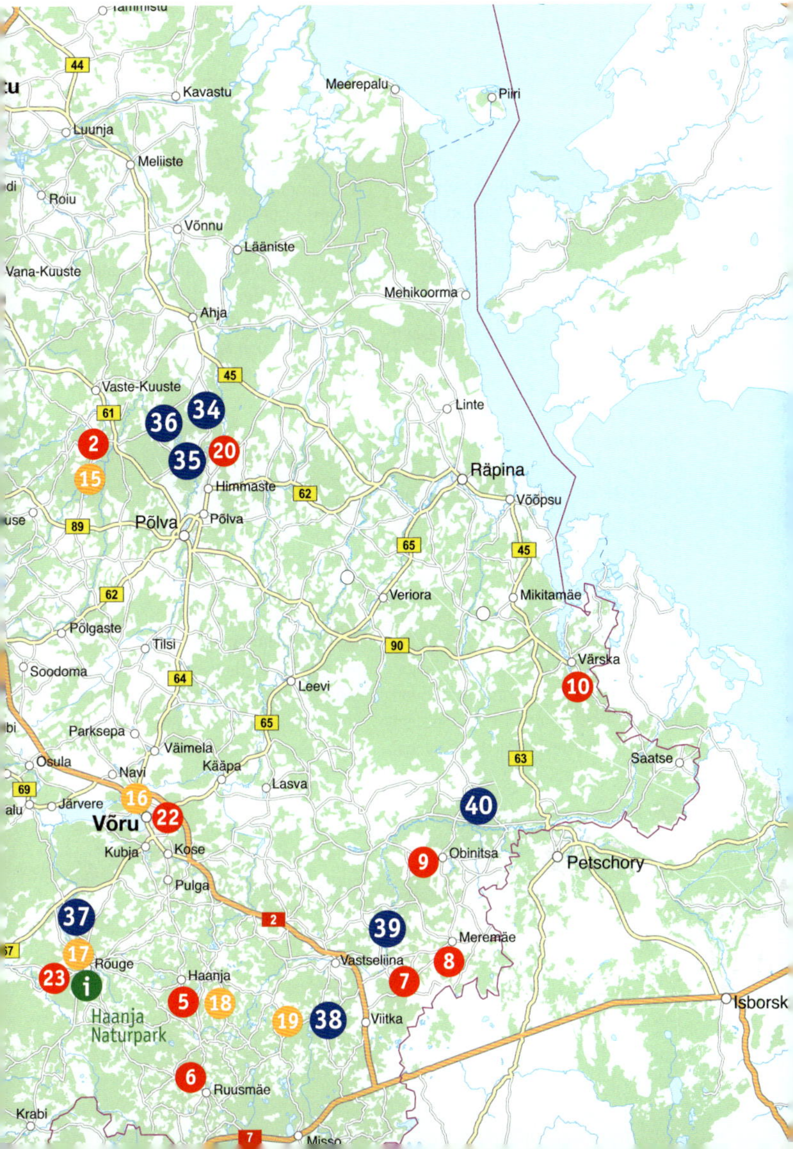

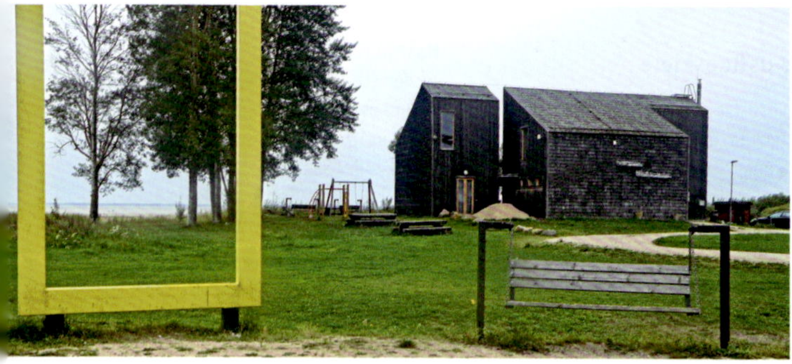

❶ Wassermühle Hellenurme

Südlich von Elva steht eine voll funktionstüchtige Wassermühle am Flüsschen Elva. Hier wird für Besucher Korn gemahlen und Brot gebacken. Die Mühle kann man nur mit Voranmeldung unter Telefon 0037276 79809 oder per mail (mae@veskimuuseum.ee) besichtigen. Es gibt es dort außerdem einen kleinen Bade- und Picknickplatz am See.

Eintritt €7, www.veskimuuseum.ee

❷ Karilatsi open air museum

Im Museum wird das bäuerliche Leben in der Region Polva gezeigt. Im Zentrum des Geländes steht die alte Schule von Karilatsi. Zu sehen gibt es außerdem eine Windmühle aus dem nahen Dorf Prangli und eine voll eingerichtete Farm aus dem Jahr 1860.

Der Vörtsjärv

Der Vörtsjärv westlich von Tartu ist nach dem Peipsi järv der zweitgrößte See Estlands. Am See wird kommerziell gefischt, es gibt hier Barsche, Zander, Aale, Brachsen und Hechte. Durch die geringe Wassertiefe von maximal drei Metern ist der See ein wichtiges Brutrevier für Wasservögel sowie ein beliebtes Freizeitziel.

❸ Besucherzentrum Vörtsjärv

Das Infozentrum liegt am Ostufer des Vörtsjärv am Ausflus des Emajögi aus dem See. Es verfügt über einen kleinen Hafen mit Bootsverleih, einen Badestrand, einen Aussichtsturm und ein Café mit Sitzplatzen nahe des Seeufers. Im Hafen steht außerdem einer der gelben National Geographic Rahmen, die an 21 besonders sehenswerten Plätzen im Südosten Estlands platziert wurden.

Geöffnet Mai bis August täglich 11–19 Uhr.

❹ Järvemuuseum Vörtsjärv

Nördlich von Rannaküla können Sie im Järvemuuseum (Seemuseum) die typische Fauna des Sees in 23 Aquarien betrachten und unterscheiden lernen. In den Becken leben Barsch, Aal, Hecht, Karpfen, Schleie, Quappe, Brasse, Ide, Wels, Plötze, Rotauge, Rotfeder, Ukelei, Güster, Rapfen, Döbel, Stör, Regenbogenforelle, Hecht, Graskarpfen und Marmorkarpfen. Eine Ausstellung informiert über die Flora, Umweltprobleme und den Fischfang im See.

Geöffnet ist von Mai bis August wochentags von 10–18 Uhr. Im Juli und August auch Sa von 11–18 Uhr und So von 11–16 Uhr, September bis Ende April wochentags 10–17 Uhr, Eintritt €7, kalala.emu.ee.

❺ Suur Munamägi

Der »große Eierberg« erhebt sich im Zentrum des Parkes ganze 312 Meter über dem Meer. Um die Aussicht noch zu verbessern, steht auf seiner Spitze ein Turm – keine luftige Holzkonstruktion, sondern ein stabiles Gebäude aus Stein. In seinem Inneren bringt eine Treppe oder ein Aufzug Besucher noch einmal 35 Meter höher zur verglasten Aussichtsplattform mit einem Blickradius von bis zu 50 Kilometern. Im Aussichtsturm gibt es außerdem ein Café.

Der Aussichtsturm ist von April bis August täglich von 10–20 Uhr und im September und Oktober von

10–17 Uhr geöffnet. Eintritt €4, mit Aufzug €6, Schüler €3 bzw. 6, Senioren ab 70 fahren für €3 mit dem Lift zur Turmspitze

6 Gutshaus Rogosi

Der Gutshof Rogosi wurde 1603 von Stanislaw Rogosinsky, einem polnischen Adeligen, erbaut. Nach der Veräußerung des Gutshofs durch die letzten adeligen Besitzer war in dem Gebäude seit 1934 die örtliche Schule untergebracht. Heute findet man hier eine Bücherei, ein Gästehaus und die Touristeninformation. Im Torturm des Gutshofs befindet sich das Heimatmuseum, das im Sommer für Besucher geöffnet ist. Der Gutshof liegt im Ort Ruusmäe südlich von Haanja.

7 Vastseliina linnus

Die Burg von Vastseliina wurde 1342 vom livländischen Orden als Gegenpart zur nahen russischen Burg Irboska erbaut. Im Laufe der Jahre entwickelte sie sich zu einem wichtigen Kontakt- und Handelspunkt zwischen Russland und dem livländischen Orden und war eine der mächtigsten und am besten befestigten Burganlagen Livlands. Die Bischofsburg war außerdem ein Wallfahrtsziel: Das Kreuz in der Kapelle galt als wundertätig. Die Wallfahrt und eine Spende befreite die Pilger von Sünden und die Befestigungsanlagen der Burg konnten weiter wachsen.

Anfang des 18. Jahrhunderts wurde die Burg im nordischen Krieg zerstört und nicht wieder aufgebaut. Heute kann man nur noch einen der Türme auf einer im Inneren montierten Holztreppe besteigen. Gegenüber auf den Mauern des Hauptgebäudes hat in luftiger Höhe ein Storch sein Nest platziert. Eine Holztreppe führt hinunter zur Piusa und man kann dort am Flussufer entlang spazieren – hier beginnt der Wanderweg durch das Piusatal. Das neu eröffnete Mittelalter-Erlebniszentrum neben der Ruine erzählt die Geschichte der Burg und die Legende des wundertätigen Kreuzes und erklärt die zur Ordenszeit übliche Form des Ablasses zur Vergebung von Sünden.

Ganzjährig von Juni bis August 10–18 Uhr geöffnet, September bis Mai Di bis Sa 11–16 Uhr. Besuch der Ruine €3, Mittelalter-Erlebniszentrum €9, Familie €24. Kleiner Laden mit Kunsthandwerk, Souvenirs und Körts, Parkplatz bei **GPS N 57°43'44", E 27°21'43"**, *vastseliinalinnus.ee.*

8 Meremäe Aussichtsturm

Zwischen Vana-Vastseliina und Meremäe steht links der Straße auf dem Hügel von Meremäe ein frei zugänglicher hölzerner Aussichtsturm.

9 Seto Café Obinitsa

Das Dorf Obinitsa gilt als kulturelles Zentrum des estnischen Setomaa. Hier gibt es ein kleines Museum und im Zentrum, in der Nähe des Parkplatzes, ein hübsches Café in dem Sie typische Gerichte der Seto und ausgezeichneteten Kuchen bekommen. Am Parkplatz befindet sich außerdem eine kleine Kunstgalerie.

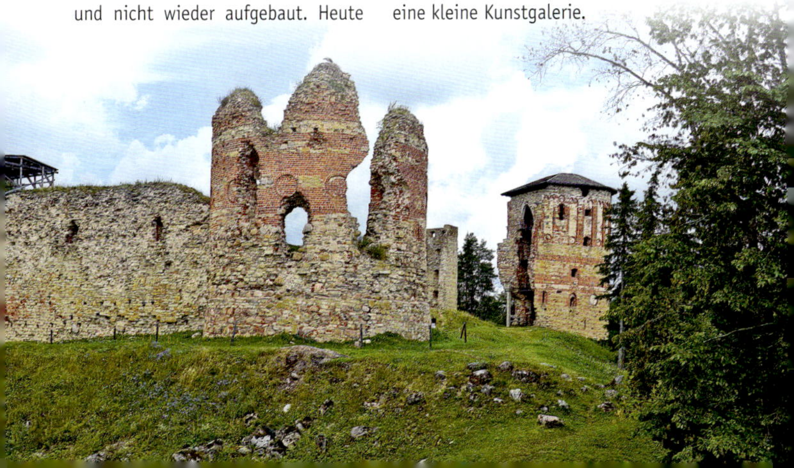

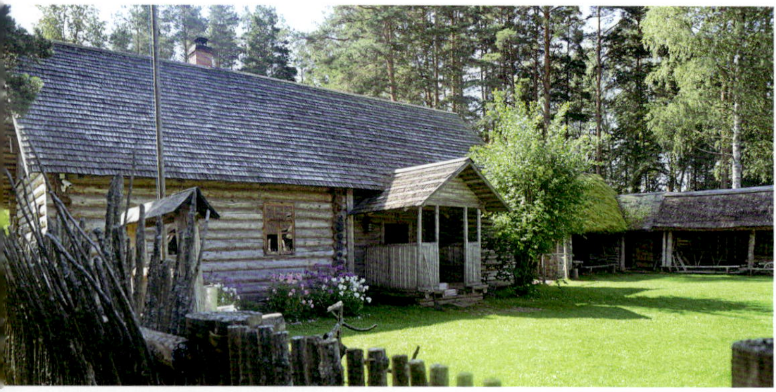

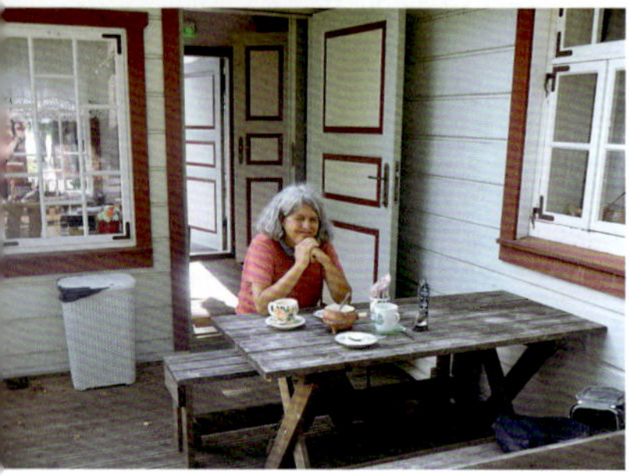

10 Seto Talumuseum Värska

Auf dem Gelände des Museums ist ein original ausgestatteter Seto-Bauernhof vom Anfang des letzten Jahrhunderts zu sehen. Höfe dieser Art wurden von mehreren Generationen bewohnt und bewirtschaftet, sodass hier etwa ein Dutzend Menschen auf engem Raum zusammenlebten. Im angrenzenden Laden kann man Kunsthandwerk wie Keramik und Textilien mit Setu-Mustern kaufen. Im Café am Ausgang gibt es traditionelle Seto-Speisen. Da die Speisekarte nicht übersetzt ist, ist die Sache mit der Auswahl allerdings nicht ganz so einfach. Infos über die alte Kultur der Seto finden Sie auf **[› Seite 198]**
Geöffnet Juni bis August 10–18 Uhr, Mo und So nur bis 16 Uhr, September bis Mai Di bis Sa 10–16 Uhr, Eintritt €5. www.setomuuseum.ee

11 Karula Nationalpark

Die durch die Eiszeit geprägte Hügellandschaft ist der abgelegenste Nationalpark Estlands. Das Infozentrum am Ahijärv ist nur mit einer längeren Pistenfahrt erreichbar. **[› Tour 41]**

Baden

12 Vörtsjärv

Schöner kleiner Badeplatz am Ostufer des Vörtsjärv mit Picknicktischen und Feuerstelle. Der See ist jedoch recht flach und es geht hier recht langsam ins flache Wasser. Die Zufahrt ist von der Verbindungsstraße zwischen Vehendi und Rannaküla ausgeschildert. Parkmöglichkeit bei
GPS N 58°13'51", E 26°07'54".

13 Pühajärve rand

Südlich von Otepää liegt am Pühajärve ein kleines Ferienzentrum mit mehreren Wellnesshotels und einem kleinen Campingplatz. Einen langen Badestrand gibt es vor dem Spa Hotel Pühajärve, schöner ist jedoch das öffentliche Strandbad mit großer Steganlage und seichtem Sandstrand, das Sie vom Parkplatz bei **GPS N 58°02'48", E 26°28'08"** in wenigen Minuten zu Fuß erreichen.

14 Pilkuse järve

Einen weiteren, recht abgelegenen Badeplatz finden Naturfreunde und Einsamkeitsfanatiker am winzigen Pilkuse järve östlich des Pühajärve. Vor einer schattigen Liegewiese mit Grillplatz hilft am Wiesenufer ein schwimmender Steg ins Wasser.
Anfahrt: Von Otepää auf der 71 in Richtung Saverna/Kanepi. Kurz vor dem Linksabzweig nach Saverna beim RMK Holzschild rechts zum Pilkuse See abbiegen. Zufahrt auf 50 m Waldweg zum Parkplatz bei
GPS N 58°03'27", E 26°31'42".

15 Palojärve telkimisala

Ein einfacher Zeltplatz an einem einsam gelegenen Badesee mit Steganlage umgeben von einem Wald voller Blaubeerbüsche könnte Ihnen gefallen? Der Palojärve telkimisala ist deutlich größer als der am Pilkuse järve und liegt schattig im Wald. Guter Zugang zum sauberen Badesee. *Anfahrt: Von der 115 zwischen Ihamaru und Karilatsi mit RMK-Schild beschildert, 500 Meter Schotterstraße zum Parkplatz bei* **GPS N 58°04'56", E 26°54'47"**.

16 Tamula järv

Am Stadtstrand von Võru gibt es hinter dem breiten Sandstrand mehrere Cafés. Wer urbanes Strandleben mag, ist hier genau richtig. Strandparkplatz bei **GPS N 57°50'36", E 26°59'40"**.

17 Rõuge Suurjärv

Badeplatz am Rõuge Suurjärv im Zentrum des kleinen Ortes. Mit breitem Sandstrand. Café Andreas im Ort. Parkplatz bei **GPS N 57°43'48", E 26°55'04"**.

18 Vaskna järv

Kleiner Badeplatz mit Liegewiese etwas abseits der Straße von Haanja nach Vastseliina. Spielplatz auf der oberhalb gelegenen Wiese. Parkplatz bei **GPS N 57°42'59", E 27°05'01"**.

19 Kirikumäe järv

Badeplatz mit Steganlage am schönen Moorsee Kirikumäe. Gegenüber dem Badeplatz kleine Ferienanlage mit Zeltplatz und Zimmern. Wanderweg rund um den See. [› Tour 38]

Outdoorsport

20 Kanutouren mit Ahja matkad

Begleitete Kanutouren mit Transfer und Pfannkuchenpicknick auf der Ahja oder den Seen von Kooraste.
[› Tour 36]
Kanutour €20 pro Person, Kinder 10–16 Jahre €10, Buchung und Termine unter +372 5836 9804 (Peeter) oder +372 5665 2877 (Janek) oder per mail. www.ahjamatkad.ee.

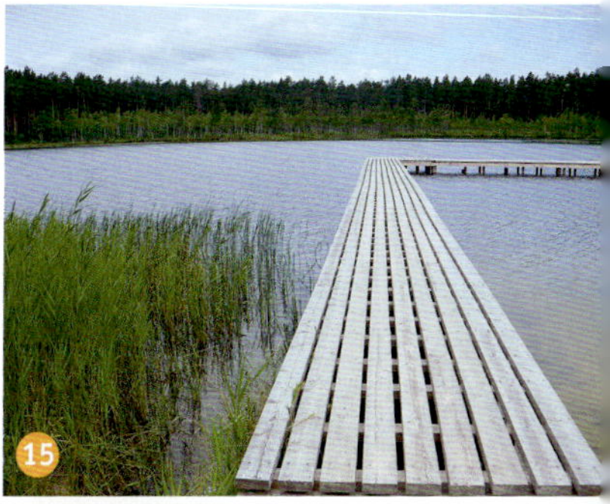

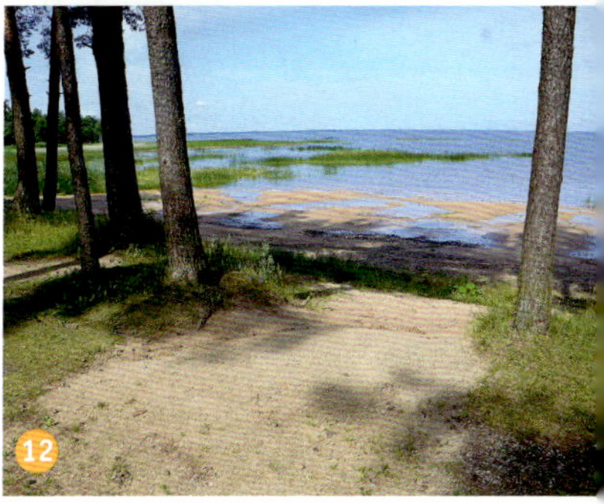

21 Otepää seikluspark

Sechs Parcours, darunter auch einer für Kinder und eine lange Seilrutsche, baumeln bei Otepää zwischen hohen Bäumen. Auf dem Gelände gibt es außerdem eine Kletterwand und ein Katapult, das die angeseilten Springer 15 bis 20 Meter hoch in die Luft befördert.
Am Tehvandi Sports Center, Eintritt €22, Kinder €10–17. Katapult €10. www.seikluspark.ee.

22 Haanjamatkad

Ivar Tupp von Haanja matkad verleiht in Võru Fahrräder und Kanus. Kanutouren gib es auf Vohandu, Vaidva und Mädajõgi. Kanumiete pro Person €20 pro Tag. Am Wochenende werden zweitägige Fahrten mit Fahrrad und Kanu und Übernachtung im Zelt organisiert. *www.haanjamatkad.ee.*

23 Tamula Stables

Im Sommer stehen die Pferde der Tamula Stables auf der Eha Farm in Rõuge für Ausritte bereit. Informationen und Anmeldung unter www.tamulatallid.ee.

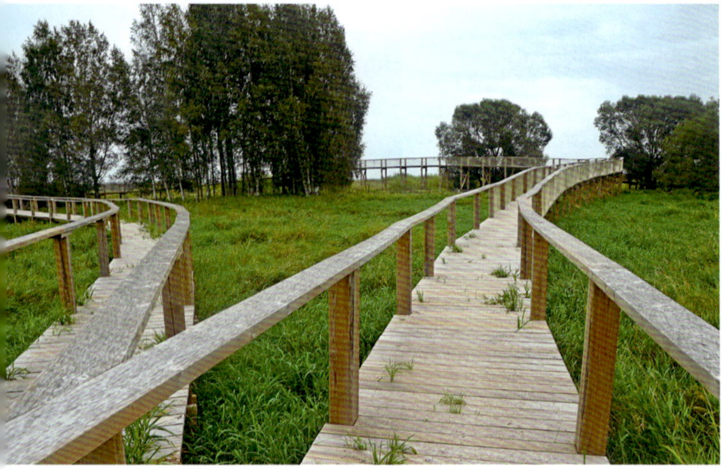

45 min

ab 6

Tour 30: Das Freilichtmuseum von Oiu-Sadam

Ausflug an den Värtsjärv

Bretterwege führen durch die Wiese zum Seeufer und am Flüsschen Tänassilma entlang, das auch mit dem Kanu befahren werden kann. Am Holzsteg erklären große Infotafeln die Geschichte des Hafens sowie die Fauna und Flora des ungewöhnlich flachen Sees und sollen als kleines Freilichtmuseum verstanden werden. Am Hafen gibt es eine gemütliche Pizzeria und einen Bootsverleih. Durch die Nähe zu Tartu entwickelt sich der Vörtsjärv ganz langsam zu einem hübschen Freizeitgebiet.

Von der Fläche ist der Vörtsjärv der zweitgrößte See des Baltikums, aber selbst an seinen tiefsten Stellen steht das Wasser nur sechs Meter hoch. Die Wiesen an seinen Ufern sind häufig überflutet. Dann fuhren die Einheimischen früher mit ihren flachen, Ruup genannten Holzbooten hinaus, um zu fischen. Die

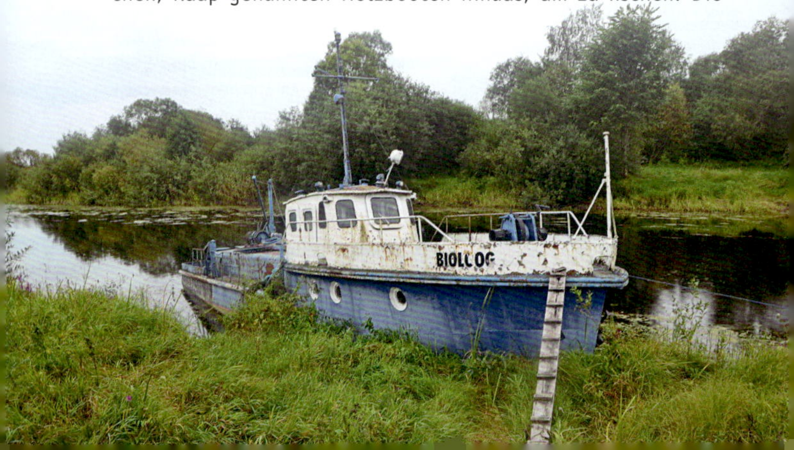

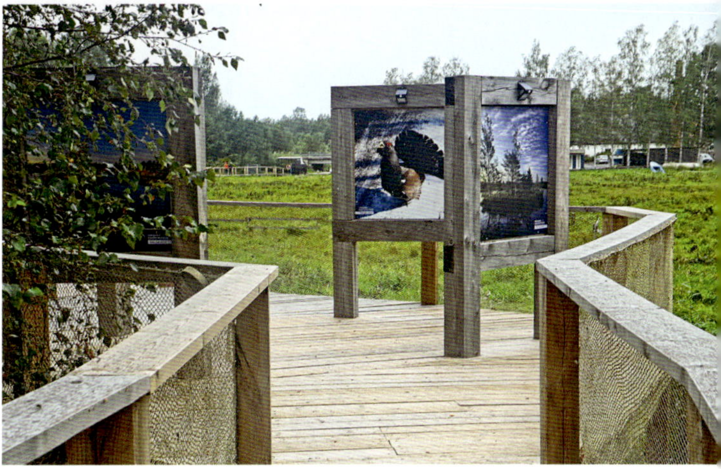

Boote waren mit zwei Personen besetzt. Einer der Fischer stakte den flachen Kahn durch die Wiesen, der zweite beobachtete das Wasser und holte die Fische mit einem Speer aus dem See. Da das Fischen auf dem Vörtsjärv seit 1920 verboten war, fuhr man bei Nacht hinaus und ein Feuer in einem kleinen Metallkorb beleuchtete die Boote und sollte auch die Fische anlocken.

Oiu, der einzige Hafen am See, hat eine Vergangenheit als Handelsplatz. In der Hansezeit soll hier sogar ein Wasserweg von Tartu nach Pärnu existiert haben. Vermutlich war damals der Wasserstand höher, sodass man Pärnu von Oiu über den Tänassilma, den Viljandisee und die Flüsse Raudna, Halliste, Navesti und Pärnu erreichte. In der anderen Richtung ging es über den Emajögi nach Tartu. Heute ist dieser Wasserweg mehrfach unterbrochen. Trotzdem war Oiu lange ein kleiner Handelshafen. Hier wurde Bier aus Tartu in einem Eiskeller zwischengelagert und dann per Pferdefuhrwerk ausgeliefert. Die Produkte der ortsansässigen Molkerei und Käserei verteilte man lange per Boot. Als die Molkerei 1980 den Betrieb einstellte, wurde auch der Hafen verlassen. Im Jahr 2008 machte sich dann die lokale Initiative Oiu Arendus an den Wiederaufbau, um den kleinen Hafen als Freizeitgelände zu erschließen.

TOUREN-STECKBRIEF

Anfahrt: Der kleine Hafen befindet sich an der Mündung des Tänassilma in den Vörtsjärv am Nordende des Sees. Er liegt an der Straße nach Viljandi und ist nur von der Ostseite auf Asphalt zu erreichen.

Charakter: Kurzer Spaziergang über Holzstege zum See. Kanutouren auf dem See oder dem Fluss Talassima möglich.

Mit Kindern: Kurzer Ausflug, der auch für Kinder spannend ist. Am Hafen sind mehrere alte Boote zu bestaunen.

Einkehr: Pizzeria im Hafen.

Übernachtung:

Gästehaus/Camping: Vanasauna Guesthouse, Kiviranna Puhkemaja

In der Nähe: Infozentrum Vörtsjärv

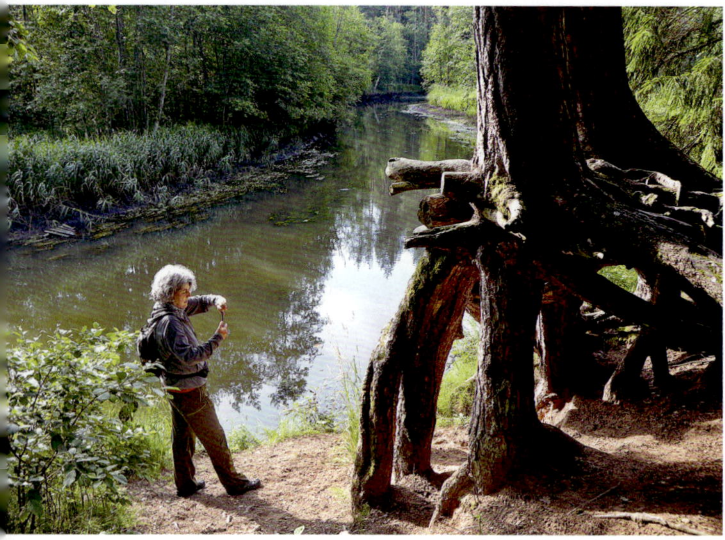

10 m

STRECKE 5,2 km

1 h 45

ab 6

Tour 31: Der Naturpfad von Vapramäe

Spaziergang am Ufer der Elva

In der hügeligen Landschaft um die Kleinstadt Elva gibt es ausgedehnte Wälder mit kleinen Seen. Nördlich des Ortes liegt am Flüsschen Elva das Schutzgebiet von Vapramäe, das durch einen schönen Rundweg erschlossen ist. Besonders reizvoll ist der schmale Pfad, der am Ufer der Elva über Stock und Stein durch einen grünen Urwald führt.

Wanderung: Vom Parkplatz laufen wir über den Wiesenbereich bis zum Holzhaus am Waldrand. Dort beginnen die rot-weißen Markierungen des Wanderpfades. Am Wegbeginn steht noch einmal eine **Infotafel** mit einer Karte des Wanderweges. Auf einem breiten Weg geht es an einem Grillplatz vorbei und dann auf angenehmem Waldweg durch abwechslungsreichen Mischwald. Bei Punkt 5 kann man links neben dem Weg einen Hügel erklimmen. Als **Aussichtspunkt** funktioniert dieser jedoch nur im Winterhalbjahr, wenn die Bäume keine Blätter tragen.

Nach etwa 30 Minuten Gehzeit endet der Weg auf einem kleinen **Parkplatz** ① an einer Straße. Hier weisen die Markierungen in zwei verschiedene Richtungen. Der markierte Pfad dreht eine kurzen Runde jenseits der Straße und kehrt dann zum Parkplatz zurück. Wir gehen also zuerst auf dem schmalen Pfad geradeaus, überqueren die Straße und steigen über viele Treppenstufen auf den **Kerikmägi** ②. Auf der Wiese auf dem Hügel kann man eine Pause einlegen und durch die Blätter auf den Fluss hinunter schauen.

TOUREN-STECKBRIEF

Anfahrt: Von Elva auf der Tartu mantee in Richtung Tartu und dort, wo die alte Straße auf die neue Schnellstraße mündet, geradeaus in die als Parkplatz markierte Sackgasse fahren. Parkplatz bei **GPS N 58°15'07", E 26°27'32"**

Charakter: Die Runde führt in stetigen Auf und Ab über einen breiten Waldweg und auf dem Rückweg auf einem teilweise sehr engen Pfad am Fluss entlang. Durchgängig schattige Waldwege.

Mit Kindern: Spannend ist der Pfad am Fluss mit der riesigen Baumwurzel und einem Rastplatz am Flussufer. Kleiner Spielplatz und Sitzplätze auf einer schwimmenden Plattform im Vapramäe Forell.

Einkehr: Vapramäe Forell.

Übernachtung:

Hotel: Unterkünfte in Otepää oder Tartu.

Gästehaus/Camping: Waide Motell, Tervisespordikeskus.

In der Nähe: Mühle Hellenurme

Dann geht es durch eine Wiese und ein kurzes Stück an der Straße entlang zurück zum Parkplatz, an dem wir diesmal den Weg nach rechts wählen. Er führt zu einem **Zeltplatz mit Picknicktischen** ③ und Feuerstellen am Ufer der Elva. Von hier aus laufen wir immer in der Nähe des Flüsschens am Waldrand entlang.

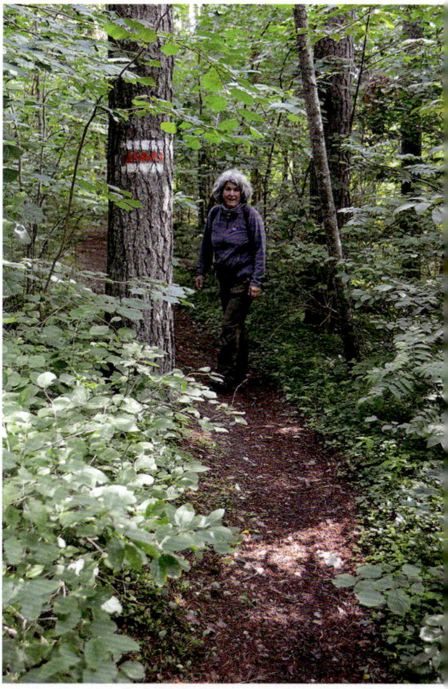

Zwei **Bäume mit unterspülten Wurzeln** ④ sind eine markante Stelle auf halbem Weg. Hier sieht man eindrucksvoll, dass die Elva nicht immer ein zahmes Flüsschen ist. Im Frühjahrshochwasser überflutet sie die angrenzenden Wiesen und

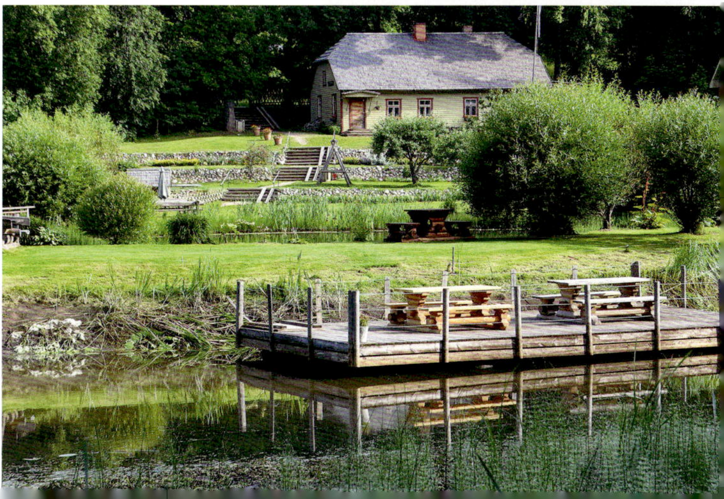

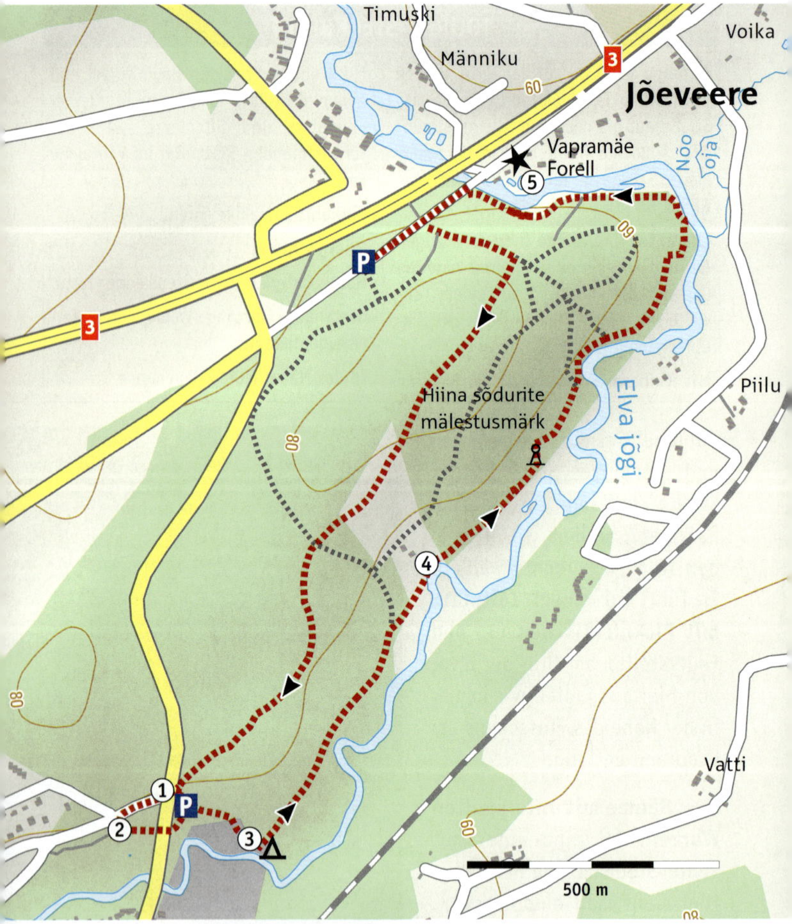

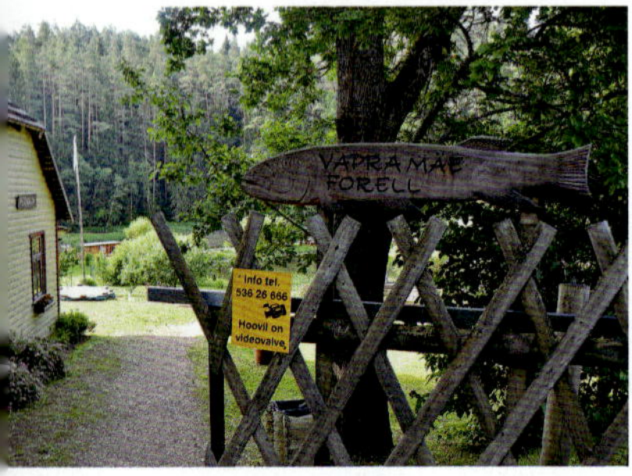

entwickelt ungeahnte Kräfte. Hinter dieser Stelle wird unser Pfad schmaler, führt über dicke Wurzeln und erfordert sogar eine kleine Kletterpartie, bei der die Hände zum Einsatz kommen.

Im letzten Linksbogen hört man dann die Straße wieder lauter und kurz vor dem Ziel hat man einen guten Blick auf die Sitzplätze des **Forellenhofes** ⑤. Einige Sitzplätze sind auf einem Floss im Wasser aufgestellt. Zwischen 12 und 21 Uhr kann man hier Forelle aus der eigenen Fischzucht verspeisen. Dazu läuft man dort, wo der Pfad auf den Asphaltweg trifft, rechts über die alte Brücke. Den Fischerhof erreicht man durch ein unauffälliges Holztor, an dem meist einige Autos parken.

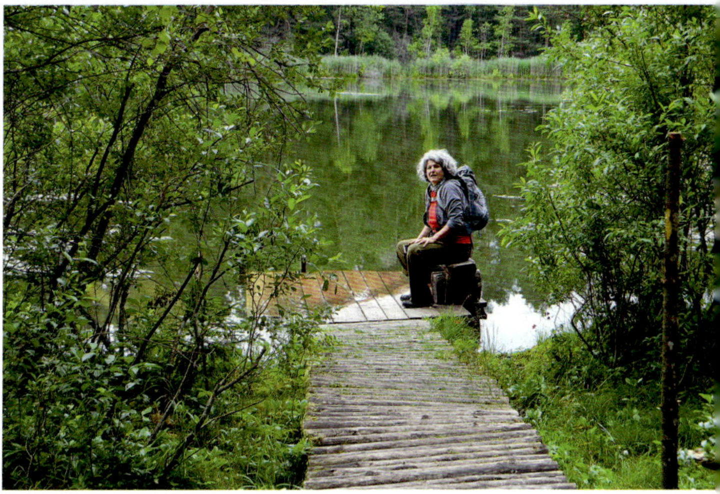

Tour 32: Blaubeerparadies am Badesee

30 m

STRECKE 6 km

2 h

ab 8

Eine Wanderung im Tal der Elva

Ein gut markierter schmaler Waldpfad führt vom Vaike järv zum abgelegenen Suur Umjärv im Tal der Elva. Am Vaike järv gibt es eine angenehme Badestelle. Ziel der Wanderrunde ist der Rastplatz am zweiten See mit Steg und Feuerstelle, der gut versteckt im dichten Wald liegt. Besondere Qualitäten entwickelt diese Wanderung zur Blaubeerzeit. Der Wald südlich von Elva ist ein außerordentlich ergiebiges Sammelgebiet.

TOUREN-STECKBRIEF

Anfahrt: In Elva den Wegweisern zum Tervisesportikeskus, einer Camping- und Sportanlage am Ortsrand und am Eingang zum Elva-Vitipalu Nature Park, folgen. Vom Infozentrum am Bahnhof geht es dazu die Straße Kesk hinunter bis zur nächsten größeren Kreuzung und dort links in die Puiestee. Wir fahren über die Bahnlinie geradeaus, am Friedhof links und sofort wieder rechts und dann in einem Rechtsbogen zum Parkplatz vor der Sportanlage mit Jugendherbergscharakter, tollem Spielplatz, Sportplätzen und Campinghäuschen zum Mieten. Parkplatz bei **GPS N 58°12'22", E 26°25'27"**.

Charakter: Sandiger Weg und schmale Waldpfade, die uns von einem Waldsee zum nächsten führen. In beiden Seen kann man baden. Der Weg ist gut mit weiß-rot-weißen Farbsymbolen markiert. Ab Mitte Juli gibt es hier unendlich viele Blaubeeren.

Mit Kindern: Einfacher Weg durch den Wald, der vor allem bei Badewetter interessant ist, aber schon etwas Ausdauer erfordert. Proviant für ein Picknick am Ziel nicht vergessen. Am Rastplatz gibt es auch eine Feuerstelle. Als Badesee ist der Umbjärv nur für sichere Schwimmer geeignet.

Unterkunft:

Hotel: Unterkünfte in Otepää oder Tartu.

Gästehaus / Camping: Waide Motell, Tervisespordikeskus.

In der Nähe: Mühle Hellenurme, Järvemuseum und Badeplatz am Võrtsjärv.

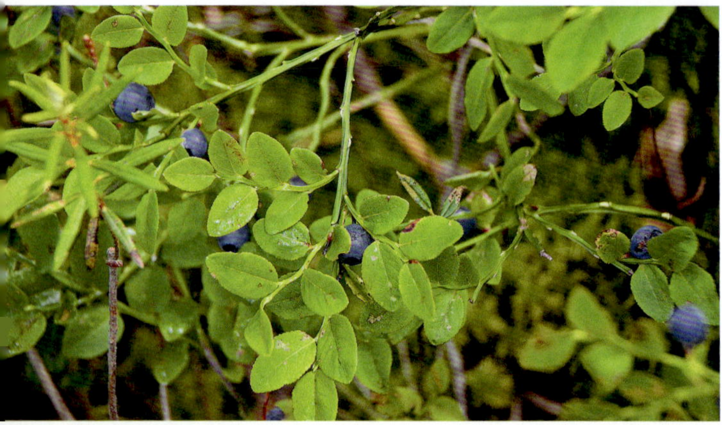

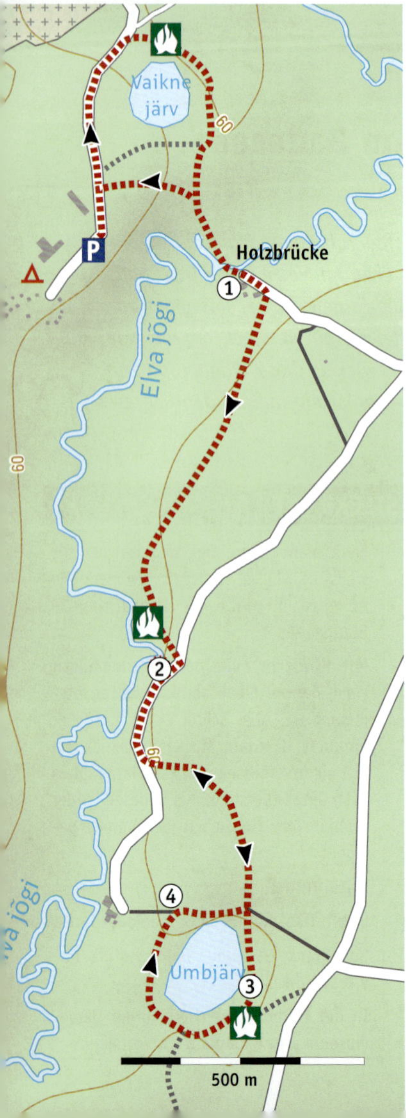

Wanderung: Vom Parkplatz folgen wir dem mit Rindenmulch belegten rot-weiß markierten Weg, der parallel zur Straße zum **Vaikne järv**, einem kleinen Badesee, führt. Unser Weg umrundet den See und führt dann hinunter zu einer Lichtung an der Elva. Hier halten wir uns links und laufen auf ein Haus zu, überqueren den Bach auf einer **Holzbrücke** (1) und folgen der rot-weißen Markierung auf einen breiten Waldweg. Etwa 100 Meter nach dem Gehöft geht es dann rechts in einen schmaleren Waldweg, der sich in Kurven durch den Wald zieht.

Dort, wo unser Pfad wieder auf den breiteren Weg trifft, gehen wir rechts und kommen zu einem unauffälligen **Aussichtspunkt** (2) über das Flusstal, an dem ein Pfad zu einer Feuerstelle direkt am Ufer der Elva hinabführt. Kurz darauf biegt der markierte Pfad wieder links ab und führt in einem Bogen zum **Umbjärv** hinab, in dem man ebenfalls baden kann. Am

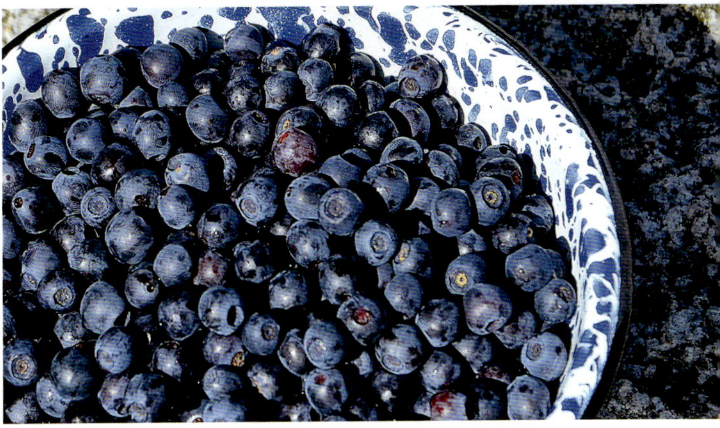

Grillplatz ③ führt ein Steg zum Wasser. Von der Plattform mit Bank hilft eine Leiter ins kühle Nass. Da neben dem Steg Holzbalken im Wasser liegen, ist hier allerdings etwas Vorsicht geboten.

Am Grillplatz verlassen wir den rot-weiß markierten Weg durchs Elvatal. Er ist insgesamt gut 14 Kilometer lang und führt weiter bis zum Vitisee und dann auf dem breiten Fahrradweg westlich der Elva wieder zum Ausgangspunkt. Da uns der Rückweg auf dem Radweg nicht gefallen hat, haben wir lieber zwei kürzere Rundwege aus der kompletten Strecke gemacht. Die Runde um den Viti järv ist unsere **[› Tour 33]**.

Hinter dem Grillplatz führt ein ganz schmaler, unmarkierter **Pfad um den See herum** bis zu einem Angelplatz gegenüber dem Badesteg. Hier wird der Weg breiter und führt zu einem **Fahrweg** ④ hinauf. Hier laufen wir rechts (hier nicht links abbiegen, der Weg führt auf ein Privatgelände), bis wir wieder auf die rot-weiße Markierung treffen und folgen dieser auf vertrautem Weg bis zur **Brücke über die Elva** ①. Diesmal laufen wir links am Fluss entlang und erreichen ohne Umweg um den Vaikne järv unseren Parkplatz.

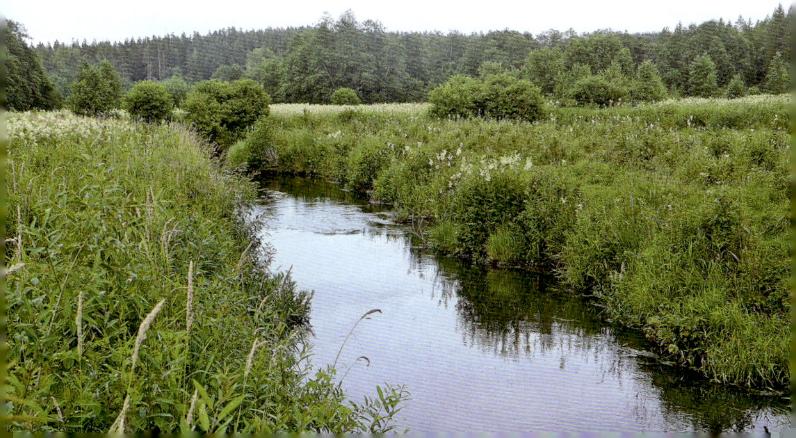

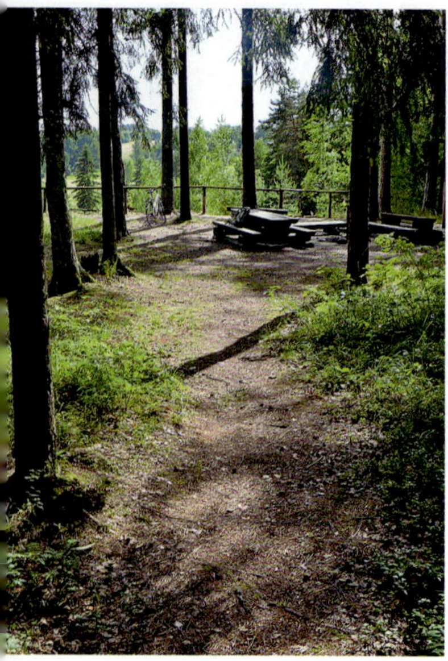

Tour 33: Berg und Tal am Viti järv

Zwischen Fluss, See und Aussichtsturm

Der Blick schweift über viele Baumwipfel und weit unter uns glitzert der Viti järv, an dem wir eben noch gestanden haben, durch das Grün der Bäume. Hölzerne Aussichtstürme mit vielen Stufen stehen im flachen Estland hoch im Kurs und dieser hier ist ein besonders schöner. Genauso reizvoll ist der Rundweg, der zwischen den vielen Hügeln niemals langweilig wird. Der zweite Aussichtsplatz am Weg ist dann natürlichen Ursprungs: Von einem Steilhang blickt man weit hinunter zur Elva. Wer fit ist, lässt sich die Stufen der steilen Holztreppe, die dieses Mal hinter zum Flussufer führt, natürlich nicht entgehen.

30 m

STRECKE 2,5 km

1 h

ab 6

Wanderung: Am Parkplatz führt ein Pfad in den Wald und schon beginnt das muntere Auf und Ab. Es geht über mehrere kleine Hügel bis zum mit Seerosen bedeckten **Viti järv** ①. Auf dem See schwimmt eine Aussichtsplattform, die man über einen kurzen Steg erreicht. Folgt man dem gelb markierten Pfad weiter über kleine Hügel, steht man kurz darauf an einem Grillplatz hinter dem ein breiterer Weg verläuft. Hier kann man auf dem unmarkierten Pfad im Wald weitergehen, der direkt zum **Aussichtsturm** führt, der auf einem kleinen Hügel steht.

Vom Turm steigen wir auf einem steilen Pfad zum breiteren Forstweg hinunter, dem wir bis zu einem **hölzernen Tor** ② mitten im Wald folgen. Hier geht es links und kurz darauf führt wieder ein Pfad links hinab. Schaut man genauer hin, sieht man auch die Markierung. Hier folgt der letzte ernste Konditionstest:

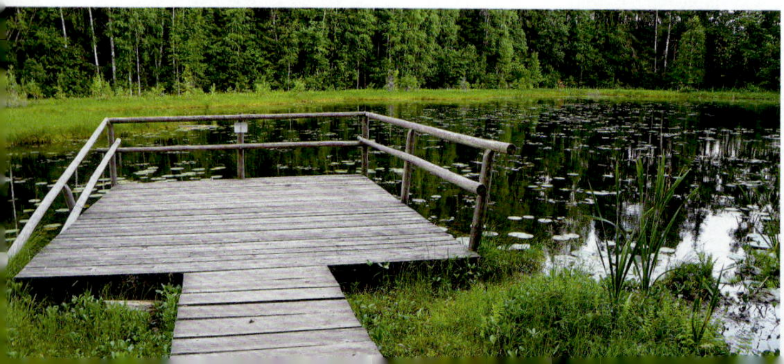

TOUREN-STECKBRIEF

Anfahrt: Von Elva auf der Palupera Tee in Richtung Otepää und Hellenurme fahren und nach 4,5 Kilometer dem braunen Wegweiser zum Naturpark Vitipalu links auf eine breite Schotterpiste folgen. Die Straße führt über die Elva und dann an der einzigen Kreuzung rechts weiter bis zur Parkbucht mit Infotafel bei **GPS N 58°09'27", E 26°24'55"**.

Charakter: Schmaler Pfad, der in stetem Auf und Ab durch den Wald führt, einige Passagen sind sehr steil, gute Schuhe sind also unbedingt notwendig. Höhepunkte der Runde sind der Aussichtsturm und ein sehr schöner Rastplatz hoch über der Elva.

Mit Kindern: Perfekter, nicht zu langer Kinderweg mit viel Abwechslung – Schuhe mit rutschfesten Sohlen und etwas Abenteuerlust vorausgesetzt.

UNTERKUNFT:

Hotel: Unterkünfte in Otepää oder Tartu

Gästehaus / Camping: Waide Motell, Tervisespordikeskus

In der Nähe: Mühle Hellenurme, Järvemuseum und Badeplatz am Võrtsjärv

Es geht noch einmal richtig steil hinauf, dann wird der Pfad langsam zahmer und endet auf einem breiten Fahrweg. Diesem folgen wir ein kurzes Stück rechts hinauf, bis links ein sehr schmaler Pfad in den Wald führt. Dieser führt uns direkt zum schönen **Rastplatz** ③ mit Tischen, vollständig ausgestattetem Grill mit Feuerholz auf einer Aussichtsterrasse hoch über der Elva. Wer weitere Stufen verkraftet, kann auf einer Holztreppe zum Fluss hinuntersteigen. Hier lohnt sich auch eine längere Pause oder ein Grillfeuer. Der Weg zum Auto ist jetzt nicht mehr weit. Wir folgen einfach dem sowohl gelb, als auch rot-weiß markierten Waldpfad, der genau am Parkplatz auf die Schotterstraße trifft.

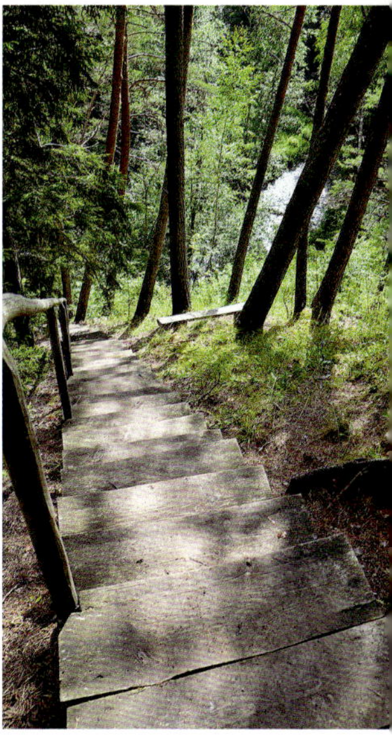

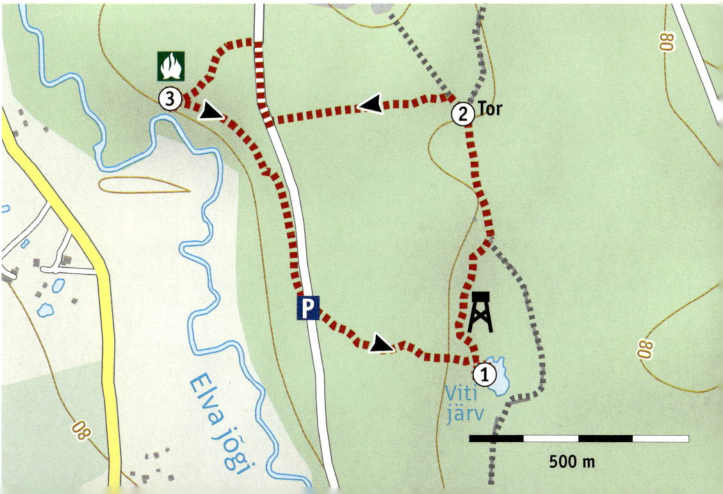

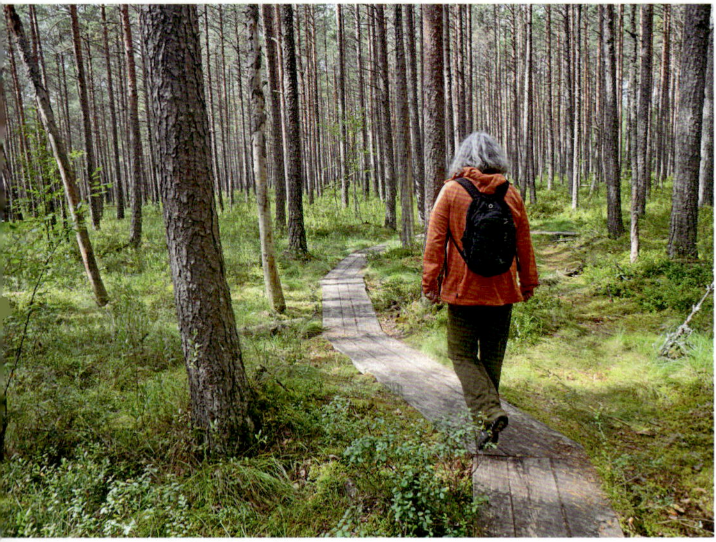

eben

STRECKE 2 km

45 min

ab 4

Tour 34: Valgesoo Matkarada

Rundweg durch Moor und Wald

Ein gelber Rahmen mitten im Moor weist darauf hin, dass Hochmoore zu den besonderen Orten im Süden Estlands gehören. Die Rahmen werden von National Geographic verliehen und es gibt in Südestland 21 davon. Die größte Attraktion des kleinen Moorpfades, der durch ein relativ trockenes Moorgebiet und einen sehr alten, beinahe verwunschenen Wald mit riesigen Ameisenhügeln führt, ist jedoch der 2019 neu errichtete Aussichtsturm. Er ist knapp 30 Meter hoch, sodass wir auf der oben Plattform mit den höchsten Baumwipfeln auf einer Höhe sind und das ganze Moorgebiet gut überblicken können.

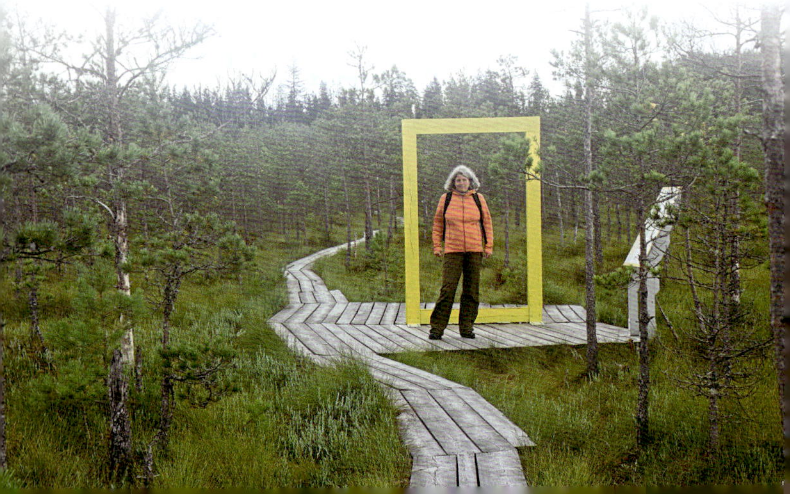

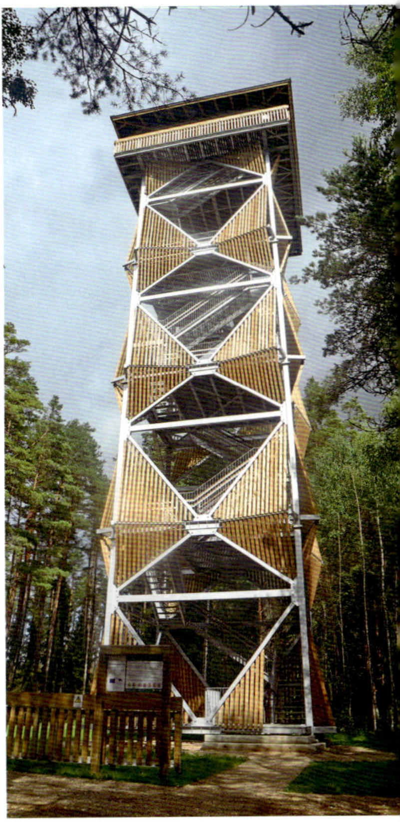

Wanderung: Der erste Teil des Rundweges führt durchs Moor. Der **Bohlenpfad** beginnt rechts vom Turm direkt am Parkplatz. Er führt uns durch einen schnell lichter werdenden Baumbestand, bis in der kargen Moorvegetation nur noch knorrige kleine Kiefern übrigbleiben. Hier im Valgemoor gibt es keine Wassertümpel, dazu ist das Moor zu trocken. Der Blick fällt also besonders aufmerksam auf die hochmoortypische Pflanzengemeinschaft, die hier von vielen Cranberries und Moosbeeren dominiert wird, die im Herbst knallrot im Torfmoos leuchten. Dazwischen schaukeln die schwarzen Krähenbeeren, die wohl ebenfalls essbar sind. Im Zentrum des Moores treffen wir dann auf den leuchtend **gelben Rahmen** ①, der hier einen netten Farbkontrast setzt.

Kurz darauf verändert sich die Vegetation. Die Büsche der Rauschbeere siedeln sich zuerst im trockeneren Bereich der Baumwurzeln an und breiten sich dann aus, bis der **Pfad das Moor verlässt** ②. Statt auf Holzbohlen wandern wir jetzt auf federndem Waldboden. Ein schmaler, von Wurzeln durchzogener Pfad, schlängelt sich zwischen alten Bäumen hindurch. Zwischen den Stämmen liegt viel Totholz, denn der Wald wird hier nicht

TOUREN-STECKBRIEF

Anfahrt: Von Polva kommend auf der 61 nach Norden fahren bis zum Abzweig nach Kiidjärve. Den Fluss überqueren, hier liegt links das Taevaskoja-Infozentrum. Es geht nun auf Schotter weite bis nach knapp drei Kilometern rechts die Zufahrt zum Parkplatz bei **GPS N 58°09'11.7", E 27° 03'24.9"** abzweigt. Valgesoo ist hier ausgeschildert.

Charakter: Kurze Wanderung auf einem Bohlenweg und einem Waldpfad. Der Weg ist durchgängig gut markiert.

Mit Kindern: Die Runde ist abwechslungsreich und kurz und mit Kindern gut zu gehen. Ein Highlight sind die riesigen Ameisenhügel im alten Wald und natürlich der Aufstieg auf den Aussichtsturm.

Übernachtung:

Gästehaus: Kassioru Puhkemaja mit Zeltplätzen und festen Unterkünften in urigen, aber einfachen Holzhäusern.

In der Nähe: Taevaskojaschlucht

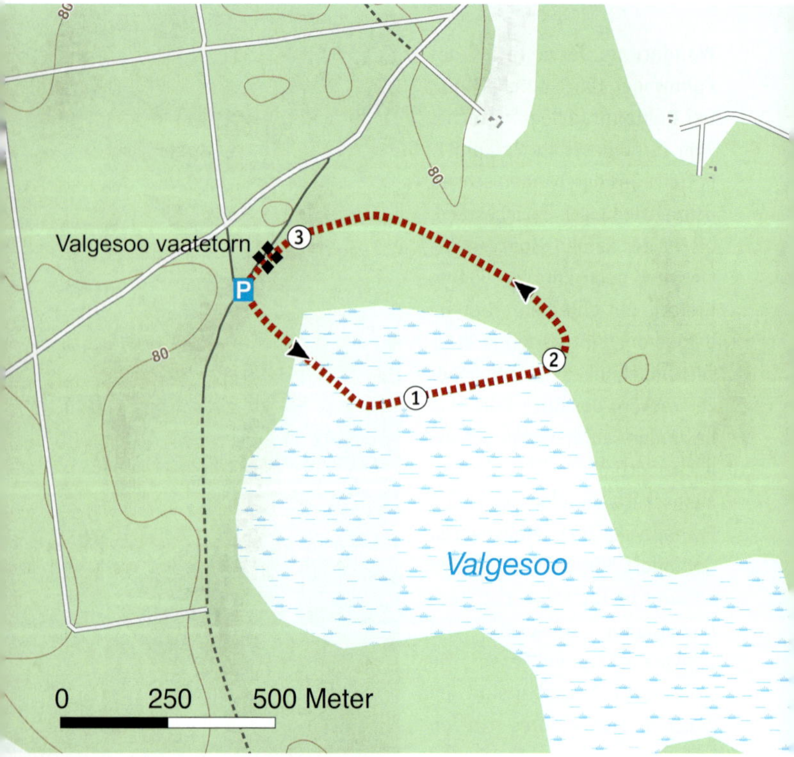

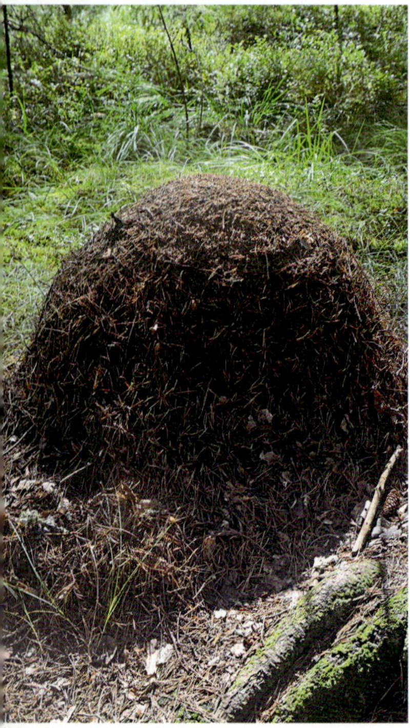

bewirtschaftet. Totholz ist die Basis für neues Leben im Wald. Es zieht viele Insekten an und in den morschen Stämmen bauen Spechte ihre Höhlen, die später auch von anderen Tieren als Unterkunft geschätzt werden. Hier im Valgesoo sind aber vor allem die Ameisen fleißig bei der Arbeit. Zwischen den Stämmen türmen sich unzählige riesige **Ameisenhügel**.

Dann folgt noch einmal eine Waldpassage mit feuchterem Boden, über die uns wieder ein **Bohlenweg** führt. Die Ameisen sind wieder verschwunden und die Vegetation verändert sich erneut. Der letzte Wegabschnitt ist trocken. Zwischen

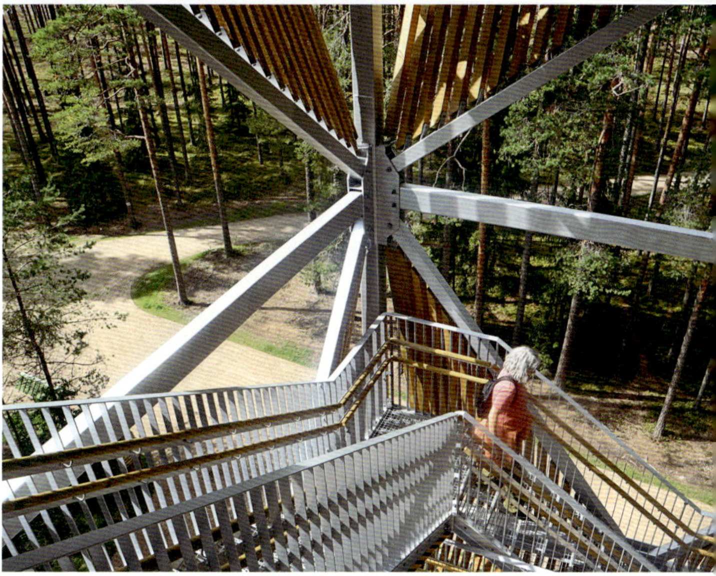

die Rauschbeeren mischen sich immer mehr Blaubeersträucher und vereinzelt blüht hier Heidekraut. Dann erreichen wir den **Grill- und Zeltplatz ③**, der sich auf der anderen Seite des Aussichtsturmes befindet. Und natürlich schauen wir uns zum Abschluss die eben durchwanderte Landschaft noch einmal von oben an. Wir steigen also Etage um Etage im Turm hinauf, bis wir die meisten Baumwipfel überragen und unser Blick frei über das Moor fällt.

Die gelben Rahmen im Osten Estlands
Im dünn besiedelten und von Touristen aus dem Westen nur wenig bereisten Südosten Estlands lenken gelbe National-Geographic Rahmen den Blick auf besondere Orte. Die ersten wurden 2013 aufgestellt – an Orten die für das Kulturerbe wichtig sind und an Natursehenswürdigkeiten. Sie stehen an Schlössern und Burgruinen, im Moor und an Museen, die sich mit der estnischen Kultur befassen und sollen Besucher zu den bemerkenswertesten Plätzen der Region leiten.

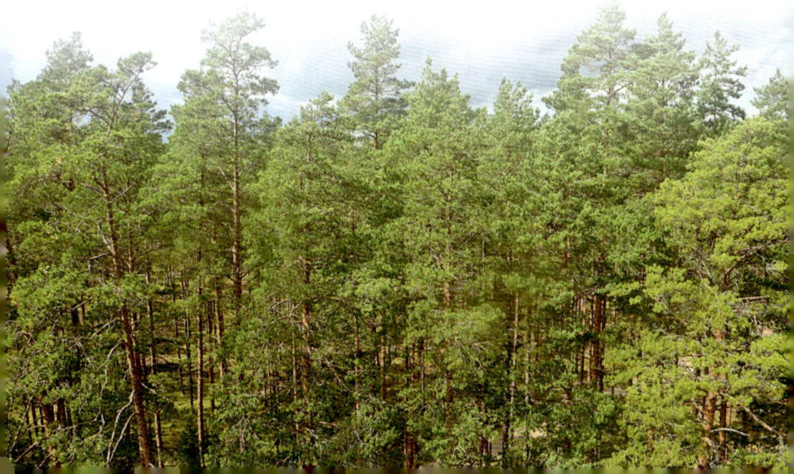

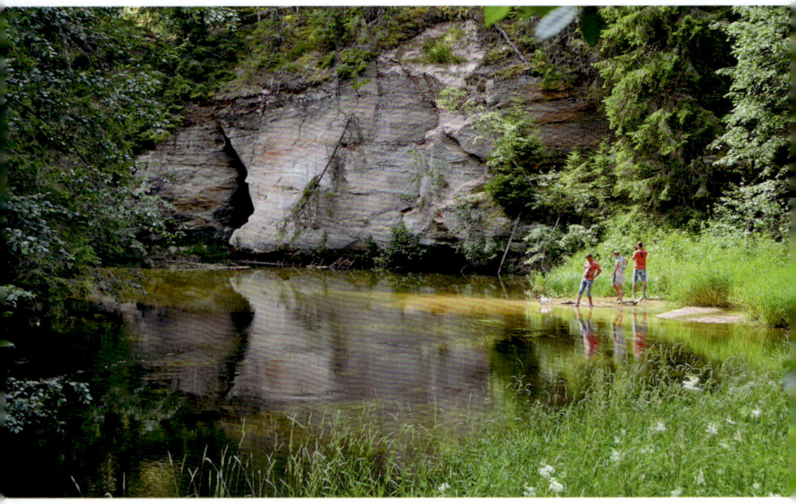

40 m

STRECKE 3 km

1 h

ab 4

Tour 35: Suur Taevaskoja

Rundweg durch die rote Schlucht

Suur Taevaskoja ist ein Ort der Legenden. Vor langer Zeit soll es hier dem Teufel so gut gefallen haben, dass er sich eine große Höhle mit vielen Zimmern in den Felsen grub, in der er ungestört von den Menschen am friedlich murmelnden Fluss leben konnte. Sein neues Haus nannte er Taevas Koda – Himmelshalle. In der Schlucht gibt es außerdem eine Jungfrauenhöhle und die größte von mehreren Quellen unter den Felsen trägt den Namen Emaläte – Mutterquelle. Einige der alten Legenden, die sich um diesen Ort ranken, werden auf schön illustrierten Tafeln am Wegesrand erzählt. Nehmen Sie sich Zeit zum Lesen und lassen Sie die Landschaft auf sich wirken.

Mit der Lonni über den Stausee

Das Ausflugboot Lonni startet im Sommer am Staudamm zu einstündigen Rundfahrten über den Stausee. Mitfahren können Sie zwischen 12 und 18 Uhr immer zur vollen Stunde. Die Fahrt kostet €5 pro Person, Familien €15.

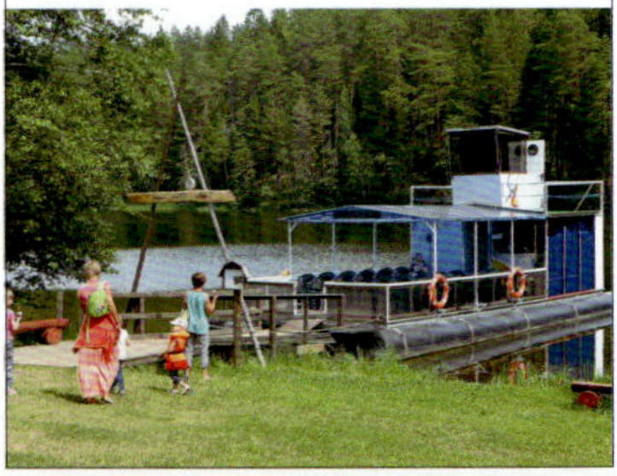

Wanderung: Vom Wanderparkplatz Taevaskoja folgen wir dem breiten Weg hinter dem Holztor durch den Wald und bis zum Fluss hinunter. Hier befindet sich die Staumauer des E-Werkes und der **Anleger des kleinen Ausflugsschiffes** ① mit dem Namen Lonni, das hier nachmittags zu jeder vollen Stunde zum Ausflug auf den oberhalb gelegenen Stausee startet. Wir erkunden das Flusstal in der anderen Rich-

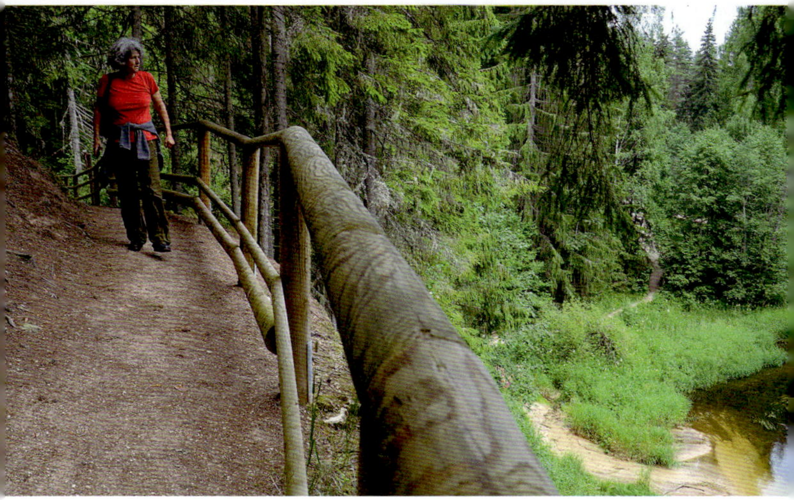

tung und laufen in der Nähe der Ahja bis zur ersten Brücke.

Hier bleiben wir vorerst auf der rechten Flussseite, steigen über eine Holztreppe hinauf auf die ersten roten Felsen und laufen oberhalb der Ahja zur **zweiten Brücke** ②, die zum Rastplatz gegenüber der Klippen von Suur Taevaskoja, dem höchsten Sandsteinfelsen im Ahjatal, ans andere Ufer führt. Auf unserer Flussseite kann man über viele Stufen auf den Felsen steigen und schaut dann beeindruckend weit ins Flusstal hinunter. Ta-

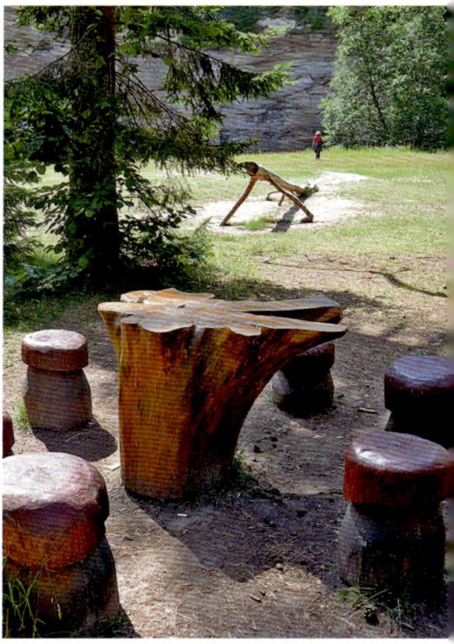

TOUREN-STECKBRIEF

Anfahrt: Die Zufahrt zum Wanderparkplatz Taevaskoja ist von der Landstraße 61 etwa sechs Kilometer nördlich von Polva ausgeschildert. Parkplatz bei **GPS N 58°06'54", E 27°02'50"**.

Charakter: Ein breiter Waldweg führt an der Ahja entlang in die Schlucht, die mit einem Pfad unten am Wasser und oben auf den Sandsteinfelsen erschlossen ist. Eine Brücke führt zum Rastplatz in der Innenkurve der Schlucht.

Mit Kindern: Perfekte Kindertour mit kurzem spannendem Weg und gutem Zugang zum Wasser. Von einem Anleger an der Staumauer fährt ein Ausflugsboot über den oberhalb gelegenen Stausee.

Einkehr: Kiosk am Parkplatz.

Übernachtung:

Hotel: Mooste Destillery

Camping/Gästehaus: Camping Taevaskoja Salamaa, Camping Kassioru Puhkemaja

In der Nähe: Ausflugsboot Lonni, Badesee Palojärve.

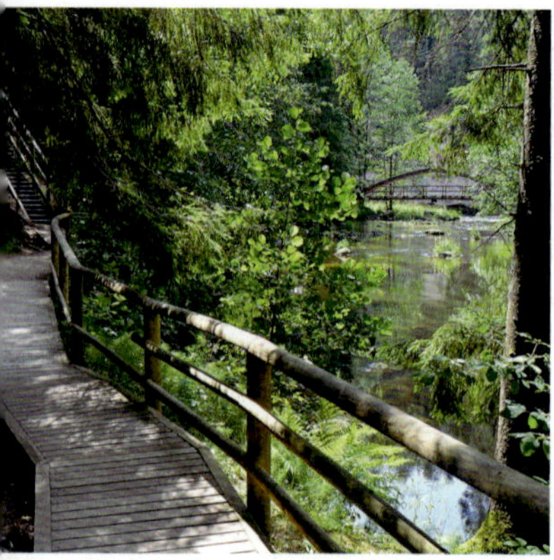

feln am Wegesrand erzählen verschiedene Geschichten, die mit dem Tal in Verbindung stehen oder berichten mit historischen Fotos über dessen Vergangenheit.

Um jetzt die Felswand von unten zu betrachten, laufen wir zurück zur zweiten Brücke und überqueren den Fluss. Auf der **Kiesbank vor den Felsen** lohnt eine Pause. Dann laufen wir auf der anderen Flussseite mit Blick auf die Felsen am Fluss entlang. Kurz vor der ersten Brücke öffnet sich in der Felswand am gegenüber liegenden Ufer eine Höhle, die heute als **Höhle der Jungfrau** bezeichnet wird. Und natürlich gibt es auch zu diesem Platz eine Legende.

Wir bleiben am rechten Ufer und wandern hier meist ganz alleine über mehrere kleine Hügel, die mit Treppenstufen versehen sind. Wenig später sehen wir links das weiße Gebäude des E-Werks und laufen über die flache **Staumauer** zurück zur **Anlegestelle der Lonni** ①. Von dort führt der vom Hinweg vertraute Waldweg zurück zum Parkplatz.

Umweg am Flussufer

Zusätzlich 3 km, Gehzeit ca. 1 h.

Wenn Sie die Wanderung verlängern möchten, folgen Sie, statt oben auf der Klippe umzudrehen, dem schmalen Waldweg (in der Karte grün) bis zur nächsten Flussbrücke und kehren auf der anderen Seite auf dem Otten Hiking trail nach Taevaskoja zurück.

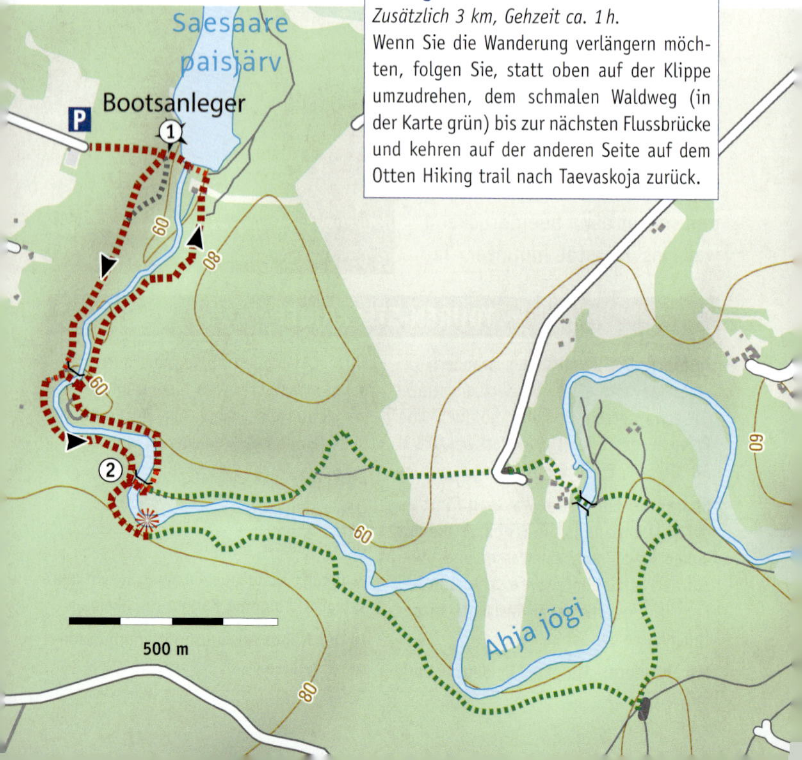

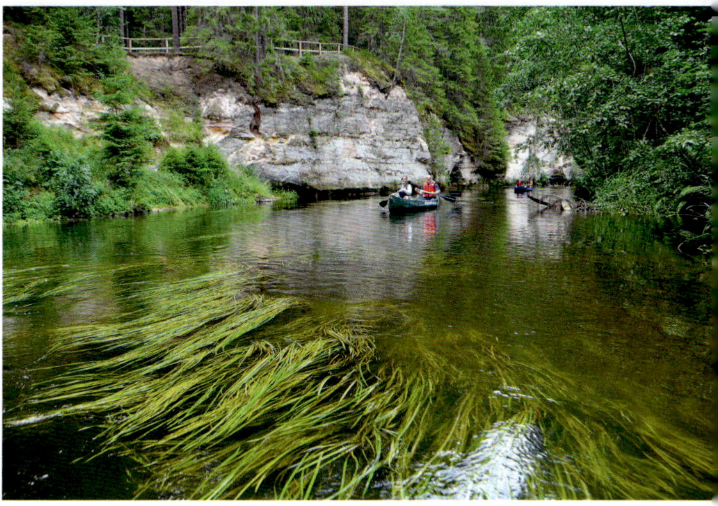

Tour 36: Mit dem Kanu auf der Ahja

STRECKE 8 km

3 h

ab 6

Auf dem Wasserweg durch die rote Schlucht

Vom Wasser gesehen sind die roten Wände von Taevaskoja noch beeindruckender, die Höhlen in der Klippe düster und tief und die Schlucht bekommt einen neuen Charakter. Geruhsam treiben unsere Boote unter der Brücke hindurch, um gleich darauf durch das sprudelnde Wasser vor der Felswand zu sausen.

TOUREN-STECKBRIEF

Anfahrt: Von der 61 zwischen Tartu und Polva zweigt kurz hinter Koorvere eine schmale Straße nach Kiidjärve ab. Links vor der Ahja halten wir auf dem Parkplatz der Naturparkinformation bei **GPS N 58°08'22", E 27°01'07"**.

Charakter: Einfache, auch für Anfänger geeignete Kanutour, wenn notwendig mit Einweisung in die Paddeltechnik. Die Tour kann mit Kanu oder von Land begleitet werden. Die Route führt zuerst über den Stausee, unterhalb der Staumauer paddelt man auf einem schmalen Fluss mit wenig Strömung. Nur die Durchfahrt durch die Schlucht erfordert ein wenig Bootsbeherrschung.

Kanuverleih: Die Tour wird von mehreren Stationen angeboten. Wir waren mit Ahja matkad unterwegs und können den Service von Peeter und Janek sehr empfehlen. Gestartet wird im Sommer gegen 17 Uhr, sodass man die Schlucht im Abendlicht erreicht. Die eingesetzten Kanus sind kippsicher und stabil und es gibt auch Ausrüstung für Kinder. Die beschriebene Tour kostet inkl. Transfer und Picknick €20 pro Person, Kinder 10 bis 16 Jahre € 10. Bitte rechtzeitig buchen (englisch) unter *www.ahjamatkad.ee*.

Mit Kindern: Kinder lieben Kanutouren und diese hat genau die richtige Länge und einen besonders spannenden Pausenplatz. Im Kanu mitfahrende Kinder sollten trotz der zur Ausrüstung gehörenden Schwimmweste schwimmen können.

Einkehr: Pfannkuchenpicknick inklusive.

Übernachtung:

Hotel: Mooste Destillery

Camping / Gästehaus: Camping Taevaskoja Salamaa.

Wir beginnen unsere Paddeltour am **Nature Center von Kiidjärve.** Zuerst wird ein Auto am Ziel platziert, dann geht es los. Den ersten Kilometer paddeln wir auf dem hier noch recht schmalen Fluss. Unauffällig wird die Ahja breiter. Fünf Kilometer weiter unten ist sie vor den Felsen von Taevaskoja zur Stromgewinnung gestaut. Zur Zeit wird diskutiert, die Staumauer zu entfernen, um die Ahja in ihr natürliches Bett zu entlassen. Das würde die Landschaft auf diesem Flussabschnitt nachhaltig verändern. Im Moment paddeln wir jedoch auf einem breiter werdenden strömungsfreien See durch ein stilles Waldgebiet mit einigen Sandsteinabbrüchen an den Ufern.

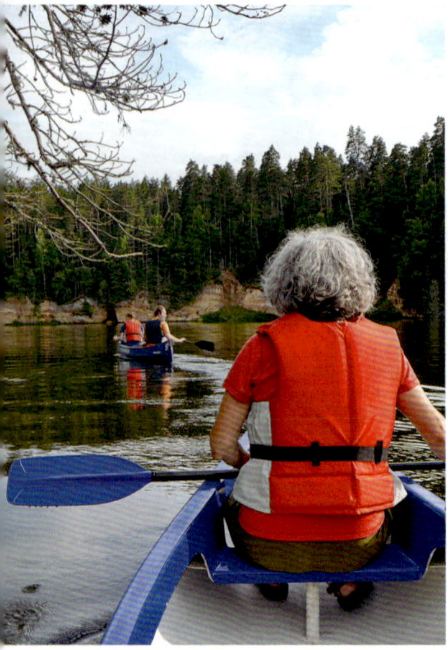

Dann haben wir den **Staudamm** ① erreicht und müssen erst einmal links der schmalen Mauer anlegen und das Kanu einige Meter tragen. Unterhalb des Stausees beginnt der aufregendste Teil der Strecke. Hier ragen die roten Felswände der **Schlucht Suur Taevaskoja** direkt neben unserem Kanu auf. Die Ahja ist hier sehr schmal. Dann kommt eine **fahrtechnisch etwas anspruchsvollere Stelle** ②. In einer Linkskurve wird die Strömung stärker und wir paddeln direkt auf eine Steilwand zu. Viel Platz hat man nicht, um die Kurve zu fahren. Dann folgt auf der Innenseite der Kurve eine flache Grasfläche mit Blick auf die Felsen, auf der bei Ahja Matkad ein leckeres Pfannkuchenpicknick serviert wird. Das gibt die Gelegenheit, sich in Ruhe umzu-

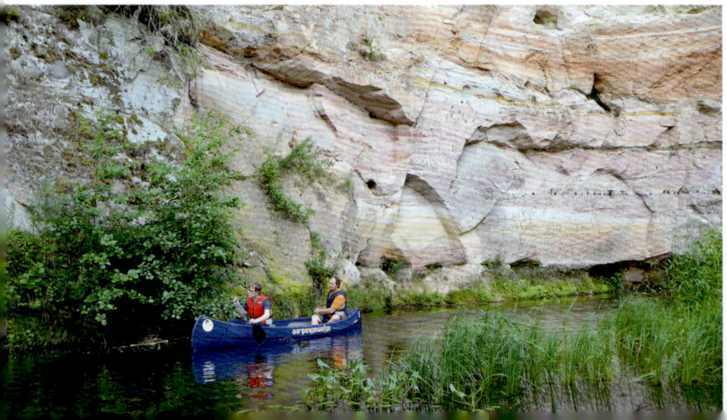

sehen oder auf dem Wanderweg zu den Felsen hinaufzusteigen.

Der letzte Abschnitt der Tour auf dem sanft dahinfließenden Kleinfluss ist wenig anstrengend. Mit etwas Glück kann man hier Eisvögel oder Biber entdecken. Ein querliegender Baum sorgte bei unserer Tour noch einmal für eine kniffelige Durchfahrt. Dann geht es unter einer **Brücke** hindurch zum Anleger am linken Ufer und schon ist die Kanutour vorbei.

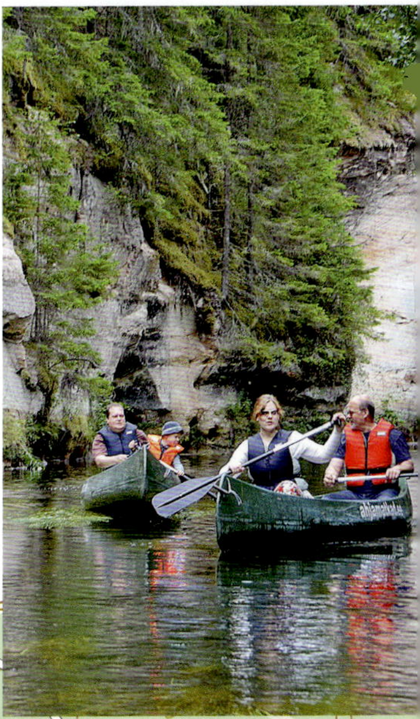

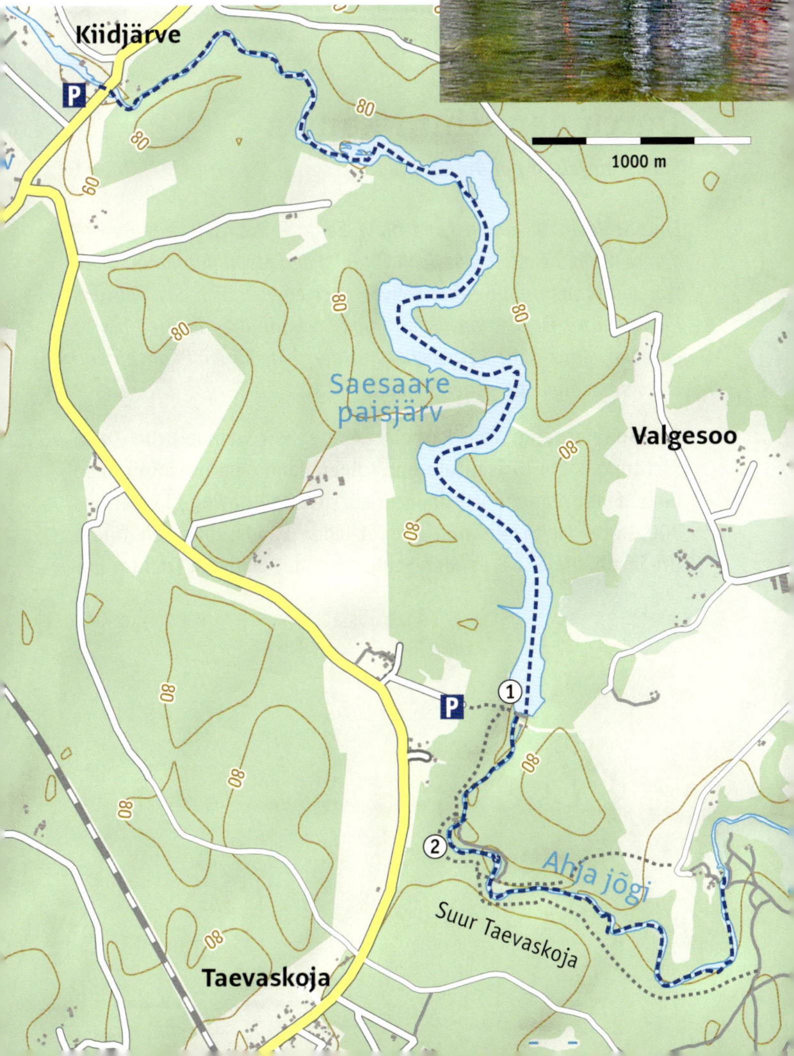

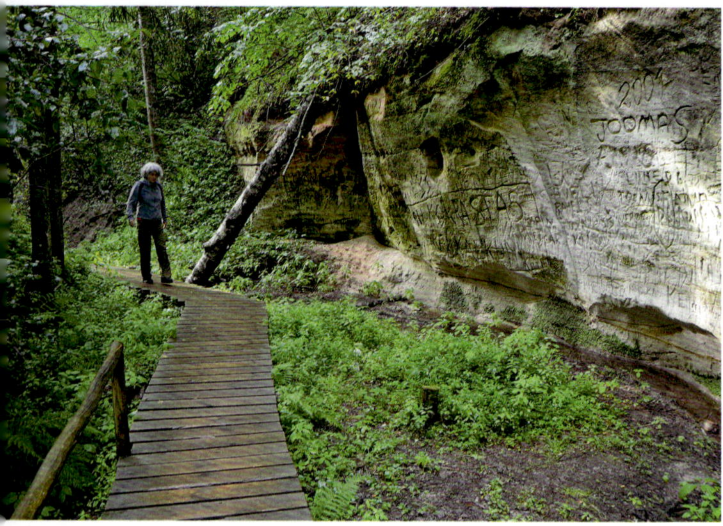

eben

STRECKE

1 km

20 min

ab 4

Tour 37: Durch den Hinni Kanjon

Sandsteinfelsen am Bretterpfad

Eine Schlucht in einem Land ohne Berge – das ist etwas Besonderes. Wenn Sie allerdings Schluchten in den Alpen mit meterhohen Wänden kennen, fällt dieser Canyon doch eher zierlich aus. Was uns hier erwartet ist also nicht der Grand Canyon, aber alleine für sich gesehen, ganz ohne Vergleiche, hat der schmale Mini-Canyon von Rõuge einen ganz eigenen Charme.

Der Spaziergang: Vom Parkplatz laufen wir wenige Schritte in Richtung Lätte turismitalu und folgen dann dem Holzpfeil nach links. Eine Treppe führt hinunter auf den **Bohlenweg** ①, der uns 300 Meter weit zwischen die rötlichen Sandsteinfelsen führt. Die immer enger werdenden Schlucht endet in einem Trichter mit

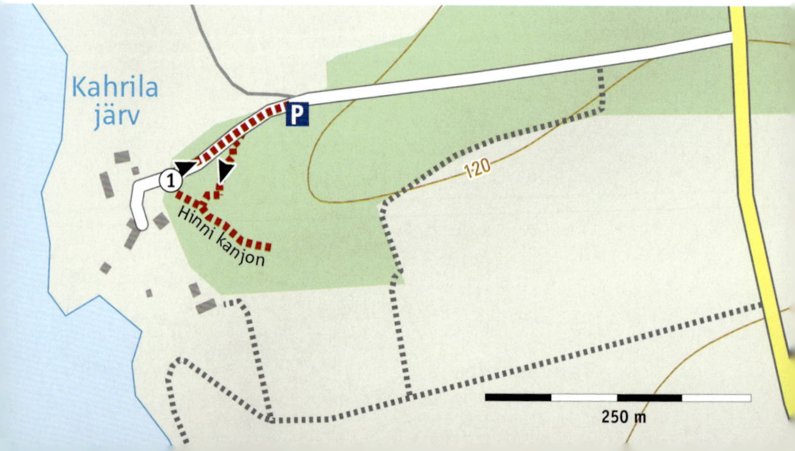

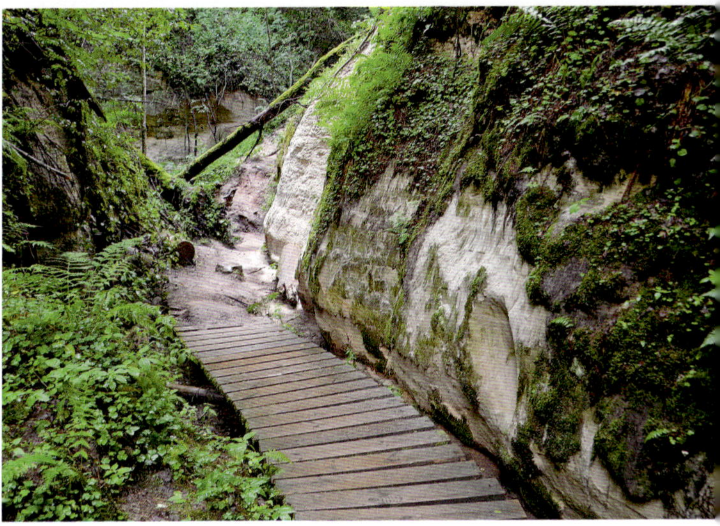

sechs Meter hohen Wänden. Schaut man sich um, statt nach Superlativen zu schielen, kann man an den feuchten Wänden Moose und Efeu entdecken. Zwischen den Sandsteinwänden plätschert ein Bach, der am Beginn des Weges unter einem Felsen entspringt. Das glasklare, kalte Wasser hat Trinkwasserqualität.

Zurück geht es auf dem gleichen Weg. Leider kommt man, wenn man links hinab läuft, nicht zum See, sondern nur zum schön gelegenen Gästehaus Lätte turismitalu.

Im Tal der Nachtigallen

Der Hinni Canyon ist Ziel oder Anfang des 10 Kilometer langen Wanderweges durch das Tal der Nachtigallen und entlang der sieben Seen nach Rõuge. Will man vom Hinni Canyon auf diese Strecke starten, läuft man vom Parkplatz nicht zum See hinunter, sondern in Richtung Straße und dann rechts auf einem Pfad durch die Felder, um den See zu erreichen. Dann geht es am See entlang weiter bis Rõuge. Eine Karte des Weges bekommen Sie in der Information im Tal der Nachtigallen bei **GPS N 57°43'42", E 26°56'20"** am östlichen Ortsrand von Rõuge. Ohne Fahrservice muss der Weg aber auf der gleichen Strecke retour gelaufen werden. 20 Kilometer schienen uns für eine Tagestour doch ein bisschen zu lang.

Die Information in Rõuge ist von 15.5. bis 25.9. täglich von 10–18 Uhr geöffnet.

TOUREN-STECKBRIEF

Anfahrt: Von Rõuge kommend in Richtung Võru und gleich wieder links in Richtung Nursi fahren. Kurz vor Nursi links zum Canyon abbiegen. Die Zufahrt ist mit einem braunem Schild markiert. Parkplatz bei **GPS N 57°45'55", E 26°52'46".**

Charakter: Kurzer Weg auf einem Bretterweg in die kleine Schlucht. Vorsicht, die Bohlen sind oft feucht und werden dann sehr rutschig.

Mit Kindern: Netter kleiner Ausflug, der auch Kinder begeistern wird. Anschließend lockt der Strand in Rõuge zum Baden.

Übernachtung:

Gästehaus: Suurjärve külalistemaja in Rõuge, Lätte Talu.

Camping: Straußenfarm Tindioru Turismitalu in Rõuge.

In der Nähe: Badeplatz Rõuge, Aussichtsturm auf dem Suur Munamägi.

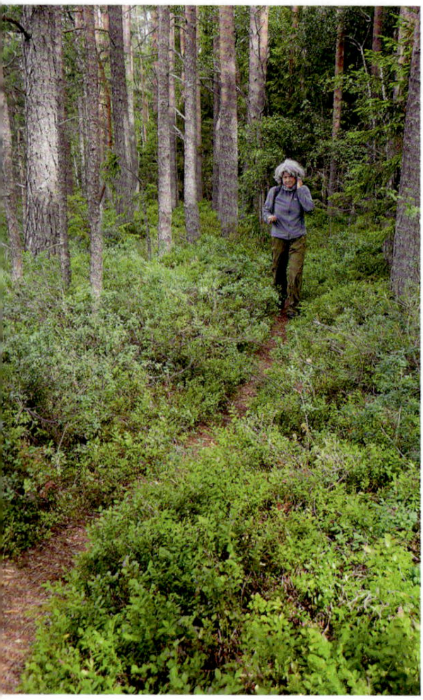

Tour 38: Rund um den Kirikumäe järv

Wald, Moor und Blaubeeren

Ein schmaler Waldpfad schlängelt sich zwischen den Bäumen hindurch und führt dann direkt am Seeufer weiter bis ins feuchte Moorgebiet am Westufer des Kirikumäe järv. Hier federt der Boden weich unter den teilweise schon etwas morschen Holzbrettern und der Blick auf den See verändert sich hinter jeder Kurve. Ausreichend warm gelaufen lockt dann am Ziel der Wanderrunde der Badesteg zu einem Sprung ins weiche Moorwasser.

eben

STRECKE 3,2 km

1 h 15

ab 6

Wanderung: Vom Parkplatz laufen wir zum See hinunter und links an dessen Ufer entlang. Bis zum **Zeltplatz mit Schutzhütte** ① und Feuerstelle ist der Weg noch relativ breit. Am Zeltplatz führt links ein Pfad hinab. Der Fahrweg geradeaus ist hier gesperrt und führt in ein Privatgrundstück, an dem wir auf dem markierten Pfad links vorbei laufen. Weiter geht es durch den Wald. Rechts neben uns gehen die Blaubeerbüsche direkt ins Schilf des Seeufers über. Im Juli und August ist hier alles voller dicker blauer Beeren.

Am **südlichen Ufer** verläuft unser Pfad dann direkt am Wasser entlang. Ab und zu quatscht es sehr feucht unter den Füßen und der Boden gibt ganz leicht nach, dann wandern wir wieder über

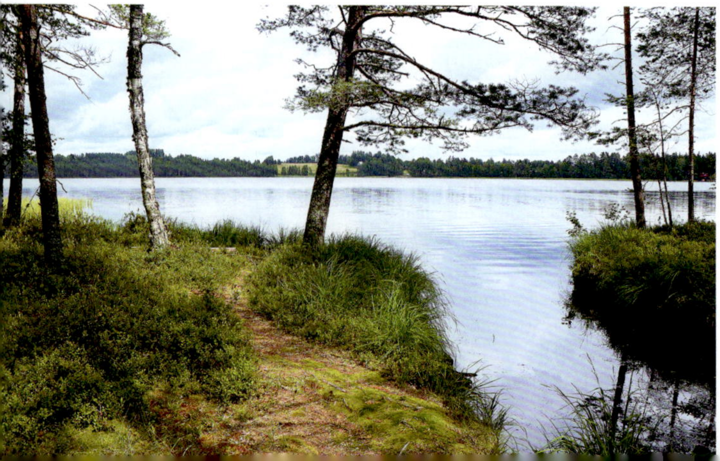

TOUREN-STECKBRIEF

Anfahrt: Am westlichen Ortsende von Vastseliina führt eine asphaltierte Straße nach Kirikumäe. Am Straßenende geht es links und dort wo die Straße auf den See trifft, befindet sich ein Wanderparkplatz oberhalb des Badeufers bei **GPS N 57°41'15", E 27°15'10"**.

Charakter: Schmaler Waldpfad, der sich mit etwas Abstand zum See durch die Bäume schlängelt und sich später auf Holzbrettern direkt am Seeufer entlang fortsetzt. Der Bretterpfad ist teilweise nicht im besten Zustand. Sehr viele Blaubeersträucher auf der ersten Hälfte des Weges.

Mit Kindern: Abenteuerlich schmaler Weg, häufig mit Seeblick. Schaukel und Feuerstelle am Rastplatz. Zur Blaubeerzeit ein echter Hit. Unterwegs kaum geeignete Pausenplätze, sodass die Runde am Stück gelaufen werden muss.

Übernachtung:

Hotel: Ööbikuoru Villa in Rõuge.

Gästehaus / Camping: Kirikumäe Tourist House am Parkplatz oder Unterkünfte in Rõuge.

In der Nähe: Suur Munamäägi, Burgruine Vana-Vastseliina.

festen, stabilen Waldboden. Dort, wo eine improvisierte Brücke über einen Bach führt, sieht man links im Wald die Wasserfläche des kleineren **Pedeja järv** ②. Ein Pfad führt in diese Richtung, man kommt dem kleinen mit Schilf umwucherten See jedoch nicht allzu nahe.

Wenig später wird der Boden feuchter und vor uns liegen die ersten **Holzbohlen**, die uns trockenen Fußes das Westufer entlang bringen werden. Der Bohlenpfad ist schmal, sodass das Laufen Aufmerksamkeit fordert. Er endet an der Straße kurz vor dem Badeplatz, an dem unser Auto auf dem Parkplatz wartet.

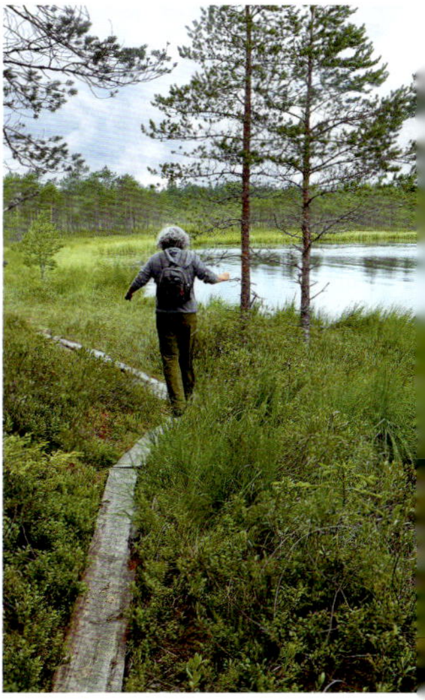

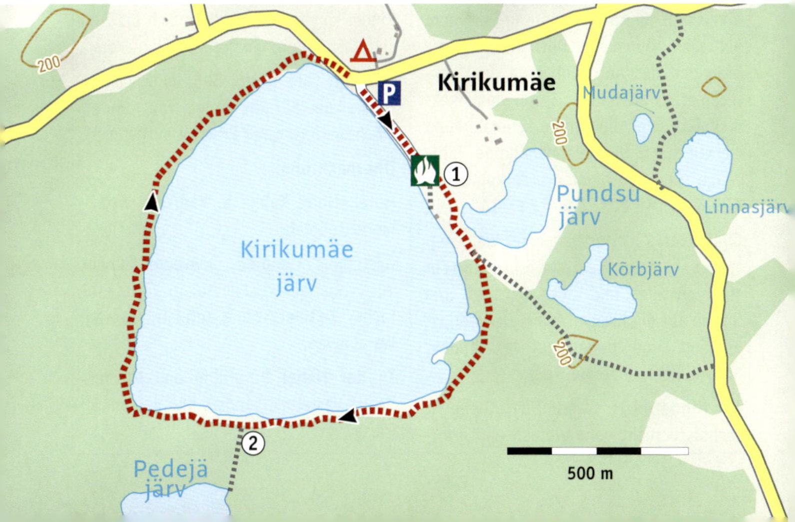

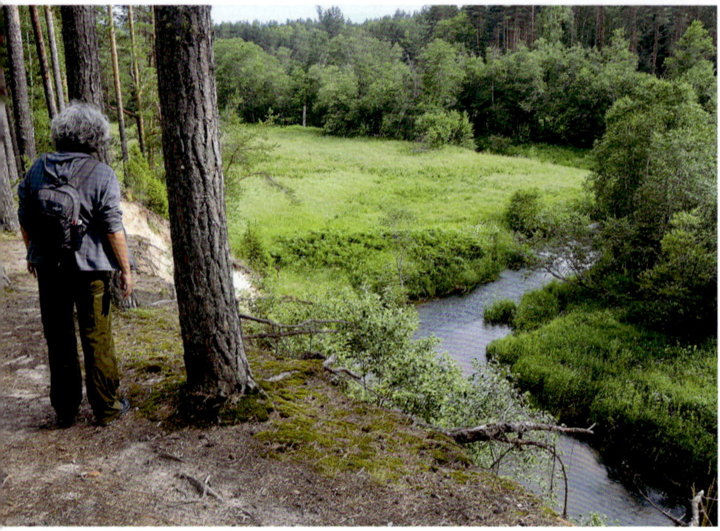

35 m

STRECKE 7 km

2 h 15

ab 8

Tour 39: Roter Sandstein am Fluss

Eine Wanderung durch das Tal der Piusa

Im stillen, nur zu Fuß zugänglichen Tal der Piusa erklettert man die höchsten Sandsteinklippen Estlands. Sie werden Härma Mauern genannt und der Wanderpfad führt einmal oben auf der Klippe entlang und lässt uns dann wieder zum Fluss hinabsteigen. Wer abseits jeder Zivilisation übernachten möchte, findet gleich am Anfang des Weges eine ebene Zeltwiese mit Blick auf den gemächlich dahinplätschernden Fluss und eine rote Felswand.

TOUREN-STECKBRIEF

Anfahrt: Von Vastseliina nach Lindora und vor Lindora in Richtung Jõeveere abbiegen. Durch das Dorf hindurch fahren und das Auto am Rand des Picknickplatzes abstellen. Hinter dem Picknickplatz wird die Straße schmaler und ist nur noch für geländegängige Fahrzeuge sicher zu befahren. Parkplatz bei **GPS N 57°48'27", E 27°21'08".**

Charakter: Anfangs bequemer Waldweg, später schmaler Pfad, der teilweise sehr steil ansteigt und über Wurzeln und Stufen auf die Klippen führt. Der Weg ist markiert und daher gut zu finden. Schöne Rastplätze am Fluss.

Mit Kindern: Der Weg auf der Klippe ist technisch nicht ganz einfach und erfordert ein wenig Kletterei. Mit jüngeren Kinder könnte man auch einfach bis zum Zeltplatz laufen, um dort zu picknicken.

Einkehr: Café an der Burg Vana-Vastseliina, falls Sie die lange Tour laufen möchten. Ansonsten Proviant mitnehmen.

Übernachtung:

Hotel: Hotel Kubija in Võru mit Wohnmobilstellplatz.

Gästehaus / Camping: Jõeveere Puhkeküla, Hamsaare Puhketalu in Võru, einfacher Zeltplatz ohne Infrastruktur am Wanderweg.

In der Nähe: Burgruine und Museum Vaana-Vastelina, Sandsteinhöhlen an der Piusa.

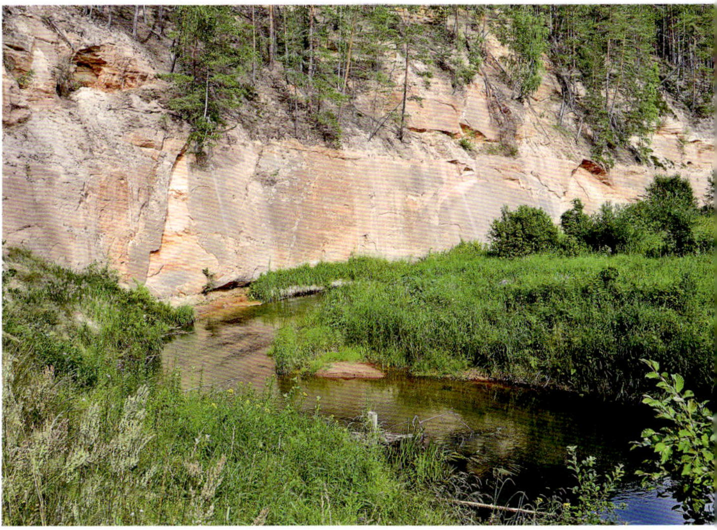

Wanderung: Vom Picknickplatz bei Joevere folgen wir dem breiten Weg zu Fuß durch den Wald. Nach 1,5 Kilometern biegt links ein **Weg zum Zeltplatz** ① ab, der malerisch vor einer roten Sandsteinklippe liegt. Wenn Sie noch gar nicht rasten möchten, heben Sie sich den Abstecher für den Rückweg auf.

Zurück auf dem Waldweg zweigt rechts der Fahrradweg durchs Piusatal ab. Der Fußweg führt links noch ein paar hundert Meter weiter. Dann endet er in Sichtweite eines Hauses auf einem kleinen **Parkplatz**. Wir laufen durch das Tor in der Absperrung und halten auf die nächste rote Klippe zu. Unser Pfad schlägt einen Bogen nach links, überquert auf einer **Holzbrücke** ② die Piusa und führt von hinten ordentlich steil auf diese Klippe hinauf. Der Blick hinunter zum Fluss ist recht beeindruckend.

Zwei Tage am Ufer der Piusa

Der Wanderweg durchs Piusatal führt von der Klippe Tsoriniit weiter bis zur Burgruine in Vana Vastseliina. Die komplette Strecke zwischen der Burgruine und dem Zeltplatz bei Lindora ist 12 Kilometer lang. Da es keine Möglichkeit gibt, mit öffentlichen Verkehrsmitteln zum Ausgangspunkt zurückzukommen, gäbe das eine stattliche Tagesstrecke von 24 Kilometern. Der schöne Zeltplatz kurz vor Jõeveere lädt aber direkt dazu ein, die Strecke auf zwei Tage zu verteilen.

Dazu beginnt man den Weg an der Burg in Vana-Vastseliina [› Seite 165]. Dort bekommt man an der Kasse des Museums eine gute Wanderkarte des kompletten Weges. Der Uferweg beginnt auf dem Gelände der Ruine. Links neben dem Gebäude führt eine Holztreppe zum Fluss hinunter. Der größte Teil des Weges ist auch mit dem Fahrrad befahrbar – der Radweg verläuft meist parallel zum Fußweg – nur die in der Wanderung beschriebene Etappe ist zu schmal und steigt beim Aufstieg auf die Klippen zu steil an. Der Radweg macht hier abseits vom Fluss einen großen Bogen zur nächsten Straße. Sollten Sie eine Übernachtung planen, müssen Sie ausreichend Wasser und Proviant mitnehmen. Der Zeltplatz ist kostenlos und es gibt auch eine Feuerstelle. Alternativ könnte man mit Voranmeldung auch im Jõeveere Talu übernachten. Im Talu werden zwei einfache Zimmer im über 100 Jahre alten Farmhaus vermietet.

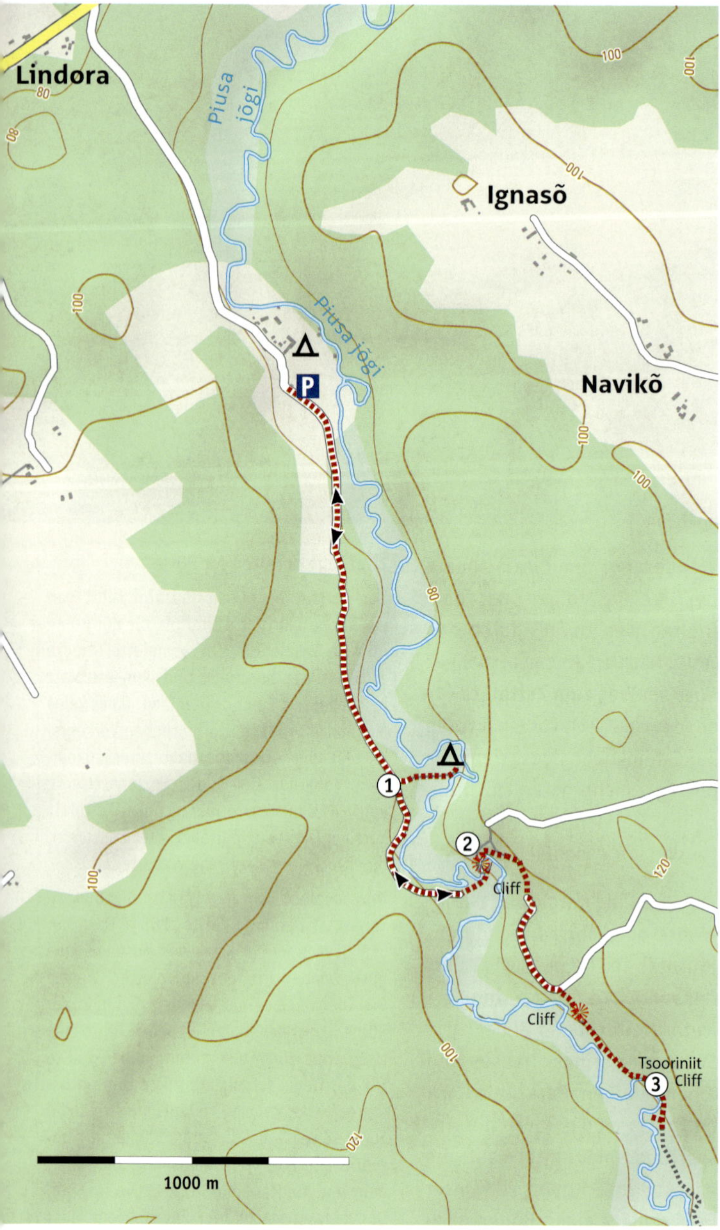

Fast genauso steil geht es wieder hinunter und auf einen breiteren Forstweg, von dem nach etwa 500 Metern erneut ein Pfad abzweigt. Er führt auf die **Tsorriniit** ③, die nächste rote Klippe. An deren Ende steigen wir zum Fluss hinunter, wo es einen schönen Platz für eine kleine Rast gibt. Hier ist der spektakulärste Teil des Weges vorbei. Der Pfad mündet wenig später in einen Fahrweg. Wir drehen also hier um und laufen zum Auto zurück.

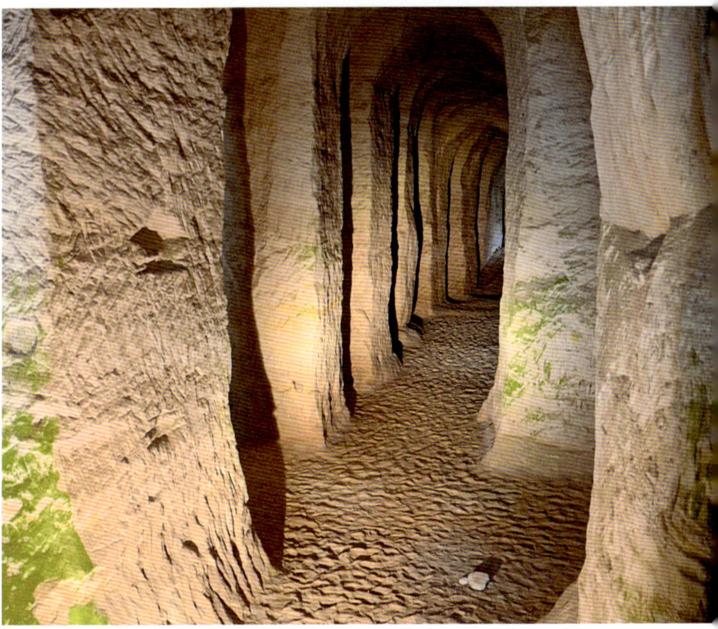

Tour 40:
Sandstein in Piusa

Sand als Rohstoff zur Glasproduktion

eben

STRECKE 2 km

1 h

ab 10

Die Sandsteinhöhlen von Piusa sind nicht natürlichen Ursprungs, sie entstanden beim Abbau von Sand, der als Grundstoff zur Glasproduktion zum Einsatz kam. Der feine, weiße Sand, der für die Herstellung von Glas in bester, klarer Qualität gebraucht wurde, war nicht an der Oberfläche zu finden, sondern lag verborgen unter rötlichen und braunen Sandschichten. Deshalb musste man graben, um an das begehrte Material zu kommen. So entstanden bei Puisa mehrere künstliche Höhlen. Eine dieser Höhlen kann besichtigt werden. Daneben sind ein Sandsteinbruch und eine kleine Ausstellung zu sehen.

TOUREN-STECKBRIEF

Anfahrt: An der »182« nördlich des Setu-Dorfes Obinitsa am nördlichen Ufer der Piusa gelegen. Von Obinitsa kommend, zuerst die Piusa, und dann die Bahnlinie überqueren. Direkt dahinter rechts zum Museum abbiegen. Parkplatz bei **GPS N 57°50'27.4", E 27°27'57.8".**

Charakter: Kurzer Rundweg mit Aussichtspunkt über dem Sandsteinbruch und durch einen Wald mit interessanter Vegetation.

Mit Kindern: Für Kindern ist die nahe Burgruine Vastseliina spannender. Die Führung ist interessant, aber sehr theoretisch. Die Höhle kann nur vom Eingang aus besichtigt werden. Fledermäuse gibt es nur im Winter zu sehen.

Übernachtung:

Gästehaus / Camping: Jõeveere Puhkeküla

In der Nähe: Töpferei mit Setu Töpferware am Ende des Weges, Setu Café in Obinitsa, Burgruine Vana-Vastseliina.

Die Höhlen von Piusa: Da Sandstein ein recht instabiles Material ist, legte man beim Abbau des Sandes keine großen Gruben an, sondern ließ immer wieder Pfeiler stehen, um das Sandbergwerk stabil zu halten. Trotzdem war die Arbeit im Sandstein gefährlich. Immer wieder kam es zu Einstürzen, die Arbeiter unter sich begruben oder ihnen den Weg ans Tageslicht abschnitten. Gegraben wurde mit einfachen, scharfen Metallschaufeln und im **Museum** ① steht auch noch einer der schweren Metallwagen, mit denen man den Sand zum Bahnhof brachte.

Die Säulengänge im Sandstein sind zwischen 1922 und 1966 entstanden. Das Sandbergwerk in Piusa war noch länger in Betrieb, aber später setzte man Maschinen für den Abbau der oberen Sandschichten ein, um an den weißen Sand zu kommen. Die dabei entstandene Grube ist hinter dem Besucherzentrum zu sehen.

Ursprünglich gab es mehrere Sandsteinhöhlen, die jedoch inzwischen wegen der ständigen Einsturzgefahr zerstört wurden. Die letzte Höhle entging diesem Schicksal, als man feststellte, dass hier Fledermäuse überwintern. Inzwischen hat sich Piusa zur größten **Fledermauskolonie** Estlands entwickelt. Aber auch diese letzte Höhle ist heute nicht betretbar, die Einsturzgefahr ist einfach zu groß. Man kann aber von einem gesicherten Raum am Eingang einen Blick zwischen die imposanten Säulen werfen. Fledermäuse sind dabei aber nur im Winter zu entdecken.

Wanderung: Vom Eingang zu den Höhlen führen **Holztreppen** hinauf in den Wald und zu einer Reihe niedriger Sandsteinabbrüche. Noch ein paar Schritte weiter stehen wir vor der riesigen **Sandgrube** ②, die durch die spätere Arbeit mit Maschinen entstandenen ist, und können uns selbst von der außergewöhnlich feinen Struktur des in Piusa abgebauten Sandes überzeugen. Im

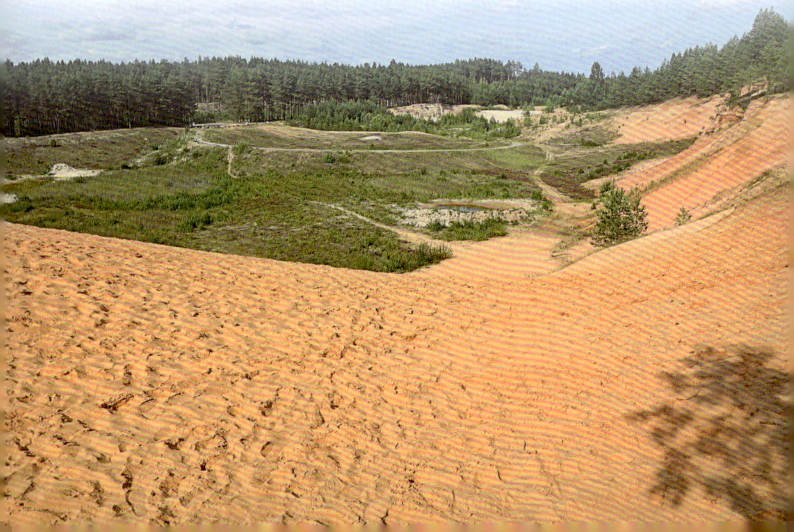

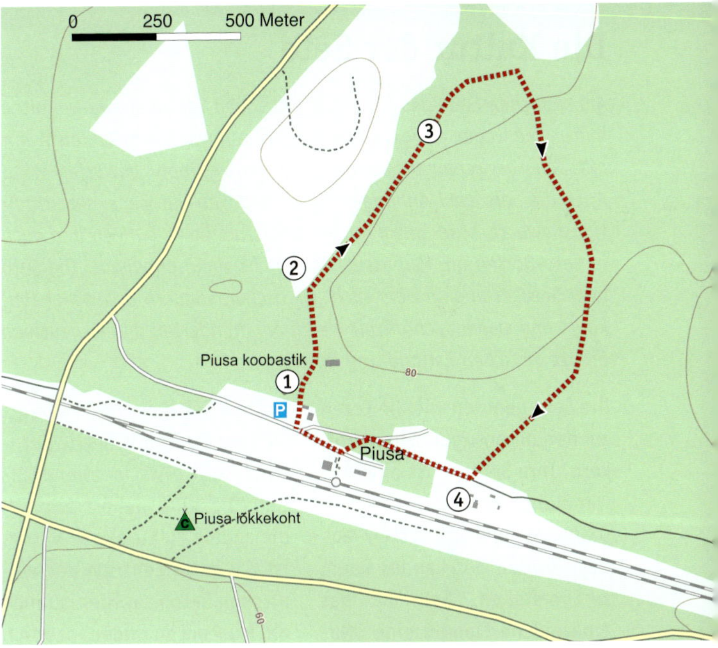

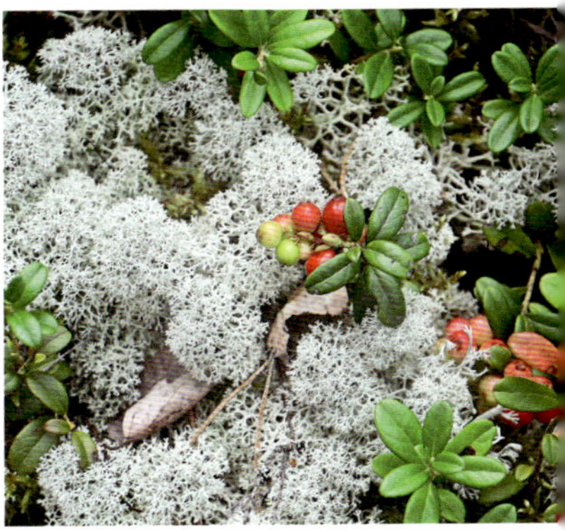

vorderen Bereich der »Düne« ist der Sand gelblich gefärbt, weiter hinten ist das bevorzugte schneeweiße Material zu finden.

Dann führt der Wanderpfad im Wald an der Sandgrube entlang bis zu einem **Aussichtspunkt** ③ weiter hinten an der Grube. Durch den vielen Sand wächst am Boden zwischen den hohen Kiefern eine ganz eigene Vegetation aus Moosen, Flechten und Heide, die in sanften Farbtönen leuchten.

Jetzt wandern wir in den lichten Wald hinein und auf einem schmalen Wurzelpfad weiter. Rechts und links des Weges fallen dabei in Bögen angelegte Gräben auf. Es sind Relikte aus dem Zweiten Weltkrieg, die den Soldaten als Versteck im Wald und als Schützengräben dienten. Dann mündet unser Pfad in einen breiteren Forstweg, dem wir rechts zurück zum Besucherzentrum folgen. Kurz vor dem Parkplatz geht es links zum alten Bahnhof des Bergwerkes. Im Bahnhofsgebäude ist heute eine **Töpferei** ④ zu finden, die Geschirr mit traditionellen Setumustern herstellt. Es gibt dort einen Verkaufsraum und wir können einen Blick in die Werkstatt werfen.

Die Kultur der Seto

Am südlichen Ende des Peipussee begegnen wir einer zweiten alten Kultur, die wegen einiger Gemeinsamkeiten von Touristen leicht mit mit den russischen Altgläubigen in »einen Topf« geworfen wird. Auch die Seto sind Anhänger des orthodoxen Glaubens, sehr traditionsbewusst, stark mit ihrer Herkunftsfamilie verbunden und auch in Seto-Dörfen am Peipussee werden Zwiebeln angebaut. Die Seto oder Setukesen sind aber nicht russischer, sondern estnischer Herkunft und siedeln schon seit vielen Jahrhunderten an der heutigen Grenze zwischen Estland und Russland.

Die Seto gehören wie die Esten zu den finno-ugurischen Völkern. Ihre Sprache ist eine Abwandlung des südestnischen Dialektes und für Esten aus dem Norden des Landes kaum zu verstehen. Setomaa hat eine eigene Flagge, eine »Nationalhymne« und seit einigen Jahren gibt es auch eine Seto-Währung, die neben dem Euro in der Region gültig ist. Auf dem jährlichen »kuningrii« wird der »sootska«, der Seto-König gewählt, der dann für ein Jahr der Sprecher und kulturelle Führer der Gemeinschaft ist.

Das ursprüngliche wirtschaftliche und religiöse Zentrum der Seto ist das Kloster von Petschory, das heute auf der russischen Seite der Grenze liegt. Sie teilt das traditionelle Seto-Land seit 1991 in zwei Hälften: Die eine gehört zur EU, die andere zu Russland. Värska ist das neue Zentrum des estnischen Setomaa. Hier ist auch ein Museum zu finden, das sich der ganz eigenen Kultur des Volksstammes widmet. Neben typischen Stoffmustern, in alter Tradition gefertigter Töpferware und farbenfrohen Trachten ist der Seto-Leelo, eine spezielle Form des Gesangs, eines der wichtigsten Kulturgüter.

Der Leelo ist polyphon und wird von mehreren Singstimmen getragen. Traditionell singen bei den Seto die Frauen. Es gibt Lieder zu vielen Anlässen, der Text wird jedoch meist von

Ein Seto-Bauernhof ist durch ein hohes Tor nach außen abgeschlossen.

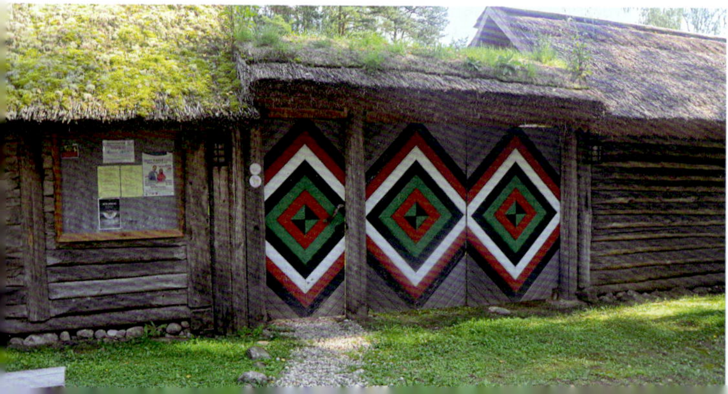

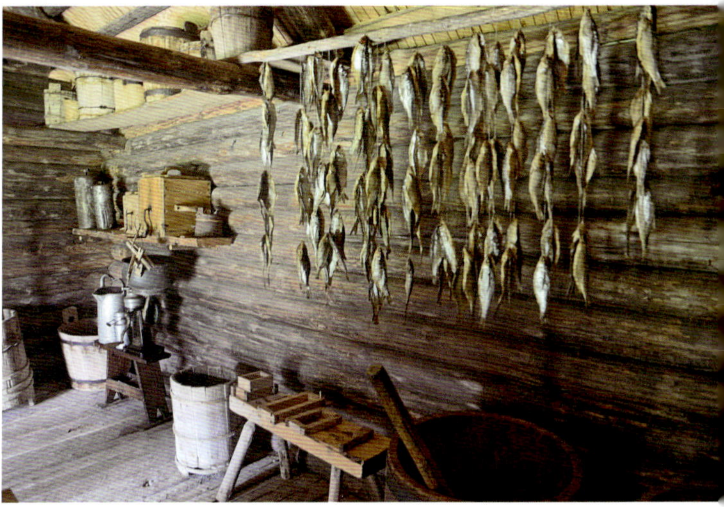

Im Seto-Museum in Värska [› **Seite 166**] *ist ein traditionell bewirtschafteter Hof aus dem letzten Jahrhundert zu sehen.*

der Vorsängerin improvisiert, was den Leelo besonders anspruchsvoll macht. Erfahrene Sängerinnen werden als »Liedmütter« bezeichnet und genießen großen Respekt in der Gemeinschaft. Der Seto-Leelo gehört außerdem zum immateriellen Kulturerbe der UNESCO.

Lieder und Tänze sind ein wichtiges Element der »kirmas«, der Feste in den Dorfgemeinschaften, bei denen die Frauen auch ihre Tracht tragen. Sie besteht aus einem reich bestickten schwarz-weißen Kleid, das häufig mit einer dunkelroten Schürze kombiniert ist. Rot ist bei den Seto die Farbe des Lebens und schützt vor Unglück und Krankkeit. Verheiratete Frauen tragen um den Kopf über einem weißen Leinentuch aufwendig bestickte Bänder. Zu ihrer Tracht gehört üppiger Silberschmuck, der aus langen Kettem mit Münzen besteht und über Generationen in der Familie weitergegeben wird. Am auffälligsten ist der »Suur solg«, ein konisch zulaufender Brustschild aus Silber. Der komplette Schmuck einer Seto-Frau bringt leicht bis zu fünf Kilo auf die Waage. Die Ketten klimpern beim Gehen dezent – so hört man eine in Tracht gekleidete Setofrau meist kommen, bevor man sie sieht.

Entsprechend der orthodoxen Religion sind die Rollen, die Frauen und Männern einnehmen, genau festgeschrieben. Die Seto-Version des Orthodoxen Glaubens enthält aber auch noch einige vorchristliche Elemente: So haben Opfersteine, heilige Quellen und Bäume ihren festen Platz in den Glaubensvorstellungen. Und wenn Seto Beeren pflücken und Pilze sammeln, wird die erste Beere aus Respekt und Dankbarkeit an den Wald zurückgegeben.

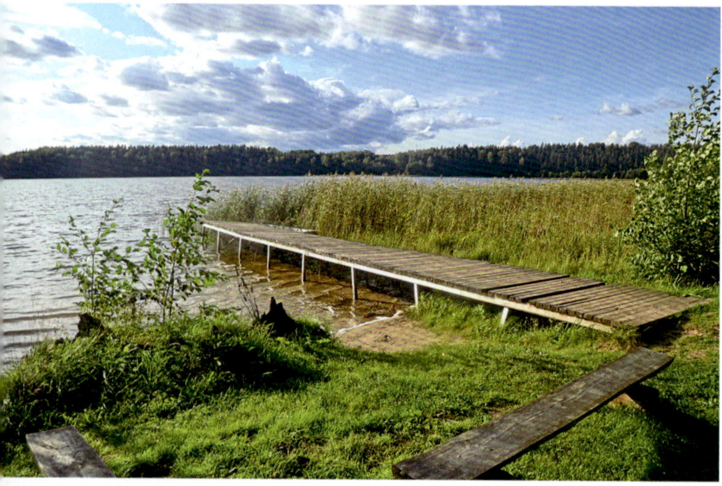

Tour 41: Ahijärve Matkarada

30 m

STRECKE 4,5 km

1 h 30

ab 8

Pfade und Straßen im Karula Nationalpark

Der Karula Nationalpark ist der abgelegenste und raueste der estnischen Nationalparks. Er befindet sich in einem ehemals landwirtschaftlich genutzten Gebiet, das vielerorts verlassen wurde. Es gibt eine Handvoll markierter Wege, ein paar kleine Seen sowie die Nationalparkinformation mit einem einfachen Zeltplatz und einer hübschen Badestelle. Ansonsten ist hier weit und breit nur Natur. Der Park ist nur mit längeren Fahrten auf einer staubigen, aber gut befahrbaren Schotterpiste zu erreichen.

Wanderung: Der Weg beginnt am Parkplatz des Zeltgeländes unten am See, wo wir auch einen schönen **Badeplatz mit Sandboden** und Steg finden. Vom Parkplatz folgen wir den roten Markierungen auf einen Wiesenweg, der erst auf den zweiten Blick erkennbar ist. Er führt zwischen dem Seeufer und den auf dem Hügel stehenden Häusern hindurch und wird wenig später zu einem gut erkennbaren Pfad, der nahe am Seeufer bleibt. Wir passieren ein weiteres Haus, halten uns immer am See und wandern kurz darauf auf einem **Bohlenpfad** durch den Wald. Dann steht rechts vom Weg der steinerne Schornstein einer **Hausruine** und wir erreichen einen kleinen **Zeltplatz mit Badestelle** (1) direkt am Seeufer.

Im folgenden Abschnitt des Uferweges ist der Boden trocken und Bohlen sind nicht notwendig. Der Pfad führt immer nahe am Wasser entlang bis alle Farbmarkierungen (rot, gelb, grün) auf einen nach oben führenden Weg zeigen. Wir steigen steil hinauf, queren einen breiten Fahrweg und steigen durch einen wilden,

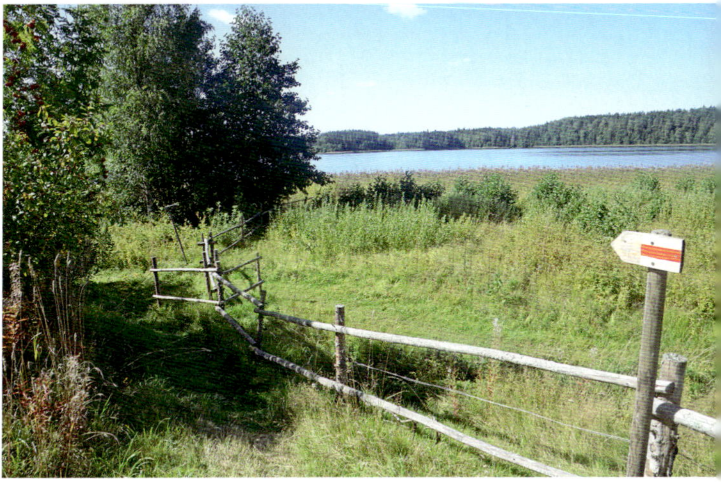

feuchten Wald wieder hinunter. Wir überqueren an **Tafel 6** den **Bach Vilmiku** ② und treffen kurz darauf auf einen breiten Sandweg, dem wir nach rechts folgen.

An einer ersten Verzweigung biegen wir links ab, an der nächsten bleiben wir links auf dem breiten Sandweg. Nach weiteren 250 Metern verlassen wir diesen nach rechts auf einen hübschen **Waldpfad** ③. Auch diese Stelle ist gut markiert. Wir befinden uns jetzt auf einer **ehemaligen Straße**, die noch bis in die 80er Jahre des letzten Jahrhunderts mit Kutschen befahren wurde. Sie endet an einem breiteren Weg und an einem **verfallen Haus** ④ im Wald. Hier befand sich noch in der Sowjetära, der regionale Lebensmittelladen und ein Sommercamp.

Wir biegen links ab und stehen kurz darauf auf einer halbwegs modernen Straße: Auf der gut ausgebauten Schotterpiste, die durch den Nationalpark führt und plötzlich die Dimensionen einer Autobahn zu haben scheint. Es staubt hier beträchtlich und wir sind froh nach knapp 200 Metern den **roten Pfeil** ⑤ zu

TOUREN-STECKBRIEF

Anfahrt: Südlich von Võru bei Karaski von der 67 rechts in Richtung Sänna, Rossiku und Tsooru fahren und kurz hinter Tsooru links zur braun beschilderten Nationalparkinformation des Karula Nationalparkes abbiegen. Nach etwa vier Kilometern auf guter Schotterpiste geht es rechts zur Info und an der Verzweigung vor der Info rechts am Haus vorbei zum Parkplatz unten am Zeltplatz bei **GPS N 57°42'46.8", E 26°30'15.0"**.

Charakter: Markierter Weg auf Wiesenpfaden, breiten Waldwegen und ein Stück auch auf der breiten Schotterpiste.

Markierung: Rot mit Holzpfeilen und auf Bäumen.

Mit Kindern: Für Kinder fehlen auf dieser Wanderung die Höhepunkte.

Einkehr: Keine weit und breit!

Übernachtung:

Camping: Camping Hedo Talu, Zeltplatz an der Nationalparkinformation.

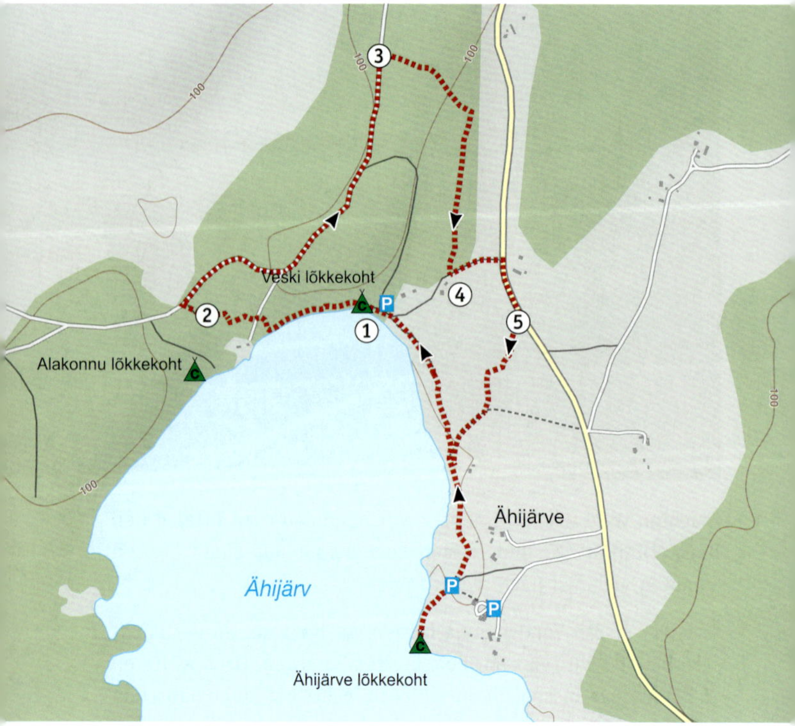

entdecken, der rechts auf einen Wiesenweg weist. Die weitere Wegführung ist schwer zu erkennen, führt aber immer am Wiesenrand entlang bis wir auf einen Fahrweg treffen. Hier geht es rechts und dann immer am Zaun entlang und rechts am Haus auf dem Hügel vorbei bis wir wieder auf den **Pfad am Seeufer** treffen. Diesem folgen wir links auf vertrautem Weg zurück zum Parkplatz.

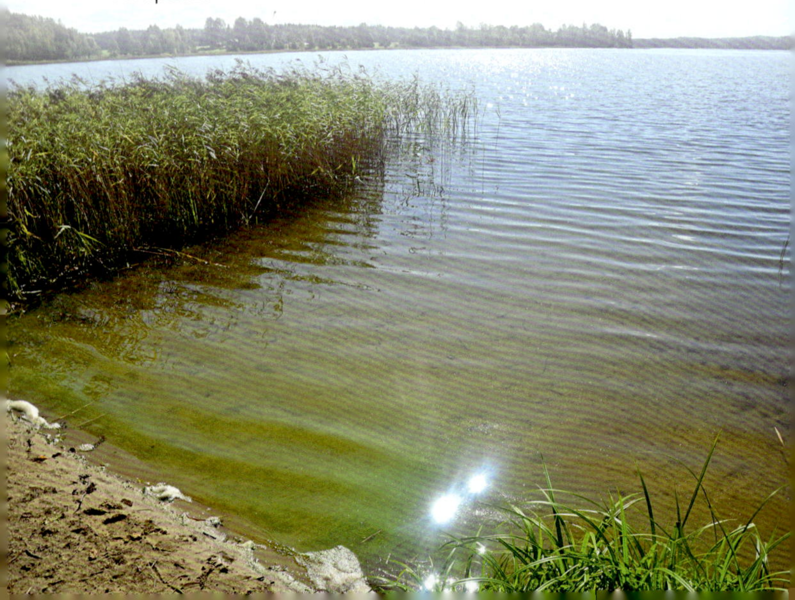

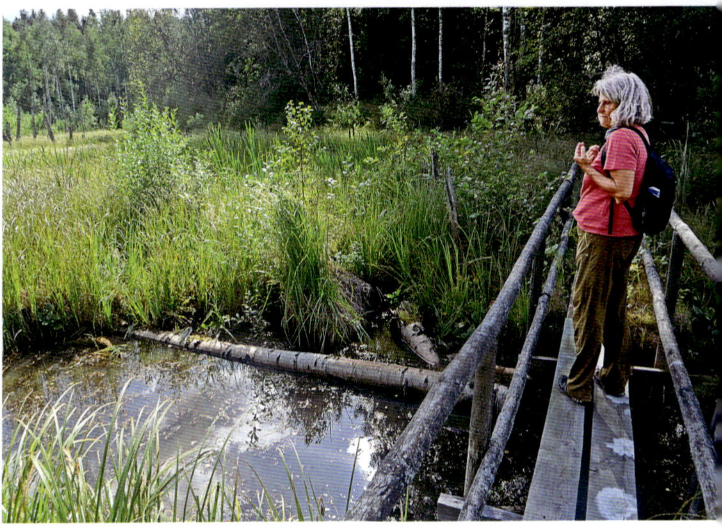

Tour 42:
Rebäse Matkarada

Durch Wildnis und altes Bauernland

90 m

STRECKE 7 km

2 h 30

ab 10

Wo einst Kühe das Gras kurz hielten, wuchern jetzt Büsche. Die Wiesen und der Wald verwildern. Nur wenige Bauern bewirtschaften Randgebiete des Karula Nationalparkes und so sind wir zeitweise in etwas ruppiger Umgebung unterwegs. Unsere Markierung lotst uns zwischen eng stehenden Bäumen hindurch, über Wurzeln und Steine und durch dicht wucherndes Schilf. Infotafeln erklären die Geschichte der einzelnen Plätze und zeigen auf, wo einst Straßen und Höfe zu finden waren.

TOUREN-STECKBRIEF

Anfahrt: üdlich von Võru bei Karaski von der 67 rechts in Richtung Sänna, Rossiku und Tsooru fahren. Hinter Tsooru geht es auf Schotter weiter. Am Abzweig zur braun beschilderten Nationalpark-information vorbei und der Schotterstraße noch sechs Kilometer weiter geradeaus folgen bis zu einem Bauernhof. Hier geht es links im spitzen Winkel zum Parkplatz bei **GPS N 57°44'40.1", E 26°25'3.5"** hinunter.

Charakter: Der Weg ist markiert und wird instandgehalten, führt aber trotzdem über längere Wegabschnitte über raue, schmale Pfade und ist anstrengend zu gehen. Die Markierung ist nicht überall ganz eindeutig, sodass Orientierungsvermögen notwendig ist, um den Weg nicht zu verlieren. Es geht auch mal auf kaum erkennbaren Wegspuren durch den Wald oder über eine Wiese.

Markierung: Rot (teilweise auch eher Neonpink oder orange) mit Holzpfeilen und auf Bäumen.

Mit Kindern: Der Weg ist abwechslungsreich, aber lang und anstrengend und für kleinere Kinder nicht geeignet.

Einkehr: Keine weit und breit!

Übernachtung:

Camping Hedo Talu, Zeltplatz an der Nationalparkinformation.

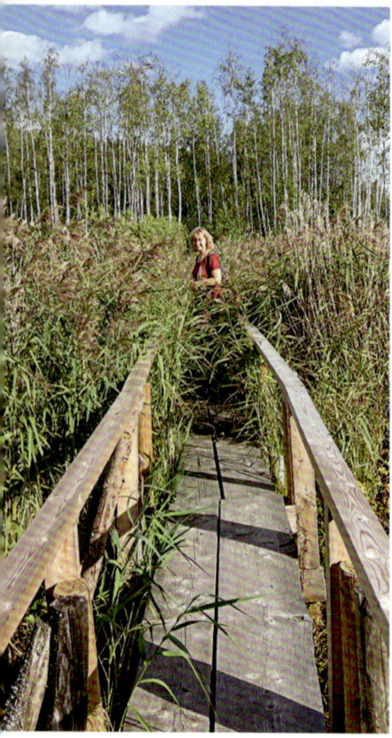

Wanderung: Vom Parkplatz wandern wir auf einem Grasweg den Hügel hinauf auf dem bei unserer Recherche noch eine hoher **Aussichtsturm** ① aus Holz stand, der aber wegen Baufälligkeit geschlossen war. Vermutlich wird er in den nächsten Jahren demontiert oder neu errichtet werden.

Oben angekommen folgen wir dem **roten Markierungspfeil** nach links und durchwandern einen zugewucherten, ziemlich wilden Wald. Es geht leicht bergan, dann treffen wir auf einen **Weidezaun** und eine Lichtung. Die Markierungen sind hier schwer zu erkennen. Es geht erst geradeaus auf die Wiese und dann links am Waldrand entlang.

Dann wandern wir wieder durch den Wald und durch ein **Sumpfgebiet** ②. Das hier es hier noch vor einiger Zeit trockener war und jetzt das Wasser wieder steigt, erkennt man an den abgestorbenen Bäumen im Sumpf. Birken wachsen gut im relativ feuchten Randgebiet der Moore. Steigt das Wasser jedoch weiter an, sterben sie ab und es ragen nur noch weiße Baumstümpfe aus dem flachen Wasser.

Es geht noch einmal durch den Wald und dann durch eine Wiesenlandschaft auf einen Hügel hinauf. An **Tafel 8** ③, die die Geschichte der Rebäse Farm erzählt, blickt man dann auf den höchsten, mit Wald bedeckten Hügel der Region. Auf dem **Liina-**

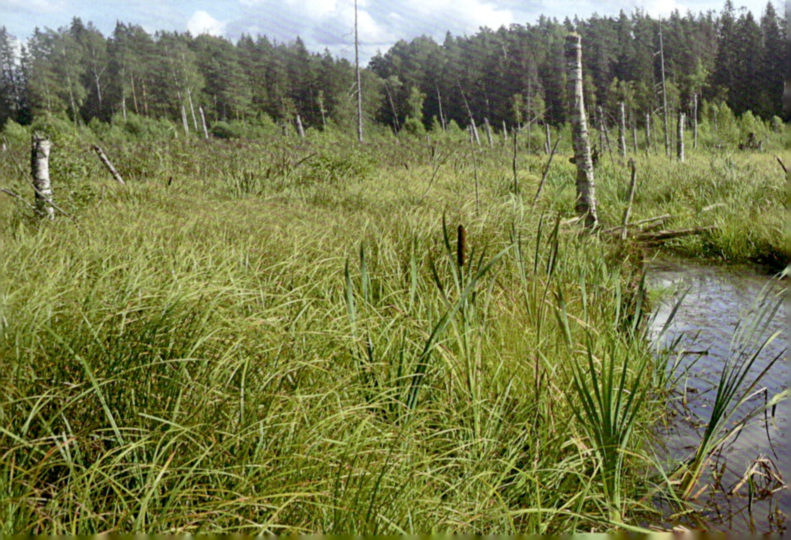

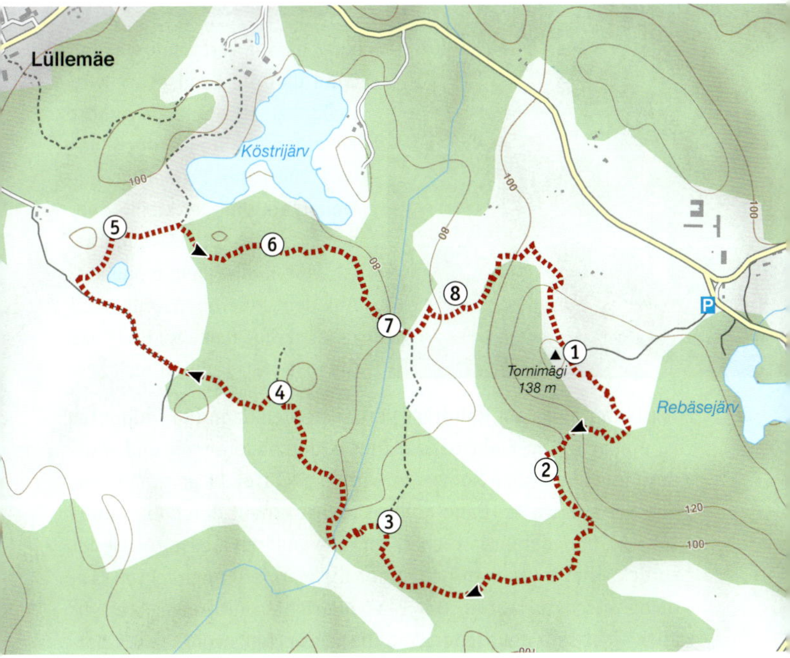

mägi stand einst ein Wikingerfort, von dem die nächste Tafel berichten wird. Wir folgen hier den Markierungen links weiter durch den Wald und stehen kurz darauf erneut an einer **Lichtung** und suchen nach Markierungen. Der Weg führt hier auf die Wiese und dann nach rechts. Wir überqueren die Wiese, kommen erneut in den Wald und zum Fuße des Linnamägi und zu **Tafel 9** ④. Hier biegen wir wieder links ab und folgen den Markierungen.

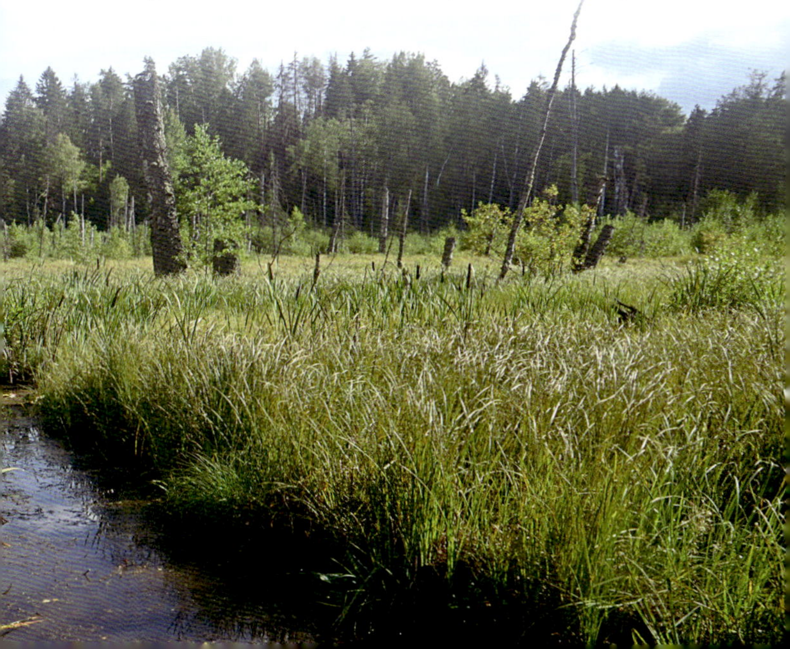

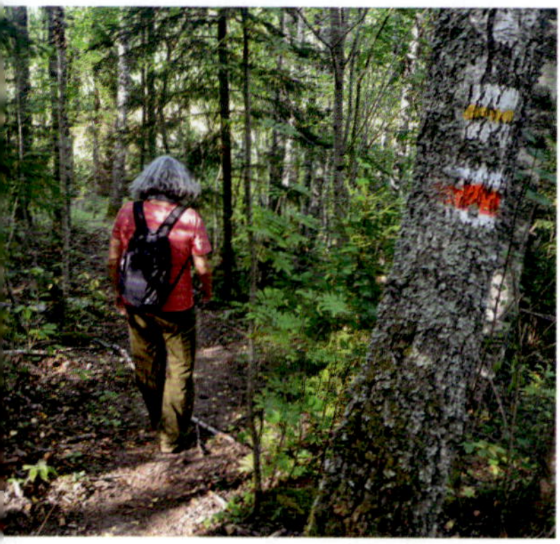

Kurz darauf verlassen wir den Wald und die Landschaft wird lieblicher. Das Gelände gehört zu einer der heute noch bewirtschafteten Farmen im Nationalpark und der kleine **See**, der jetzt ins Blickfeld gerät, ist von Kuhweiden umgeben. Auf den anderen Wiesen wird regelmäßig gemäht und das Gras ist saftig und grün.

Wir laufen links am **Raudjärv** vorbei steigen dann links hinunter zu einem Tor im Elektrozaun. Dieses durchqueren wir und wandern jetzt über eine Kuhweide. Vorbei an **Tafel 11** umrunden wir den See zur Hälfte. Dann geht es rechts erneut durch ein **Zauntor** ⑤ und dahinter rechts auf der anderen Seeseite wieder zurück. Hier muss man genau auf die Markierungen achten, um nicht falsch zu laufen. Der Pfad quert hier auf einem breiten, aber nicht sehr deutlichen Weg die Wiese (links vom Graben halten und an diesem entlang) bis zum Waldrand. Hier kommt mit Hilfe eines Holzgatters am Zaun vorbei – wenn einer gespannt ist. Immerhin sind an den Holzpfählen die Wegmarkierungen wieder deutlich erkennbar. Wir halten uns am Waldrand und gehen innen am Weidezaun entlang bis zum nächsten **Zauntor** ⑥.

Hier geht es wieder in den Wald, wo **Tafel 13 und 14** am Wegrand stehen. Dann durchqueren wir noch einmal auf einem **Bohlenpfad** ⑦ eine nasse Moorzone. Kurz darauf stehen wir an einer Lichtung und wandern zuerst links am Wiesenrand entlang, dann quer über die Weide rechts an einer einzeln stehenden **Gruppe Birken** ⑧ vorbei. Am gegenüberliegenden Waldrand führt ein schmaler **Pfad** in den Wald hinauf. Er ist üppig mit Farbbalken markiert, sodass kein Zweifel aufkommen kann, dass wir den richtigen Weg gefunden haben. Ziemlich steil schlängelt er sich zwischen den eng stehenden Bäumen hinauf auf den **Tornimägi** und zu dem Punkt mit Turm ①, an dem wir unseren Rundweg begonnen haben. Links geht es jetzt über die Wiese wieder hinunter zum Auto.

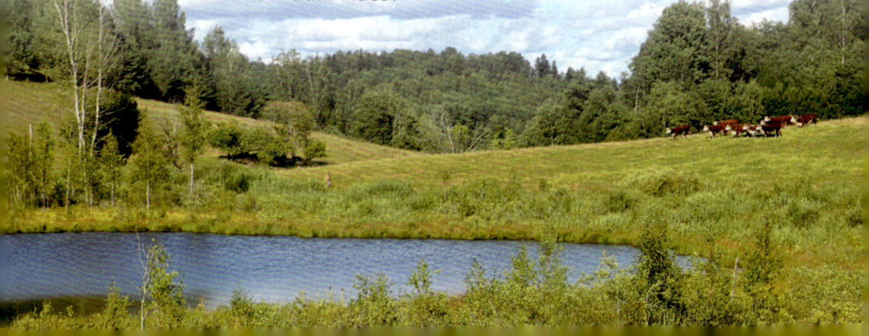

Reisen in Estland

Wichtige Informationen für unterwegs

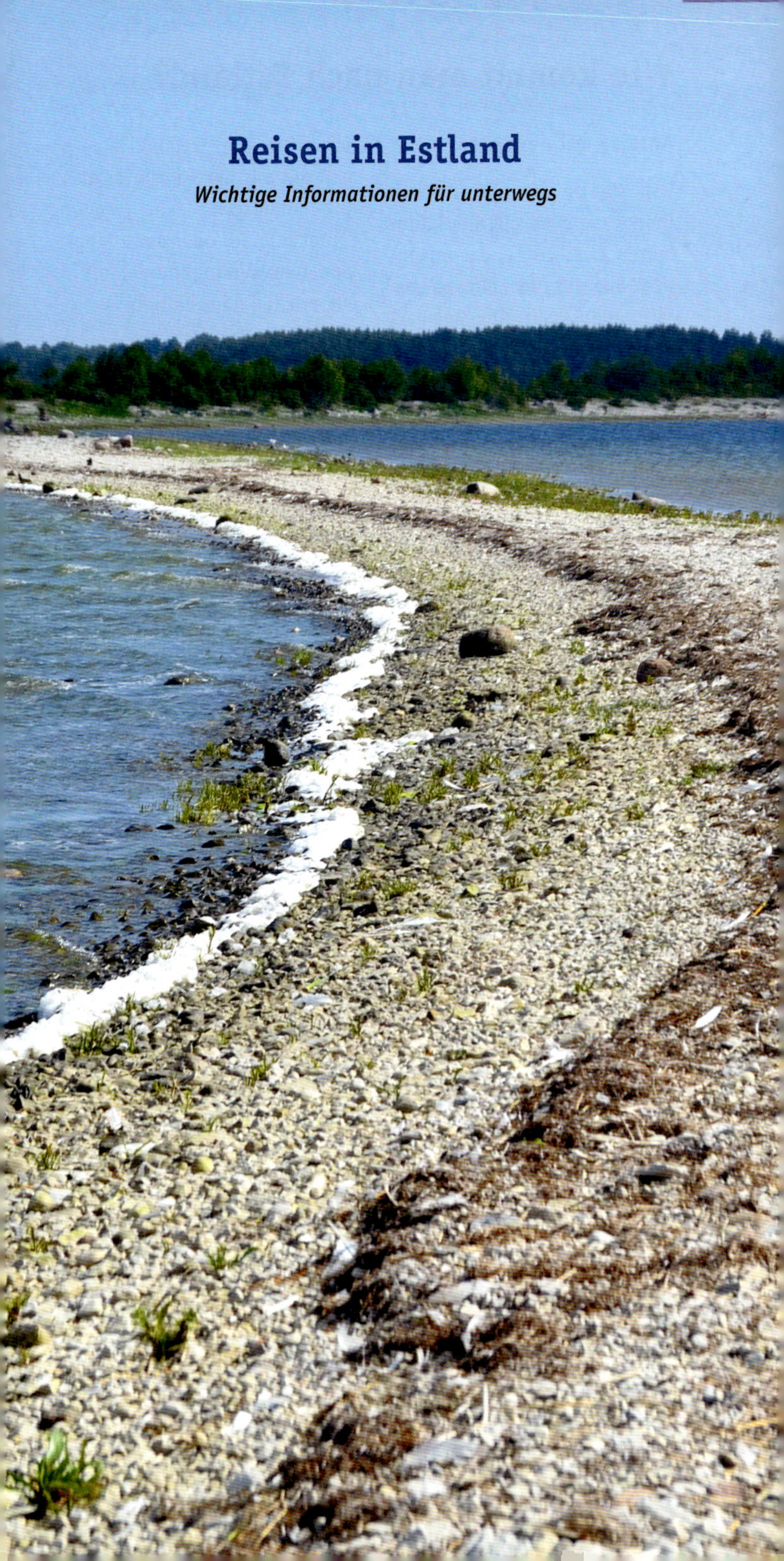

Wie kommt man nach Estland?

Anreise mit dem Auto

Von Berlin zur litauischen Grenze sind es gut 800 Kilometer. Zwei Drittel davon können Sie auf der gut zu befahrenden mautpflichtigen A2 zwischen Berlin und Warschau zurücklegen. Hinter Warschau geht es weiter auf der inzwischen ausgebauten Schnellstraße S8 bis Bialystok und auch von Bialystok bis zur litauischen Grenze wird der Straßenzustand von Jahr zu Jahr besser. Dann folgt man der gut ausgebauten Via Baltica durch Litauen und Lettland und erreicht nach 1400 Kilometer Fahrt Pärnu an der estnischen Westküste. Sinnvoll ist die Anreise mit dem eigenen Fahrzeug, wenn Sie genug Zeit haben und auch die beiden anderen baltischen Länder bereisen möchten oder bei Reisen mit dem eigenen Wohnwagen oder Wohnmobil.

Mit Auto und Fähre

Entspannter verläuft die Anreise mit dem eigenen Fahrzeug, wenn man an der deutschen Ostseeküste in Travemünde auf eine Fähre rollt und sich in 29 Stunden gemütlicher Ostseefahrt nach Helsinki und von dort in weiteren zwei Stunden nach Tallinn schippern lässt. Die Strecke Travemünde–Helsinki bedient zur Zeit nur die Finnlines (www.finnlines.com), die täglich fährt. Von Helsinki kommen Sie mit der Fährlinie Tallink mindestens acht (www.tallinksilja.de) oder der Viking Line (www.vikingline.de) drei mal pro Tag nach Tallinn.

Alternativ können Sie auch die Strecke von Travemünde nach Liepaja in Lettland (www.stenaline.de) wählen. Von dort erreichen Sie auf dem Landweg in 400 Kilometern Pärnu.

Bei allen Fährfahrten empfiehlt es sich wirklich früh zu buchen, da die Frühbucherpreise deutlich günstiger sind. Plätze für Fahrzeuge mit Überhöhe stehen außerdem nur begrenzt zur Verfügung und waren in den letzten Jahren schon früh belegt.

Flugzeug und Leihwagen

Die bequemste Anreise ist die Kombination von Flug und Leihwagen. Tallinn–Lennart Meri ist der einzige internationale Flughafen Estlands und liegt etwa vier Kilometer vom Stadtzentrum entfernt. Er wird aus dem deutschsprachigen Raum zur Zeit von drei Fluggesellschaften direkt angeflogen. Die Lufthansa steuert Tallinn von München, Frankfurt und Wien aus an. Air Baltic fliegt von Hamburg, Berlin und Salzburg. Von Berlin und Düsseldorf erreicht man Tallinn mit den günstigen Flügen von Ryan Air.

Alternativ fliegen FinnAir, LOT und Air Baltic mit einem Zwischenstopp nach Tallinn. Der Reisebeginn in Riga wäre auch eine machbare Alternative. Von dort fährt man etwa 120 Kilometer zur estnischen Grenze und könnte einen Abstecher nach Riga und in den reizvollen Gauja Nationalpark einplanen. Flüge nach Riga werden von der lettischen Fluggesellschaft Air Baltic angeboten.

Für einen kleinen Leihwagen ab Tallinn müssen Sie pro Woche etwa € 120 kalkulieren. Das ist für kürzere Reisen durchaus eine Option. Angebote finden Sie zum Beispiel unter www.mietwagen-check.de oder www.billiger-mietwagen.de.

Die CO2-arme Anreise

Per Bus: Die Busline ecolines.net fährt fünf mal in der Woche in guten 23 Stunden von Berlin nach Pärnu und weiter nach Tallinn allerdings mit einem Umstieg in Riga.

Per Bahn und Fähre: Zur Fähre kommt man auch mit der Bahn (Haltestelle Lübeck Hauptbahnhof) und von dort mit dem Bus direkt bis zur Haltestelle »Skandinavienkai Terminal«.

In Estland unterwegs

Einreise und Reisebudget

Estland ist seit 2004 Mitglied der EU und hat im Januar 2011 den Euro als Währung eingeführt. Die Rahmenbedingungen einer Estlandreise sind also unkompliziert: Zur Einreise reicht der Personalausweis und Geld bekommen Sie einfach mit der EC-Karte am Geldautomaten. Das Preisniveau hat in Tallinn inzwischen beinahe Westniveau erreicht, obwohl der Durchschnittslohn in Estland viel niedriger ist als bei uns. In ländlichen Gebieten können Sie immer noch recht günstig essen und übernachten.

Öffentliche Verkehrsmittel

Mit Bahn und Bus kommen Sie durchaus quer durch das Land. Die größeren estnischen Städte sind im Halbstunden- bis Stundentakt miteinander verbunden. Den aktuellen Busfahrplan finden Sie unter www.tpilet.ee.

Zuglinien gibt es eher von Tallinn Richtung Süden und Südosten. Information und Buchung unter elron.ee. Die Mitnahme von Fahrrädern ist meist möglich.

Die meisten Startpunkte unserer Wanderungen sind jedoch mit öffentlichen Verkehrsmitteln nicht erreichbar, daher empfehlen wir zumindest zeitweise einen Leihwagen.

Autofahren in Estland

Inzwischen sind in Estland so gut wie alle Verbindungsstraßen asphaltiert. Auf **Schotterstraßen** treffen Sie nur noch in den abgelegen Regionen der Nationalparks. Auch bei der Zufahrt zu unseren Wanderparkplätzen werden Sie noch ab und zu über Schotter hoppeln oder auch schmale Waldwege befahren. Wir sind alle Strecken mit einem Campingbus gefahren, mit einem normalen PKW dürften Sie also keine Probleme haben.

Regeln im Straßenverkehr.
› das vorgeschriebene Tempo in Ortschaften ist 50 km/h, auf Landstraßen 90 km/h und auf Schnellstraßen 110 km/h, Autobahnen gibt es nicht.
› Promillegrenze 0,0.
› In den baltischen Ländern müssen Sie auch tagsüber mit Abblendlicht fahren.
Ansonsten ist alles vertraut.

Das **Tankstellennetz** ist überall ausreichend dicht. Besonders gängig sind 24-Stunden-Tankstellen, an denen Sie per Automat mit Bargeld oder einer EC-Karte zahlen. Die Anleitung finden Sie in Deutsch oder Englisch auf den Säulen. Das Die Benzinpreise liegen knapp unter den deutschen.

Orientierung

Um stressfrei den Startpunkt von Wanderungen zu finden, die meist abseits der Hauptrouten liegen, ist ein Navi von Vorteil, bei dem Sie GPS-Koordinaten eingeben können. Selbst die neu aktualisierten Karten unseres Garmingerätes waren allerdings nicht vollständig und dessen Routenwahl nicht immer sinnvoll. Wir empfehlen unbedingt eine zusätzliche Straßenkarte zur grundlegenden Orientierung. Gute Erfahrungen haben wir mit der Estlandkarte des World Mapping Projekt von Reise Know-How gemacht, in der geschotterte Straßen gestrichelt eingezeichnet sind.

Gesundheit

In EU Staaten gilt zur Behandlung bei Ärzten und im Krankenhaus über das Sozialversicherungsabkommen Ihre ganz normale deutsche Krankenversicherung. Notwendig ist vor Ort nur eine aktuelle Versicherungskarte, mit dem Vermerk »Europäischen Krankenversicherungskarte« auf der Rückseite. Nur wenn Sie auch Krankenrücktransport und ähnliche Sonderleistungen abgesichert haben wollen, brauchen Sie eine spezielle Auslandskrankenversicherung.

Impfungen sind zur Einreise ins Baltikum nicht vorgeschrieben. Es gibt jedoch viele infizierte Zecken, sodass Sie über eine FSME Impfung nachdenken sollten. Aufmerksamkeit, eine Zeckenzange und ein Mückenschutzmittel, das auch gegen Zecken hilft, sind die Alternative. Ein den Juckreiz linderndes Gel für Mückenstiche gehört ebenfalls ins Gepäck.

Einkaufen

Das Angebot in den Supermärkten entspricht europäischem

Standard. Auch in den ländlichen Regionen sind inzwischen kleinere Supermärkte zu finden. Sehr gut, frisch und preisgünstig versorgen Sie sich auf Märkten (turg). Bäckereien gibt es nur sporadisch. Brot bekommen Sie im Supermarkt. Probieren sie ruhig auch das Tüten-Schwarzbrot, das es in verschiedenen Sorten gibt. Es schmeckt unerwartet gut.

Essen gehen

Wir können nur empfehlen, dort wo sich die Möglichkeit bietet, essen zu gehen. Die deftige baltische Küche ist ausgesprochen lecker. Eine Sitte, die sich in wenig touristischen Regionen gehalten hat, hat uns anfangs stark irritiert. Sollten Sie ignoriert werden, nachdem Sie sich an einen Tisch gesetzt haben, ärgern Sie sich nicht. Wir haben beobachtet, dass viele Einheimische an der Theke bestellen oder die Karte dort holen. Fragen Sie also einfach freundlich nach, sollte niemand an Ihrem Tisch erscheinen.

Die Restaurants in den Städten haben sich längst auf mitteleuropäische Küche und Servicevorstellungen umgestellt und Sie können in Tallinn und Tartu auch japanisch oder mexikanisch essen. Gut, günstig und typisch baltisch essen Sie in den Landgaststätten, die in Estland Körts genannt werden. Auch in einem Kohvik (Café) bekommt man kleine Gerichte.

Die estnische Küche ist bodenständig und die Zutaten kommen vorzugsweise aus dem eigenen Garten oder aus den umliegenden Wäldern. Pilze und Beeren, frisch oder konserviert, ergänzen die einfache Kost aus Kartoffeln, Zwiebeln und Gartengemüse. Sehr beliebt sind Blutwurst, Sülze und Hering, die gerne mit Kartoffeln und Sauerrahm gegessen werden. Überall zu haben sind auch deftig oder süß gefüllte Pfannkuchen, Kartoffelpfannkuchen mit saurer Sahne oder Lachs. Auch die russische Soljanka, gefüllte Piroggen oder kalte rote Beete Suppe mit Kartoffeln haben Eingang in die estnische Küche gefunden. In Gasthöfen weniger verbreitet ist das Kama eine Mischung aus Getreide und Erbsen, der als Brei zum Frühstück oder als Beilage gegessen wird.

Zum Essen wird gerne Kefir getrunken oder das colafarbene Kali, ein Schwarzbrotgetränk dessen Geschmack etwas gewöhnungsbedürftig ist. Besser fanden wir den überall verbreiteten Cider und das estnische Saku Bier. Wein ist dagegen wenig verbreitet. Als Aperitiv lohnt es sich den landestypischen Fruchtwein zu probieren, und wer harte Sachen mag, findet in russischer Tradition auch Wodka oder klaren Obst- und Kräuterbrand wie den beliebten Vana Tallinn.

Unterkunft und Übernachtung

Üblicherweise unterteilen wir an dieser Stelle unsere Unterkünfte in Hotels und Pensionen und Campingplätze. In den baltischen Ländern scheint uns das jedoch keine gute Idee zu sein. Das Zelt als preisgünstige naturnahe Unterkunft erfreut sich überall in Estland großer Akzeptanz. Doch obwohl die Esten uns ziemlich wetterfest schienen, ist die Campingsaison im Norden Europas eher kurz. Deshalb gibt es auch auf jedem Campingplatz feste Holzhütten oder ein Gästehaus mit einigen Zimmern. Im Gegenzug dazu können Sie neben vielen Hotels im ländlichen Raum ihr Zelt aufschlagen oder ein Wohnmobil parken. Die Auswahl ist groß und die Grenzen sind fließend. Daher finden Sie in diesem Buch alle empfohlenen Unterkünfte in einer Kategorie.

Vom Hotel zum Gästehaus

Hotels mit westeuropäischem Qualitätsstandard gibt es vor allem in den Städten und in einigen gut besuchten Nationalparks. Ausstattung und Preise entsprechen dort dem europäischen Standard. Für mehrtägige Aufenthalte sollten Sie vor allem in Tallinn oder Pärnu rechtzeitig buchen. Absolute Hochsaison ist die Zeit um die Sommersonnenwende. An besonders beliebten Orten müssen Sie um den 21. Juni mit ausgebuchten Hotels und erhöhten Preisen rechnen.

Im ländlichen Raum sind Hotels oft in alten Gutshäusern oder Schlössern untergebracht und bieten zum erschwinglichen Preis stilvolle Unterkünfte. Abseits der üblichen Touristenpfade finden sich meist nur Privatquartiere wie B&B oder Gästehäuser. Diese einfacheren Unterkünfte, in denen das Bad auch schon mal auf dem Flur zu finden ist, haben den Vorteil, dass Sie mit Esten in Kontakt kommen. Die Inhaber verstehen sich meist noch als Gastgeber, die ihren Besuchern gerne mit Rat und Tat zur Seite stehen. Achten Sie bei einem Preisvergleich bei Hotels und Privatzimmern darauf, dass das Frühstück oft nicht im Zimmerpreis enthalten ist. Kostenloses WLAN gehört dagegen zum Standard in fast allen Unterkünften.

Eine gute Alternative zur Unterkunft im Gästehaus sind die kleinen Häuschen, die auf jedem Campingplatz vermietet werden. Unter der Woche sind sie meist auch ohne Vorbestellung zu haben, an Sommerwochenenden ist dagegen oft alles bis auf den letzten Platz belegt. Eine rechtzeitige Reservierung kann an Wochenenden durchaus Sinn machen.

Camping auf estnisch

Reisen Sie dagegen mit Zelt oder Wohnmobil, finden Sie immer einen Platz und eine Reservierung ist kein Thema. Cam-

pingplätze gibt es in Estland in ganz verschiedenen Kategorien: Ein typisch estnischer Camping ist eher einfach ausgestattet, viele liegen an Privathäusern. Die Sanitäranlagen bestehen meist nur aus wenigen WCs und einer Dusche, die ab und zu auch in der Sauna zu finden ist. Eine Sauna gibt es eigentlich auf jedem Campingplatz und in jedem Gästehaus. Es ist üblich diese als Gruppe exklusiv für ein bis drei Stunden zu mieten, sodass der Besuch für Einzelreisende vergleichsweise teuer wird.

Neben den typisch estnischen Minicampings gibt es auch Plätze mit westeuropäischen Standard, die vorrangig an den Bedürfnissen von Touristen orientiert sind. Neben gepflegten Sanitäranlagen gibt es dort auch Stromanschlüsse und V/E-Stationen für Wohnmobile. Rechnen Sie dort für eine Übernachtung für zwei bis vier Personen mit €20 bis 30.

Camper, die mit wenig Komfort auskommen, finden ihr Paradies auf den meist traumhaft schön am Meer oder einem See gelegenen kostenlosen Zeltplätzen der estnischen Forstbehörde RMK. Die Plätze heißen auf Estnisch »telkimisala« und sind mit unauffälligen Holzpfeilen ausgeschildert, die einem nur auffallen, wenn man weiß, wonach man sucht. Die Ausstattung besteht standardmäßig aus Trockentoilette, Müllcontainern und einem Grillplatz mit Tisch und Bänken. An Wochenenden treffen sich hier die Esten zum Grillen und feiern, unter der Woche ist es meist still. Viele Plätze sind mit dem PKW erreichbar, wobei Sie aber immer eine mehr oder weniger naturbelassene Zufahrt in Kauf nehmen müssen. RMK-Plätze in der Nähe unserer Wandertouren finden Sie im Tourensteckbrief oder unter den Badeplätzen.

Reisen mit dem Wohnmobil

Einsame Plätze am Meer, eine Übernachtung mitten in der Natur oder ein Lagerfeuer am Seeufer? In Estland können Wohnmobilträume noch wahr werden. Wer die Natur komfortablen Campingplätzen und charmanten Mini-Stellplätzen im Vorgarten privater Gästehäuser vorzieht, darf in Estland außerhalb der Ortschaften auch auf Picknick- und Parkplätzen übernachten. Nur in den Nationalparks ist das Campen außerhalb ausgewiesener Plätze verboten.

Wir haben an der langen Küstenlinie des Landes etliche traumhaft schöne Plätze gefunden. Die schönsten Campingplätze finden Sie in der folgenden Liste.

Wenn Sie darüber hinaus auch frei stehen möchten, empfehlen wir unseren Wohnmobilreiseführer für das Baltikum, der im WOMO-Verlag erschienen ist.

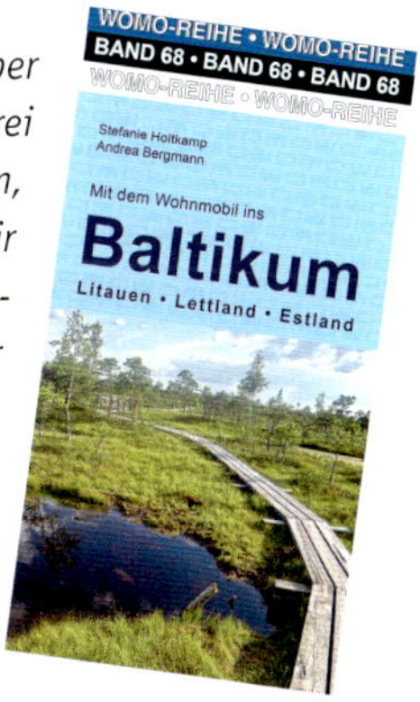

Pärnu

Villa Johanna
Gut geführtes Gästehaus in einer Holzvilla am Stadtrand, in Meernähe.
Suvituse 6, Doppelzimmer €40–80 je nach Saison, Frühstück €10, www.villa-johanna.ee.

Bed & Breakfast Freven Villa
Gästehaus in einem Holzhaus am Stadtrand. Charmante Gastgeber.
Kooli 31, Doppelzimmer €32–55 je nach Saison, www.freven.ee.

Hotel Kurgovilla
Schickes Hotel nicht weit vom Strand entfernt. Gutes Restaurant.
Papli 13, Doppelzimmer € 70–125 inkl. Frühstück, www.kurgovilla.ee.

St. Petersburg Hotell
Stilvolles mittelalterliches Steinhaus im Zentrum von Pärnu, 54 Zimmer darunter auch Familienzimmer, guter freundlicher Service.
Doppelzimmer inkl. Frühstück ab €59, Hospidali 6, www.stpeterburg.ee.

Villa Ammende
Die erste Adresse in Pärnu ist die noble Villa Ammende in einem alten Jugendstilhaus. Die 17 luxurösen Suiten sind mit antikem Mobiliar eingerichtet.
Mere pst 7, Doppelzimmer ab €99. Buchbar über booking.com oder ammende.ee.

Hedon Spa Hotel
Modernes Haus am Meer und nicht weit vom Ortskern entfernt. 72 schöne Zimmer, Pool und Sauna und sehr gutes Restaurant.
Ranna Puiestee 1, Doppelzimmer ab €91 inkl. Frühstück, www.hedonspa.com

Terve Hostel
Angenehmes Hostel am Stadtrand in der Nähe der Flussmündung gelegen, schlichte saubere Zimmer, Gemeinschaftsküche, Fahrradverleih.
Ringi 50, Doppelzimmer ab €35, Familienzimmer ab €58, ohne Frühstück, terve.ee.

Konse Motell und Caravan Park
Gästehaus und Stellplatz für Wohnmobile mit vollständiger Sanitärausstattung, Stromanschlüssen, V/E. Stellplätze für ca. 80 WOMOs auf ebener Wiese im Hinterhof des Gästehauses, ruhige Lage am Stadtrand.
GPS N 58°23'06", E 24°31'35"
Suur-Joe 44a, Doppelzimmer ab €50, WOMO inkl. 2 Pers. €23,50, Strom €2,50, www.konse.ee.

Esplanaadi Camping site
Zeltplatz im grünen Garten an einem Privathaus, gute Lage zwischen Strand und Ortskern, Toilette, Dusche und kleine Küche. Perfekt für Backpacker und Fahrradfahrer.
Esplanaadi tanav 18, €8 pro Person, campingesplanaadi.blogspot.com.

Soomaa Nationalpark

Riisa Rantšo
Die einzige Unterkunft innerhalb des Soomaa Nationalparkes ist das einfache Gästehaus Riisa Rantšo mit großem Garten und in Alleinlage am Flussufer in Riisa.
Doppelzimmer €40 zuzüglich Frühstück €5 pro Person auf Vorbestellung. www.riisarantso.ee.

Ponka Puhketalu
Gästehaus im skandinavischen Stil etwas außerhalb des Nationalparkes.
Rätsepa küla, Tori vald, Doppelzimmer €50 mit Küchenbenutzung, Dusche und WC auf dem Flur. Sauna, Frühstück (auf Vorbestellung) €6 pro Person. www.ponkaland.com.

Camping Somaa Kanuumatka
Unterkünfte in drei Campinghäuschen mit Flussblick oder auf der großen Zeltwiese. Dusche und WC im Haus.
GPS N 58°29'46", E 24°56'57".
Rätsepa, Tori vald, Womo €15, Zelt €5 pro Person, www.veelaager.com.

Karuskose
Einfache Unterkünfte in einem historischen Farmhaus oder einer am Fluss stehenden Holzhütte mitten in der Wildnis des Soomaa Nationalparkes. Mit eigenem Schlafsack ab €15 pro Person. www.karuskose.com

An der Küste nördlich von Pärnu

Doberani Rannamaja

Wohnmobilstellplatz auf einer Wiese neben dem Strandrestaurant am Strand von Valgeranna,

GPS N 58°23'13", E 24°22'11"

€20 pro Mobil inkl. Strom, WC und Dusche extra. doberan.ee.

Camping Ermistu

Einfach ausgestatteter Campingplatz 2 km nördlich von Tostamaa direkt am See Ermistu, Ruderbootverleih für Angler. Holzhütten vorne am See.

GPS N 58°21'20", E 24°00'11"

Ermistu küla, Campinghaus ab €60, Wohnmobil €20, Zelt €8, www.ermistu.ee.

Camping Tohela

Am See Tohela nördlich von Tostmaa. Einfach ausgestatter, kleiner Platz mit einer Reihe einfacher Holzhütten direkt am Wasser. Schöne Stellplätze für Zelt und Wohnmobile. Bootsverleih (Tretboote und Kanus).

GPS N 58°25'09", E 24°00'31"

Campinghäuser €15–20 pro Person, Wohnmobil €10, Zelt €10, www.tohelajarvepuhkekyla.ee.

Matsalu

Ullaste Puhkemaja

Sehr schönes, ruhig und einsam gelegenes Ferienhaus für bis zu 12 Personen mitten im Nationalpark. Voll ausgestattete Küche, vier Schlafzimmer, Gemeinschaftsraum.

GPS N 58°41'48", E 23°35'17"

Ferienhaus ab €125 pro Nacht über booking.com, www.puhkamatsalus.eu.

Voosemetsa Camping

Kleiner Camping, ruhig im Wald gelegen mit Aufenthaltsraum. Besitzerin spricht auch deutsch. Auch Zimmervermietung.

GPS N 58°38'46", E 23°39'45"

Wohnmobil, Zelt €15, www.voosemetsa.ee

Muhu

Tihuse Turismitalu

Das perfekte Quartier für Reiter. Im gepflegten Wohnhaus oder im urigen Cottage von 1879 werden auf dem Hof Zwei- und Drei-Bettzimmer vermietet. Außerdem können Sie Muhu unter kundiger Führung auf verschiedenen Ausritten über die Insel kennenlernen. Für Übernachtung und Ausritte ist eine vorherige Anmeldung erforderlich.

GPS N 58°36'40" E 23°18'43".

Hellamaa küla, B&B pro Person €24–30, Zelten ist auf dem Gelände ebenfalls möglich. www.tihuse.ee.

Pädaste Manor

Erstklassiges Hotel in stilvollem Gutshaus aus dem 15. Jahrhundert mit großer Parkanlage, eigner Badeplatz, excellentes Restaurant mit Terrasse am Meer, Spa mit Sauna.

Muhu Island, Padaste, Doppelzimmer inkl. Frühstück ab €230, www.padaste.ee.

Vanatoa Turismitalu

Doppelzimmer mit Bad in gepflegtem Reetdachhaus, großer Garten in idyllischer Lage am Ortsrand von Koguva.

GPS N 58°35'47", E 23°05'07".

Doppelzimmer mit Frühstück ab €80, Wohnmobilstellplatz im Garten hinter dem Haus €15 pro Mobil, Zelten €5 pro Person, vanatoa.ee.

Camping Lounaranna Sadam

Einfache Campingwiese am Jachthafen. Neue Sanitäranlagen. Der Inhaber spricht deutsch. Gut geeignet für Wohnmobile.

GPS N 58°32'34", E 23°18'56"

Wohnmobil inkl. 2 Pers. €12, Strom € 3, Dusche pro Caravan €5, im Zelt €7 pro Person, www.lounaranna.ee.

Aki Camping

Kleiner Wiesenplatz im Zentrum von Liiva. Etwas eng aber dafür zentral gelegen. Restaurant im Ort.

Geöffnet Mai bis Oktober, winzige Campinghütten für 2 Pers. €24, größere Hütte €48, Zelt €6, Wohnmobil €10, www.muhusaar.ee.

Saaremaa

Orissaare Sadam

Einfacher Stellplatz für Wohnmobile im Jachthafen von Orissaare, nettes Café am Platz, WC, Bootsverleih, Badeplatz.

GPS N 58°33'46", E 23°05'28"

Im Ort den Schildern zum Jachthafen folgen. €7 pro Mobil.

Hostel Pritsukas

Einfache nette Unterkunft in Orissaare mit Gemeinschaftsbad.

Kuivastu mnt. 26, Doppelzimmer ab €40, Buchbar über booking.com.

Oti Manor House

Fünf stilvolle Zimmer im ältesten Herrenhaus auf Saaremaa. Das Haus ist mit antikem Mobiliar eingerichtet und steht in einer großen Parkanlage. Familiäre Atmosphäre.

Oti küla, Pöide vald, Doppelzimmer ab €100. otimanor.weebly.com

Koiguste Sadam

Langgezogene Halbinsel mit Ferienhaus mit eigenem Steg, kleinem Café, Sauna und WC, viel Platz für Wohnmobile und windfeste Zelte. Der Platz ist weiter im Ausbau.

GPS N 58°22'15", E 22°58'40"

Von der 10 links auf die Nebenstrecke nach Koiguste abbiegen und dann links den Schildern zum Stellplatz folgen. €15 pro Mobil, Strom €3, Sauna €5. Durch die exponierte Lage immer leichter Wind und keine Mücken.

Aavikunurga Puhketalu

Gästehaus in einem reetgedeckten Farmhaus im Dorf Randvere, schöne Zimmer und nette Gastgeber.

Randvere Kula, Doppelzimmer ab €45, mit Bad ab €65, Frühstück €9, www.aavikunurga.ee.

Kaali Kulastuskeskuse Hotell

Neubau aus weißem Dolomit im historischem Stil, gemütliche Zimmer, am Besucherzentrum des Meteoritenkraters, Gaststätte benachbart.

Doppelzimmer mit Bad €52 inkl. Frühstück, www.kaali.kylastuskeskus.ee.

KURESAARE

Spa Hotel Meri

Modernes Spa Hotel am Meer mit Wohnmobilstellplätzen auf dem Parkplatz. **GPS N 58°14'53", E 22°28'27"**

Doppelzimmer inkl. Frühstück ab €50 über booking.com, Wohnmobil €25, www.saaremaaspahotels.eu.

Kuursaal Guesthouse

Sechs Zimmer im historischen Kurhaus mit Blick auf die Burg von Kuresaare. Gutes Restaurant.

Lossipark 1, Doppelzimmer mit Bad ab €62, www.kuressaarekuursaal.ee.

Suure Töllu Puhkeküla

Weitläufige Ferienanlage auf einer ebenen Wiese bei einem historischen Hof, Pool, Taverne Suur Töll, links der Straße nach Kuressare.

GPS N 58°17'02", E 22°32'57"

Doppelzimmer €76, Ferienhaus mit Gemeinschaftsbad €42, Wohnmobil €20, www.suurtoll.ee.

Camping Tehumardi

Komfortabler Camping westlich von Kuressaare. Großzügiges Gelände mit Badeteich, über die Straße zum Sandstrand, Spielplatz. Dusche, WC, Küche. Ermäßigter Eintritt ins Spa.

Doppelzimmer €42, Campinghaus für 4 Pers. €45, Familienzimmer €75, Wohnmobil inkl. 2 Pers. €21, Zelt €7 pro Person, www.tehumardi.ee.

Muha Talu

Gepflegtes Gästehaus und Camping in einsamer Lage am Privathaus, westlich von Kuresaare, Badeplatz in 200 Meter, nette Gastgeber die gut englisch sprechen.

GPS N 58°11'50", E 22°03'35"

Riksu, Zimmer im Haus für 4 Pers. €55, Gartenhaus 2 Pers. €35, Wohnmobil €20, Zelt inkl. 2 Pers. €14, www.muhatalu.ee.

Loona Manor

Zimmer im ruhig gelegenen sorgfältig renovierten Gutshof, gutes Restaurant.

GPS N 58°19'59", E 22°01'20"

Loona küla, Doppelzimmer ab €75 www.loonamanor.ee.

Pidula Forell
Einfache Campinghäuser in einer schönen Anlage an einem Fischteich. Fischrestaurant mit Forellenspezialitäten, Sauna, Kanuverleih, Stellplatz für Wohnmobile.
Bei Odalätsi, Doppelzimmer ab €48, Campinghäuschen €22, Wohnmobil €15, pidulaforell.ee.

Camping Karujärve
Campingplatz am sanft abfallenden Hang im lichten Uferwald direkt am See. Viele kleine, ganz einfache Holzhäuschen. Schöner Badeplatz am sauberen Karujärve.
GPS N 58°22'41", E 22°13'52"
Geöffnet 15.5. bis 31.8., Häuschen ab €25, Wohnmobil €15, Zelt €4 pro Person, Dusche €2, www.karujarve.ee.

Praakli Rediku Mahetallu
Ferienwohnungen und Zimmer auf einem Biobauernhof mit Schafzucht und vielen Tieren, im Dorf Paiküla südlich des Karujärve, Mitarbeit auf dem Hof möglich, perfekt für Familien.
Übernachtung mit Frühstück €20 pro Person, Kinder €10, buchbar über: saaremajutus.ee/en/accommodation/koki-reediku-guesthouse.

Vilsandi

Kusti Talu
Drei einfache Zimmer in einem separat stehenden Holzhaus auf einem riesigen Grundstück. Campingwiese für Zelte. Organisation von Wanderungen auf der Insel und Bootstouren zu den Seehunden.
Übernachtung im Zimmer €30, Frühstück €5, mit eigenem Zelt €3 pro Person, www.islander.ee.

Tolli Talu
Vier komfortable Zimmer in einem alten Farmhaus auf dem Wiesengelände hinter dem Bootsanleger. Minibus-Service, Campingwiese. Nur mit Voranmeldung unter +372 520 2656 oder *www.tolli.vilsandi.info.*

Hiiumaa

Kalana Puhkeküla
Campinghäuser auf einem Waldgrundstück am Meer an der Spitze der Halbinsel Kopu. Sechs Doppelzimmer im Haupthaus mit Dusche und WC, Camping. Frühstück möglich.
Campinghaus mit vier Betten ab €60 Bettwäsche inkl., Doppelzimmer €60. www.kalana.ee.

Pihla Talu
Doppelzimmer in zwei attraktiven Holzhäusern auf dem Gelände des ACSI Camping Pihla Talu. Geschützt zwischen Bäumen liegende Zeltwiese. In der Nähe des Leuchtturmes von Kopu. **GPS N 58°54'22, E 22°12'58".**
Kõpu küla, Doppelzimmer €50, Wohnmobil €15, www.pihlatalu.ee.

Randmae Puhketalu
Strandhäuser für 5 Personen €130 pro Nacht, Stellplätze für Wohnmobile auf großzügigem Wiesengelände am Meer €15, Doppelzimmer €50. Urige Zimmer im ehemaligen Getreidespeicher €25 (ab drei Nächte €15) pro Person. An der Zufahrt zum Leuchtturm Tahkuna.
GPS N 59°01'54", E 22°34'43"
www.puhketalu.ee.

Kivijüri Külalistemaja
Bed and Breakfast mit 4 Zimmern am Ortsrand von Kärdla.
Kõrgesaare mnt. 1, Kärdla Doppelzimmer mit Dusche und WC €60 inkl. Frühstück, www.kivijuri.ee.

Ilus Villem Camping / Restaurant
Uriges Restaurant mit guter estnischer Küche und Camping mit Unterkunft in 10 Schlaffässern auf der Wiese neben dem Haus
Kassari küla, Übernachtung im Fass für 2 Personen €42 inkl. Frühstück, Cam pinghaus 3 Pers. €63, Wohnmobil €8 (mit Strom €16), Zelt €4 pro Person, buchbar über booking.com.

Kassari Puhkekeskus
Neues Hotel im Ort Kassari, moderne Anlage mit Spielzimmer. Restaurant und Fahrradvermietung am Hotel.

Doppelzimmer inkl. Frühstück ab €85, Familienzimmer ab €140, hiiumaale.ee.

Haapsalu

Lahe Maja Guesthouse

Sechs individuell eingerichtete Zimmer im historischen Holzhaus am Rande der Altstadt zwischen Bischofsburg und Strand.

Lahe 7, Doppelzimmer mit Bad inkl. Frühstück €78, www.lahemaja.com.

Thalasso Spa Hotel Fra Mare

Modernes Hotelzentrum mit über 200 Betten außerhalb der Stadt in der Nähe des Sandstrandes Paralepa. Diverse Massagen und Anwendungen, Meerwasserschwimmbad, Sauna, Behandlungen mit Heilschlamm, Restaurant in der Anlage.

Ranna tee 2, Doppelzimmer ab €90, 3-Bett-Zimmer ab €116, inkl. Frühstück und Spa-Anwendungen. www.framare.ee.

Camping Pikseke

Netter Garten-Camping am Stadtrand, auch Campinghäuser, Dusche, WC. Bei voller Belegung etwas eng.

GPS N 58°55'41", E 23°32'16"

Männiku 32, Campinghaus €30, Wohnmobil €17, Zelt €15 jeweils inkl. 2 Pers., www.campingpikseke.com.

Camping Roosta Puhkeküla

Ganzjährig geöffnet. Komfortable Holzhäuschen mit ein bis drei Zimmern auf einem Waldgrundstück am Meer, 14 Stellplätze mit Stromanschluss für Wohnmobile, Dusche, WC, Sauna, Restaurant, sehr gepflegter ACSI Platz aber etwas eng angelegt, schöner Sandstrand. Surfschule.

GPS N 59°09'31", E 23°31'13"

Holzhaus für 2 bis 4 Personen im Sommer €149–201, Wohnmobil €22. www.roosta.ee.

Tallinn

Die Auswahl an Hotels, Gästehäusern und Hostels in Tallinn ist riesig. Wir haben Ihnen hier aus jeder Kategorie einige empfehlenswerte Häuser zusammengestellt. Ein vollständiges Verzeichnis der Unterkünfte in der Nähe der Altstadt finden Sie unter www.visittallinn.ee. Ebenfalls hilfreich bei der Auswahl der Unterkunft sind die aktuellen Bewertungen im Tripadvisor.

The Tree Sisters

Stilvolles, komfortables Hotel in drei alten Kaufmannshäusern mit mittelalterlichem Charme, in bester Lage am Rand der Unterstadt. Eine der besten Adressen Tallinns.

Pikk 71, einfache Doppelzimmer ab ca. €180 bis 260. Buchbar über booking.com und www.3s.ee.

Merchants House Hotel

Stilvolles Hotel in zwei alten Häusern aus der Hansezeit mit verwinkelten Gängen und Balkonen, geschmackvoll möblierte Zimmer, in der Nähe des Raekoja Plats

Dunkri 4/6, einfache Doppelzimmer ca. €150–220. www.merchantshousehotel.com.

My City Hotel

Edles Hotel in einem schönen klassizistischen Altbau in der Unterstadt. Modern eingerichtete Zimmer mit Bad. Gutes Frühstück.

Vana-Posti 11, Doppelzimmer mit Frühstück ab €170. www.mycityhotel.ee.

Hotel St. Barbara

53 Zimmer in einem großen alten Kalksteinhaus mit hohen Decken und großen Fenstern, zentrale Lage in der Nähe der Tallinner Altstadt, Familienzimmer, spezielle Räume für Allergiker oder für Reisende mit Haustier.

Roosikrantsi 2a, Doppelzimmer inkl. Frühstück ab €92. www.stbarbara.ee.

OldHouse Apartments

Old House vermietet 29 Apartments in Größen zwischen einem und drei Zimmern in zentralen Lagen der Altstadt. Jedes Apartment wird auf der Website mit Fotos vorgestellt, die Preise beginnen bei €160 und variieren stark je nach Saison und Objekt. Günstige Unterkünfte gibt es im zugehörigen Gästehaus.

www.oldhouseapartments.ee.

Tabinoya Hostel
Sehr gut und zuvorkommend von einem jungen Japaner geführtes Hostel, einfach eingerichtete freundliche Zimmer, Gemeinschaftsküche, 100 Meter vom Raekoja Plats, Kaffee und Tee kostenlos. Sauna.
Nunne 1, Doppelzimmer inkl. Frühstück €40, Bett in Mehrbettzimmer ab €13, www.tabinoya.com.

Euphoria Hostel
Hippes Hostel mit jungem Team und alternativem Ansatz. Kaffee, Tee und Müsli jederzeit frei erhältlich, ansonsten kein Frühstück, Gemeinschaftsküche, Fahrradverleih und Ausflüge ins Umland und ins Tallinner Nachtleben, Bar im Hostel, Musiker willkommen, oft unruhig. Wenige Minuten Fußweg zur Altstadt.
Roosikrantsi 4 , Übernachtung im privaten Doppelzimmer ca. €45, Bett in Vier- bis Zehn-Bettzimmern € 7–30, euphoria.traveller.ee.

Marta Guesthouse
Gästehaus mit Ökoanspruch in schönem Holzhaus von 1901 mit großem Garten, drei Straßenbahnstationen zur Tallinner Altstadt. Individuell möblierte Zimmer im verspielten Vintage Stil. Gemeinschaftsbad auf dem Gang. Kaffee und Tee inklusive. Die Chefin spricht auch deutsch. Veganes Cafe, auch glutenfrei.
Marta 8, Doppelzimmer ohne Frühstück ab €54, www.martaguesthouse.eu.

Pirita Camping
Wohnmobilstellplatz mit etwas rauhem Charme auf einer Asphaltfläche im Hafen von Pirita am nördlichen Stadtrand von Tallinn. Nahe an beliebtem Sandstrand, sechs Kilometer bis zur Altstadt mit Busverbindung.
GPS N 59°28′03″, E 24°49′28″
Wohnmobil €20, www.piritatop.ee.

Vannamoisa Camping
Gepflegter neuer Camping einige Kilometer außerhalb von Tallinn bei Saue. Befestigte Stellplätze auf einer platten baumfreien Wiese, moderne Sanitäranlagen. Campinghäuschen. Zugverbindung nach Talinn von Saue etwa 30 Minuten.
GPS N 59°19′49″, E 24°32′23″
Wohnmobil inkl. 2 Pers. €24,50, Zelt inkl. 2 Pers. €14 Holzhütte €45. www.caravanpark.ee.

Lahemaa Nationalpark

Hiie Talu Puhkeküla
Sehr schöne Ferienanlage am Kahala-See. Rustikale Holzhäuschen mit Seeblick. Gemeinschaftsbad, Sauna. Auch Camping möglich.
Kahala, Harjumaa, Doppelzimmer ab €75, kleines Ferienhaus ab €150. Camping €20. hiie-talu-guest-house.estonia-hotels.net

Sagadi mõis
Komfortable Zimmer mit Dusche und WC im Gutshaus Sagadi, in dem auch das Forstmuseum und ein Restaurant untergebracht sind.
Doppelzimmer inkl. Frühstück ab €80. Im Haus gibt es auch ein Hostel mit Mehrbettzimmern. Übernachtung inkl. Frühstück €24 pro Person, www.sagadi.ee.

Palmse mõis
Im Gutshaus von Palmse gibt es ein einfaches Gästehaus mit sparsam möblierten Zimmern und Dusche und WC auf dem Gang und das komfortablere Landhotel Palmse Park Hotel, das in der ehemaligen Schnapsbrennerei eingerichtet wurde. Die Bar befindet sich in einem urigen Gewölbekeller. Die Zimmer sind mit Kiefernholzmöbeln und freundlichen Farben gestaltet und verfügen über ein eigenes Bad und WC.
Doppelzimmer im Gästehaus €50, im Hotel inkl. Frühstück ab €96, www.palmse.ee.

Vihula Manor Country Club and Spa
Die nobelste Adresse im Lahemaa Park. Die Zimmer des Hotels verteilen sich über mehrere Gebäude des Gutshofes. Mit Wasserpark, Massage, Sauna und Jacuzzi. Restaurant und Café innerhalb der Anlage.
Doppelzimmer ab €84 inkl. Frühstück. www.vihulamanor.com.

Lepispea Camping
Geöffnet Mai bis September. Riesiger Campingplatz der hauptsächlich von Wohnmobilen genutzt wird, ebene Wiesenfläche am Ortsrand vonVõsu, Dusche, WC, Wifi, Spielplatz, Waschmaschine, Fahrradverleih. Hunde an der Leine erlaubt und kostenlos. 800 m Fußweg zum Strand.
GPS N 59°34'33", E 25°56'11"
Wohnmobil inkl. 2 Personen € 17, im Zelt € 6 pro Person, Strom € 3, www.lepispea.eu.

Uustalu B&B
Privates Gästehaus mit wenigen Zimmern, direkt an der Bucht von Käsmu, ruhige Lage am Ortsrand. Kleine Campingwiese vor dem Haus. WC, Dusche und Kochgelegenheit, sehr persönlich und freundlich.
GPS N 59°36'38", E 25°55'02"
Leisi vald, Doppelzimmer € 50, Wohnmobil € 15. www.uustalu.planet.ee.

Peipsi järv

Camping Suvi Puhkekeskus
Große Campinganlage mit Zeltwiese und einfachen aber sauberen und hellen Zimmern im Gästehaus. Nur durch eine wenig befahrene Straße von einem schönen Sandstrand am Peipsi järv getrennt. Am Nordufer in Karjamaa.
Karjamaa küla, Doppelzimmer mit Frühstück im Gästehaus € 44, Wohnmobil € 20, Fahrradverleih, www.peipsi-suvi.ee.

Kalameestemaja
Einfaches nettes Hotel am nördlichen Ortsrand von Mustvee. Am See in einem flachen Holzhaus. Alle Zimmer ebenerdig und mit kleiner Terrasse. Fahrräder, Bootsverleih für Angler.
Narva 9c, Doppelzimmer mit Bad ab € 40, peipsirent.eu.

Kadrina mõis
Stilvolle Zimmer im schön renovierten Herrenhaus von 1773, teilweise mit authentischer Einrichtung drei Kilometer vom Peipussee entfernt. Gemeinschaftsbad, Sauna und Cafe.
GPS N 58°42'18", E 27°05'34".
Doppelzimmer € 40, Familienzimmer ab € 50. www.kadrinamois.ee.

Kadrina mõisa kämpingud
Vier neue kleine bezaubernde Hütten mit Terrasse für bis zu vier Personen auf der Campingwiese auf dem Gelände des Kadrina mõis. WC und Dusche außerhalb.
Kadrina küla, Hütten je nach Anzahl Personen € 24–60. Buchbar über booking.com.

Camping Willipu
Gästehaus mit wenigen Zimmern und großer Campingwiese direkt am Peipsi Järv, Holzhäuschen für fünf Personen, Stromanschlüsse für Wohnmobile in Seenähe, einfache Sanitäranlagen, Dusche in der Sauna. Am südlichen Ortsrand von Kallaste. Fahrradverleih.
GPS N 58°38'41", E 27°09'56"
Doppelzimmer im Haus € 22 pro Person, Campinghaus € 80 pro Nacht, Wohnmobil € 14, Zelt € 5 pro Person, www.willipu.ee.

B&B Peipsi Lake House / Kallaste
Modernes Holzhaus in einer kleinen Straße am Ortsrand von Kallaste, in Seenähe und mit Garten, Gemeinschaftsbad.
Võidu tn 1, Doppelzimmer ab € 63 über booking.com, auch Familienzimmer verfügbar.

Alatskivi Castle Suites
Im Schloss Altaskivi sind vier Räume als Gästezimmer im Stil des 19. Jahrhunderts eingerichtet und werden vermietet. Wenn Sie also schon immer mal in einem richtigen Schloss übernachten wollten ...
Doppelzimmer inkl. Frühstück ab € 90, www.lossirestoran.eu.

B&B Nina Kordon Külalistemaja
Das Gästehaus wird von einem Holländer und einer Estin geführt und befindet sich in einem alten Schulhaus am Seeufer. Die Zimmer sind stilvoll mit Antiquitäten möbliert. Verleih von Kajaks, Ruderbooten und Fahrrädern.
Doppelzimmer inkl. Frühstück ab € 60, ninakordon.ee.

Tartu

Antonius Hotel

Hotel mit antikem Charme in einem alten Haus der Hanse aus dem 17. Jahrhundert. Gegenüber der Universität in der gemütlichen Altstadt von Tartu, Zimmer mit antikem Mobiliar, moderne Bäder, gutes Frühstück.
Ulikooli 15, Doppelzimmer je nach Saison ab ca. € 113. www.hotelantonius.ee.

Dorpat Conference Hotell

Modernes mehrstöckiges Hotel mit gutem Service und komfortablen Zimmern. Optisch keine Schönheit aber mit gutem Preis-Leistungs-Verhältnis. Morgenschwimmen im Aquapark kostenlos inklusive. In der Nähe des Museums Aha am Emajögi, ca. 10 Minuten zu Fuß in die Altstadt.
Soola 6, Doppelzimmer inkl. Frühstück ab € 74, www.dorpat.ee.

Wilde Guest Apartment Väike-Turu

Wilde Guest Appartments vermietet fünf Wohnungen in Tartu, darunter auch zwei Appartments im Tigutorn, dem weithin sichtbaren weißen Schneckenturm am Emajögi. Er ist das höchste Gebäude der Stadt und vom Appartment hat man einen tollen Ausblick.
Wohnung im Tigutorn € 55.- pro Tag, weitere Wohnungen in der Altstadt zu ähnlichen Preisen. www.wildeapartments.ee/tartu.

Tampere Maja

Vier Zimmer in einem historischen Holzhaus aus dem 18. Jahrhundert, Einige Minuten Fußweg zur Altstadt. Individuell gestaltete Zimmer.
Jaama 42, Doppelzimmer ab € 72 www.tamperemaja.ee.

Terviseks Hostel

Junges Hostel mit internationalem Team direkt am Raekoja Plats im Zentrum der Altstadt. Geräumige 4- oder 6-Bett-Zimmer mit großem Bad. Frühstück inklusive. Hilfsbereites Team und gute Atmosphäre.
Raekoja Plats 10, Übernachtung im gemischten Mehrbettzimmer € 15 pro Person, privates Doppelzimmer € 35. buchbar über www.hostelworld.com.

Wohnmobilstellplatz Karlova Sadam

Ebener Schotterplatz in guter Lage direkt am Emajögi am Jachthafen, durch nahe Brücke etwas unruhig, WC und Dusche, Café. 2,5 Kilometer zur Altstadt, mit dem Fahrrad auf angenehmer Strecke erreichbar.
GPS N 58°22'10", E 26°44'38"
Wohnmobil 24 h € 24 inkl. Strom und V/E, www.karlovasadam.ee.

Elva

Waide Motell

Das Waide Motel ist das einzige Hotel in Elva – auch wenn weder die Lage in Sichtweite der Landstraße noch das flache Hotelgebäude für große Begeisterung sorgen, bekommen Sie hier solide Qualität zu einem passablen Preis. Campingwiese und Wohnmobilstellplatz lärmgeschützt hinter dem Gebäude. Sanitäranlagen vorhanden.
GPS N 58°13'13", E 26°22'10"
Doppelzimmer mit Frühstück € 58, Vierbettzimmer € 98, Wohnmobil € 22, Zelt € 15, www.waide.ee.

Tartumaa Tervisespordikeskus

Große Anlage mit wenig attraktivem Gästehaus und vielen kleinen Holzhäusern auf weitläufigem Gelände am Waldrand, Badesee in der Nähe, toller Spielplatz (Niedrigseilgarten) zwischen den Häuschen. Sportanlage und darunter leider auch ein Schießplatz. Auch Plätze für Wohnmobile oder Zelte.
GPS N 58°12'22", E 26°25'27"
Holzhäuser mit vier Schlafplätzen € 43, Wohnmobil € 10, Zelt € 4 pro Pers., www.tervisesport.ee.

Võrtsjärv

Kiviranna Puhkemaja

Schöne, gepflegte Anlage direkt am See. Freundlicher Familienbetrieb mit Sauna und Cafe. Bootsverleih und geführte Touren.
GPS N 58°21'55.6", E 26°09'08.5"

Camping €10 pro Person, Apartment und Cottage €45 pro Person. kiviranna.ee

Vanasauna Guesthouse

Im alten Fischerdorf Valma, großzügiges Gelände mit Grill- und Picknickplätzen direkt am See. Sauna, Bootsverleih.

Vanasauna tee 8, Valma, Camping €3 pro Person, Holzhäuschen €16 pro Person, Doppelzimmer €20 pro Person. www.vanasauna.ee

Otepää

Spa Hotel Puhajärve

Modernes Hotel nahe am Strandbad mit eigenem kleinen Badeplatz. Pool, Sauna und Anwendungen, optisch keine Schönheit, aber gut ausgestattete moderne Zimmer. Wohnmobilstellplatz mit Stromanschlüssen auf dem Parkplatz in Seenähe.

GPS N 58°02'50", E 26°27'40"

An der Nordspitze des Pühajärve, Doppelzimmer mit Frühstück ab €81, Wohnmobil €15, www.pyhajarve.com.

B&B Villa Ottilia

Privatunterkunft im Ort Otepää, angenehme saubere Zimmer und besonders nette und engagierte Gastgeber. Fahrradverleih und Ausflugstipps.

Oru tn 4, Doppelzimmer inkl. Frühstück ab €49 , www.villaottilia.ee.

VäeVilla

Neues Gästehaus in der Nähe des Pühajärve. Freundliche Atmosphäre und gutes Frühstück.

Kadaka 5, 9 Zimmer, Doppelzimmer ab €60, über booking.com.

Camping Paju Talu

Schön angelegter Platz etwas abseits der Straße, aber nur wenige 100 m vom See. Campinghäuschen und einfache Sanitäranlagen mit WC und Dusche. Kurz hinter dem Spa Hotel Pühajärve rechts (weg vom See) Ausgeschildert mit Paju Talu.

GPS N 58°02'53", E 26°27'25"

Wohnmobil inkl. 2 Pers. €10, Zelt €5 pro Person, Campinghaus für 2 Pers. €40, www.pajupuhkekyla.com.

Polva

Camping Kassioru Puhkemaja

Direkt an der Ahja gelegen, fünf Zimmer in schönem, einfachen Holzhaus, engagierte nette Besitzer. Kanu- SUP-Verleih.

Kiidjärve küla, €28 pro Person, Holzhäuser für vier Pers. €65, Wohnmobil inkl. 2 Pers. €22, Zelt €10 pro Person, kassioru.ee.

Mooste Destillery Guest House

B&B in einer alten Wodka Destillerie auf dem Geländes des Gutshauses Mooste, sieben stilvoll möblierte Zimmer mit Dusche und WC.

Doppelzimmer inkl. Frühstück ab €89, in Mooste 12 km nördlich von Polva, www.viinavabrik.ee.

Võru

Hotell Kubija

Am Ortsrand von Võru mitten im Wald auf einem Hügel gelegen, Spa und Saunacenter, Wohnmobilstellplatz auf der Wiese am Parkplatz. Badeplatz am Kubija See.

GPS N 57°48'51", E 27°00'24"

Männiku 43A, Võru, Doppelzimmer inkl. Frühstück und Saunanutzung ab €70, www.kubija.ee.

Hämsaare Puhketalu

Schön gestalteter kleiner Campingplatz mit urigem gemütlichen Körts (Taverne) und Wiesenplätzen, sechs schöne Gästezimmer im Haus. Vier Kilometer südlich von Võru. **GPS N 57°48'25", E 27°01'17".**

Meegomäe küla, Doppelzimmer €40, Frühstück €5, Zelt €7, Wohnmobil €20, www.hamsa.ee.

Haanja Nationalpark

Lätte Tourist Farm

Vermietet werden drei Sommerhäuser am See und zwei Zimmer im Haupthaus. Eigener Seezugang.

Am Hinni Kanjon, €19 pro Person, Frühstück nach Absprache.

Camping Tindioru Turismitalu
Straußenfarm mit großer Campingwiese im Tal der Nachtigallen direkt neben dem Infozentrum. Dusche, WC.
Zeltplatz €10 pro Zelt, Wohnmobil €20, Zimmer €20 pro Person. www.tindiorutalu.ee.

Ööbikuoru Villa
Gästehaus und Restaurant Café Andreas zwischen Valgjärv und Liinjärv im Tal der Nachtigallen am Ortsrand von Rõuge direkt am See.
Valgjärve, Neun komfortable Doppelzimmer mit Bad ab €70 , Familienzimmer ab €87, oruvilla.ee.

Camping Ööbikuoru Puhkekeskus
Campinghäuser in drei Größen auf einer großen Wiese am Hang im Tal der Nachtigallen. Auch Übernachtung im eigenen Zelt möglich. Fahrrad- und Bootsverleih.
GPS N 57°43'44˝, E 26°55'46˝
Ööbikuoru 5, Kleines Häuschen für 2 Pers. ab €32, Dusche €2, visit.ee.

Gästehaus Suurjärve Külalistamaja
Ruhige am Rand des Ortes Rõuge auf einem Hügel gelegen. Nahe zum Ortszentrum und doch im Grünen.
Metsa 5, 16 gepflegte Doppelzimmer ab €35, Familienzimmer für €55–80, Frühstück €4, Wohnmobil €13, Camping €3 pro Person. www.maremajutus.ee.

Vaskna Tourist Farm
Farmhaus in Alleinlage am Vaskna See bei Haanja, 3 Zimmer, 3 Appartments und Campingwiese. Badeplatz und Ruderboot für Gäste
Übernachtung mit Frühstück ab €27 pro Person, Camping €4 pro Person, www.vaskna.ee.

Gutshaus Rogosi
17 Zimmer im historischen Gutshaus, Verpflegung möglich.
Tammiku tee 13, Ruusmäe küla, Doppelzimmer mit Bad inkl. Frühstück ab €45, Vollpension nur mit Voranmeldung möglich. www.rogosi.ee.

Kirikumäe Tourist House
Kleiner Camping am Kirikumäe järv mit zwei Zimmern im Haus und sehr einfachen Holzhäuschen.
GPS N 57°41'15", E 27°15'10"
Kirikumäe küla, Mai bis September, Übernachtung pro Person ab €16, Zelt €5 pro Person.

Piusatal

Jõeveere Puhkeküla
Campingwiese und acht Unterkünfte in einem über 100 Jahre alten Holzhaus in grüner Alleinlage an der Piusa. Im Hof gibt es außerdem ein kleines Farmmuseum.
GPS N 57°48'31", E 27°21'05"
Lindora küla, Zimmer ab €25 pro Pers.

Karula Nationalpark

Camping Hedo Talu
Einfacher Wiesenplatz neben einem alten Bauernhaus. Komposttoilette und Dusche, Sommerküche im Garten. Der Campingplatz wird von einem deutschen Paar geführt.
GPS N 57°44'43.4", E 26°42'42.4"
Puusepa, Roosiku küla, €15, hedo.ee

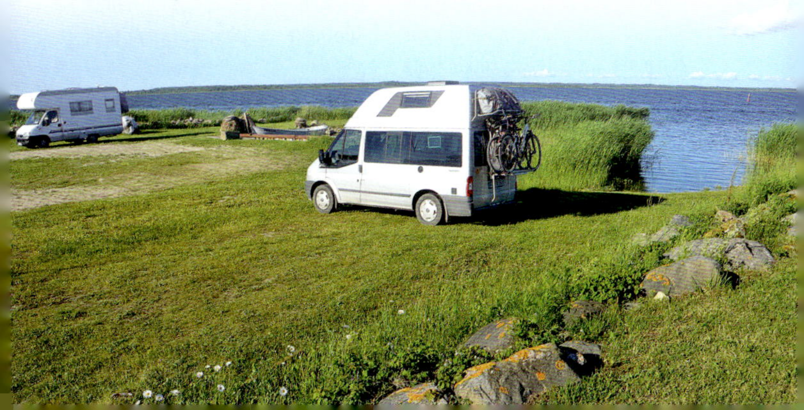

Sie werden in Estland selbst in ländlichen Regionen gut mit Englisch zurechtkommen. Ein kleiner estnischer Grundwortschatz hilft Ihnen vor allem Hinweisschilder jeglicher Art besser einzuordnen und ist daher von großem Wert bei der Orientierung.

Grundvokabular

Guten Tag .... tere
Auf Wiedersehen .... head aega
danke .... tänan
bitte .... palun
Entschuldigung .... vabandage
Ich verstehe nicht .... Ma ei saa aru
Ich möchte .... Ma tahan
Wo ist...? .... kus on ...?
Wieviel kostet das? .... Kui palju see maksab?

Geographische Begriffe

See .... järv
Meer .... mere
Strand .... rand
Badestrand .... supelrand
Leuchtturm .... tuletorn
Aussichtsturm .... linnutorn
Burg / Schloss .... loss
Gutshaus .... mõisa
Berg .... mägi
Fluss .... jõgi
Stadt .... linn
Dorf .... küla
Bauernhof .... talu
Zentrum .... keskus

Infrastruktur unterwegs

Wanderweg .... matkarada
Fahrradweg .... rattarada
Fahrrad .... jalgrattas
Zeltplatz .... telkimisala
Mietwagen .... Rendiauto
Trinkwasser .... Joogivesi

Übernachten und besichtigen

geschlossen .... suletud
geöffnet .... avatud
Frühstück .... hommikusöök
Mittagessen .... lõuna
Abendessen .... lõuna
Doppelzimmer .... kahene tuba
Haben Sie ein Zimmer frei? .... neil on vaba tuba?

Einkaufen

Bäckerei .... Pagaritooted
Markt .... turg
Milch .... piim
Brot .... leib
Butter .... või
Käse .... juust
Schinken .... sink
Wurst .... vorst
Fleisch .... liha
Speck .... peekon
Kartoffeln .... kartulid
Reis .... riis
Nudeln .... nuudlid
Zwiebel .... sibulad
Salat .... salat
Gemüse .... köögiviljad
Wasser .... Vesi
Bier .... õlu
Wein .... vein
Saft .... mahl
- Apfel- .... õunamahl
- Orangen- .... apelsinimahl

Gesundheit

Arzt .... arst
Krankenhaus .... Haigla
Apotheke .... Apteek

Fahrzeug

Tankstelle .... tankla
Benzin .... bensiin
Diesel .... Diisel
Werkstatt .... teenindusjaam
Autoreifen .... Rehvid
Motor .... mootor
Parkplatz .... parkla

2. Auflage Mai 2020
Naturzeit Reiseverlag
82288 Kottgeisering
www.naturzeit-verlag.de
info@naturzeit-verlag.de

Vertrieb: www.geocenter.de

Satz und Gestaltung: designbuero Holtkamp

Druck: www.feindruckerei.de

Illustrationen: Stefanie Holtkamp

Kartographie: Tour 5, 19, 20, 34, 40, 41, 42 und Übersichtskarte
Ansgar Jöbkes, www.kartographie-online.de.
Alle weiteren Karten outdooractive Karthographie .

Kartenbasis: © OpenStreetMap (www.openstreetmap.org) Mitwirkende,
CC-BY-SA (www.creativecommons.org)

GPS-Daten: GPX520EST275

Bildnachweis:

Seite 121 © fotolia, Seite 140 Bert Rähni, Seite 142 und 143 Tarmo Sammal.
Andrea Bergmann: Seite 5, 24 unten, 63, 70, 72, 73, 75 oben, 82, 97, 129, 113, 135,141, 143.
Alle weiteren Fotos: Stefanie Holtkamp

ISBN 978-3-944378-27-5

NATURZEIT AKTIV: UNSERE TOURENFÜHRER FÜR WANDERUNGEN, FAHR-RAD- UND KANUTOUREN.

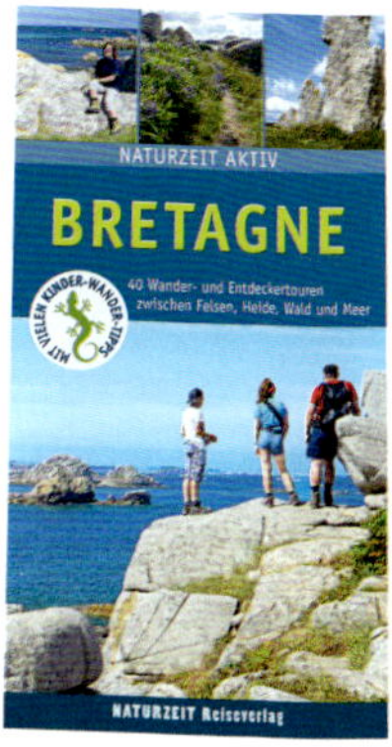

264 Seiten, Mai 2020
ISBN 978-3-944378-26-8
€ 16,90

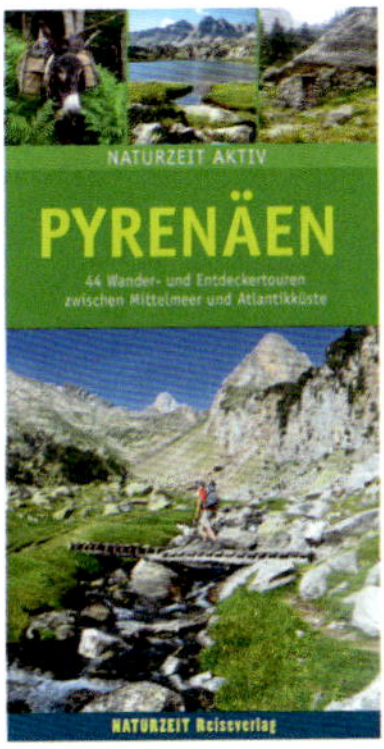

240 Seiten, Mai 2018
ISBN 978-3-944378-16-9
€ 16,90

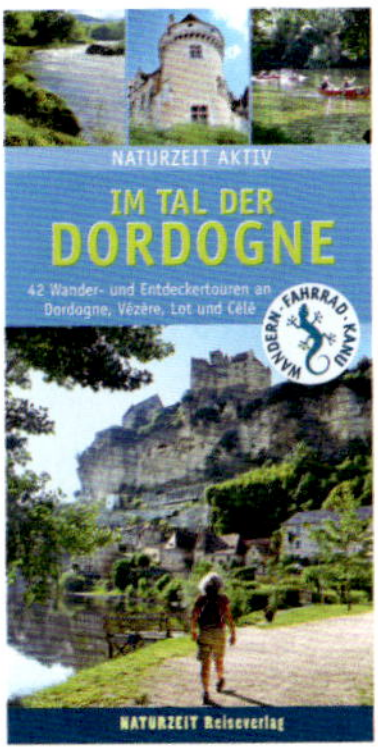

228 Seiten, Mai 2019
ISBN 978-3-944378-22-0
€ 16,90

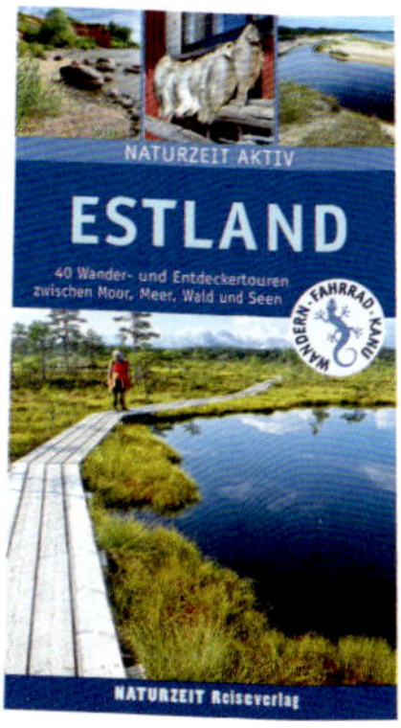

226 Seiten, Mai 2020
ISBN 978-3-944378-27-5
€ 16,90

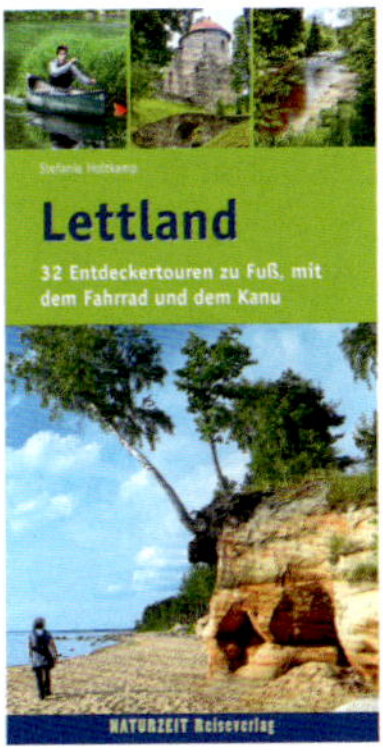

192 Seiten, Mai 2016
ISBN 978-3-944378-07-7
€ 14,90

- Abwechslungsreiche Routen durch die Natur zu Fuß, mit dem Fahrrad oder dem Kanu.
- Die schönsten Badeplätze.
- Alle wichtigen Sehenswürdigkeiten.
- Campingführer und Übernachtungstipps

Weitere Informationen und eine Leseprobe zu jedem Buch unter www.naturzeit-verlag.de

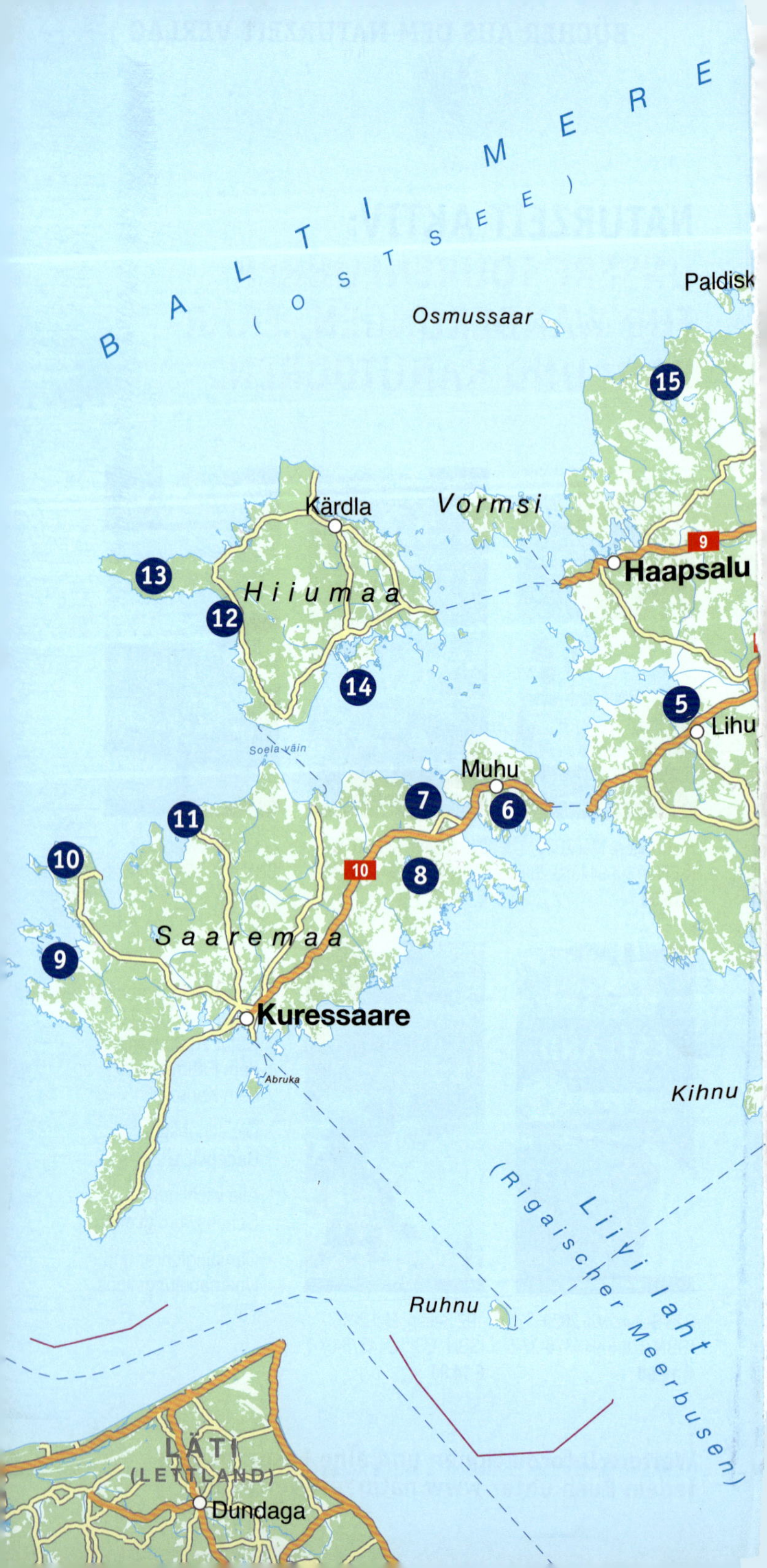

BALTI MERE
(OSTSEE)
Paldisk
Osmussaar
15
Kärdla
Vormsi
9
Haapsalu
13
Hiiumaa
12
14
5
Lihu
Soela väin
Muhu
7
6
11
10
10
8
Saaremaa
9
Kuressaare
Abruka
Kihnu
Liivi laht
(Rigaischer Meerbusen)
Ruhnu
LÄTI
(LETTLAND)
Dundaga